The Shepherd of Hermas

APOSTOLIC FATHERS GREEK READER

VOLUME 5

The Shepherd of Hermas

APOSTOLIC FATHERS GREEK READER

VOLUME 5

EDITED BY
Shawn J. Wilhite and Jacob N. Cerone

INTRODUCTION BY
Charles Meeks

NOTES BY
Adam Smith (1–38)
Wyatt A. Graham (39–77)
Nathan G. Sundt (78–107)

GlossaHouse
Wilmore, KY
www.glossahouse.com

The Shepherd of Hermas
© GlossaHouse, LLC, 2019

GlossaHouse, LLC 110 Callis Circle Wilmore, KY 40309

www.GlossaHouse.com

Publisher's Cataloging-in-Publication Data

Shepherd of Hermas. Greek.

The Shepherd of Hermas / edited by Shawn J. Wilhite and Jacob N. Cerone; introduction by Charles Meeks; notes by Adam Smith, Wyatt A. Graham, and Nathan G. Sundt — Wilmore, KY : GlossaHouse, ©2019.

xvi, 210 pages ; 23 cm. -- (AGROS) -- (Apostolic fathers Greek reader ; vol. 5)

Greek text of the Shepherd of Hermas accompanied by the English translation of many select words in footnotes. Includes bibliographical references.

ISBN: 978-1942697756 (paperback)

1. The Shepherd of Hermas—Introduction. 2. Christian ethics—History—Early church, ca. 30-600. 3. Church—History of doctrines—Early church, ca. 30-600. I. Title. II. Apostolic fathers Greek reader; vol. 5. III. Accessible Greek resources and online studies. IV. The Shepherd of Hermas. Greek. V. Wilhite, Shawn J. VI. Cerone, Jacob N. VII. Meeks, Charles.

Library of Congress Control Number: 2019903654

The fonts used to create this work are available from linguistsoftware.com/lgku.htm.

Cover design by T. Michael W. Halcomb and Fredrick J. Long

Text layout by Jacob N. Cerone and Fredrick J. Long

Greek text of The Shepherd of Hermas is from J. B. Lightfoot's text (London: Macmillan, 1881); to this text footnotes have been added with parsing helps and brief English glosses. Includes bibliographical references.

This series is dedicated to all who have struggled to make Greek a regular part of their study of Scripture.

CONTENTS

AGROS

ACCESSIBLE GREEK RESOURCES AND ONLINE STUDIES

SERIES EDITORS

T. Michael W. Halcomb

Fredrick J. Long

GlossaHouse
Wilmore, KY
www.glossahouse.com

AGROS

The Greek term ἀγρός is a field where seeds are planted and growth occurs. It also can denote a small village or community that forms around such a field. The type of community envisioned here is one that attends to Holy Scripture, particularly one that encourages the use of biblical Greek. Accessible Greek Resources and Online Studies (AGROS) is a tiered curriculum suite featuring innovative readers, grammars, specialized studies, and other exegetical resources to encourage and foster the exegetical use of biblical Greek. The goal of AGROS is to facilitate the creation and publication of innovative, accessible, and affordable print and digital resources for the exposition of Scripture within the context of the global church. The AGROS curriculum includes five tiers, and each tier is indicated on the book's cover: Tier 1 (Beginning I), Tier 2 (Beginning II), Tier 3 (Intermediate I), Tier 4 (Intermediate II), and Tier 5 (Advanced). There are also two resource tracks: Conversational and Translational. Both involve intensive study of morphology, grammar, syntax, and discourse features. The conversational track specifically values the spoken word, and the enhanced learning associated with speaking a language in actual conversation. The translational track values the written word, and encourages analytical study to aide in understanding and translating biblical Greek and other Greek literature. The two resource tracks complement one another and can be pursued independently or together.

APOSTOLIC FATHERS GREEK READERS

The Apostolic Fathers are generally assigned by historians of ancient Christianity to a narrow collection of non-canonical Christian texts that date within the first and second centuries AD. This brief collection includes the letters of Clement of Rome, Ignatius of Antioch, Polycarp *To the Philippians* and *The Martyrdom of Polycarp*, the Didache, Epistle of Barnabas, the Shepherd of Hermas, Diognetus, Fragments of Papias, and the fragment of Quadratus.

The goal of the APOSTOLIC FATHERS GREEK READER (AFGR) is to assist readers of ancient Christian literature. Each volume will provide unique and unfamiliar vocabulary for beginning students of the Greek language: words appearing 30 times or less in the NT. The AFGR is a Tier 4 Resource within the AGROS Series (Accessible Greek Resources and Online Studies) produced by GlossaHouse.

The beckoning call of Stephen Neill and Tom Wright, in *The Interpretation of the New Testament* 1861–1986 (1988) undergirds the need for this series. Familiarity with these texts informs students of the New Testament and Church History regarding the birth of the Christian Church. "If I had my way," invites Neill and Wright, "at least five hundred pages of Lightfoot's Apostolic Fathers would be required reading for every theological student in his first year" (61). Although the AFGR is not an introduction like Lightfoot's, it nevertheless invites readers to encounter firsthand the texts of the Apostolic Fathers, thus preparing them to explore nascent Christianity.

No substitute exists for gaining mastery of reading the Greek language outside of sustained interaction with primary texts. The AFGR, we believe, will aid and encourage students and teachers to achieve this goal.

AFGR VOLUMES

The Letters of Ignatius Vol. 1
  — Notes by Coleman M. Ford, Robert A. van Dalen,
     Aaron S. Rothermel, Griffin T. Gulledge,
     Brian W. Davidson, Jacob N. Cerone, and Trey Moss

The Didache and Barnabas Vol. 2
  — Notes by Shawn J. Wilhite and Madison N. Pierce

Polycarp, Papias, and Diognetus Vol. 3
  — Notes by Shawn J. Wilhite, Michael T. Graham, Jr.,
     Matthew J. Albanese, and Matthew J. McMains

1–2 Clement Vol. 4
  — Notes by Jacob N. Cerone and Jason Andersen

The Shepherd of Hermas Vol. 5
  — Notes by Adam Smith, Wyatt A. Graham, and
     Nathan G. Sundt

ACKNOWLEDGEMENTS

During the entire process of this project, many people deserve to be mentioned because of their help, encouragement, criticisms, and editorial eyes—especially Jonathan Pennington and Rick Brannan. Jason Fowler, in particular, helped cultivate the initial vision of the project.

Each contributor and editor deserves recognition for their diligence in the project—Matthew Albanese, Jason Anderson, Jacob Cerone, Roberto van Dalen, Brian Davidson, Coleman Ford, Michael Graham, Griffin Gulledge, Matthew McMains, Trey Moss, Madison Pierce, Aaron Rothermel, and Nathan Sundt. Paul Cable helped with the initial work on the Shepherd of Hermas. Jacob Cerone needs to be singled out for his exceptional work. He went above the expected duties by editing the Didache and Martyrdom of Polycarp. Furthermore, as the project was losing steam, he stepped in to revive it and see it to its completion. Additionally, Nathaniel Cooley helped typset this project.

Michael Haykin, who is both mentor and friend, wrote the introduction to each book within the collection. Paul Smythe, professor at Gateway Baptist Theological Seminary, provided a list of bibliographic resources for those desiring further study in the Apostolic Fathers.

I offer special thanks to the kind folks at GlossaHouse, namely Fredrick J. Long and T. Michael W. Halcomb. Their vision for language resources has influenced this project in many beneficial ways. I am grateful for their vision for the AFGR project, their patience in its production, and their desire for accessible ancient language resources. Brian Renshaw compiled texts, vocabulary lists, and devoted countless hours to helping with this project in its initial stages.

Shawn J. Wilhite
Editor of the AFGR Series

A NOTE ABOUT THE *AFGR*

We have limited the vocabulary to those words appearing in the New Testament 30 times or less—provided via Accordance Bible Software. In this way, second year Greek students are able to make use of the Greek reader. This is an arbitrary number and a first year Greek student can make this a personal goal.

All glosses are taken from the following works and in the following order. The glosses are, at times, not contextually determined.

1. Bauer, Walter, Frederick W. Danker, William F. Arndt, and F. Wilbur Gingrich, *A Greek-English Lexicon of the New Testament and Other Early Christian Literature*. 3rd ed. Chicago: University of Chicago Press, 2000. (BDAG)

2. Henry George Liddell and Robert Scott, *A Greek-English Lexicon*. 9th ed. with new supplement. Revised by Henry Stuard Jones and Roderick McKenzie. Oxford: Oxford University Press, 1996. (LSJ)

3. G. W. H. Lampe. *A Patristic Greek Lexicon*. Oxford: Oxford University Press, 1961.

Each entry will contain the following:

1. **Nouns:** Nominative form, Genitive ending, Article, and Gloss.

    E.g. Βάσανος, ου, ἡ, torture

2. **Adjectives:**
    (a) 2nd Declension Masculine form, 1st Decl. Fem. ending, 2nd Decl. Neuter ending, Gloss.
    E.g. ψυχρός, ά, όν, cold (lit.), without enthusiasm.

    (b) 3rd Declension m/f form, 3rd Decl. Neuter ending, Gloss.
    E.g. ἀσεβής, ές, impious, ungodly

3. **Verbs:**
   (a) For the Indicative, Subjunctive, or Optative Mood: Lexical Entry, Verbal Form, Mood, Voice, Person, Number, Gloss.

   E.g. ἀποδημέω pres act ind 3p, absent

   (b) For Infinitives: Lexical Entry, Form, Voice, Mood, Gloss.

   E.g. γρύζω aor act inf, mutter, complain

   (c) For Participles: Lexical Entry, Form, Voice, Mood, Gender, Number, Case, Gloss.

   E.g. παροικέω pres act ptcp f.s.nom., inhabit a place as a foreigner, be a stranger

This Greek reader is not designed to supplement rigorous lexical studies. Students are still encouraged to reference the aforementioned lexicons. The Greek reader intends to aid reading and permit readers to translate quickly with minimal effort.

ABBREVIATIONS

1—1st person

2—2nd person

3—3rd person

acc—accusative

act—active

adv—adverb

aor—aorist

comp—comparative

conj—conjuction

dat—dative

f—feminine

fut—future

gen—genitive

impr—improper

imp—imperfect

impv—imperative

inf—infinitive

intj—interjection

lit—literally

m—masculine

mid—middle

n—neuter

nom—nominative

opt—optative

p—plural

part—particle

pass—passive

perf—perfect

plupf—pluperfect

prep—preposition

pres—present

ptcp—participle

s—singular

sub—subjunctive

subst—substantive

superl—superlative

trans—translation

The Shepherd of Hermas

APOSTOLIC FATHERS GREEK READER

VOLUME 5

THE SHEPHERD OF HERMAS
AN INTRODUCTION*
Charles Meeks

ORIGIN AND AUTHORSHIP

The Shepherd of Hermas was likely written in or around Rome and quite possibly over a stretch of time ranging from the late first-century CE to the middle of the second-century CE. Dating the work with certainty is not entirely possible due to a conflagration of data including a mention of Hermas in Rom 16:14, an internal reference in Vision 2.4.3 to Clement of Rome, and its mention in the Muratorian Canon as being composed in the 240s.[1] The question of authorship by multiple persons would also affect the dating of the work; opinions range between *The Shepherd of Hermas* being written by multiple hands over much time, or one hand, or multiple hands with one redactor.[2] Regardless, the original author self-identifies as a freedman of Rome.[3]

The work itself survives in a fragmentary state in two major Greek codices (*Athous* and *Sinaiticus*) and two major Greek papyri (*Michigan* and *Bodmer*), and is complete in two early Latin translations.[4] Hermas's Greek reflects a simple, "non-elite" style.[5] It was very well known to and mentioned by the church fathers; Clement of Alexandria and Origen especially were supporters of the work.[6] Only Tertullian

---

* This introduction to *The Shepherd of Hermas* is an edited version of Charles Meeks, "Shepherd of Hermas," in *The Lexham Bible Dictionary*, ed. John D. Barry et al. (Bellingham, WA: Lexham Press, 2015).

[1] Carolyn Osiek, *Shepherd of Hermas: A Commentary,* Hermeneia (Minneapolis: Fortress, 1999), 18; Jozef Verheyden, "The Shepherd of Hermas," *Expository Times* 117.10 (2006), 397.

[2] Osiek, *Shepherd of Hermas*, 8–10; idem, "The Genre and Function of the Shepherd of Hermas," *Semeia* 36 (1986): 114–15; J. Christian Wilson, *Toward a Reassessment of the Shepherd of Hermas: Its Date and Its Pneumatology* (Lewiston, NY: Edwin Mellen, 1993), 10–23.

[3] Osiek, *Shepherd of Hermas*, 21; Verheyden, "Shepherd of Hermas," 398.

[4] Osiek, *Shepherd of Hermas*, 1–2. Osiek briefly describes the more recent uncovering of portions of Hermas in "The Second Century through the Eyes of Hermas: Continuity and Change," *Biblical Theology Bulletin* 20.3 (1990), 116.

[5] Osiek, *Shepherd of Hermas*, 21.

[6] Osiek, *Shepherd of Hermas*, 4–6; Verheyden, "Shepherd of Hermas," 397.

seems to have been ardently against *The Shepherd* as an edifying text, at least at first.[7] Perhaps due to the Muratorian Canon's influence as well as to its diminutive Christology, *The Shepherd* was gradually considered not to be inspired, although its readership in the Church continued on in both the West and the East for many centuries.[8]

STRUCTURE

The work is divided into three separate sections joined by a thematic unity: five Visions (the fifth of which serves as an introduction to the following section), twelve Mandates, and ten Similitudes. Following Carolyn Osiek's outline,[9] *The Shepherd* proceeds as follows:

- Visions (1–25): Five visions consisting of a woman, Rhoda; two visions of the Church as a woman, and messages of judgment; a vision of the building of a tower and its meaning, which bears on the Church; and a vision of a great beast, which is an eschatological reckoning
- Mandates (26–49): Twelve mandates or sets of teachings on the subjects of faith, simplicity, truth, sexual purity, marriage, the Two Ways, fearing God, restraint from certain behaviors, being single-minded, sadness, and discerning prophecy and desires
- Similitudes (50–114): A series of ten allegories on various aspects of moral piety, holiness, and asceticism

Jozef Verheyden contends that the widely-accepted core message of the work revolves around the question of whether an opportunity exists after baptism for the forgiveness of sins.[10]

GENRE

Although generally regarded as apocalyptic in genre, *The Shepherd* lacks many elements present in other apocalyptic literature; Osiek de-

---

[7] Osiek, *Shepherd of Hermas*, 4–6.

[8] Osiek, *Shepherd of Hermas*, 6–7.

[9] Osiek, *Shepherd of Hermas*, vii–viii.

[10] Jozef Verheyden, "The *Shepherd of Hermas* and the Writings that later formed the New Testament," in *The Reception of the New Testament in the Apostolic Fathers*, ed. Andrew F. Gregory and Christopher M. Tuckett (Oxford: Oxford University Press, 2005), 295.

3

fines it more accurately as *"paraenesis ... with an apocalyptic frame-work."*[11] It certainly bears great similarity to Jewish "Two Ways" moral theology.[12] It also has much in common with the New Testament book of James.[13] The author[s]' knowledge of the New Testament is debated, but it seems likely that they would have known at least the earliest of Christian writings, including Matthew and 1 Corinthians.[14] The main theme in light of these influences appears to be that of μετάνοια ("repentance" or "conversion").[15] The work reflects an interesting tradition of pneumatology and angelology that may betray influences beyond Judeo-Christian thought.[16] Furthermore, its Christology is very notable since on the surface it appears to have none. Jesus's personal name is never mentioned in the work, and the title "Christ" is only present three times—and only in variants.[17] However, as Robert J. Hauck has explicated, the Christology especially represented by Similitude 5 is in keeping with a moral, purifying Christ who is truly God, possesses the same Spirit as the Trinity, and who desires his followers to be of like mind.[18]

SOCIAL SETTING

The Shepherd of Hermas has much to say, both implicitly and explicitly, concerning early Christian life in Rome. Much of its thematic emphases reveals a Jewish-Christian orientation with Graeco-Roman influences.[19] Osiek notes that it is assumed in the text that churches at this time were still primarily located in the home, and despite mention of certain leaders' titles (including apostles, overseers, presbyters,

---

[11] Osiek, *Shepherd of Hermas*, 11; idem, "Genre and Function," 115–19; idem, "Second Century," 118–21; Verheyden, "Shepherd of Hermas," 398.

[12] Osiek, *Shepherd of Hermas*, 24.

[13] Osiek, *Shepherd of Hermas*, 26.

[14] Verheyden, "The *Shepherd of Hermas* and the New Testament," 293–94, 329.

[15] Osiek, *Shepherd of Hermas*, 28–30; Verheyden, "Shepherd of Hermas," 399.

[16] Osiek, *Shepherd of Hermas*, 31–34; cf. Halvor Moxnes, "God and His Angel in the Shepherd of Hermas," *Studia Theologia* 28 (1974): 55–56.

[17] Osiek, *Shepherd of Hermas*, 34.

[18] Robert J. Hauck, "The Great Fast: Christology in the Shepherd of Hermas," *Anglican Theological Review* 75 (1993): 195–98.

[19] Osiek, "Second Century," 117; idem, *Shepherd of Hermas*, 24–28.

etc.), there seems to be no true formal structure.[20] However, it is likely that the Mandates and the Similitudes reflect an increasingly affluent Christian community that is quickly increasing in social status.[21] Kirsopp Lake highlights the implicit early understandings of practices such as baptism that are consonant with other early sources such as the Didache.[22]

BIBLIOGRAPHY

Hauck, Robert J. "The Great Fast: Christology in the Shepherd of Hermas." *Anglican Theological Review* 75.2 (1993): 187–98.

Lake, Kirsopp. "The Shepherd of Hermas and Christian Life in Rome in the Second Century." *Harvard Theological Review* 4.1 (Jan 1911): 25–46.

Moxnes, Halvor. "God and His Angel in the Shepherd of Hermas." *Studia Theologia* 28 (1974): 49–56.

Osiek, Carolyn. "The Genre and Function of the Shepherd of Hermas." *Semeia* 36 (1986): 113–21.

_____. "The Second Century through the Eyes of Hermas: Continuity and Change." *Biblical Theology Bulletin* 20.3 (1990): 116–22.

_____. *Shepherd of Hermas: A Commentary*. Hermeneia. Minneapolis: Fortress, 1999.

Verheyden, Jozef. "The Shepherd of Hermas." *Expository Times* 117.10 (2006): 397–401.

_____. "The *Shepherd of Hermas* and the Writings that later formed the New Testament." Pages 293–329 in *The Reception of the New Testament in the Apostolic Fathers*. Edited by Andrew F. Gregory and Christopher M. Tuckett. Oxford: Oxford University Press, 2005.

Wilson, J. Christian. *Toward a Reassessment of the Shepherd of Hermas: Its Date and Its Pneumatology*. Lewiston, NY: Edwin Mellen, 1993.

---

[20] Osiek, *Shepherd of Hermas*, 22–23; idem, "Second Century," 118–19; Kirsopp Lake, "The Shepherd of Hermas and Christian Life in Rome in the Second Century," *Harvard Theological Review* 4 (1911): 37–40.

[21] Osiek, "Second Century," 117–18.

[22] Lake, "Shepherd of Hermas," 28–32.

Ὁράσεις

1:1 (ά 1) Ὁ θρέψας[1] με πέπρακέν[2] με Ῥόδῃ[3] τινὶ εἰς Ῥώμην.[4] μετὰ πολλὰ ἔτη ταύτην ἀνεγνωρισάμην[5] καὶ ἠρξάμην αὐτὴν ἀγαπᾶν ὡς ἀδελφήν.[6] **2** μετὰ χρόνον τινὰ λουομένην[7] εἰς τὸν ποταμὸν[8] τὸν Τίβεριν[9] εἶδον, καὶ ἐπέδωκα[10] αὐτῇ τὴν χεῖρα καὶ ἐξήγαγον[11] αὐτὴν ἐκ τοῦ ποταμοῦ.[12] ταύτης οὖν ἰδὼν τὸ κάλλος[13] διελογιζόμην[14] ἐν τῇ καρδίᾳ μου λέγων· Μακάριος ἤμην εἰ τοιαύτην γυναῖκα εἶχον καὶ τῷ κάλλει[15] καὶ τῷ τρόπῳ.[16] μόνον τοῦτο ἐβουλευσάμην,[17] ἕτερον δὲ οὐδέν. **3** μετὰ χρόνον τινὰ πορευομένου μου εἰς Κούμας[18] καὶ δοξάζοντος τὰς κτίσεις[19] τοῦ Θεοῦ, ὡς μεγάλαι καὶ ἐκπρεπεῖς[20] καὶ δυναταί εἰσιν, περιπατῶν ἀφύπνωσα.[21] καὶ πνεῦμά με ἔλαβεν καὶ ἀπήνεγκέν[22] με δι᾽ ἀνοδίας[23] τινός, δι᾽ ἧς ἄνθρωπος οὐκ ἐδύνατο ὁδεῦσαι·[24] ἦν δὲ ὁ τόπος κρημνώδης[25] καὶ ἀπερρηγὼς[26] ἀπὸ τῶν ὑδάτων. διαβὰς[27] οὖν τὸν ποταμὸν[28] ἐκεῖνον ἦλθον εἰς τὰ ὁμαλά,[29] καὶ τιθῶ τὰ γόνατα[30]

---

[1] τρέφω aor act ptcp m.s.nom., bring up, rear

[2] πιπράσκω perf act ind 3s, sell

[3] Ῥόδη, ης, ἡ, Rhoda

[4] Ῥώμη, ης, ἡ, Rome

[5] ἀναγνωρίζω aor mid ind 1s, become reacquainted

[6] ἀδελφή, ης, ἡ, sister

[7] λούω pres mid/pass ptcp f.s.acc., bathe, cleanse

[8] ποταμός, οῦ, ὁ, river

[9] Τίβερις, εως, ὁ, Tiber river

[10] ἐπιδίδωμι aor act ind 1s, give

[11] ἐξάγω aor act ind 1s, bring out

[12] ποταμός, οῦ, ὁ, river

[13] κάλλος, ους, τό, beauty

[14] διαλογίζομαι imp mid/pass ind 1s, think, ponder

[15] κάλλος, ους, τό, beauty

[16] τρόπος, ου, ὁ, manner, way

[17] βουλεύω aor mid 1s, deliberate, think

[18] Κοῦμαι, ῶν, αἱ, Cumae

[19] κτίσις, εως, ἡ, creature

[20] ἐκπρεπής, ές, remarkable, outstanding

[21] ἀφυπνόω aor act ind 1s, fall asleep

[22] ἀποφέρω aor act ind 3s, take away, lead away

[23] ἀνοδία, ας, ἡ, pathless

[24] ὁδεύω aor act inf, travel, go

[25] κρημνώδης, ες, steep, precipitous

[26] ἀπορρήγνυμι perf act ptcp m.s.nom., break up

[27] διαβαίνω aor act ptcp m.s.nom., cross

[28] ποταμός, οὐ, ὁ, river

[29] ὁμαλός, ή, όν, level

[30] γόνυ, ατος, τό, knee

καὶ ἠρξάμην προσεύχεσθαι τῷ Κυρίῳ καὶ ἐξομολογεῖσθαί[1] μου τὰς ἁμαρτίας. 4 προσευχομένου δέ μου ἠνοίγη ὁ οὐρανός, καὶ βλέπω τὴν γυναῖκα ἐκείνην ἣν ἐπεθύμησα[2] ἀσπαζομένην με ἐκ τοῦ οὐρανοῦ, λέγουσαν· Ἑρμᾶ[3] χαῖρε. 5 βλέψας δὲ εἰς αὐτὴν λέγω αὐτῇ· Κυρία,[4] τί σὺ ὧδε ποιεῖς; ἡ δὲ ἀπεκρίθη μοι· Ἀνελήμφθην[5] ἵνα σου τὰς ἁμαρτίας ἐλέγξω[6] πρὸς τὸν Κύριον. 6 λέγω αὐτῇ· Νῦν σύ μου ἔλεγχος[7] εἶ; Οὔ, φησίν, ἀλλὰ ἄκουσον τὰ ῥήματα ἅ σοι μέλλω λέγειν. ὁ Θεὸς ὁ ἐν τοῖς οὐρανοῖς κατοικῶν καὶ κτίσας[8] ἐκ τοῦ μὴ ὄντος τὰ ὄντα, καὶ πληθύνας[9] καὶ αὐξήσας[10] ἕνεκεν[11] τῆς ἁγίας ἐκκλησίας αὐτοῦ, ὀργίζεταί[12] σοι ὅτι ἥμαρτες εἰς ἐμέ. 7 ἀποκριθεὶς αὐτῇ λέγω· Εἰς σὲ ἥμαρτον; ποίῳ τρόπῳ;[13] ἢ πότε[14] σοι αἰσχρὸν[15] ῥῆμα ἐλάλησα; οὐ πάντοτέ σε ὡς θεὰν[16] ἡγησάμην;[17] οὐ πάντοτέ σε ἐνετράπην[18] ὡς ἀδελφήν;[19] τί μου ἐνετράπην,[20] ὦ[21] γύναι, τὰ πονηρὰ ταῦτα καὶ ἀκάθαρτα; 8 γελάσασά[22] μοι λέγει· Ἐπὶ τὴν καρδίαν σου ἀνέβη ἡ ἐπιθυμία τῆς πονηρίας.[23] ἢ οὐ δοκεῖ σοι ἀνδρὶ δικαίῳ πονηρὸν πρᾶγμα[24] εἶναι ἐὰν ἀναβῇ αὐτοῦ ἐπὶ τὴν καρδίαν ἡ πονηρὰ ἐπιθυμία; ἁμαρτία γέ[25] ἐστιν, καὶ μεγάλη, φησίν. ὁ γὰρ δίκαιος ἀνὴρ δίκαια βουλεύεται.[26] ἐν τῷ οὖν δίκαια

---

[1] ἐξομολογέω pres mid/pass inf, confess
[2] ἐπιθυμέω aor act ind 1s, desire
[3] Ἑρμᾶς, ᾶ, ὁ, Hermas
[4] κυρία, ας, ἡ, lady
[5] ἀναλαμβάνω aor pass ind 1s, taken up
[6] ἐλέγχω fut act ind 1s, accuse
[7] ἔλεγχος, ου, ὁ, accusation
[8] κτίζω aor act ptcp m.s.nom., create
[9] πληθύνω aor act ptcp m.s.nom., grow, increase
[10] αὐξάνω aor act ptcp m.s.nom., grow, increase
[11] ἕνεκα, impr prep, because of
[12] ὀργίζω pres mid/pass ind 3s, be angry

[13] τρόπος, ου, ὁ, way, manner
[14] πότε, conj, when
[15] αἰσχρός, ά, όν, shameful
[16] θεά, ᾶς, ἡ, goddess
[17] ἡγέομαι aor mid ind 1s, consider, regard
[18] ἐντρέπω aor pass ind 1s, respect
[19] ἀδελφή, ῆς, ἡ, sister
[20] ἐντρέπω aor pass ind 1s, respect
[21] ὦ, intj, oh
[22] γελάω aor act ptcp f.s.nom., laugh
[23] πονηρία, ας, ἡ, wickedness, evil
[24] πρᾶγμα, ματος, τό, deed, thing
[25] γέ, conj, at least, even, indeed
[26] βουλεύω pres mid/pass ind 3s, deliberate, resolve

βουλεύεσθαι[1] αὐτὸν κατορθοῦται[2] ἡ δόξα αὐτοῦ ἐν τοῖς οὐρανοῖς καὶ εὐκατάλλακτον[3] ἔχει τὸν Κύριον ἐν παντὶ πράγματι[4] αὐτοῦ. οἱ δὲ πονηρὰ βουλευόμενοι[5] ἐν ταῖς καρδίαις αὐτῶν θάνατον καὶ αἰχμαλωτισμὸν[6] ἑαυτοῖς ἐπισπῶνται,[7] μάλιστα[8] οἱ τὸν αἰῶνα τοῦτον περιποιούμενοι[9] καὶ γαυριῶντες[10] ἐν τῷ πλούτῳ[11] αὐτῶν καὶ μὴ ἀντεχόμενοι[12] τῶν ἀγαθῶν τῶν μελλόντων. 9 μετανοήσουσιν αἱ ψυχαὶ αὐτῶν, οἵτινες οὐκ ἔχουσιν ἐλπίδα, ἀλλὰ ἑαυτοὺς ἀπεγνώκασιν[13] καὶ τὴν ζωὴν αὐτῶν. ἀλλὰ σὺ προσεύχου πρὸς τὸν Θεόν, καὶ ἰάσεται[14] τὰ ἁμαρτήματά[15] σου καὶ ὅλου τοῦ οἴκου σου καὶ πάντων τῶν ἁγίων.

2:1 (ά 2) Μετὰ τὸ λαλῆσαι αὐτὴν τὰ ῥήματα ταῦτα ἐκλείσθησαν[16] οἱ οὐρανοί· κἀγὼ ὅλος ἤμην πεφρικὼς[17] καὶ λυπούμενος.[18] ἔλεγον δὲ ἐν ἐμαυτῷ· Εἰ αὕτη μοι ἡ ἁμαρτία ἀναγράφεται,[19] πῶς δυνήσομαι σωθῆναι; ἢ πῶς ἐξιλάσομαι[20] τὸν Θεὸν περὶ τῶν ἁμαρτιῶν μου τῶν τελείων;[21] ἢ ποίοις ῥήμασιν ἐρωτήσω τὸν Κύριον ἵνα ἱλατεύσηταί[22] μοι; 2 ταῦτά μου συμβου-

---

[1] βουλεύω pres mid/pass inf, deliberate, resolve

[2] κατορθόω pres mid/pass ind 3s, set straight, complete

[3] εὐκατάλλακτος, ον, favorable

[4] πρᾶγμα, ματος, τό, deed, thing

[5] βουλεύω pres mid/pass ptcp m.p.nom., deliberate, resolve

[6] αἰχμαλωτισμός, οῦ, ὁ, captivity

[7] ἐπισπάω pres mid/pass ind 3p, bring upon

[8] μάλιστα, adv, most of all, especially

[9] περιποιέω pres mid/pass ptcp m.p.nom., acquire, obtain

[10] γαυριάω pres act ptcp m.p.nom., be proud, exalt

[11] πλοῦτος, ου, ὁ, wealth

[12] ἀντέχομαι pres mid/pass ptcp m.p.nom., cling, hold fast

[13] ἀπογινώσκω perf act ind 3p, despair

[14] ἰάομαι fut mid ind 3s, heal

[15] ἁμάρτημα, ματος, τό, sin

[16] κλείω aor pass ind 3p, shut, close

[17] φρίσσω perf act ptcp m.s.nom., to tremble from fear, shudder

[18] λυπέω pres mid/pass ptcp m.s.nom., to be sad, grieve

[19] ἀναγράφω pres mid/pass ind 3s, record, register

[20] ἐξιλάσκομαι fut mid ind 1s, propitiate, appease

[21] τέλειος, α, ον, full grown, mature, fully developed

[22] ἱλατεύομαι aor mid sub 3s, be gracious

λευομένου[1] καὶ διακρίνοντος[2] ἐν τῇ καρδίᾳ μου βλέπω κατέναντί[3] μου καθέδραν[4] λευκὴν[5] ἐξ ἐρίων[6] χιονίνων[7] γεγονυῖαν μεγάλην· καὶ ἦλθεν γυνὴ πρεσβῦτις[8] ἐν ἱματισμῷ[9] λαμπροτάτῳ[10] ἔχουσα βιβλίον εἰς τὰς χεῖρας, καὶ ἐκάθισεν μόνη, καὶ ἀσπάζεταί με· Ἑρμᾶ[11] χαῖρε. κἀγὼ λυπούμενος[12] καὶ κλαίων εἶπον· Κυρία,[13] χαῖρε. 3 καὶ εἶπέν μοι· Τί στυγνός,[14] Ἑρμᾶ;[15] ὁ μακρόθυμος[16] καὶ ἀστομάχητος,[17] ὁ πάντοτε γελῶν,[18] τί οὕτω κατηφὴς[19] τῇ ἰδέᾳ[20] καὶ οὐχ ἱλαρός;[21] κἀγὼ εἶπον αὐτῇ· Ὑπὸ γυναικὸς ἀγαθωτάτης λεγούσης ὅτι ἥμαρτον εἰς αὐτήν. 4 ἡ δὲ ἔφη· Μηδαμῶς[22] ἐπὶ τὸν δοῦλον τοῦ Θεοῦ τὸ πρᾶγμα[23] τοῦτο. ἀλλὰ πάντως[24] ἐπὶ τὴν καρδίαν σου ἀνέβη περὶ αὐτῆς. ἔστιν μὲν τοῖς δούλοις τοῦ Θεοῦ ἡ τοιαύτη βουλὴ[25] ἁμαρτίαν ἐπιφέρουσα·[26] πονηρὰ γὰρ βουλὴ[27] καὶ ἔκπληκτος,[28] εἰς πάνσεμνον[29] πνεῦμα καὶ ἤδη δεδοκιμασμένον,[30] ἐὰν ἐπιθυμήσῃ[31] πονηρὸν ἔργον, καὶ μάλιστα[32] Ἑρμᾶς[33] ὁ

---

[1] συμβουλεύω pres mid/pass ptcp m.s.gen., advise, consult, consider
[2] διακρίνω pres act ptcp m.s.gen., judge, evaluate, distinguish
[3] κατέναντι, impr prep, before
[4] καθέδρα, ας, ἡ, chair, seat
[5] λευκός, ή, όν, white
[6] ἔριον, ου, τό, wool
[7] χιόνινος, η, ον, snowy, snow-white
[8] πρεσβῦτις, ιδος, ἡ, elderly lady
[9] ἱματισμός, οῦ, ὁ, clothing, apparel
[10] λαμπρός, ά, όν, bright, shining
[11] Ἑρμᾶς, ᾶ, ὁ, Hermas
[12] λυπέω pres mid/pass ptcp m.s.nom., be sad, grieve
[13] κυρία, ας, ἡ, lady
[14] στυγνός, ή, όν, gloomy, sad
[15] Ἑρμᾶς, ᾶ, ὁ, Hermas
[16] μακρόθυμος, ον, patient
[17] ἀστομάχητος, ον, not easily angered
[18] γελάω pres act ptcp m.s.nom., laugh
[19] κατηφής, ές, downcast
[20] ἰδέα, ας, ἡ, appearance, form
[21] ἱλαρός, ά, όν, cheerful, glad
[22] μηδαμῶς, adv, by no means
[23] πρᾶγμα, ματος, τό, deed, matter, thing
[24] πάντως, adv, certainly
[25] βουλή, ῆς, ἡ, plan, purpose
[26] ἐπιφέρω pres act ptcp f.s.nom., bring
[27] βουλή, ῆς, ἡ, plan, purpose
[28] ἔκπληκτος, ον, shocking, frightful
[29] πάνσεμνος, ον, greatly revered
[30] δοκιμάζω perf mid/pass ptcp n.s.acc., test, approve
[31] ἐπιθυμέω aor act sub 3s, desire, long for
[32] μάλιστα, adv, most of all, especially
[33] Ἑρμᾶς, ᾶ, ὁ, Hermas

ἐγκρατής,[1] ὁ ἀπεχόμενος[2] πάσης ἐπιθυμίας πονηρᾶς καὶ πλήρης[3] πάσης ἁπλότητος[4] καὶ ἀκακίας[5] μεγάλης.

3:1 (ά 3) Ἀλλ᾽ οὐχ ἕνεκα[6] τούτου ὀργίζεταί[7] σοι ὁ Θεός, ἀλλ᾽ ἵνα τὸν οἶκόν σου τὸν ἀνομήσαντα[8] εἰς τὸν Κύριον καὶ εἰς ὑμᾶς τοὺς γονεῖς[9] αὐτῶν ἐπιστρέψῃς. ἀλλὰ φιλότεκνος[10] ὢν οὐκ ἐνουθέτεις[11] σου τὸν οἶκον, ἀλλὰ ἀφῆκες αὐτὸν καταφθαρῆναι[12] δεινῶς·[13] διὰ τοῦτό σοι ὀργίζεται[14] ὁ Κύριος· ἀλλὰ ἰάσεταί[15] σου πάντα τὰ προγεγονότα[16] πονηρὰ ἐν τῷ οἴκῳ σου· διὰ γὰρ τὰς ἐκείνων ἁμαρτίας καὶ ἀνομήματα[17] σὺ κατεφθάρης[18] ἀπὸ τῶν βιωτικῶν[19] πράξεων.[20] **2** ἀλλ᾽ ἡ πολυσπλαγχνία[21] τοῦ Κυρίου ἠλέησέν[22] σε καὶ τὸν οἶκόν σου καὶ ἰσχυροποιήσει[23] σε καὶ θεμελιώσει[24] σε ἐν τῇ δόξῃ αὐτοῦ. σὺ μόνον μὴ ῥαθυμήσῃς,[25] ἀλλὰ εὐψύχει[26] καὶ

---

[1] ἐγκρατής, ές, self-controlled, disciplined
[2] ἀπέχω pres mid/pass ptcp m.s.nom., abstain
[3] πλήρης, ες, full
[4] ἁπλότης, τος, ἡ, sincerity, uprightness
[5] ἀκακία, ας, ἡ, innocence
[6] ἕνεκα, impr prep, because of, on account of
[7] ὀργίζω pres mid/pass ind 3s, angry
[8] ἀνομέω aor act ptcp m.s.acc., be lawless, sin
[9] γονεύς, έως, ὁ, parent
[10] φιλότεκνος, ον, loving one's children
[11] νουθετέω imp act ind 2s, admonish, warn
[12] καταφθείρω aor pass inf, destroy, ruin, corrupt
[13] δεινῶς, adv, terribly
[14] ὀργίζω pres mid/pass ind 3s, angry

[15] ἰάομαι fut mid ind 3s, heal
[16] προγίνομαι perf act ptcp n.p.nom., happen before, done before
[17] ἀνόμημα, ματος, τό, lawless action, iniquity
[18] καταφθείρω aor pass ind 2s, ruin, corrupt
[19] βιωτικός, ή, όν, belonging to daily life
[20] πρᾶξις, εως, ἡ, daily activity, business
[21] πολυσπλαγχνία, ας, ἡ, great compassion, sympathy
[22] ἐλεέω aor act ind 3s, have mercy
[23] σχυροποιέω fut act ind 3s, strengthen
[24] θεμελιόω fut act ind 3s, establish
[25] ῥαθυμέω aor act sub 2s, be unconcerned, idle
[26] εὐψυχέω pres act impv 2s, have courage

10

ἰσχυροποίει[1] σου τὸν οἶκον. ὡς γὰρ ὁ χαλκεὺς[2] σφυροκοπῶν[3] τὸ ἔργον αὐτοῦ περιγίνεται[4] τοῦ πράγματος[5] οὗ θέλει, οὕτω καὶ ὁ λόγος ὁ καθημερινὸς[6] ὁ δίκαιος περιγίνεται[7] πάσης πονηρίας.[8] μὴ διαλίπης[9] οὖν νουθετῶν[10] σου τὰ τέκνα· οἶδα γὰρ ὅτι ἐὰν μετανοήσουσιν ἐξ ὅλης καρδίας αὐτῶν, ἐγγραφήσονται[11] εἰς τὰς βίβλους[12] τῆς ζωῆς μετὰ τῶν ἁγίων. **3** μετὰ τὸ παῆναι[13] αὐτῆς τὰ ῥήματα ταῦτα λέγει μοι· Θέλεις ἀκοῦσαί μου ἀναγινωσκούσης; λέγω κἀγώ· Θέλω, Κυρία.[14] λέγει μοι· Γενοῦ ἀκροατὴς[15] καὶ ἄκουε τὰς δόξας τοῦ Θεοῦ. ἤκουσα μεγάλως[16] καὶ θαυμαστῶς[17] ὃ οὐκ ἴσχυσα[18] μνημονεῦσαι·[19] πάντα γὰρ τὰ ῥήματα ἔκφρικτα,[20] ἃ οὐ δύναται ἄνθρωπος βαστάσαι.[21] τὰ οὖν ἔσχατα ῥήματα ἐμνημόνευσα·[22] ἦν γὰρ ἡμῖν σύμφορα[23] καὶ ἥμερα.[24] **4** Ἰδοὺ ὁ Θεὸς τῶν δυνάμεων, ὁ ἀοράτῳ[25] δυνάμει καὶ κραταιᾷ[26] καὶ τῇ μεγάλῃ συνέσει[27] αὐτοῦ κτίσας[28] τὸν κόσμον καὶ τῇ ἐνδόξῳ[29] βουλῇ[30]

---

[1] ἰσχυροποιέω pres act impv 2s, strengthen
[2] χαλκεύς, έως, ὁ, blacksmith, metalworker
[3] σφυροκοπέω pres act ptcp m.s.nom., beat with a hammer
[4] περιγίνομαι pres mid/pass ind 3s, prevail over, overcome
[5] πράγμα, ματος, τό, deed, thing, matter
[6] καθημερινός, ή, όν, daily
[7] περιγίνομαι pres mid/pass ind 3s, prevail over, overcome
[8] πονηρία, ας, ἡ, wickedness
[9] διαλείπω aor act sub 2s, stop, cease
[10] νουθετέω pres act ptcp m.s.nom., admonish, warn
[11] ἐγγράφω fut pass ind 3p, record
[12] βίβλος, ου, ἡ, book
[13] παύω aor pass inf, cease
[14] κυρία, ας, ἡ, lady
[15] ἀκροατής, οῦ, ὁ, hearer
[16] μεγάλως, adv, greatly
[17] θαυμαστῶς, adv, amazement
[18] ἰσχύω aor act ind 1s, be strong
[19] μνημονεύω aor act inf, remember
[20] ἔκφρικτος, ον, frightening
[21] βαστάζω aor act inf, bear
[22] μνημονεύω aor act ind 1s, remember
[23] σύμφορος, ον, beneficial, advantageous
[24] ἥμερος, ον, gentle, kind
[25] ἀόρατος, ον, invisible
[26] κραταιός, ά, όν, powerful, mighty
[27] σύνεσις, εως, ἡ, wisdom, understanding
[28] κτίζω aor act ptcp m.s.nom., create
[29] ἔνδοξος, ον, glorious
[30] βουλή, ῆς, ἡ, plan, purpose

περιθεὶς[1] τὴν εὐπρέπειαν[2] τῇ κτίσει[3] αὐτοῦ, καὶ τῷ ἰσχυρῷ[4] ῥήματι πήξας[5] τὸν οὐρανὸν καὶ θεμελιώσας[6] τὴν γῆν ἐπὶ ὑδάτων, καὶ τῇ ἰδίᾳ σοφίᾳ καὶ προνοίᾳ[7] κτίσας[8] τὴν ἁγίαν ἐκκλησίαν αὐτοῦ, ἣν καὶ ηὐλόγησεν, ἰδοὺ μεθιστάνει[9] τοὺς οὐρανοὺς καὶ τὰ ὄρη καὶ τοὺς βουνοὺς[10] καὶ τὰς θαλάσσας, καὶ πάντα ὁμαλὰ[11] γίνεται τοῖς ἐκλεκτοῖς[12] αὐτοῦ, ἵνα ἀποδῷ αὐτοῖς τὴν ἐπαγγελίαν ἣν ἐπηγγείλατο[13] μετὰ πολλῆς δόξης καὶ χαρᾶς, ἐὰν τηρήσωσιν τὰ νόμιμα[14] τοῦ Θεοῦ ἃ παρέλαβον ἐν μεγάλῃ πίστει.

4:1 (ά 4) Ὅτε οὖν ἐτέλεσεν[15] ἀναγινώσκουσα καὶ ἠγέρθη ἀπὸ τῆς καθέδρας,[16] ἦλθαν τέσσαρες νεανίαι[17] καὶ ἦραν τὴν καθέδραν[18] καὶ ἀπῆλθον πρὸς τὴν ἀνατολήν.[19] **2** προσκαλεῖται[20] δέ με καὶ ἥψατο τοῦ στήθους[21] μου καὶ λέγει μοι· Ἤρεσέν[22] σοι ἡ ἀνάγνωσίς[23] μου; καὶ λέγω αὐτῇ· Κυρία,[24] ταῦτά μοι τὰ ἔσχατα ἀρέσκει,[25] τὰ δὲ πρότερα[26] χαλεπὰ[27] καὶ σκληρά.[28] ἡ δὲ ἔφη μοι λέγουσα· Ταῦτα τὰ ἔσχατα τοῖς δικαίοις, τὰ δὲ πρότερα[29] τοῖς ἔθνεσιν καὶ τοῖς ἀποστάταις.[30] **3** λαλούσης αὐτῆς μετ' ἐμοῦ δύο

---

[1] περιτίθημι aor pass ptcp m.s.nom., put on, put around
[2] εὐπρέπεια, ας, ἡ, beauty
[3] κτίσις, εως, ἡ, creation
[4] ἰσχυρός, ά, όν, strong
[5] πήγνυμι aor act ptcp m.s.nom., make firm, fix
[6] θεμελιόω aor act ptcp m.s.nom., lay a foundation, establish
[7] πρόνοια, ας, ἡ, forethought, providence
[8] κτίζω aor act ptcp m.s.nom., create
[9] μεθιστάνω pres act ind 3s, remove
[10] βουνός, οῦ, ὁ, hill
[11] ὁμαλής, ή, όν, level, smooth
[12] ἐκλεκτός, ή, όν, elect
[13] ἐπαγγέλλω aor mid ind 3s, promise
[14] νόμιμος, η, ον, commandmnets

[15] τελέω aor act ind 3s, finish, complete
[16] καθέδρα, ας, ἡ, chair
[17] νεανίας, ου, ὁ, youth, young man
[18] καθέδρα, ας, ἡ, chair
[19] ἀνατολή, ῆς, ἡ, east
[20] προσκαλέω pres mid/pass ind 3s, call
[21] στῆθος, ους, τό, chest, breast
[22] ἀρέσκω aor act ind 3s, please
[23] ἀνάγνωσις, εως, ἡ, reading
[24] κυρία, ας, ἡ, lady
[25] ἀρέσκω pres act ind 3s, please
[26] πρότερος, α, ον, earlier, former
[27] χαλεπός, ή, όν, hard, difficult
[28] σκληρός, ά, όν, hard
[29] πρότερος, α, ον, earlier, former
[30] ἀποστάτης, ου, ὁ, deserter, apostate

τινὲς ἄνδρες ἐφάνησαν καὶ ἦραν αὐτὴν τῶν ἀγκώνων[1] καὶ ἀπῆλθαν, ὅπου καὶ ἡ καθέδρα,[2] πρὸς τὴν ἀνατολήν.[3] ἱλαρὰ[4] δὲ ἀπῆλθεν, καὶ ὑπάγουσα λέγει μοι· Ἀνδρίζου,[5] Ἑρμᾶ.[6]

5:1 (β΄ 1) Πορευομένου μου εἰς Κούμας[7] κατὰ τὸν καιρὸν ὃν καὶ πέρυσι,[8] περιπατῶν ἀνεμνήσθην[9] τῆς περυσινῆς[10] ὁράσεως,[11] καὶ πάλιν με αἴρει πνεῦμα καὶ ἀποφέρει[12] εἰς τὸν αὐτὸν τόπον ὅπου καὶ πέρυσι.[13] **2** ἐλθὼν οὖν εἰς τὸν τόπον τιθῶ τὰ γόνατα[14] καὶ ἠρξάμην προσεύχεσθαι τῷ Κυρίῳ καὶ δοξάζειν αὐτοῦ τὸ ὄνομα, ὅτι με ἄξιον ἡγήσατο[15] καὶ ἐγνώρισέν[16] μοι τὰς ἁμαρτίας μου τὰς πρότερον.[17] **3** μετὰ δὲ τὸ ἐγερθῆναί με ἀπὸ τῆς προσευχῆς βλέπω ἀπέναντί[18] μου τὴν πρεσβυτέραν ἣν καὶ πέρυσιν[19] ἑωράκειν, περιπατοῦσαν καὶ ἀναγινώκουσαν βιβλαρίδιον.[20] καὶ λέγει μοι· Δύνῃ ταῦτα τοῖς ἐκλεκτοῖς[21] τοῦ Θεοῦ ἀναγγεῖλαι;[22] λέγω αὐτῇ· Κυρία,[23] τοσαῦτα[24] μνημονεῦσαι[25] οὐ δύναμαι· δὸς δέ μοι τὸ βιβλίδιον,[26] ἵνα μεταγράψωμαι[27] αὐτό. Λάβε, φησίν, καὶ ἀποδώσεις μοι. **4** ἔλαβον ἐγώ, καὶ εἴς τινα τόπον τοῦ ἀγροῦ

---

[1] ἀγκών, ῶνος, ὁ, arm

[2] καθέδρα, ας, ἡ, chair

[3] ἀνατολή, ῆς, ἡ, east

[4] ἱλαρός, ά, όν, cheerful, glad

[5] ἀνδρίζομαι pres mid/pass impv 2s, conduct oneself in a courageous way

[6] Ἑρμᾶς, ᾶ, ὁ, Hermas

[7] Κοῦμαι, ῶν, αἱ, Cumae

[8] πέρυσι, adv, last year

[9] ἀναμιμνήσκω aor pass ind 1s, remembered

[10] περυσινός, ή, όν, of last year

[11] ὅρασις, εως, ἡ, vision

[12] ἀποφέρω pres act ind 3s, carry away

[13] πέρυσι, adv, last year

[14] γόνυ, ατος, τό, knee

[15] ἡγέομαι aor mid ind 3s, consider

[16] γνωρίζω aor act ind 3s, make known

[17] πρότερος, adv, former

[18] ἀπέναντι, impr prep, before

[19] πέρυσι, adv, last year

[20] βιβλαρίδιον, ου, τό, little scroll

[21] ἐκλεκτός, ή, όν, elect

[22] ἀναγγέλλω aor act inf, report

[23] κυρία, ας, ἡ, lady

[24] τοσοῦτος, αύτη, οῦτον, so many, so great

[25] μνημονεύω aor act inf, remember

[26] βιβλίδιον, ου, τό, little scroll

[27] μεταγράφω aor mid sub 1s, copy

ἀναχωρήσας[1] μετεγραψάμην[2] πάντα πρὸς γράμμα·[3] οὐχ ηὕρισκον γὰρ τὰς συλλαβάς.[4] τελέσαντος[5] οὖν τὰ γράμματα[6] τοῦ βιβλιδίου[7] ἐξαίφνης[8] ἡρπάγη[9] μου ἐκ τῆς χειρὸς τὸ βιβλίδιον·[10] ὑπὸ τίνος δὲ οὐκ εἶδον.

6:1 (β΄ 2) Μετὰ δὲ δέκα[11] καὶ πέντε ἡμέρας νηστεύσαντός[12] μου καὶ πολλὰ ἐρωτήσαντος τὸν Κύριον ἀπεκαλύφθη[13] μοι ἡ γνῶσις[14] τῆς γραφῆς. ἦν δὲ γεγραμμένα ταῦτα· **2** τὸ σπέρμα σου, Ἑρμᾶ,[15] ἠθέτησαν[16] εἰς τὸν Θεὸν καὶ ἐβλασφήμησαν εἰς τὸν Κύριον καὶ προέδωκαν[17] τοὺς γονεῖς[18] αὐτῶν ἐν πονηρίᾳ[19] μεγάλῃ, καὶ ἤκουσαν προδόται[20] γονέων[21] καὶ προδόντες[22] οὐκ ὠφελήθησαν,[23] ἀλλὰ ἔτι προσέθηκαν[24] ταῖς ἁμαρτίαις αὐτῶν τὰς ἀσελγείας[25] καὶ συμφυρμοὺς[26] πονηρίας,[27] καὶ οὕτως ἐπλήσθησαν[28] αἱ ἀνομίαι[29] αὐτῶν. **3** ἀλλὰ γνώρισον[30] ταῦτα τὰ ῥήματα τοῖς τέκνοις σου πᾶσιν καὶ τῇ συμβίῳ[31] σου τῇ μελλούσῃ σου ἀδελφῇ·[32] καὶ γὰρ

---

[1] ἀναχωρέω aor act ptcp m.s.nom., go away, depart
[2] μεταγράφω aor mid ind 1s, copy
[3] γράμμα, ματος, τό, letter
[4] συλλαμβάνω aor act ptcp f.p.acc., grasp, apprehend
[5] τελέω aor act ptcp n.s.gen., finish, complete
[6] γράμμα, ματος, τό, letter
[7] βιβλίδιον, ου, τό, little scroll
[8] ἐξαίφνης, adv, suddenly
[9] ἁρπάζω aor pass ind 3s, snatch
[10] βιβλίδιον, ου, τό, little scroll
[11] δέκα, ten
[12] νηστεύω aor act ptcp m.s.gen., fast
[13] ἀποκαλύπτω aor pass ind 3s, reveal
[14] γνῶσις, εως, ἡ, knowledge
[15] Ἑρμᾶς, ᾶ, ὁ, Hermas
[16] ἀθετέω aor act ind 3p, reject
[17] προδίδωμι aor act ind 3p, betray
[18] γονεύς, έως, ὁ, parent
[19] πονηρία, ας, ἡ, wickedness, sinfulness
[20] προδότης, ου, ὁ, traitor, betrayer
[21] γονεύς, έως, ὁ, parent
[22] προδίδωμι aor act ptcp m.p.nom., betray
[23] ὠφελέω aor pass ind 3p, benefit
[24] προστίθημι aor act ind 3p, add
[25] ἀσέλγεια, ας, ἡ, licentiousness
[26] συμφυρμός, οῦ, ὁ, sexual activities
[27] πονηρία, ας, ἡ, evil, wickedness
[28] πίμπλημι aor pass ind 3p, fill
[29] ἀνομία, ας, ἡ, lawless deeds
[30] γνωρίζω aor act impv 2s, make known
[31] σύμβιος, ον, wife
[32] ἀδελφή, ῆς, ἡ, sister

αὕτη οὐκ ἀπέχεται[1] τῆς γλώσσης, ἐν ᾗ πονηρεύεται·[2] ἀλλὰ ἀκούσασα τὰ ῥήματα ταῦτα ἀφέξεται,[3] καὶ ἕξει ἔλεος.[4] **4** μετὰ τὸ γνωρίσαι[5] σε ταῦτα τὰ ῥήματα αὐτοῖς ἃ ἐνετείλατό[6] μοι ὁ δεσπότης[7] ἵνα σοι ἀποκαλυφθῇ,[8] τότε ἀφίενται αὐτοῖς αἱ ἁμαρτίαι πᾶσαι ἃς πρότερον[9] ἥμαρτον, καὶ πᾶσιν τοῖς ἁγίοις τοῖς ἁμαρτήσασιν μέχρι[10] ταύτης τῆς ἡμέρας, ἐὰν ἐξ ὅλης τῆς καρδίας μετανοήσωσιν καὶ ἄρωσιν ἀπὸ τῆς καρδίας αὐτῶν τὰς διψυχίας.[11] **5** ὤμοσεν[12] γὰρ ὁ δεσπότης[13] κατὰ τῆς δόξης αὐτοῦ ἐπὶ τοὺς ἐκλεκτοὺς[14] αὐτοῦ· ἐὰν ὡρισμένης[15] τῆς ἡμέρας ταύτης ἔτι ἁμάρτησις[16] γένηται, μὴ ἔχειν αὐτοὺς σωτηρίαν· ἡ γὰρ μετάνοια[17] τοῖς δικαίοις ἔχει τέλος· πεπλήρωνται αἱ ἡμέραι μετανοίας[18] πᾶσιν τοῖς ἁγίοις· καὶ τοῖς δὲ ἔθνεσιν μετάνοιά[19] ἐστιν ἕως ἐσχάτης ἡμέρας. **6** ἐρεῖς οὖν τοῖς προηγουμένοις[20] τῆς ἐκκλησίας ἵνα κατορθώσωνται[21] τὰς ὁδοὺς αὐτῶν ἐν δικαιοσύνῃ, ἵνα ἀπολάβωσιν[22] ἐκ πλήρους[23] τὰς ἐπαγγελίας μετὰ πολλῆς δόξης. **7** ἐμμείνατε[24] οὖν οἱ ἐργαζόμενοι τὴν δικαιοσύνην καὶ μὴ διψυχήσητε,[25] ἵνα γένηται ὑμῶν ἡ πάροδος[26] μετὰ τῶν ἀγγέλων τῶν ἁγίων. μακάριοι ὑμεῖς ὅσοι ὑπομένετε[27] τὴν θλῖψιν τὴν

---

[1] ἀπέχω pres mid/pass ind 3s, control
[2] πονηρεύομαι pres mid/pass ind 3s, do wrong, commit sin
[3] ἀπέχω fut mid ind 3s, control
[4] ἔλεος, ους, τό, mercy
[5] γνωρίζω aor act inf, make known
[6] ἐντέλλω aor mid ind 3s, command, order
[7] δεσπότης, ου, ὁ, master, lord
[8] ἀποκαλύπτω aor pass sub 3s, reveal
[9] πρότερος, adv, formerly
[10] μέχρι, impr prep, until
[11] διψυχία, ας, ἡ, doubt
[12] ὀμνύω aor act ind 3s, swear, take an oath
[13] δεσπότης, ου, ὁ, master, lord
[14] ἐκλεκτός, ή, όν, elect

[15] ὁρίζω perf mid/pass ptcp f.s.gen., determine, set limits to, appoint
[16] ἁμάρτησις, εως, ἡ, sin
[17] μετάνοια, ας, ἡ, repentance
[18] μετάνοια, ας, ἡ, repentance
[19] μετάνοια, ας, ἡ, repentance
[20] προηγέομαι pres mid/pass ptcp m.p.dat., lead
[21] κατορθόω aor mid sub 3p, set straight, complete
[22] ἀπολαμβάνω aor act sub 3p, receive
[23] πλήρης, ες, full
[24] ἐμμένω aor act impv 2p, persevere in, remain
[25] διψυχέω aor act sub 2p, doubt
[26] πάροδος, ου, ἡ, passage
[27] ὑπομένω pres act ind 2p, endure

ἐρχομένην τὴν μεγάλην, καὶ ὅσοι οὐκ ἀρνήσονται τὴν ζωὴν αὐτῶν.
8 ὤμοσεν[1] γὰρ Κύριος κατὰ τοῦ υἱοῦ αὐτοῦ, τοὺς ἀρνησαμένους
τὸν Κύριον αὐτῶν ἀπεγνωρίσθαι[2] ἀπὸ τῆς ζωῆς αὐτῶν, τοὺς νῦν
μέλλοντας ἀρνεῖσθαι ταῖς ἐρχομέναις ἡμέραις· τοῖς δὲ πρότερον[3]
ἀρνησαμένοις διὰ τὴν πολυσπλαγχνίαν[4] ἵλεως[5] ἐγένετο αὐτοῖς.

7:1 (β΄ 3) Σὺ δέ, Ἑρμᾶ,[6] μηκέτι[7] μνησικακήσῃς[8] τοῖς τέκνοις
σου, μηδὲ τὴν ἀδελφήν[9] σου ἐάσῃς,[10] ἵνα καθαρισθῶσιν ἀπὸ τῶν
προτέρων[11] ἁμαρτιῶν αὐτῶν. παιδευθήσονται[12] γὰρ παιδείᾳ[13]
δικαίᾳ, ἐὰν σὺ μὴ μνησικακήσῃς[14] αὐτοῖς. μνησικακία[15] θάνατον
κατεργάζεται.[16] σὺ δέ, Ἑρμᾶ,[17] μεγάλας θλίψεις ἔσχες
ἰδιωτικὰς[18] διὰ τὰς παραβάσεις[19] τοῦ οἴκου σου, ὅτι οὐκ
ἐμέλησέν[20] σοι περὶ αὐτῶν. ἀλλὰ παρενεθυμήθης[21] καὶ ταῖς
πραγματείαις[22] σου συνανεφύρης[23] ταῖς πονηραῖς· **2** ἀλλὰ σῴζει
σε τὸ μὴ ἀποστῆναί[24] σε ἀπὸ Θεοῦ ζῶντος, καὶ ἡ ἁπλότης[25] σου
καὶ ἡ πολλὴ ἐγκράτεια·[26] ταῦτα σέσωκέν σε, ἐὰν ἐμμείνῃς, καὶ
πάντας σῴζει τοὺς τὰ τοιαῦτα ἐργαζομένους καὶ πορευομένους ἐν

---

[1] ὀμνύω aor act ind 3s, swear
[2] ἀπογνωρίζω perf mid/pass inf, reject
[3] πρότερος, adv, formerly
[4] πολυσπλαγχνία, ας, ἡ, great compassion, mercy
[5] ἵλεως, ων, gracious, merciful
[6] Ἑρμᾶς, ᾶ, ὁ, Hermas
[7] μηκέτι, adv, no longer
[8] μνησικακέω aor act sub 2s, bear a grudge
[9] ἀδελφή, ῆς, ἡ, sister
[10] ἐάω aor act sub 2s, let, permit
[11] πρότερος, α, ον, former
[12] παιδεύω fut pass ind 3p, discipline
[13] παιδεία, ας, ἡ, discipline
[14] μνησικακέω aor act sub 2s, bear a grudge
[15] μνησικακία, ας, ἡ, bearing a grudge, vengefulness
[16] κατεργάζομαι pres mid/pass ind 3s, produces
[17] Ἑρμᾶς, ᾶ, ὁ, Hermas
[18] ἰδιωτικός, ή, όν, private, one's own
[19] παράβασις, εως, ἡ, transgression
[20] μέλει aor act ind 3s, care, concern
[21] παρενθυμέω aor pass ind 2s, disregard, neglect
[22] πραγματεία, ας, ἡ, activity, occupation
[23] συναναφύρω aor pass ind 2s, entangle, involve
[24] ἀφίστημι aor act inf, fall away, withdraw
[25] ἁπλότης, ητος, ἡ, sincerity
[26] ἐγκράτεια, ας, ἡ, self-control

ἀκακίᾳ[1] καὶ ἁπλότητι.[2] οὗτοι κατισχύουσιν[3] πάσης πονηρίας[4] καὶ
παραμενοῦσιν[5] εἰς ζωὴν αἰώνιον. **3** μακάριοι πάντες οἱ
ἐργαζόμενοι τὴν δικαιοσύνην· οὐ διαφθαρήσονται[6] ἕως αἰῶνος.
4 ἐρεῖς δὲ Μαξίμῳ·[7] Ἰδοὺ θλῖψις ἔρχεται· ἐὰν σοι δόκῃ πάλιν
ἀρνεῖσθαι. Ἐγγὺς Κύριος τοῖς ἐπιστρεφομένοις, ὡς γέγραπται
ἐν τῷ Ἐλδὰδ[8] καὶ Μωδάτ,[9] τοῖς προφητεύσασιν[10] ἐν τῇ ἐρήμῳ τῷ
λαῷ.

8:1 (β΄ 4) Ἀπεκαλύφθη[11] δέ μοι, ἀδελφοί, κοιμωμένῳ[12] ὑπὸ
νεανίσκου[13] εὐειδεστάτου[14] λέγοντός μοι· Τὴν πρεσβυτέραν, παρ'
ἧς ἔλαβες τὸ βιβλίδιον,[15] τίνα δοκεῖς εἶναι; ἐγώ φημι· Τὴν
Σίβυλλαν.[16] Πλανᾶσαι, φησίν, οὐκ ἔστιν. Τίς οὖν ἐστιν; φημί. Ἡ
Ἐκκλησία, φησίν. εἶπον αὐτῷ· Διατί[17] οὖν πρεσβυτέρα; Ὅτι,
φησίν, πάντων πρώτη ἐκτίσθη·[18] διὰ τοῦτο πρεσβυτέρα, καὶ διὰ
ταύτην ὁ κόσμος κατηρτίσθη.[19] **2** μετέπειτα[20] δὲ ὅρασιν[21] εἶδον ἐν
τῷ οἴκῳ μου. ἦλθεν ἡ πρεσβυτέρα καὶ ἠρώτησέν με εἰ ἤδη τὸ
βιβλίον δέδωκα τοῖς πρεσβυτέροις. ἠρνησάμην δεδωκέναι. καλῶς,
φησίν, πεποίηκας· ἔχω γὰρ ῥήματα προσθεῖναι.[22] ὅταν οὖν
ἀποτελέσω[23] τὰ ῥήματα πάντα, διὰ σοῦ γνωρισθήσεται[24] τοῖς
ἐκλεκτοῖς[25] πᾶσιν. **3** γράψεις οὖν δύο βιβλαρίδια[26] καὶ πέμψεις ἐν

---

[1] ἀκακία, ας, ἡ, innocence
[2] ἁπλότης, ητος, ἡ, sincerity
[3] κατισχύω pres act ind 3p, prevail
[4] πονηρία, ας, ἡ, evil, wickedness
[5] παραμένω fut act ind 3p, endure
[6] διαφθείρω fut pass ind 3p, destroy
[7] Μάξιμος, ου, ὁ, Maximus
[8] Ἐλδάδ, ὁ, Eldad
[9] Μωδάτ, ὁ, Modad
[10] προφητεύω aor act ptcp m.s.dat., prophesy
[11] ἀποκαλύπτω aor pass ind 3s, reveal
[12] κοιμάω pres mid/pass ptcp m.s.dat., sleep
[13] νεανίσκος, ου, ὁ, young man
[14] εὐειδής, ές, very handsome
[15] βιβλίδιον, ου, τό, little scroll
[16] Σίβυλλα, ης, ἡ, the Sibyl
[17] διατί, conj, why
[18] κτίζω aor pass ind 3s, create
[19] καταρτίζω aor pass ind 3s, pre-pare, create, make
[20] μετέπειτα, adv, afterwards
[21] ὅρασις, εως, ἡ, vision
[22] προστίθημι aor act inf, add
[23] ἀποτελέω fut act ind 1s, finish
[24] γνωρίζω fut pass ind 3s, make known
[25] ἐκλεκτός, ή, όν, elect
[26] βιβλαρίδιον, ου, τό, little scroll

Κλήμεντι[1] καὶ ἐν Γραπτῇ.[2] πέμψει οὖν Κλήμης[3] εἰς τὰς ἔξω πόλεις, ἐκείνῳ γὰρ ἐπιτέτραπται.[4] Γραπτὴ[5] δὲ νουθετήσει[6] τὰς χήρας[7] καὶ τοὺς ὀρφανούς.[8] σὺ δὲ ἀναγνώσῃ εἰς ταύτην τὴν πόλιν μετὰ τῶν πρεσβυτέρων τῶν προϊσταμένων[9] τῆς ἐκκλησίας.

9:1 (γ΄ 1) Ἣν εἶδον, ἀδελφοί, τοιαύτη. **2** νηστεύσας[10] πολλάκις[11] καὶ δεηθεὶς[12] τοῦ Κυρίου ἵνα μοι φανερώσῃ τὴν ἀποκάλυψιν[13] ἣν μοι ἐπηγγείλατο[14] δεῖξαι διὰ τῆς πρεσβυτέρας ἐκείνης, αὐτῇ τῇ νυκτὶ ὤφθη μοι ἡ πρεσβυτέρα καὶ εἶπέν μοι· Ἐπεὶ[15] οὕτως ἐνδεής[16] εἶ καὶ σπουδαῖος[17] εἰς τὸ γνῶναι πάντα, ἐλθὲ εἰς τὸν ἀγρὸν ὅπου χρονίζεις,[18] καὶ περὶ ὥραν πέμπτην[19] ἐμφανισθήσομαί[20] σοι καὶ δείξω σοι ἃ δεῖ σε ἰδεῖν. **3** ἠρώτησα αὐτὴν λέγων· Κυρία,[21] εἰς ποῖον τόπον τοῦ ἀγροῦ; Ὅπου, φησίν, θέλεις. ἐξελεξάμην[22] τόπον καλὸν ἀνακεχωρηκότα.[23] πρὶν[24] δὲ λαλῆσαι αὐτῇ καὶ εἰπεῖν τὸν τόπον, λέγει μοι· Ἥξω[25] ἐκεῖ ὅπου θέλεις. **4** ἐγενόμην οὖν, ἀδελφοί, εἰς τὸν ἀγρόν, καὶ συνεψήφισα[26] τὰς ὥρας, καὶ ἦλθον εἰς τὸν τόπον ὅπου διεταξάμην[27] αὐτῇ ἐλθεῖν, καὶ

---

[1] Κλήμης, εντος, ὁ, Clement
[2] Γραπτή, ῆς, ἡ, Grapte
[3] Κλήμης, εντος, τό, Clement
[4] ἐπιτρέπω perf mid/pass ind 3s, permit, order
[5] Γραπτή, ῆς, ἡ, Grapte
[6] νουθετέω fut act ind 3s, admonish, warn, instruct
[7] χήρα, ας, ἡ, widow
[8] ὀρφανός, οῦ, ὁ, orphan
[9] προΐστημι pres mid/pass ptcp m.p.gen., rule, direct, be at head of
[10] νηστεύω aor act ptcp m.s.nom., fast
[11] πολλάκις, adv, many times, often
[12] δέομαι aor pass ptcp m.s.nom., ask, request
[13] ἀποκάλυψις, εως, ἡ, reveal
[14] ἐπαγγέλλομαι aor mid ind 3s, promise

[15] ἐπεί, conj, since, because
[16] ἐνδεής, ές, poorly instructed
[17] σπουδαῖος, α, ον, eager, zealous
[18] χρονίζω pres act ind 2s, stay
[19] πέμπτος, η, ον, fifth
[20] ἐμφανίζω fut pass ind 1s, make visible
[21] κυρία, ας, ἡ, lady
[22] ἐκλέγομαι aor mid ind 1s, choose
[23] ἀναχωρέω perf act ptcp m.s.acc., go away
[24] πρίν, conj, before
[25] ἥκω fut act ind 1s, go
[26] συμψηφίζω aor act ind 1s, estimate, count
[27] διατάσσω aor mid ind 1s, order, instruct

βλέπω συμψέλιον[1] κείμενον[2] ἐλεφάντινον,[3] καὶ ἐπὶ τοῦ συμψελίου[4] ἔκειτο[5] κερβικάριον[6] λινοῦν,[7] καὶ ἐπάνω[8] λέντιον[9] ἐξηπλωμένον[10] λινοῦν[11] καρπάσιον.[12] **5** ἰδὼν ταῦτα κείμενα[13] καὶ μηδένα ὄντα ἐν τῷ τόπῳ ἔκθαμβος[14] ἐγενόμην, καὶ ὡσεὶ[15] τρόμος[16] με ἔλαβεν, καὶ αἱ τρίχες[17] μου ὀρθαί·[18] καὶ ὡσεὶ[19] φρίκη[20] μοι προσῆλθεν, μόνου μου ὄντος. ἐν ἐμαυτῷ οὖν γενόμενος καὶ μνησθεὶς[21] τῆς δόξης τοῦ Θεοῦ καὶ λαβὼν θάρσος,[22] θεὶς τὰ γόνατα[23] ἐξωμολογούμην[24] τῷ Κυρίῳ πάλιν τὰς ἁμαρτίας μου ὡς καὶ πρότερον.[25] **6** ἡ δὲ ἦλθεν μετὰ νεανίσκων[26] ἕξ,[27] οὓς καὶ πρότερον[28] ἑωράκειν, καὶ ἐπεστάθη[29] μοι καὶ κατηκροᾶτο[30] προσευχομένου καὶ ἐξομολογουμένου[31] τῷ Κυρίῳ τὰς ἁμαρτίας μου. καὶ ἁψαμένη μου λέγει· Ἑρμᾶ,[32] παῦσαι[33] περὶ τῶν ἁμαρτιῶν σου πάντα ἐρωτῶν· ἐρώτα καὶ περὶ δικαιοσύνης ἵνα λάβῃς μέρος τι ἐξαυτῆς[34] εἰς τὸν οἶκόν σου. **7** καὶ ἐξεγείρει[35] με τῆς χειρὸς καὶ

---

[1] συμψέλιον, ου, τό, bench

[2] κεῖμαι pres mid/pass ptcp n.s.acc., lie, recline

[3] ἐλεφάντινος, η, ον, of ivory

[4] συμψέλιον, ου, τό, bench

[5] κεῖμαι imp mid/pass ind 3s, lie, recline

[6] κερβικάριον, ου, τό, pillow

[7] λινοῦς, ῆ, οῦν, made of linen

[8] ἐπάνω, adv, above

[9] λινοῦς, ῆ, οῦν, made of linen

[10] ἐξαπλόω perf mid/pass ptcp n.s.acc., spread out, unfold

[11] λινοῦς, ῆ, οῦν, made of linen

[12] καρπάσιον, η, ον, made of fine flax

[13] κεῖμαι pres mid/pass ptcp n.p.acc., lie, recline

[14] ἔκθαμβος, ον, utterly astonished

[15] ὡσεί, conj, as, like

[16] τρόμος, ου, ὁ, trembling, quivering

[17] θρίξ, τριχός, ἡ, hair

[18] ὀρθός, ή, όν, straight, correct

[19] ὡσεί, conj, as, like

[20] φρίκη, ης, ἡ, shudder, trembling

[21] μιμνήσκομαι aor pass ptcp m.s.nom., remember

[22] θάρσος, ους, τό, courage

[23] γόνυ, ατος, τό, knee

[24] ἐξομολογέω imp mid/pass ind 1s, confess

[25] πρότερος, adv, formerly, before

[26] νεανίσκος, ου, ὁ, young man, youth

[27] ἕξ, six

[28] πρότερος, adv, formerly, before

[29] ἐφίστημι aor pass ind 3s, stand

[30] κατακροάομαι imp mid/pass ind 3s, listen attentively

[31] ἐξομολογέω pres mid/pass ptcp m.s.gen., confess

[32] Ἑρμᾶς, ᾶ, ὁ, Hermas

[33] παύω aor mid impv 2s, stop

[34] ἐξαυτῆς, adv, at once, immediately, soon thereafter

[35] ἐξεγείρω pres act ind 3s, raise up

ἄγει με πρὸς τὸ συμψέλιον,[1] καὶ λέγει τοῖς νεανίσκοις·[2] Ὑπάγετε
καὶ οἰκοδομεῖτε. 8 καὶ μετὰ τὸ ἀναχωρῆσαι[3] τοὺς νεανίσκους[4] καὶ
μόνων ἡμῶν γεγονότων λέγει μοι· Κάθισον ὧδε. λέγω αὐτῇ·
Κυρία,[5] ἄφες τοὺς πρεσβυτέρους πρῶτον καθίσαι. Ὅ σοι λέγω,
φησίν, κάθισον. 9 θέλοντος οὖν μου καθίσαι εἰς τὰ δεξιὰ μέρη
οὐκ εἴασέν[6] με, ἀλλ᾽ ἐννεύει[7] μοι τῇ χειρὶ ἵνα εἰς τὰ ἀριστερὰ[8]
μέρη καθίσω. διαλογιζομένου[9] μου οὖν καὶ λυπουμένου[10] ὅτι οὐκ
εἴασέν[11] με εἰς τὰ δεξιὰ μέρη καθίσαι, λέγει μοι· Λυπῇ,[12] Ἑρμᾶ;[13]
ὁ εἰς τὰ δεξιὰ μέρη τόπος ἄλλων ἐστίν, τῶν ἤδη εὐαρεστηκότων[14]
τῷ Θεῷ καὶ παθόντων εἴνεκα[15] τοῦ ὀνόματος· σοὶ δὲ πολλὰ
λείπει[16] ἵνα μετ᾽ αὐτῶν καθίσῃς· ἀλλ᾽ ὡς ἐμμένεις[17] τῇ ἁπλότητί[18]
σου, μεῖνον, καὶ καθιῇ μετ᾽ αὐτῶν, καὶ ὅσοι ἐὰν ἐργάσωνται τὰ
ἐκείνων ἔργα καὶ ὑπενέγκωσιν[19] ἃ καὶ ἐκεῖνοι ὑπήνεγκαν.[20]

10:1 (γ´ 2) Τί, φημί, ὑπήνεγκαν;[21] Ἄκουε, φησίν· μάστιγας,[22]
φυλακάς, θλίψεις μεγάλας, σταυρούς,[23] θηρία εἴνεκεν τοῦ
ὀνόματος· διὰ τοῦτο ἐκείνων[24] ἐστὶν τὰ δεξιὰ μέρη τοῦ
ἁγιάσματος,[25] καὶ ὃς ἐὰν πάθῃ διὰ τὸ ὄνομα· τῶν δὲ λοιπῶν τὰ

---

[1] συμψέλιον, ου, τό bench
[2] νεανίσκος, ου, ὁ, young man, youth
[3] ἀναχωρέω aor act inf, go away
[4] νεανίσκος, ου, ὁ, young men, youth
[5] κυρία, ας, ἡ, lady
[6] ἐάω aor act ind 3s, let, permit
[7] ἐννεύω pres act ind 3s, make signs
[8] ἀριστερός, α, ον, left
[9] διαλογίζομαι pres mid/pass ptcp m.s.gen., consider
[10] λυπέω pres mid/pass ptcp m.s.gen., be sad, distressed
[11] ἐάω aor act ind 3s, let, permit
[12] λυπέω pres mid/pass ind 2s, be sad, distressed
[13] Ἑρμᾶς, ᾶ, ὁ, Hermas
[14] εὐαρεστέω perf act ptcp m.p.gen., please
[15] ἕνεκα, prep, because of, for the sake of
[16] λείπω pres act ind 3s, fall short, lack
[17] ἐμμένω pres act ind 2s, persevere in, remain
[18] ἁπλότης, τος, ἡ, sincerity
[19] ὑποφέρω aor act sub 3p, endure, bear
[20] ὑποφέρω aor act ind 3p, endure, bear
[21] ὑποφέρω aor act ind 3p, endure, bear
[22] μάστιξ, γος, ἡ, scourge
[23] σταυρός, οῦ, ὁ, cross
[24] ἕνεκα, prep, because of, for the sake of
[25] ἁγίασμα, ματος, τό, sanctuary

ἀριστερὰ[1] μέρη ἐστίν. ἀλλὰ ἀμφοτέρων,[2] καὶ τῶν ἐκ δεξιῶν καὶ τῶν ἐξ ἀριστερῶν[3] καθημένων, τὰ αὐτὰ δῶρα[4] καὶ αἱ αὐταὶ ἐπαγγελίαι· μόνον ἐκεῖνοι ἐκ δεξιῶν κάθηνται καὶ ἔχουσιν δόξαν τινά. **2** σὺ δὲ κατεπίθυμος[5] εἶ καθίσαι ἐκ δεξιῶν μετ᾽ αὐτῶν, ἀλλὰ τὰ ὑστερήματά[6] σου πολλά· καθαρισθήσῃ δὲ ἀπὸ τῶν ὑστερημάτων[7] σου· καὶ πάντες δὲ οἱ μὴ διψυχοῦντες[8] καθαρισθήσονται ἀπὸ πάντων τῶν ἁμαρτημάτων[9] εἰς ταύτην τὴν ἡμέραν. **3** ταῦτα εἴπασα ἤθελεν ἀπελθεῖν· πεσὼν δὲ αὐτῆς πρὸς τοὺς πόδας ἠρώτησα αὐτὴν κατὰ τοῦ Κυρίου ἵνα μοι ἐπιδείξῃ[10] ὃ ἐπηγγείλατο[11] ὅραμα.[12] **4** ἡ δὲ πάλιν ἐπελάβετό[13] μου τῆς χειρὸς καὶ ἐγείρει με καὶ καθίζει ἐπὶ τὸ συμψέλιον[14] ἐξ εὐωνύμων·[15] ἐκαθέζετο[16] δὲ καὶ αὐτὴ ἐκ δεξιῶν. καὶ ἐπάρασα[17] ῥάβδον[18] τινὰ λαμπρὰν[19] λέγει μοι· Βλέπεις μέγα πρᾶγμα;[20] λέγω αὐτῇ· Κυρία,[21] οὐδὲν βλέπω. λέγει μοι· Σύ, ἰδοὺ οὐχ ὁρᾷς κατέναντί[22] σου πύργον[23] μέγαν οἰκοδομούμενον ἐπὶ ὑδάτων λίθοις τετραγώνοις[24] λαμπροῖς;[25] **5** ἐν τετραγώνῳ[26] δὲ ᾠκοδομεῖτο ὁ πύργος[27] ὑπὸ τῶν ἓξ[28] νεανίσκων[29] τῶν ἐληλυθότων μετ᾽ αὐτῆς· ἄλλαι δὲ μυριάδες[30]

---

[1] ἀριστερός, ά, όν, left
[2] ἀμφότεροι, αι, α, both
[3] ἀριστερός, ά, όν, left
[4] δῶρον, ου, τό, gift
[5] κατεπίθυμος, ον, very eager, desirous
[6] ὑστέρημα, ματος, τό, lack, shortcoming
[7] ὑστέρημα, ματος, τό, lack, shortcoming
[8] διψυχέω pres act ptcp m.p.nom., be undecided, changeable
[9] ἁμάρτημα, ματος, τό, sin
[10] ἐπιδείκνυμι aor act sub 3s, show
[11] ἐπαγγέλλω aor mid ind 3s, promise
[12] ὅραμα, ματος, τό, vision
[13] ἐπιλαμβάνομαι aor mid ind 3s, take
[14] συμψέλιον, ου, τό, bench
[15] εὐώνυμος, ον, left
[16] καθέζομαι imp mid/pass ind 3s, sit
[17] ἐπαίρω aor act ptcp f.s.nom., lift up
[18] ῥάβδος, ου, ἡ, rod, staff
[19] λαμπρός, ά, όν, bright
[20] πρᾶγμα, ματος, τό, deed, thing
[21] κυρία, ας, ἡ, lady
[22] κατέναντι, impr prep, in the sight of, before
[23] πύργος, ου, ὁ, tower
[24] τετράγωνος, ον, square
[25] λαμπρός, ά, όν, bright
[26] τετράγωνος, ον, square
[27] πύργος, ου, ὁ, tower
[28] ἕξ, six
[29] νεανίσκος, ου, ὁ, young man, youth
[30] μυριάς, δος, ἡ, myriads, countless

ἀνδρῶν παρέφερον[1] λίθους, οἱ μὲν ἐκ τοῦ βυθοῦ,[2] οἱ δὲ ἐκ τῆς γῆς, καὶ ἐπεδίδουν[3] τοῖς ἐξ[4] νεανίσκοις.[5] ἐκεῖνοι δὲ ἐλάμβανον καὶ ᾠκοδόμουν· **6** τοὺς μὲν ἐκ τοῦ βυθοῦ[6] λίθους ἑλκομένους[7] πάντας οὕτως ἐτίθεσαν εἰς τὴν οἰκοδομήν·[8] ἡρμοσμένοι[9] γὰρ ἦσαν καὶ συνεφώνουν[10] τῇ ἁρμογῇ[11] μετὰ τῶν ἑτέρων λίθων· καὶ οὕτως ἐκολλῶντο[12] ἀλλήλοις, ὥστε τὴν ἁρμογὴν[13] αὐτῶν μὴ φαίνεσθαι· ἐφαίνετο δὲ ἡ οἰκοδομὴ[14] τοῦ πύργου[15] ὡς ἐξ ἑνὸς λίθου ᾠκοδομημένη. **7** τοὺς δὲ ἑτέρους λίθους τοὺς φερομένους ἀπὸ τῆς ξηρᾶς[16] τοὺς μὲν ἀπέβαλλον,[17] τοὺς δὲ ἐτίθουν εἰς τὴν οἰκοδομήν·[18] ἄλλους δὲ κατέκοπτον[19] καὶ ἔρριπτον[20] μακρὰν[21] ἀπὸ τοῦ πύργου.[22] **8** ἄλλοι δὲ λίθοι πολλοὶ κύκλῳ[23] τοῦ πύργου[24] ἔκειντο,[25] καὶ οὐκ ἐχρῶντο[26] αὐτοῖς εἰς τὴν οἰκοδομήν·[27] ἦσαν γὰρ τινες ἐξ αὐτῶν ἐψωριακότες,[28] ἕτεροι δὲ σχισμὰς[29] ἔχοντες, ἄλλοι δὲ κεκολοβωμένοι,[30] ἄλλοι δὲ λευκοὶ[31] καὶ στρογγύλοι,[32] μὴ ἁρμόζοντες[33] εἰς τὴν οἰκοδομήν.[34] **9** ἔβλεπον δὲ ἑτέρους λίθους

---

[1] παραφέρω imp act ind 3p, bring up
[2] βυθός, οῦ, ὁ, depth of the sea, deep water
[3] ἐπιδίδωμι imp act ind 3p, give
[4] ἕξ, six
[5] νεανίσκος, ου, ὁ, young man, youth
[6] βυθός, οῦ, ὁ, depth of the sea, deep water
[7] ἕλκω pres mid/pass ptcp m.p.acc., drag
[8] οἰκοδομή, ῆς, ἡ, building
[9] ἁρμόζω perf mid/pas ptcp m.p.nom., fit, join
[10] συμφωνέω imp act ind 3p, be in agreement, be in harmony
[11] ἁρμογή, ῆς, ἡ, joint
[12] κολλάω imp act ind 3p, bind closely, cling to
[13] ἁρμογή, ῆς, ἡ, joint
[14] οἰκοδομή, ῆς, ἡ, building
[15] πύργος, ου, ὁ, tower
[16] ξηρός, ά, όν, dry

[17] ἀποβάλλω imp act ind 3p, throw away
[18] οἰκοδομή, ῆς, ἡ, building
[19] κατακόπτω imp act ind 3p, break in pieces
[20] ῥίπτω imp act ind 3p, throw
[21] μακράν, adv, far
[22] πύργος, ου, ὁ, tower
[23] κύκλῳ, impr prep, around
[24] πύργος, ου, ὁ, tower
[25] κεῖμαι imp mid/pass ind 3p, lie
[26] χράομαι imp mid/pass ind 3p, use
[27] οἰκοδομή, ῆς, ἡ, building
[28] ψωριάω perf act ptcp m.p.nom., have a rough surface
[29] σχισμή, ῆς, ἡ, crack
[30] κολοβόω perf mid/pass m.p.nom., shorten
[31] λευκός, ή, όν, white
[32] στρογγύλος, η, ον, round
[33] ἁρμόζω pres act ptcp m.p.nom., fit
[34] οἰκοδομή, ῆς, ἡ, building

ῥιπτομένους[1] μακρὰν[2] ἀπὸ τοῦ πύργου[3] καὶ ἐρχομένους εἰς τὴν ὁδὸν καὶ μὴ μένοντας ἐν τῇ ὁδῷ, ἀλλὰ κυλιομένους[4] εἰς τὴν ἀνοδίαν·[5] ἑτέρους δὲ ἐπὶ πῦρ ἐμπίπτοντας[6] καὶ καιομένους·[7] ἑτέρους δὲ πίπτοντας ἐγγὺς ὑδάτων καὶ μὴ δυναμένους κυλισθῆναι[8] εἰς τὸ ὕδωρ, καίπερ[9] θελόντων κυλισθῆναι[10] καὶ ἐλθεῖν εἰς τὸ ὕδωρ.

11:1 (γ΄ 3) Δείξασά μοι ταῦτα ἤθελεν ἀποτρέχειν.[11] λέγω αὐτῇ· Κυρία,[12] τί μοι ὄφελος[13] ταῦτα ἑωρακότι καὶ μὴ γινώσκοντι τί ἐστιν τὰ πράγματα;[14] ἀποκριθεῖσά μοι λέγει· Πανοῦργος[15] εἶ ἄνθρωπος, θέλων γινώσκειν τὰ περὶ τὸν πύργον.[16] Ναί, φημί, κυρία,[17] ἵνα τοῖς ἀδελφοῖς ἀναγγείλω,[18] καὶ ἱλαρώτεροι[19] γένωνται, καὶ ταῦτα ἀκούσαντες γινώσκωσιν τὸν Κύριον ἐν πολλῇ δόξῃ. **2** ἡ δὲ ἔφη· Ἀκούσονται μὲν πολλοί· ἀκούσαντες δέ τινες ἐξ αὐτῶν χαρήσονται, τινὲς δὲ κλαύσονται· ἀλλὰ καὶ οὗτοι, ἐὰν ἀκούσωσιν καὶ μετανοήσωσιν, καὶ αὐτοὶ χαρήσονται. ἄκουε οὖν τὰς παραβολὰς τοῦ πύργου·[20] ἀποκαλύψω[21] γάρ σοι πάντα. καὶ μηκέτι[22] μοι κόπους[23] πάρεχε[24] περὶ ἀποκαλύψεως·[25] αἱ γὰρ ἀποκαλύψεις[26] αὗται τέλος ἔχουσιν· πεπληρωμέναι γάρ εἰσιν.

---

[1] ῥίπτω pres mid/pass ptcp m.p.acc., throw

[2] μακράν, adv, far

[3] πύργος, ου, ὁ, tower

[4] κυλίω pres mid/pass ptcp m.p.acc., roll

[5] ἀνοδία, ας, ἡ, wasteland

[6] ἐμπίπτω pres act ptcp m.p.acc., fall

[7] καίω pres mid/pass ptcp m.p.acc., to light on fire, to burn

[8] κυλίω aor pass inf, roll

[9] καίπερ, conj, although

[10] κυλίω aor pass inf, roll

[11] ἀποτρέχω pres act inf, hurry away

[12] κυρία, ας, ἡ, lady

[13] ὄφελος, ους, τό, benefit, good

[14] πρᾶγμα, ματος, τό, deed, thing

[15] πανοῦργος, ον, crafty, clever

[16] πύργος, ου, ὁ, tower

[17] κυρία, ας, ἡ, lady

[18] ἀναγγέλλω aor act sub 1s, report, announce

[19] ἱλαρός, ά, όν, cheer, glad, happy

[20] πύργος, ου, ὁ, tower

[21] ἀποκαλύπτω fut act ind 1s, reveal

[22] μηκέτι, adv, no longer

[23] κόπος, ου, ὁ, trouble

[24] παρέχω pres act impv 2s, cause, make happen

[25] ἀποκάλυψις, εως, ἡ, revelation

[26] ἀποκάλυψις, εως, ἡ, revelation

ἀλλ' οὐ παύσῃ[1] αἰτούμενος ἀποκαλύψεις·[2] ἀναιδὴς[3] γὰρ εἶ. **3** ὁ μὲν πύργος[4] ὃν βλέπεις οἰκοδομούμενον ἐγώ εἰμι, ἡ Ἐκκλησία, ἡ ὀφθεῖσά σοι καὶ νῦν καὶ τὸ πρότερον·[5] ὃ ἂν οὖν θελήσῃς ἐπερώτα περὶ τοῦ πύργου,[6] καὶ ἀποκαλύψω[7] σοι, ἵνα χαρῇς μετὰ τῶν ἁγίων. **4** λέγω αὐτῇ· Κυρία,[8] ἐπεὶ[9] ἅπαξ[10] ἄξιόν με ἡγήσω[11] τοῦ πάντα μοι ἀποκαλύψαι,[12] ἀποκάλυψον.[13] ἡ δὲ λέγει μοι· Ὃ ἐὰν ἐνδέχηταί[14] σοι ἀποκαλυφθῆναι,[15] ἀποκαλυφθήσεται.[16] μόνον ἡ καρδία σου πρὸς τὸν Θεὸν ἤτω καὶ μὴ διψυχήσεις[17] ὃ ἂν ἴδῃς. **5** ἐπηρώτησα αὐτήν· Διατί[18] ὁ πύργος[19] ἐπὶ ὑδάτων ᾠκοδόμηται, Κυρία;[20] Εἶπά σοι, φησίν, καὶ τὸ πρότερον,[21] καὶ ἐκζητεῖς[22] ἐπιμελῶς·[23] ἐκζητῶν[24] οὖν εὑρίσκεις τὴν ἀλήθειαν. διατί[25] οὖν ἐπὶ ὑδάτων ᾠκοδόμηται ὁ πύργος,[26] ἄκουε· ὅτι ἡ ζωὴ ὑμῶν διὰ ὕδατος ἐσώθη καὶ σωθήσεται. τεθεμελίωται[27] δὲ ὁ πύργος[28] τῷ ῥήματι τοῦ παντοκράτορος[29] καὶ ἐνδόξου[30] ὀνόματος, κρατεῖται δὲ ὑπὸ τῆς ἀοράτου[31] δυνάμεως τοῦ δεσπότου.[32]

---

[1] παύω fut mid ind 2s, stop, cease

[2] ἀποκάλυψις, εως, ἡ, revelation

[3] ἀναιδής, ές, shameless, bold

[4] πύργος, ου, ὁ, tower

[5] πρότερος, adv, formerly, before

[6] πύργος, ου, ὁ, tower

[7] ἀποκαλύπτω fut act ind 1s, reveal

[8] κυρία, ας, ἡ, lady

[9] ἐπεί, conj, since, because

[10] ἅπαξ, adv, once

[11] ἡγέομαι aor mid ind 2s, think, consider

[12] ἀποκαλύπτω aor act inf, reveal

[13] ἀποκαλύπτω aor act impv 2s, reveal

[14] ἐνδέχομαι pres mid/pass sub 3s, it is possible

[15] ἀποκαλύπτω aor pass inf, reveal

[16] ἀποκαλύπτω fut pass ind 3s, reveal

[17] διψυχέω fut act ind 2s, be undecided, be changeable

[18] διατί, conj, why

[19] πύργος, ου, ὁ, tower

[20] κυρία, ας, ἡ, lady

[21] πρότερος, adv, formerly, before

[22] ἐκζητέω pres act ind 2s, seek out, search for

[23] ἐπιμελῶς, adv, carefully, diligently

[24] ἐκζητέω pres act ptcp m.s.nom., seek out, search for

[25] διατί, conj, why

[26] πύργος, ου, ὁ, tower

[27] θεμελιόω perf mid/pass ind 3s, lay a foundation, establish

[28] πύργος, ου, ὁ, tower

[29] παντοκράτωρ, ορος, ὁ, almighty

[30] ἔνδοξος, η, ον, glorious, honored

[31] ἀόρατος, ον, invisible, unseen

[32] δεσπότης, ου, ὁ, master

12:1 (γ΄ 4) Ἀποκριθεὶς λέγω αὐτῇ· Κυρία,[1] μεγάλως[2] καὶ θαυμαστῶς[3] ἔχει τὸ πρᾶγμα[4] τοῦτο. οἱ δὲ νεανίσκοι[5] οἱ ἓξ[6] οἱ οἰκοδομοῦντες τίνες εἰσίν, Κυρία;[7] Οὗτοί εἰσιν οἱ ἅγιοι ἄγγελοι τοῦ Θεοῦ οἱ πρῶτοι κτισθέντες,[8] οἷς παρέδωκεν ὁ Κύριος πᾶσαν τὴν κτίσιν αὐτοῦ, αὔξειν[9] καὶ οἰκοδομεῖν καὶ δεσπόζειν[10] τῆς κτίσεως[11] πάσης. διὰ τούτων οὖν τελεσθήσεται ἡ οἰκοδομὴ[12] τοῦ πύργου.[13] **2** Οἱ δὲ ἕτεροι οἱ παραφέροντες[14] τοὺς λίθους τίνες εἰσίν; Καὶ αὐτοὶ ἅγιοι ἄγγελοι τοῦ Θεοῦ· οὗτοι δὲ οἱ ἓξ[15] ὑπερέχοντες[16] αὐτούς εἰσιν. συντελεσθήσεται[17] οὖν ἡ οἰκοδομὴ[18] τοῦ πύργου,[19] καὶ πάντες ὁμοῦ[20] εὐφρανθήσονται[21] κύκλῳ[22] τοῦ πύργου[23] καὶ δοξάσουσιν τὸν Θεόν, ὅτι ἐτελέσθη[24] ἡ οἰκοδομὴ[25] τοῦ πύργου.[26] **3** ἐπηρώτησα αὐτὴν λέγων· Κυρία,[27] ἤθελον γνῶναι τῶν λίθων τὴν ἔξοδον[28] καὶ τὴν δύναμιν αὐτῶν, ποταπή[29] ἐστιν. ἀποκριθεῖσά μοι λέγει· Οὐχ ὅτι σὺ ἐκ πάντων ἀξιώτερος εἶ ἵνα

---

[1] κυρία, ας, ἡ, lady
[2] μεγάλως, adv, greatly
[3] θαυμαστῶς, adv, wonderful
[4] πρᾶγμα, ματος, τό, deed, thing
[5] νεανίσκος, ου, ὁ, young man, youth
[6] ἕξ, six
[7] κυρία, ας, ἡ, lady
[8] κτίζω aor pass ptcp m.p.nom., create
[9] αὔξω pres act inf, grow, increase
[10] δεσπόζω pres act inf, be lord, master
[11] κτίσις, εως, ἡ, creation
[12] οἰκοδομή, ῆς, ἡ, building, construction
[13] πύργος, ου, ὁ, tower
[14] παραφέρω pres act ptcp m.p.nom., bring up
[15] ἕξ, six
[16] ὑπερέχω pres act ptcp m.p.nom., be better than, surpass, excel
[17] συντελέω fut pass ind 3s, complete, bring to an end
[18] οἰκοδομή, ῆς, ἡ, building, construction
[19] πύργος, ου, ὁ, tower
[20] ὁμοῦ, adv, together
[21] εὐφραίνω fut pass ind 3p, be glad, rejoice
[22] κύκλῳ, adv, around
[23] πύργος, ου, ὁ, tower
[24] τελέω aor pass ind 3s, complete, finish
[25] οἰκοδομή, ῆς, ἡ, building, construction
[26] πύργος, ου, ὁ, tower
[27] κυρία, ας, ἡ, lady
[28] ἔξοδος, ου, ἡ, departure, path, course
[29] ποταπός, ή, όν, of what sort, kind

σοι ἀποκαλυφθῇ·[1] ἄλλοι γάρ σου πρότεροί[2] εἰσιν καὶ βελτιόνές[3] σου, οἷς ἔδει ἀποκαλυφθῆναι[4] τὰ ὁράματα[5] ταῦτα· ἀλλ' ἵνα δοξασθῇ τὸ ὄνομα τοῦ Θεοῦ, σοὶ ἀπεκαλύφθη[6] καὶ ἀποκαλυφ-θήσεται[7] διὰ τοὺς διψύχους,[8] τοὺς διαλογιζομένους[9] ἐν ταῖς καρδίαις αὐτῶν εἰ ἄρα ἔστιν ταῦτα ἢ οὐκ ἔστιν. λέγε αὐτοῖς ὅτι ταῦτα πάντα ἐστὶν ἀληθῆ[10] καὶ οὐθὲν ἔξωθέν[11] ἐστιν τῆς ἀληθείας, ἀλλὰ πάντα ἰσχυρὰ[12] καὶ βέβαια[13] καὶ τεθεμελιωμένα[14] ἐστίν.

13:1 (γ´ 5) Ἄκουε νῦν περὶ τῶν λίθων τῶν ὑπαγόντων εἰς τὴν οἰκοδομήν.[15] οἱ μὲν οὖν λίθοι οἱ τετράγωνοι[16] καὶ λευκοὶ[17] καὶ συμφωνοῦντες[18] ταῖς ἁρμογαῖς[19] αὐτῶν, οὗτοί εἰσιν οἱ ἀπόστολοι καὶ ἐπίσκοποι[20] καὶ διδάσκαλοι καὶ διάκονοι[21] οἱ πορευθέντες κατὰ τὴν σεμνότητα[22] τοῦ Θεοῦ καὶ ἐπισκοπήσαντες[23] καὶ διδάξαντες καὶ διακονήσαντες ἁγνῶς[24] καὶ σεμνῶς[25] τοῖς ἐκλεκτοῖς[26] τοῦ Θεοῦ, οἱ μὲν κεκοιμημένοι,[27] οἱ δὲ ἔτι ὄντες· καὶ πάντοτε ἑαυτοῖς συμφωνήσαντες[28] καὶ ἐν ἑαυτοῖς εἰρήνην ἔσχαν

---

[1] ἀποκαλύπτω aor pass sub 3s, reveal

[2] πρότερος, α, ον, superior, preferable, more prominent

[3] βελτίων, ον, better

[4] ἀποκαλύπτω aor pass ind, reveal

[5] ὅραμα, ματος, τό, vision

[6] ἀποκαλύπτω aor pass ind 3s, reveal

[7] ἀποκαλύπτω fut pass ind 3s, reveal

[8] δίψυχος, ον, doubting, hesitating

[9] διαλογίζομαι pres mid/pass ptcp m.p.acc., consider, ponder

[10] ἀληθής, ές, true

[11] ἔξωθεν, adv, outside, external

[12] ἰσχυρός, ά, όν, strong

[13] βέβαιος, ον, reliable, abiding, firm

[14] θεμελιόω perf mid/pass ptcp n.p.nom., lay a foundation, establish

[15] οἰκοδομή, ῆς, ἡ, building, construction

[16] τετράγωνος, ον, square

[17] λευκός, ή, όν, white

[18] συμφωνέω pres act ptcp m.p.nom., fit, match

[19] ἁρμογή, ῆς, ἡ, joint

[20] ἐπίσκοπος, ου, ὁ, bishop, overseer

[21] διάκονος, ου, ὁ, deacon

[22] σεμνότης, τητος, ἡ, holiness, dignity

[23] ἐπισκοπέω aor act ptcp m.p.nom., take care, care for

[24] ἁγνῶς, adv, purity, holy

[25] σεμνῶς, adv, honorably, worthily

[26] ἐκλεκτός, ή, όν, elect

[27] κοιμάω perf mid/pass ptcp m.p.nom., sleep, die

[28] συμφωνέω aor act ptcp m.p.nom., agree

καὶ ἀλλήλων ἤκουον· διὰ τοῦτο ἐν τῇ οἰκοδομῇ[1] τοῦ πύργου[2] συμφωνοῦσιν[3] αἱ ἁρμογαὶ[4] αὐτῶν. **2** Οἱ δὲ ἐκ τοῦ βυθοῦ[5] ἑλκόμενοι[6] καὶ ἐπιτιθέμενοι εἰς τὴν οἰκοδομὴν[7] καὶ συμφωνοῦντες[8] ταῖς ἁρμογαῖς[9] αὐτῶν μετὰ τῶν ἑτέρων λίθων τῶν ἤδη ᾠκοδομημένων τίνες εἰσίν; Οὗτοί εἰσιν οἱ παθόντες ἕνεκεν[10] τοῦ ὀνόματος τοῦ Κυρίου. **3** Τοὺς δὲ ἑτέρους λίθους τοὺς φερομένους ἀπὸ τῆς ξηρᾶς[11] θέλω γνῶναι τίνες εἰσίν, Κυρία.[12] ἔφη· τοὺς μὲν εἰς τὴν οἰκοδομὴν[13] ὑπάγοντας καὶ μὴ λατομουμένους,[14] τούτους ὁ Κύριος ἐδοκίμασεν,[15] ὅτι ἐπορεύθησαν ἐν τῇ εὐθύτητι[16] τοῦ Κυρίου καὶ κατωρθώσαντο[17] τὰς ἐντολὰς αὐτοῦ. **4** Οἱ δὲ ἀγόμενοι καὶ τιθέμενοι εἰς τὴν οἰκοδομὴν[18] τίνες εἰσίν; Νέοι[19] εἰσὶν ἐν τῇ πίστει καὶ πιστοί· νουθετοῦνται[20] δὲ ὑπὸ τῶν ἀγγέλων εἰς τὸ ἀγαθοποιεῖν,[21] διότι[22] εὑρέθη ἐν αὐτοῖς πονηρία.[23] **5** Οὓς δὲ ἀπέβαλλον[24] καὶ ἐρίπτουν,[25] τίνες εἰσίν; Οὗτοί εἰσιν ἡμαρτηκότες καὶ θέλοντες μετανοῆσαι·

---

[1] οἰκοδομή, ῆς, ἡ, building, construction
[2] πύργος, ου, ὁ, tower
[3] συμφωνέω pres act ind 3p, fit
[4] ἁρμογή, ῆς, ἡ, joint
[5] βυθός, οῦ, ὁ, depth of the sea, deep water
[6] ἕλκω pres mid/pass ptcp m.p.nom., draw, drag
[7] οἰκοδομή, ῆς, ἡ, building, construction
[8] συμφωνέω pres act ptcp m.p.nom., fit
[9] ἁρμογή, ῆς, ἡ, joint
[10] ἕνεκα, impr prep, on account of, for the sake of
[11] ξηρός, ά, όν, dry
[12] κυρία, ᾶς, ἡ, lady
[13] οἰκοδομή, ῆς, ἡ, building, construction
[14] λατομέω pres mid/pass ptcp m.p.acc., hew
[15] δοκιμάζω aor act ind 3s, approve, test
[16] εὐθύτης, ητος, ἡ, righteousness, uprightness
[17] κατορθόω aor mid ind 3p, complete, bring to a successful conclusion
[18] οἰκοδομή, ῆς, ἡ, building, construction
[19] νέος, ον, new, young
[20] νουθετέω pres mid/pass ind 3p, admonish, warn
[21] ἀγαθοποιέω pres act inf, do good
[22] διότι, conj, because
[23] πονηρία, ας, ἡ, wickedness, evil
[24] ἀποβάλλω imp act ind 3p, reject, throw away
[25] ῥίπτω imp act ind 3p, throw

27

διὰ τοῦτο μακρὰν[1] οὐκ ἀπερίφησαν[2] ἔξω τοῦ πύργου,[3] ὅτι
εὔχρηστοι[4] ἔσονται εἰς τὴν οἰκοδομήν,[5] ἐὰν μετανοήσωσιν. οἱ οὖν
μέλλοντες μετανοεῖν, ἐὰν μετανοήσωσιν, ἰσχυροὶ ἔσονται ἐν τῇ
πίστει, ἐὰν νῦν μετανοήσωσιν ἐν ᾧ οἰκοδομεῖται ὁ πύργος.[6] ἐὰν
δὲ τελεσθῇ ἡ οἰκοδομή,[7] οὐκέτι ἔχουσιν τόπον, ἀλλ' ἔσονται
ἔκβολοι.[8] μόνον δὲ τοῦτο ἔχουσιν, παρὰ τῷ πύργῳ[9] κεῖσθαι.[10]

14:1 (γ΄ 6) Τοὺς δὲ κατακοπτομένους[11] καὶ μακρὰν[12]
ῥιπτομένους[13] ἀπὸ τοῦ πύργου[14] θέλεις γνῶναι; οὗτοί εἰσιν οἱ υἱοὶ
τῆς ἀνομίας·[15] ἐπίστευσαν δὲ ἐν ὑποκρίσει,[16] καὶ πᾶσα πονηρία[17]
οὐκ ἀπέστη[18] ἀπ' αὐτῶν· διὰ τοῦτο οὐκ ἔχουσιν σωτηρίαν, ὅτι οὐκ
εἰσιν εὔχρηστοι[19] εἰς οἰκοδομὴν[20] διὰ τὰς πονηρίας[21] αὐτῶν. διὰ
τοῦτο συνεκόπησαν[22] καὶ πόρρω[23] ἀπερίφησαν[24] διὰ τὴν ὀργὴν τοῦ
Κυρίου, ὅτι παρώργισαν[25] αὐτόν. **2** τοὺς δὲ ἑτέρους οὓς ἑώρακας
πολλοὺς κειμένους,[26] μὴ ὑπάγοντας εἰς τὴν οἰκοδομήν,[27] οὗτοι οἱ
μὲν ἐψωριακότες[28] εἰσὶν οἱ ἐγνωκότες τὴν ἀλήθειαν, μὴ

---

[1] μακράν, adv, far
[2] ἀπορίπτω aor pass ind 3p, throw
[3] πύργος, ου, ὁ, tower
[4] εὔχρηστος, η, ον, useful
[5] οἰκοδομή, ῆς, ἡ, building, construction
[6] πύργος, ου, ὁ, tower
[7] οἰκοδομή, ῆς, ἡ, building, construction
[8] ἔκβολος, ον, rejected, excluded
[9] πύργος, ου, ὁ, tower
[10] κεῖμαι pres mid/pass inf, lie
[11] κατακόπτω pres mid/pass ptcp m.p.acc., break in pieces
[12] μακράν, adv, far
[13] ῥίπτω pres mid/pass ptcp m.p.acc., throw
[14] πύργος, ου, ὁ, tower
[15] ἀνομία, ας, ἡ, lawlessness

[16] ὑπόκρισις, εως, ἡ, hypocrisy, pretense
[17] πονηρία, ας, ἡ, wickedness, evil
[18] ἀφίστημι aor act ind, depart, abstain from
[19] εὔχρηστος, η, ον, useful
[20] οἰκοδομή, ης, ἡ, building, construction
[21] πονηρία, ας, ἡ, wickedness, evil
[22] συγκόπτω aor pass ind 3p, break
[23] πόρρω, adv, far away
[24] ἀπορίπτω aor pass ind 3p, throw
[25] παροργίζω aor act ind 3p, make angry
[26] κεῖμαι pres mid/pass ptcp m.p.acc., lie
[27] οἰκοδομή, ῆς, ἡ, building, construction
[28] ψωριάω perf act ptcp m.p.nom., have a rough surface

ἐπιμείναντες[1] δὲ ἐν αὐτῇ μηδὲ κολλώμενοι[2] τοῖς ἁγίοις· διὰ τοῦτο ἄχρηστοί[3] εἰσιν. **3** Οἱ δὲ τὰς σχισμὰς[4] ἔχοντες τίνες εἰσίν; Οὗτοί εἰσιν οἱ κατ᾽ ἀλλήλων ἐν ταῖς καρδίαις ἔχοντες καὶ μὴ εἰρηνεύοντες[5] ἐν ἑαυτοῖς, ἀλλὰ πρόσωπον εἰρήνης ἔχοντες, ὅταν δὲ ἀπ᾽ ἀλλήλων ἀποχωρήσωσιν, αἱ πονηρίαι[6] αὐτῶν ἐν ταῖς καρδίαις ἐμμένουσιν.[7] αὗται οὖν αἱ σχισμαί[8] εἰσιν ἃς ἔχουσιν οἱ λίθοι. **4** οἱ δὲ κεκολοβωμένοι,[9] οὗτοί εἰσιν πεπιστευκότες μὲν καὶ τὸ πλεῖον μέρος ἔχοντες ἐν τῇ δικαιοσύνῃ, τινὰ δὲ μέρη ἔχουσιν τῆς ἀνομίας·[10] διὰ τοῦτο κολοβοὶ[11] καὶ οὐχ ὁλοτελεῖς[12] εἰσιν. **5** Οἱ δὲ λευκοὶ[13] καὶ στρογγύλοι[14] καὶ μὴ ἁρμόζοντες[15] εἰς τὴν οἰκοδομὴν[16] τίνες εἰσίν, Κυρία;[17] ἀποκριθεῖσά μοι λέγει· Ἕως πότε[18] μωρὸς[19] εἶ καὶ ἀσύνετος,[20] καὶ πάντα ἐπερωτᾷς καὶ οὐδὲν νοεῖς;[21] οὗτοί εἰσιν ἔχοντες μὲν πίστιν, ἔχοντες δὲ καὶ πλοῦτον[22] τοῦ αἰῶνος τούτου. ὅταν γένηται θλῖψις, διὰ τὸν πλοῦτον[23] αὐτῶν καὶ διὰ τὰς πραγματείας[24] ἀπαρνοῦνται[25] τὸν Κύριον αὐτῶν. **6** καὶ ἀποκριθεὶς αὐτῇ λέγω· Κυρία,[26] πότε[27] οὖν εὔχρηστοι[28] ἔσονται

---

[1] ἐπιμένω aor act ptcp m.p.nom., stay, remain

[2] κολλάω pres mid/pass m.p.nom., join, cling, associate with

[3] ἄχρηστος, ον, useless

[4] σχισμή, ῆς, ἡ, crack

[5] εἰρηνεύω pres act ptcp m.p.nom., be at peace

[6] πονηρία, ας, ἡ, wickedness, evil

[7] ἐμμένω pres act ind 3p, stay, remain

[8] σχισμή, ῆς, ἡ, crack

[9] κολοβόω perf mid/pass ptcp m.p.nom., shorten

[10] ἀνομία, ας, ἡ, lawlessness

[11] κολοβός, όν, short

[12] ὁλοτελής, ές, perfect, in every way complete

[13] λευκός, ή, όν, white

[14] στρογγύλος, η, ον, round

[15] ἁρμόζω pres act ptcp m.p.nom., fit

[16] οἰκοδομή, ῆς, ἡ, building, construction

[17] κυρία, ας, ἡ, lady

[18] πότε, conj, how long

[19] μωρός, ά, όν, foolish

[20] ἀσύνετος, ον, senseless, foolish

[21] νοέω pres act ind 2s, understanding

[22] πλοῦτος, ου, ὁ, wealth

[23] πλοῦτος, ου, ὁ, wealth

[24] πραγματεία, ας, ἡ, activity, occupation

[25] ἀπαρνέομαι pres mid/pass ind 3p, deny

[26] κυρία, ας, ἡ, lady

[27] πότε, conj, when

[28] εὔχρηστος, η, ον, useful

εἰς τὴν οἰκοδομήν;[1] Ὅταν, φησίν, περικοπῇ[2] αὐτῶν ὁ πλοῦτος[3] ὁ ψυχαγωγῶν[4] αὐτούς, τότε εὔχρηστοι[5] ἔσονται τῷ Θεῷ. ὥσπερ γὰρ ὁ λίθος ὁ στρογγύλος,[6] ἐὰν μὴ περικοπῇ[7] καὶ ἀποβάλῃ[8] ἐξ αὐτοῦ τι, οὐ δύναται τετράγωνος[9] γενέσθαι, οὕτω καὶ οἱ πλουτοῦντες[10] ἐν τούτῳ τῷ αἰῶνι, ἐὰν μὴ περικοπῇ[11] αὐτῶν ὁ πλοῦτος,[12] οὐ δύνανται τῷ Κυρίῳ εὔχρηστοι[13] γενέσθαι. **7** ἀπὸ δὲ σεαυτοῦ πρῶτον γνῶθι· ὅτε ἐπλούτεις,[14] ἄχρηστος[15] ἦς, νῦν δὲ εὔχρηστος[16] εἶ καὶ ὠφέλιμος[17] τῇ ζωῇ. εὔχρηστοι[18] γίνεσθε τῷ Θεῷ· καὶ γὰρ σὺ αὐτὸς χρᾶσαι[19] ἐκ τῶν αὐτῶν λίθων.

15:1 (γ΄ 7) Τοὺς δὲ ἑτέρους λίθους οὓς εἶδες μακρὰν[20] ἀπὸ τοῦ πύργου[21] ῥιπτομένους[22] καὶ πίπτοντας εἰς τὴν ὁδὸν καὶ κυλιομένους[23] ἐκ τῆς ὁδοῦ εἰς τὰς ἀνοδίας,[24] οὗτοί εἰσιν οἱ πεπιστευκότες μέν, ἀπὸ δὲ τῆς διψυχίας[25] αὐτῶν ἀφίουσιν τὴν ὁδὸν αὐτῶν τὴν ἀληθινήν·[26] δοκοῦντες οὖν βελτίονα[27] ὁδὸν δύνασθαι εὑρεῖν, πλανῶνται καὶ ταλαιπωροῦσιν[28] περιπατοῦντες

---

[1] οἰκοδομή, ῆς, ἡ, building, construction

[2] περικόπτω aor pass sub 3s, cut away, hew all

[3] πλοῦτος, ου, ὁ, wealth

[4] ψυχαγωγέω pres act ptcp m.s.nom., lead away, delude

[5] εὔχρηστος, η, ον, useful

[6] στρογγύλος, η, ον, round

[7] περικόπτω aor pass sub 3s, cut away, hew all

[8] ἀποβάλλω aor act sub 3s, throw away, reject

[9] τετράγωνος, ον, square

[10] πλουτέω pres act ptcp m.p.nom., rich

[11] περικόπτω aor pass sub 3s, cut away, hew all

[12] πλοῦτος, ου, ὁ, wealth

[13] εὔχρηστος, η, ον, useful

[14] πλουτέω imp act ind 2s, rich

[15] ἄχρηστος, ον, useless, worthless

[16] εὔχρηστος, η, ον, useful

[17] ὠφέλιμος, ον, beneficial, advantageous

[18] εὔχρηστος, η, ον, useful

[19] χράομαι pres mid/pass ind 2s, use

[20] μακράν, adv, far

[21] πύργος, ου, ὁ, tower

[22] ῥίπτω pres mid/pass ptcp m.p.acc., throw

[23] κυλίω pres mid/pass ptcp m.p.acc., roll

[24] ἀνοδία, ας, ἡ, wayless area

[25] διψυχία, ας, ἡ, indecision, doubt

[26] ἀληθινός, ή, όν, true

[27] βελτίων, ον, better

[28] ταλαιπωρέω pres act ind 3p, distress, trouble

ἐν ταῖς ἀνοδίαις.[1] **2** οἱ δὲ πίπτοντες εἰς τὸ πῦρ καὶ καιόμενοι,[2] οὗτοί εἰσιν οἱ εἰς τέλος ἀποστάντες[3] τοῦ Θεοῦ τοῦ ζῶντος, καὶ οὐκέτι αὐτοῖς ἀνέβη ἐπὶ τὴν καρδίαν τοῦ μετανοῆσαι διὰ τὰς ἐπιθυμίας τῆς ἀσελγείας[4] αὐτῶν καὶ τῶν πονηριῶν[5] ὧν ἠργάσαντο. **3** τοὺς δὲ ἑτέρους τοὺς πίπτοντας ἐγγὺς τῶν ὑδάτων καὶ μὴ δυναμένους κυλισθῆναι[6] εἰς τὸ ὕδωρ θέλεις γνῶναι τίνες εἰσίν; οὗτοί εἰσιν οἱ τὸν λόγον ἀκούσαντες καὶ θέλοντες βαπτισθῆναι εἰς τὸ ὄνομα τοῦ Κυρίου· εἶτα[7] ὅταν αὐτοῖς ἔλθῃ εἰς μνεῖαν[8] ἡ ἁγνότης[9] τῆς ἀληθείας, μετανοοῦσιν καὶ πορεύονται πάλιν ὀπίσω τῶν ἐπιθυμιῶν αὐτῶν τῶν πονηρῶν. **4** ἐτέλεσεν[10] οὖν τὴν ἐξήγησιν[11] τοῦ πύργου.[12] **5** ἀναιδευσάμενος[13] ἔτι αὐτὴν ἐπηρώτησα, εἰ ἄρα πάντες οἱ λίθοι οὗτοι οἱ ἀποβεβλημένοι[14] καὶ μὴ ἁρμόζοντες[15] εἰς τὴν οἰκοδομὴν[16] τοῦ πύργου,[17] εἰ ἔστιν αὐτοῖς μετάνοια[18] καὶ ἔχουσιν τόπον εἰς τὸν πύργον[19] τοῦτον. Ἔχουσιν, φησίν, μετάνοιαν,[20] ἀλλὰ εἰς τοῦτον τὸν πύργον[21] οὐ δύνανται ἁρμόσαι.[22] **6** ἑτέρῳ δὲ τόπῳ ἁρμόσουσιν[23] πολὺ ἐλάττονι,[24] καὶ τοῦτο ὅταν βασανισθῶσιν[25] καὶ ἐκπληρώσωσιν[26] τὰς ἡμέρας τῶν

---

[1] ἀνοδία, ας, ἡ, wayless area
[2] καίω pres mid/pass ptcp m.p.nom., burn
[3] ἀφίστημι aor act ptcp m.p.nom., rebel, oppose
[4] ἀσέλγεια, ας, ἡ, licentious
[5] πονηρία, ας, ἡ, wickedness, evil
[6] κυλίω aor pass inf, roll
[7] εἶτα, adv, then
[8] μνεῖα, ας, ἡ, remembrance
[9] ἁγνότης, ητος, ἡ, sincerity, purity
[10] τελέω aor act ind 3s, complete, finish
[11] ἐξήγησις, εως, ἡ, explanation
[12] πύργος, ου, ὁ, tower
[13] ἀναιδεύω aor mid ptcp m.s.nom., unabashed, bold

[14] ἀποβάλλω perf mid/pass ptcp m.p.nom., throw away, reject
[15] ἁρμόζω pres act ptcp m.p.nom., fit
[16] οἰκοδομή, ῆς, ἡ, building, construction
[17] πύργος, ου, ὁ, tower
[18] μετάνοια, ας, ἡ, repentance
[19] πύργος, ου, ὁ, tower
[20] μετάνοια, ας, ἡ, repentance
[21] πύργος, ου, ὁ, tower
[22] ἁρμόζω aor act inf, fit
[23] ἁρμόζω fut act ind 3p, fit
[24] ἐλάσσων, ον, inferior
[25] βασανίζω aor pass sub 3p, torment
[26] ἐκπληρόω aor act sub 3p, fulfill

ἁμαρτιῶν αὐτῶν. καὶ διὰ τοῦτο μετατεθήσονται,[1] ὅτι μετέλαβον[2] τοῦ ῥήματος τοῦ δικαίου. καὶ τότε αὐτοῖς συμβήσεται[3] μετατεθῆναι[4] ἐκ τῶν βασάνων[5] αὐτῶν, ἐὰν ἀναβῇ ἐπὶ τὴν καρδίαν αὐτῶν τὰ ἔργα ἃ εἰργάσαντο πονηρά. ἐὰν δὲ μὴ ἀναβῇ ἐπὶ τὴν καρδίαν αὐτῶν, οὐ σώζονται διὰ τὴν σκληροκαρδίαν[6] αὐτῶν.

16:1 (γ΄ 8) Ὅτε οὖν ἐπαυσάμην[7] ἐρωτῶν αὐτὴν περὶ πάντων τούτων, λέγει μοι· Θέλεις ἄλλο ἰδεῖν; κατεπίθυμος[8] ὢν τοῦ θεάσασθαι[9] περιχαρὴς[10] ἐγενόμην τοῦ ἰδεῖν. **2** ἐμβλέψασά[11] μοι ὑπεμειδίασεν[12] καὶ λέγει μοι· Βλέπεις ἑπτὰ γυναῖκας κύκλῳ[13] τοῦ πύργου;[14] Βλέπω, φημί, κυρία.[15] Ὁ πύργος[16] οὗτος ὑπὸ τούτων βαστάζεται[17] κατ᾽ ἐπιταγὴν[18] τοῦ Κυρίου. **3** ἄκουε νῦν τὰς ἐνεργείας[19] αὐτῶν. ἡ μὲν πρώτη αὐτῶν, ἡ κρατοῦσα τὰς χεῖρας, Πίστις καλεῖται· διὰ ταύτης σώζονται οἱ ἐκλεκτοὶ[20] τοῦ Θεοῦ. **4** ἡ δὲ ἑτέρα, ἡ περιεζωσμένη[21] καὶ ἀνδριζομένη,[22] Ἐγκράτεια[23] καλεῖται· αὕτη θυγάτηρ[24] ἐστὶν τῆς Πίστεως. ὃς ἂν οὖν ἀκολουθήσῃ αὐτῇ, μακάριος γίνεται ἐν τῇ ζωῇ αὐτοῦ, ὅτι πάντων

[1] μετατίθημι fut pass ind 3p, change, transfer
[2] μεταλαμβάνω aor act ind 3p, receive
[3] συμβαίνω fut mid ind 3s, happen, come about
[4] μετατίθημι aor pass inf, change, transfer
[5] βάσανος, ου, ἡ, torment
[6] σκληροκαρδία, ας, ἡ, stubbornness, hard-heartedness
[7] παύω aor mid ind 1s, stop
[8] κατεπίθυμος, ον, very eager, desirous
[9] θεάομαι aor mid inf, see
[10] περιχαρής, ες, very glad
[11] ἐμβλέπω aor act ptcp f.s.nom., look
[12] ὑπομειδιάω aor act ind 3s, smile a bit
[13] κύκλῳ, impr prep, around
[14] πύργος, ου, ὁ, tower
[15] κυρία, ας, ἡ, lady
[16] πύργος, ου, ὁ, tower
[17] βαστάζω pres mid/pass ind 3s, carry, support
[18] ἐπιταγή, ῆς, ἡ, command
[19] ἐνέργεια, ας, ἡ, working, operation
[20] ἐκλεκτός, ή, όν, elect
[21] περιζώννυμι perf mid/pass ptcp f.s.nom., gird about, gird oneself
[22] ἀνδρίζομαι pres mid/pass ptcp f.s.nom., play the man, act corageously
[23] ἐγκράτεια, ας, ἡ, self-control
[24] θυγάτηρ, τρός, ἡ, daughter

τῶν πονηρῶν ἔργων ἀφέξεται,[1] πιστεύων ὅτι, ἐὰν ἀφέξηται[2] πάσης ἐπιθυμίας πονηρᾶς, κληρονομήσει[3] ζωὴν αἰώνιον. **5** Αἱ δὲ ἕτεραι, κυρία,[4] τίνες εἰσίν; Θυγατέρες[5] ἀλλήλων εἰσίν· καλοῦνται δὲ ἡ μὲν Ἁπλότης,[6] ἡ δὲ Ἐπιστήμη,[7] ἡ δὲ Ἀκακία,[8] ἡ δὲ Σεμνότης,[9] ἡ δὲ Ἀγάπη. ὅταν οὖν τὰ ἔργα τῆς μητρὸς αὐτῶν πάντα ποιήσῃς, δύνασαι ζῆσαι. **6** Ἤθελον, φημί, γνῶναι, κυρία,[10] τίς τίνα δύναμιν ἔχει αὐτῶν. Ἄκουε, φησίν, τὰς δυνάμεις ἃς ἔχουσιν. **7** κρατοῦνται δὲ ὑπ᾽ ἀλλήλων αἱ δυνάμεις αὐτῶν καὶ ἀκολουθοῦσιν ἀλλήλαις, καθὼς καὶ γεγεννημέναι εἰσίν. ἐκ τῆς Πίστεως γεννᾶται Ἐγκράτεια,[11] ἐκ τῆς Ἐγκρατείας[12] Ἁπλότης,[13] ἐκ τῆς Ἁπλότητος[14] Ἀκακία,[15] ἐκ τῆς Ἀκακίας[16] Σεμνότης,[17] ἐκ τῆς Σεμνότητος[18] Ἐπιστήμη,[19] ἐκ τῆς Ἐπιστήμης[20] Ἀγάπη. τούτων οὖν τὰ ἔργα ἁγνὰ[21] καὶ σεμνὰ[22] καὶ θεῖά[23] ἐστιν. **8** ὃς ἂν οὖν δουλεύσῃ[24] ταύταις καὶ ἰσχύσῃ[25] κρατῆσαι τῶν ἔργων αὐτῶν, ἐν τῷ πύργῳ[26] ἕξει τὴν κατοίκησιν[27] μετὰ τῶν ἁγίων τοῦ Θεοῦ. **9** ἐπηρώτων δὲ αὐτὴν περὶ τῶν καιρῶν, εἰ ἤδη συντέλειά[28] ἐστιν. ἡ δὲ ἀνέκραγε[29] φωνῇ μεγάλῃ λέγουσα· Ἀσύνετε[30] ἄνθρωπε, οὐχ ὁρᾷς τὸν πύργον[31] ἔτι οἰκοδομούμενον; ὡς ἐὰν οὖν συντελεσθῇ[32] ὁ

---

[1] ἀπέχω fut mid ind 3s, keep away, refrain from

[2] ἀπέχω aor mid sub 3s, keep away, refrain from

[3] κληρονομέω fut act ind 3s, inherit

[4] κυρία, ας, ἡ, lady

[5] θυγάτηρ, τρός, ἡ, daughter

[6] ἁπλότης, ητος, ἡ, sincerity

[7] ἐπιστήμη, ης, ἡ, knowledge

[8] ἀκακία, ας, ἡ, innocence

[9] σεμνότης, τητος, ἡ, holiness

[10] κυρία, ας, ἡ, lady

[11] ἐγκράτεια, ας, ἡ, self-control

[12] ἐγκράτεια, ας, ἡ, self-control

[13] ἁπλότης, ητος, ἡ, sincerity

[14] ἁπλότης, ητος, ἡ, sincerity

[15] ἀκακία, ας, ἡ, innocence

[16] ἀκακία, ας, ἡ, innocence

[17] σεμνότης, τητος, ἡ, holiness

[18] σεμνότης, τητος, ἡ, holiness

[19] ἐπιστήμη, ης, ἡ, knowledge

[20] ἐπιστήμη, ης, ἡ, knowledge

[21] ἁγνός, ή, όν, pure, holy

[22] σεμνός, ή, όν, reverent

[23] θεῖος, α, ον, divine

[24] δουλεύω aor act sub 3s, serve

[25] ἰσχύω aor act sub 3s, be strong

[26] πύργος, ου, ὁ, tower

[27] κατοίκησις, εως, ἡ, dwelling

[28] συντέλεια, ας, ἡ, completion, close, end

[29] ἀνακράζω aor act ind 3s, cry out

[30] ἀσύνετος, ον, senseless, foolish

[31] πύργος, ου, ὁ, tower

[32] συντελέω aor pass sub 3s, finish, complete

πύργος[1] οἰκοδομούμενος, ἔχει τέλος. ἀλλὰ ταχὺ[2] ἐποικοδομη-
θήσεται.[3] μηκέτι[4] με ἐπερώτα μηδέν· ἀρκετή[5] σοι ἡ ὑπόμνησις[6]
αὕτη καὶ τοῖς ἁγίοις, καὶ ἡ ἀνακαίνωσις[7] τῶν πνευμάτων ὑμῶν.
10 ἀλλ' οὐ σοὶ μόνῳ ἀπεκαλύφθη,[8] ἀλλ' ἵνα πᾶσιν δηλώσῃς[9] αὐτά.
11 μετὰ τρεῖς ἡμέρας νοῆσαί[10] σε γὰρ δεῖ πρῶτον, ἐντέλλομαι[11]
δέ σοι πρῶτον, Ἑρμᾶ,[12] τὰ ῥήματα ταῦτα ἅ σοι μέλλω λέγειν
λαλῆσαι αὐτὰ πάντα εἰς τὰ ὦτα τῶν ἁγίων, ἵνα ἀκούσαντες αὐτὰ
καὶ ποιήσαντες καθαρισθῶσιν ἀπὸ τῶν πονηριῶν[13] αὐτῶν, καὶ σὺ
δὲ μετ' αὐτῶν.

17:1 (γ΄ 9) Ἀκούσατέ μου, τέκνα· ἐγὼ ὑμᾶς ἐξέθρεψα[14] ἐν πολλῇ
ἁπλότητι[15] καὶ ἀκακίᾳ[16] καὶ σεμνότητι[17] διὰ τὸ ἔλεος[18] τοῦ
Κυρίου τοῦ ἐφ' ὑμᾶς στάξαντος[19] τὴν δικαιοσύνην, ἵνα
δικαιωθῆτε καὶ ἁγιασθῆτε[20] ἀπὸ πάσης πονηρίας[21] καὶ ἀπὸ
πάσης σκολιότητος.[22] ὑμεῖς δὲ οὐ θέλετε παῆναι[23] ἀπὸ τῆς
πονηρίας[24] ὑμῶν. **2** νῦν οὖν ἀκούσατέ μου καὶ εἰρηνεύετε[25] ἐν
ἑαυτοῖς καὶ ἐπισκέπτεσθε[26] ἀλλήλους καὶ ἀντιλαμβάνεσθε[27]

---

[1] πύργος, ου, ὁ, tower
[2] ταχύ, adv, quickly
[3] ἐποικοδομέω fut pass ind 3s, build up
[4] μηκέτι, adv, no longer
[5] ἀρκετός, ή, όν, enough, sufficient
[6] ὑπόμνησις, εως, ἡ, remembrance
[7] ἀνακαίνωσις, εως, ἡ, renewal
[8] ἀποκαλύπτω aor pass ind 3s, reveal
[9] δηλόω aor act sub 2s, show
[10] νοέω aor act inf, understand, consider
[11] ἐντέλλω pres mid/pass ind 1s, command
[12] Ἑρμᾶς, ᾶ, ὁ, Hermas
[13] πονηρία, ας, ἡ, wickedness, evil
[14] ἐκτρέφω aor act ind 1s, bring up, rear

[15] ἁπλότης, ητος, ἡ, sincerity
[16] ἀκακία, ας, ἡ, innocence
[17] σεμνότης, τητος, ἡ, holiness
[18] ἔλεος, ους, τό, mercy, compassion
[19] στάζω aor act ptcp m.s.gen., instill
[20] ἁγιάζω aor pass sub 2p, sanctify
[21] πονηρία, ας, ἡ, wickedness, evil
[22] σκολιότης, ητος, ἡ, crookedness, perversity
[23] παύω aor pass inf, cease, stop
[24] πονηρία, ας, ἡ, wickedness, evil
[25] εἰρηνεύω pres act impv 2p, be at peace
[26] ἐπισκέπτομαι pres mid/pass impv 2p, be concerned about, look after
[27] ἀντιλαμβάνω pres mid/pass impv 2p, come to the aid of, help

ἀλλήλων, καὶ μὴ μόνοι τὰ κτίσματα[1] τοῦ Θεοῦ μεταλαμβάνετε[2] ἐκ καταχύματος,[3] ἀλλὰ μεταδίδοτε[4] καὶ τοῖς ὑστερουμένοις.[5] 3 οἱ μὲν γὰρ ἀπὸ τῶν πολλῶν ἐδεσμάτων[6] ἀσθένειαν[7] τῇ σαρκὶ ἐπισπῶνται[8] καὶ λυμαίνονται[9] τὴν σάρκα αὐτῶν· τῶν δὲ μὴ ἐχόντων ἐδέσματα[10] λυμαίνεται[11] ἡ σὰρξ αὐτῶν διὰ τὸ μὴ ἔχειν τὸ ἀρκετὸν[12] τῆς τροφῆς,[13] καὶ διαφθείρεται[14] τὸ σῶμα αὐτῶν. 4 αὕτη οὖν ἡ ἀσυνκρασία[15] βλαβερὰ[16] ὑμῖν τοῖς ἔχουσιν καὶ μὴ μεταδιδοῦσιν[17] τοῖς ὑστερουμένοις.[18] 5 βλέπετε τὴν κρίσιν τὴν ἐπερχομένην.[19] οἱ ὑπερέχοντες[20] οὖν ἐκζητεῖτε[21] τοὺς πεινῶντας[22] ἕως οὔπω[23] ὁ πύργος[24] ἐτελέσθη.[25] μετὰ γὰρ τὸ τελεσθῆναι[26] τὸν πύργον[27] θελήσετε ἀγαθοποιεῖν,[28] καὶ οὐχ ἕξετε τόπον. 6 βλέπετε οὖν ὑμεῖς οἱ γαυρούμενοι[29] ἐν τῷ πλούτῳ[30] ὑμῶν,

---

[1] κτίσμα, ματος, τό, creation
[2] μεταλαμβάνω pres act ind 2p, have a share in
[3] κατάχυμα, ματος, τό, sauce, broth, soup
[4] μεταδίδωμι pres act impv 2p, share
[5] ὑστερέω pres mid/pass ptcp m.p.dat., lack, need
[6] ἔδεσμα, ματος, τό, food
[7] ἀσθένεια, ας, ἡ, sickness, weakness
[8] ἐπισπάω pres mid/pass ind 3p, bring upon
[9] λυμαίνω pres mid/pass ind 3p, injure
[10] ἔδεσμα, ματος, τό, food
[11] λυμαίνω pres mid/pass ind 3s, injure
[12] ἀρκετός, ή, όν, enough, sufficient
[13] τροφή, ῆς, ἡ, food
[14] διαφθείρω pres mid/pass ind 3s, spoil, destroy
[15] ἀσυνκρασία, ας, ἡ, lack of sharing, community spirit
[16] βλαβερός, ά, όν, harmful
[17] μεταδίδωμι pres act ptcp m.p.dat., share
[18] ὑστερέω pres mid/pass ptcp m.p.dat., lack, need
[19] ἐπέρχομαι pres mid/pass ptcp f.s.acc., come about, happen
[20] ὑπερέχω pres act ptcp m.p.nom., have more
[21] ἐκζητέω pres act ind 2p, seek out
[22] πεινάω pres act ptcp m.p.acc., hunger, be hungry
[23] οὔπω, adv, not yet
[24] πύργος, ου, ὁ, tower
[25] τελέω aor pass ind 3s, finish, complete
[26] τελέω aor pass inf, finsh complete
[27] πύργος, ου, ὁ, tower
[28] ἀγαθοποιέω pres act inf, do good
[29] γαυρόομαι pres mid/pass ptcp m.p.nom., pride oneself
[30] πλοῦτος, ου, ὁ, wealth

μήποτε[1] στενάξουσιν[2] οἱ ὑστερούμενοι,[3] καὶ ὁ στεναγμὸς[4] αὐτῶν ἀναβήσεται πρὸς τὸν Κύριον, καὶ ἐκκλεισθήσεσθε[5] μετὰ τῶν ἀσχέτων[6] ἀγαθῶν ὑμῶν ἔξω τῆς θύρας τοῦ πύργου.[7] **7** νῦν οὖν ὑμῖν λέγω τοῖς προηγουμένοις[8] τῆς ἐκκλησίας καὶ τοῖς πρωτοκαθεδρίταις·[9] μὴ γίνεσθε ὅμοιοι τοῖς φαρμακοῖς.[10] οἱ φαρμακοὶ[11] μὲν οὖν τὰ φάρμακα[12] ἑαυτῶν εἰς τὰς πυξίδας[13] βαστάζουσιν,[14] ὑμεῖς δὲ τὸ φάρμακον[15] ὑμῶν καὶ τὸν ἰὸν[16] εἰς τὴν καρδίαν. **8** ἐνεσκιρωμένοι[17] ἐστὲ καὶ οὐ θέλετε καθαρίσαι τὰς καρδίας ὑμῶν καὶ συνκεράσαι[18] ὑμῶν τὴν φρόνησιν[19] ἐπὶ τὸ αὐτὸ ἐν καθαρᾷ[20] καρδίᾳ, ἵνα σχῆτε ἔλεος[21] παρὰ τοῦ βασιλέως τοῦ μεγάλου. **9** βλέπετε οὖν, τέκνα, μήποτε[22] αὗται αἱ διχοστασίαι[23] ὑμῶν ἀποστερήσουσιν[24] τὴν ζωὴν ὑμῶν. **10** πῶς ὑμεῖς παιδεύειν[25] θέλετε τοὺς ἐκλεκτοὺς[26] Κυρίου, αὐτοὶ μὴ ἔχοντες παιδείαν;[27] παιδεύετε[28] οὖν ἀλλήλους καὶ εἰρηνεύετε[29] ἐν αὐτοῖς,[30] ἵνα κἀγὼ κατέναντι[31] τοῦ πατρὸς ἱλαρὰ[32] σταθεῖσα λόγον ἀποδῶ ὑπὲρ ὑμῶν πάντων τῷ Κυρίῳ ὑμῶν.

---

[1] μήποτε, conj, lest
[2] στενάζω fut act ind 3p, groan
[3] ὑστερέω pres mid/pass ptcp m.p.nom., lack, need
[4] στεναγμός, οῦ, ὁ, groan
[5] ἐκκλείω fut pass ind 2p, shut out
[6] ἄσχετος, ον, irrepressible
[7] πύργος, ου, ὁ, tower
[8] προηγέομαι pres mid/pass ptcp m.p.dat., go before, lead
[9] πρωτοκαθεδρίτης, ου, ὁ, one who occupies a seat of honor
[10] φαρμακός, οῦ, ὁ, sorcerer
[11] φαρμακός, οῦ, ὁ, sorcerer
[12] φάρμακον, ου, τό, drug, remedy
[13] πυξίς, ίδος, ἡ, box, container
[14] βαστάζω pres act ind 3p, carry
[15] φάρμακον, ου, τό, drug, remedy
[16] ἰός, οῦ, ὁ, poison

[17] ἐνσκιρόω perf mid/pass ptcp m.p.nom., become callous
[18] συγκεράννυμι aor act inf, blend, unite
[19] φρόνησις, εως, ἡ, wisdom
[20] καθαρός, ά, όν, clean, pure
[21] ἔλεος, ους, τό, mercy
[22] μήποτε, conj, lest
[23] διχοστασία, ας, ἡ, dissension
[24] ἀποστερέω fut act ind 3p, deprive
[25] παιδεύω pres act inf, instruct, educate
[26] ἐκλεκτός, ή, όν, elect
[27] παιδεία, ας, ἡ, instruction, training
[28] παιδεύω pres act impv 2p, educate
[29] εἰρηνεύω pres act impv 2p, be at peace
[30] ἑαυτοῦ, ῆς, οῦ, self
[31] κατέναντι, impr prep, before
[32] ἱλαρός, ά, όν, joyful, happy

18:1 (γ΄ 10) Ὅτε οὖν ἐπαύσατο[1] μετ' ἐμοῦ λαλοῦσα, ἦλθον οἱ ἓξ[2] νεανίσκοι[3] οἱ οἰκοδομοῦντες καὶ ἀπήνεγκαν[4] αὐτὴν πρὸς τὸν πύργον,[5] καὶ ἄλλοι τέσσαρες ἦραν τὸ συμψέλιον[6] καὶ ἀπήνεγκαν[7] καὶ αὐτὸ πρὸς τὸν πύργον.[8] τούτων τὸ πρόσωπον οὐκ εἶδον, ὅτι ἀπεστραμμένοι[9] ἦσαν. **2** ὑπάγουσαν δὲ αὐτὴν ἠρώτων ἵνα μοι ἀποκαλύψῃ[10] περὶ τῶν τριῶν μορφῶν[11] ἐν αἷς μοι ἐνεφανίσθη.[12] ἀποκριθεῖσά μοι λέγει· Περὶ τούτων ἕτερον δεῖ σε ἐπερωτῆσαι ἵνα σοι ἀποκαλυφθῇ.[13] **3** ὤφθη δέ μοι, ἀδελφοί, τῇ μὲν πρώτῃ ὁράσει[14] τῇ περυσινῇ[15] λίαν[16] πρεσβυτέρα καὶ ἐν καθέδρᾳ[17] καθημένη. **4** τῇ δὲ ἑτέρᾳ ὁράσει[18] τὴν μὲν ὄψιν[19] νεωτέραν[20] εἶχεν, τὴν δὲ σάρκα καὶ τὰς τρίχας[21] πρεσβυτέρας, καὶ ἑστηκυῖά μοι ἐλάλει· ἱλαρωτέρα[22] δὲ ἦν ἢ τὸ πρότερον.[23] **5** τῇ δὲ τρίτῃ ὁράσει[24] ὅλη νεωτέρα[25] καὶ κάλλει[26] ἐκπρεπεστάτη,[27] μόνας δὲ τὰς τρίχας[28] πρεσβυτέρας εἶχεν· ἱλαρὰ[29] δὲ εἰς τέλος ἦν καὶ ἐπὶ συμψελίου[30] καθημένη. **6** περὶ τούτων περίλυπος[31] ἤμην λίαν[32] τοῦ γνῶναί με τὴν ἀποκάλυψιν[33] ταύτην. καὶ βλέπω τὴν πρεσβυτέραν ἐν

---

[1] παύω aor mid ind 3s, stop, cease
[2] ἕξ, six
[3] νεανίσκος, ου, ὁ, young man, youth
[4] ἀποφέρω aor act ind 3p, carry away, take away
[5] πύργος, ου, ὁ, tower
[6] συμψέλιον, ου, τό, bench
[7] ἀποφέρω aor act ind 3p, carry away, take away
[8] πύργος, ου, ὁ, tower
[9] ἀποστρέφω perf mid/pass ptcp m.p.nom., turn away
[10] ἀποκαλύπτω aor act sub 3s, reveal
[11] μορφή, ῆς, ἡ, form
[12] ἐμφανίζω aor pass ind 3s, appear
[13] ἀποκαλύπτω aor pass sub 3s, reveal
[14] ὅρασις, εως, ἡ, vision
[15] περυσινός, ή, όν, last year
[16] λίαν, adv, very
[17] καθέδρα, ας, ἡ, chair
[18] ὅρασις, εως, ἡ, vision
[19] ὄψις, εως, ἡ, appearance
[20] νέος, ον, young, fresh
[21] θρίξ, τριχός, ἡ, hair
[22] ἱλαρός, ά, όν, cheerful, happy
[23] πρότερος, adv, formerly, before
[24] ὅρασις, εως, ἡ, vision
[25] νέος, ον, young, fresh
[26] κάλλος, ους, τό, beauty
[27] ἐκπρεπής, ες, remarkable, outstanding
[28] θρίξ, τριχός, ἡ, hair
[29] ἱλαρός, ά, όν, cheerful, happy
[30] συμψέλιον, ου, τό, bench
[31] περίλυπος, ον, very sad, deeply grieved
[32] λίαν, adv, very
[33] ἀποκάλυψις, εως, ἡ, revelation

ὁράματι[1] τῆς νυκτὸς λέγουσάν μοι· Πᾶσα ἐρώτησις[2] ταπεινοφροσύνης[3] χρήζει·[4] νήστευσον[5] οὖν, καὶ λήμψῃ ὃ αἰτεῖς παρὰ τοῦ Κυρίου. **7** ἐνήστευσα[6] οὖν μίαν ἡμέραν, καὶ αὐτῇ τῇ νυκτί μοι ὤφθη νεανίσκος[7] καὶ λέγει μοι· Ὅτι σὺ ὑπὸ χεῖρα αἰτεῖς ἀποκαλύψεις[8] ἐν δεήσει,[9] βλέπε μήποτε[10] πολλὰ αἰτούμενος βλάψῃς[11] σου τὴν σάρκα. **8** ἀρκοῦσίν[12] σοι αἱ ἀποκαλύψεις[13] αὗται. μήτι[14] δύνῃ ἰσχυροτέρας[15] ἀποκαλύψεις[16] ὧν ἑώρακας ἰδεῖν; **9** ἀποκριθεὶς αὐτῷ λέγω· Κύριε, τοῦτο μόνον αἰτοῦμαι, περὶ τῶν τριῶν μορφῶν[17] τῆς πρεσβυτέρας ἵνα ἀποκάλυψις[18] ὁλοτελὴς[19] γένηται. ἀποκριθεὶς μοι λέγει· Μέχρι[20] τίνος ἀσύνετοί[21] ἐστε; ἀλλ᾽ αἱ διψυχίαι[22] ὑμῶν ἀσυνέτους[23] ὑμᾶς ποιοῦσιν καὶ τὸ μὴ ἔχειν τὴν καρδίαν ὑμῶν πρὸς τὸν Κύριον. **10** ἀποκριθεὶς αὐτῷ πάλιν εἶπον· Ἀλλ᾽ ἀπὸ σοῦ, κύριε, ἀκριβέστερον[24] αὐτὰ γνωσόμεθα.

19:1 (γ΄ 11) Ἄκουε, φησίν, περὶ τῶν τριῶν μορφῶν[25] ὧν ἐπιζητεῖς.[26] **2** τῇ μὲν πρώτῃ ὁράσει[27] διατί[28] πρεσβυτέρα ὤφθη σοι καὶ ἐπὶ καθέδραν[29] καθημένη; ὅτι τὸ πνεῦμα ὑμῶν πρεσβύτερον

---

[1] ὅραμα, ματος, τό, vision
[2] ἐρώτησις, εως, ἡ, request
[3] ταπεινοφροσύνη, ης, ἡ, humility
[4] χρήζω pres act ind 3s, have need of
[5] νηστεύω aor act impv 2s, fast
[6] νηστεύω aor act ind 1s, fast
[7] νεανίσκος, ου, ὁ, young man, youth
[8] ἀποκάλυψις, εως, ἡ, revelation
[9] δέησις, εως, ἡ, prayer
[10] μήποτε, conj, lest
[11] βλάπτω aor act sub 2s, harm, injure
[12] ἀρκέω pres act ind 3p, sufficient, enough
[13] ἀποκάλυψις, εως, ἡ, revelation
[14] μήτι, part, expecting negative response

[15] ἰσχυρός, ά, όν, strong
[16] ἀποκάλυψις, εως, ἡ, revelation
[17] μορφή, ῆς, ἡ, form
[18] ἀποκάλυψις, εως, ἡ, revelation
[19] ὁλοτελής, ες, in every way complete, quite perfect
[20] μέχρι, impr prep, until, how long
[21] ἀσύνετος, ον, senseless, foolish
[22] διψυχία, ας, ἡ, indecsion, doubt
[23] ἀσύνετος, ον, senseless, foolish
[24] ἀκριβής, ές, exact, strict
[25] μορφή, ῆς, ἡ, form
[26] ἐπιζητέω pres act ind 2s, seek after, search for
[27] ὅρασις, εως, ἡ, vision
[28] διατί, conj, why
[29] καθέδρα, ας, ἡ, chair

καὶ ἤδη μεμαρασμένον[1] καὶ μὴ ἔχον δύναμιν ἀπὸ τῶν μαλακιῶν[2] ὑμῶν καὶ διψυχιῶν.[3] **3** ὥσπερ γὰρ οἱ πρεσβύτεροι, μηκέτι[4] ἔχοντες ἐλπίδα τοῦ ἀνανεῶσαι,[5] οὐδὲν ἄλλο προσδοκῶσιν[6] εἰ μὴ τὴν κοίμησιν[7] αὐτῶν, οὕτω καὶ ὑμεῖς μαλακισθέντες[8] ἀπὸ τῶν βιωτικῶν[9] πραγμάτων[10] παρεδώκατε ἑαυτοὺς εἰς τὰς ἀκηδίας[11] καὶ οὐκ ἐπερίψατε[12] ἑαυτῶν τὰς μερίμνας[13] ἐπὶ τὸν Κύριον· ἀλλὰ ἐθραύσθη[14] ὑμῶν ἡ διάνοια,[15] καὶ ἐπαλαιώθητε[16] ταῖς λύπαις[17] ὑμῶν. **4** Διατί[18] οὖν ἐν καθέδρᾳ[19] ἐκάθητο, ἤθελον γνῶναι, κύριε. Ὅτι πᾶς ἀσθενής[20] εἰς καθέδραν καθέζεται[21] διὰ τὴν ἀσθένειαν[22] αὐτοῦ, ἵνα συνκρατηθῇ[23] ἡ ἀσθένεια[24] τοῦ σώματος αὐτοῦ. ἔχεις τὸν τύπον[25] τῆς πρώτης ὁράσεως.[26]

20:1 (γ´ 12) Τῇ δὲ δευτέρᾳ ὁράσει[27] εἶδες αὐτὴν ἑστηκυῖαν καὶ τὴν ὄψιν[28] νεωτέραν[29] ἔχουσαν καὶ ἱλαρωτέραν[30] παρὰ τὸ πρότερον,[31] τὴν δὲ σάρκα καὶ τὰς τρίχας[32] πρεσβυτέρας. ἄκουε,

---

[1] μαραίνω perf mid/pass ptcp n.s.nom., wither, fade, disappear
[2] μαλακία, ας, ἡ, weakness, sickness
[3] διψυχία, ας, ἡ, doubt, indecision
[4] μηκέτι, adv, no longer
[5] ἀνανεόω aor act inf, renew
[6] προσδοκάω pres act ind 3p, look for, wait for
[7] κοίμησις, εως, ἡ, sleep
[8] μαλακίζομαι aor pass ptcp m.p.nom., be weak, sick
[9] βιωτικός, ή, όν, belonging to daily life
[10] πρᾶγμα, ματος, τό, deed, thing, matter
[11] ἀκηδία, ας, ἡ, apathy, melancholy
[12] ἐπιρίπτω aor act ind 2p, throw, cast upon
[13] μέριμνα, ης, ἡ, anxiety, worry
[14] θραύω aor pass ind 3s, break, weaken
[15] διάνοια, ας, ἡ, mind
[16] παλαιόω aor pass ind 2p, become old
[17] λύπη, ης, ἡ, grief, sorrow
[18] διατί, conj, why
[19] καθέδρα, ας, ἡ, chair
[20] ἀσθενής, ες, weak, sick
[21] καθέζομαι pres mid/pass ind 3s, sit
[22] ἀσθένεια, ας, ἡ, weakness
[23] συνκρατέω aor pass sub 3s, hold together
[24] ἀσθένεια, ας, ἡ, weakness
[25] τύπος, ου, ὁ, type, pattern, model
[26] ὅρασις, εως, ἡ, vision
[27] ὅρασις, εως, ἡ, vision
[28] ὄψις, εως, ἡ, appearance
[29] νέος, ον, young
[30] ἱλαρός, ά, όν, cheerful, happy
[31] πρότερος, adv, formerly, before
[32] θρίξ, τριχός, ἡ, hair

φησίν, καὶ ταύτην τὴν παραβολήν. **2** ὅταν πρεσβύτερός τις, ἤδη ἀφηλπικὼς[1] ἑαυτὸν διὰ τὴν ἀσθένειαν[2] αὐτοῦ καὶ τὴν πτωχότητα,[3] οὐδὲν ἕτερον προσδέχεται[4] εἰ μὴ τὴν ἐσχάτην ἡμέραν τῆς ζωῆς αὐτοῦ· εἶτα[5] ἐξαίφνης[6] κατελείφθη[7] αὐτῷ κληρονομία,[8] ἀκούσας δὲ ἐξηγέρθη[9] καὶ περιχαρὴς[10] γενόμενος ἐνεδύσατο[11] τὴν ἰσχύν,[12] καὶ οὐκέτι ἀνάκειται,[13] ἀλλὰ ἕστηκεν, καὶ ἀνανεοῦται[14] αὐτοῦ τὸ πνεῦμα τὸ ἤδη ἐφθαρμένον[15] ἀπὸ τῶν προτέρων[16] αὐτοῦ πράξεων,[17] καὶ οὐκέτι κάθηται, ἀλλὰ ἀνδρίζεται·[18] οὕτως καὶ ὑμεῖς, ἀκούσαντες τὴν ἀποκάλυψιν[19] ἣν ὑμῖν ὁ Κύριος ἀπεκάλυψεν.[20] **3** ὅτι ἐσπλαγχνίσθη[21] ἐφ' ὑμᾶς καὶ ἀνενεώσατο[22] τὰ πνεύματα ὑμῶν, καὶ ἀπέθεσθε[23] τὰς μαλακίας[24] ὑμῶν, καὶ προσῆλθεν ὑμῖν ἰσχυρότης[25] καὶ ἐνεδυναμώθητε[26] ἐν τῇ πίστει, καὶ ἰδὼν ὁ Κύριος τὴν ἰσχυροποίησιν[27] ὑμῶν ἐχάρη· καὶ διὰ τοῦτο ἐδήλωσεν[28] ὑμῖν τὴν οἰκοδομὴν[29] τοῦ πύργου,[30] καὶ ἕτερα δηλώσει,[31] ἐὰν ἐξ ὅλης καρδίας εἰρηνεύετε[32] ἐν ἑαυτοῖς.

---

[1] ἀπελπίζω perf act ptcp m.s.nom., despair, expect back
[2] ἀσθένεια, ας, ἡ, weakness
[3] πτωχότης, ητος, ἡ, poverty
[4] προσδέχομαι pres mid/pass ind 3s, wait for
[5] εἶτα, adv, then
[6] ἐξαίφνης, adv, suddenly
[7] καταλείπω aor pass ind 3s, leave behind
[8] κληρονομία, ας, ἡ, inheritance
[9] ἐξεγείρω aor pass ind 3s, raise up
[10] περιχαρής, ες, very glad
[11] ἐνδύω aor mid ind 3s, dress, clothe
[12] ἰσχύς, ος, ἡ, strength
[13] ἀνάκειμαι pres mid/pass ind 3s, lie, recline
[14] ἀνανεόω pres mid/pass ind 3s, renew
[15] φθείρω perf mid/pass ptcp n.s.acc., destroy, ruin
[16] πρότερος, α, ον, earlier, former

[17] πρᾶξις, εως, ἡ, condition, activity
[18] ἀνδρίζομαι pres mid/pass ind 3s, act in a courageous way
[19] ἀποκάλυψις, εως, ἡ, revelation
[20] ἀποκαλύπτω aor act ind 3s, reveal
[21] σπλαγχνίζομαι aor pass ind 3s, have compassion
[22] ἀνανεόω aor mid ind 3s, renew
[23] ἀποτίθημι aor mid ind 2p, lay aside
[24] μαλακία, ας, ἡ, weakness
[25] ἰσχυρότης, ητος, ἡ, strength
[26] ἐνδυναμόω aor pass ind 2p, strengthen
[27] ἰσχυροποίησις, εως, ἡ, strengthening
[28] δηλόω aor act ind 3s, reveal, show
[29] οἰκοδομή, ῆς, ἡ, building
[30] πύργος, ου, ὁ, tower
[31] δηλόω fut act ind 3s, reveal, show
[32] εἰρηνεύω pres act impv 2p, be at peace

21:1 (γ´ 13) Τῇ δὲ τρίτῃ ὁράσει[1] εἶδες αὐτὴν νεωτέραν[2] καὶ καλὴν καὶ ἱλαράν,[3] καὶ καλὴν τὴν μορφὴν[4] αὐτῆς· **2** ὡς ἐὰν γάρ τινι λυπουμένῳ[5] ἔλθῃ ἀγγελία[6] ἀγαθή τις, εὐθὺς ἐπελάθετο[7] τῶν προτέρων[8] λυπῶν[9] καὶ οὐδὲν ἄλλο προσδέχεται[10] εἰ μὴ τὴν ἀγγελίαν[11] ἣν ἤκουσεν, καὶ ἰσχυροποιεῖται[12] λοιπὸν εἰς τὸ ἀγαθόν, καὶ ἀνανεοῦται[13] αὐτοῦ τὸ πνεῦμα διὰ τὴν χαρὰν ἣν ἔλαβεν· οὕτως καὶ ὑμεῖς ἀνανέωσιν[14] εἰλήφατε τῶν πνευμάτων ὑμῶν ἰδόντες ταῦτα τὰ ἀγαθά. **3** καὶ ὅτι ἐπὶ συμψελίου[15] εἶδες καθημένην, ἰσχυρὰ ἡ θέσις· ὅτι τέσσαρας πόδας ἔχει τὸ συμψέλιον καὶ ἰσχυρῶς[16] ἕστηκεν· καὶ γὰρ ὁ κόσμος διὰ τεσσάρων στοιχείων[17] κρατεῖται. **4** οἱ οὖν μετανοήσαντες ὁλοτελῶς[18] νέοι[19] ἔσονται καὶ τεθεμελιωμένοι,[20] οἱ ἐξ ὅλης καρδίας μετανοήσαντες. ἀπέχεις[21] ὁλοτελῆ[22] τὴν ἀποκάλυψιν·[23] μηκέτι[24] μηδὲν αἰτήσεις περὶ ἀποκαλύψεως·[25] ἐάν τι δὲ δέῃ, ἀποκαλυφθήσεταί[26] σοι.

---

[1] ὅρασις, εως, ἡ, vision
[2] νέος, ον, young
[3] ἱλαρός, ά, όν, cheerful, happy
[4] μορφή, ῆς, ἡ, form
[5] λυπέω pres mid/pass ptcp m.s.dat., grieve
[6] ἀγγελία, ας, ἡ, message
[7] ἐπιλανθάνομαι aor mid ind 3s, forget
[8] πρότερος, α, ον, former, earlier
[9] λύπη, ης, ἡ, grief
[10] προσδέχομαι pres mid/pass ind 3s, wait for
[11] ἀγγελία, ας, ἡ, message
[12] ἰσχυροποιέω pres mid/pass ind 3s, strengthened
[13] ἀνανεόω pres mid/pass ind 2s, renew
[14] ἀνανέωσις, εως, ἡ, renewal
[15] συμψέλιον, ου, τό, bench
[16] ἰσχυρῶς, ά, όν, strong
[17] στοιχεῖον, ου, τό, elements
[18] ὁλοτελῶς, adv, completely, fully
[19] νέος, ον, young
[20] θεμελιόω perf mid/pass ptcp m.p.nom., establish, founded
[21] ἀπέχω pres act ind 2s, receive in full
[22] ὁλοτελής, ές, complete, full
[23] ἀποκάλυψις, εως, ἡ, revelation
[24] μηκέτι, adv, no longer, from now on
[25] ἀποκάλυψις, εως, ἡ, revelation
[26] ἀποκαλύπτω fut pass ind 3s, reveal

22:1 (δ΄ 1) ἣν εἶδον, ἀδελφοί, μετὰ ἡμέρας εἴκοσι[1] τῆς προτέρας[2] ὁράσεως[3] τῆς γενομένης, εἰς τύπον[4] τῆς θλίψεως τῆς ἐπερχομένης.[5] **2** ὑπῆγον εἰς ἀγρὸν τῇ ὁδῷ τῇ Καμπανῇ.[6] ἀπὸ τῆς ὁδοῦ τῆς δημοσίας[7] ἐστὶν ὡσεὶ στάδια[8] δέκα.[9] ῥᾳδίως[10] δὲ ὁδεύεται[11] ὁ τόπος. **3** μόνος οὖν περιπατῶν ἀξιῶ[12] τὸν Κύριον ἵνα τὰς ἀποκαλύψεις[13] καὶ τὰ ὁράματα[14] ἅ μοι ἔδειξεν διὰ τῆς ἁγίας Ἐκκλησίας αὐτοῦ τελειώσῃ,[15] ἵνα με ἰσχυροποιήσῃ[16] καὶ δῷ τὴν μετάνοιαν[17] τοῖς δούλοις αὐτοῦ τοῖς ἐσκανδαλισμένοις,[18] ἵνα δοξασθῇ τὸ ὄνομα αὐτοῦ τὸ μέγα καὶ ἔνδοξον,[19] ὅτι με ἄξιον ἡγήσατο[20] τοῦ δεῖξαί μοι τὰ θαυμάσια[21] αὐτοῦ. **4** καὶ δοξάζοντός μου καὶ εὐχαριστοῦντος αὐτῷ, ὡς ἦχος[22] φωνῆς μοι ἀπεκρίθη· μὴ διψυχήσεις,[23] Ἑρμᾶ.[24] ἐν ἐμαυτῷ ἠρξάμην διαλογίζεσθαι[25] καὶ λέγειν· Ἐγὼ τί ἔχω διψυχῆσαι,[26] οὕτω τεθεμελιωμένος[27] ὑπὸ τοῦ Κυρίου καὶ ἰδὼν ἔνδοξα[28] πράγματα;[29] **5** καὶ προσέβην[30] μικρόν,

1 εἴκοσι, twenty
2 πρότερος, α, ον, earlier, former
3 ὅρασις, εως, ἡ, vision
4 τύπος, ου, ὁ, type, pattern, model
5 ἐπέρχομαι pres mid/pass ptcp f.s.gen., happen, come about
6 Καμπανός, ή, όν, Campanian
7 δημόσιος, α, ον, public
8 στάδιον, ου, τό, stade, one-eighth mile
9 δέκα, ten
10 ῥᾳδίως, adv, easily
11 ὁδεύω pres mid/pass ind 3s, go, travel, make a trip
12 ἀξιόω pres act ind 1s, consider worthy, deserving
13 ἀποκάλυψις, εως, ἡ, revelation
14 ὅραμα, ματος, τό, vision
15 τελειόω aor act sub 3s, fulfill, complete
16 ἰσχυροποιέω aor act sub 3s, make strong, establish
17 μετάνοια, ας, ἡ, repentance
18 σκανδαλίζω perf mid/pass ptcp m.p.dat., stumble
19 ἔνδοξος, η, ον, glorious
20 ἡγέομαι aor mid ind 3s, consider, think
21 θαυμάσιος, α, ον, wonderful
22 ἦχος, ου, ὁ, sound, noise
23 διψυχέω fut act ind 2s, be undecided, doubt
24 Ἑρμᾶς, ᾶ, ὁ, Hermas
25 διαλογίζομαι pres mid/pass inf, discuss, consider
26 διψυχέω aor act inf, be undecided, doubt
27 θεμελιόω perf mid/pass ptcp m.s.nom., establish, founded
28 ἔνδοξος, η, ον, glorious
29 πρᾶγμα, ματος, τό, deed, matter, thing
30 προσβαίνω aor act ind 1s, approach

ἀδελφοί, καὶ ἰδοὺ βλέπω κονιορτὸν¹ ὡς εἰς τὸν οὐρανόν, καὶ ἠρξάμην λέγειν ἐν ἑαυτῷ· Μήποτε² κτήνη³ ἔρχονται καὶ κονιορτὸν⁴ ἐγείρουσιν; οὕτω γὰρ ἦν ἀπ' ἐμοῦ ὡς ἀπὸ σταδίου.⁵ **6** γινομένου μείζονος καὶ μείζονος κονιορτοῦ⁶ ὑπενόησα⁷ εἶναί τι θεῖον·⁸ μικρὸν ἐξέλαμψεν⁹ ὁ ἥλιος, καὶ ἰδοὺ βλέπω θηρίον μέγιστον ὡσεὶ¹⁰ κῆτός¹¹ τι, καὶ ἐκ τοῦ στόματος αὐτοῦ ἀκρίδες¹² πύριναι¹³ ἐξεπορεύοντο. ἦν δὲ τὸ θηρίον τῷ μήκει¹⁴ ὡσεὶ¹⁵ ποδῶν ἑκατὸν¹⁶ τὴν δὲ κεφαλὴν εἶχεν ὡς κεράμου.¹⁷ **7** καὶ ἠρξάμην κλαίειν καὶ ἐρωτᾶν τὸν Κύριον ἵνα με λυτρώσηται¹⁸ ἐξ αὐτοῦ. καὶ ἐπανεμνήσθην¹⁹ τοῦ ῥήματος οὗ ἀκηκόειν· Μὴ διψυχήσεις,²⁰ Ἑρμᾶ.²¹ **8** ἐνδυσάμενος²² οὖν, ἀδελφοί, τὴν πίστιν τοῦ Κυρίου καὶ μνησθεὶς²³ ὧν ἐδίδαξέν με μεγαλείων,²⁴ θαρσήσας²⁵ εἰς τὸ θηρίον ἐμαυτὸν ἔδωκα. οὕτω δὲ ἤρχετο τὸ θηρίον ῥοίζῳ,²⁶ ὥστε δύνασθαι αὐτὸ πόλιν λυμᾶναι.²⁷ **9** ἔρχομαι ἐγγὺς αὐτοῦ, καὶ τὸ τηλικοῦτο²⁸ κῆτος²⁹ ἐκτείνει³⁰ ἑαυτὸ χαμαὶ³¹ καὶ οὐδὲν εἰ μὴ τὴν γλῶσσαν

---

¹ κονιορτός, οῦ, ὁ, dust
² μήποτε, conj, perhaps
³ κτῆνος, ους, τό, cattle, pack-animal
⁴ κονιορτός, οῦ, ὁ, dust
⁵ στάδιον, ου, τό, stade, one-eighth mile
⁶ κονιορτός, οῦ, ὁ, dust
⁷ ὑπονοέω aor act ind 1s, suspect, suppose
⁸ θεῖος, α, ον, divine
⁹ ἐκλάμπω aor act ind 3s, shine
¹⁰ ὡσεί, conj, as, like
¹¹ κῆτος, ους, τό, sea monster
¹² ἀκρίς, ίδος, ἡ, locust
¹³ πύρινος, η, ον, fiery
¹⁴ μῆκος, ους, τό, length
¹⁵ ὡσεί, part, as, like, about
¹⁶ ἑκατόν, one-hundred
¹⁷ κέραμος, ου, ὁ, clay, earthen vessel
¹⁸ λυτρόω aor mid sub 3s, set free, rescue, redeem
¹⁹ ἐπαναμιμνήσκω aor pass ind 1s, remind one of, mention again
²⁰ διψυχέω fut act ind 2s, be undecided, doubt
²¹ Ἑρμᾶς, ᾶ, ὁ, Hermas
²² ἐνδύω aor mid ptcp m.s.nom., dress, clothe
²³ μιμνήσκομαι aor pass ptcp m.s.nom., remember
²⁴ μεγαλεῖος, α, ον, greatness, sublimity
²⁵ θαρσέω aor act ptcp m.s.nom., be courageous
²⁶ ῥοίζος, ου, ὁ, a whoosh
²⁷ λυμαίνω aor act inf, destroy, ruin
²⁸ τηλικοῦτος, αύτη, οῦτο, so great, so large
²⁹ κῆτος, ους, τό, sea monster
³⁰ ἐκτείνω pres act ind 3s, stretch out
³¹ χαμαί, adv, on the ground

προέβαλλεν,[1] καὶ ὅλως[2] οὐκ ἐκινήθη[3] μέχρις[4] ὅτου παρῆλθον[5] αὐτό· **10** εἶχεν δὲ τὸ θηρίον ἐπὶ τῆς κεφαλῆς χρώματα[6] τέσσερα· μέλαν,[7] εἶτα[8] πυροειδὲς[9] καὶ αἱματῶδες,[10] εἶτα[11] χρυσοῦν,[12] εἶτα[13] λευκόν.[14]

23:1 (δ´ 2) Μετὰ δὲ τὸ παρελθεῖν[15] με τὸ θηρίον καὶ προελθεῖν[16] ὡσεὶ[17] πόδας τριάκοντα,[18] ἰδοὺ ὑπαντᾷ[19] μοι παρθένος[20] κεκοσμημένη[21] ὡς ἐκ νυμφῶνος[22] ἐκπορευομένη, ὅλη ἐν λευκοῖς[23] καὶ ὑποδήμασιν[24] λευκοῖς,[25] κατακεκαλυμμένη[26] ἕως τοῦ μετώπου,[27] ἐν μίτρᾳ[28] δὲ ἦν ἡ κατακάλυψις[29] αὐτῆς· εἶχεν δὲ τὰς τρίχας[30] αὐτῆς λευκάς.[31] **2** ἔγνων ἐγὼ ἐκ τῶν προτέρων[32] ὁραμάτων[33] ὅτι ἡ Ἐκκλησία ἐστίν, καὶ ἱλαρώτερος[34] ἐγενόμην. ἀσπάζεταί με λέγουσα· Χαῖρε σύ, ἄνθρωπε· καὶ ἐγὼ αὐτὴν ἀντησπασάμην.[35] Κυρία, χαῖρε. **3** ἀποκριθεῖσά μοι λέγει· Οὐδέν

---

[1] προβάλλω imp act ind 3s, put forward, put out
[2] ὅλως, adv, wholly, completely
[3] κινέω aor pass ind 3s, move
[4] μέχρι, impr prep, until
[5] παρέρχομαι aor act ind 1s, pass by
[6] χρῶμα, ματος, τό, color
[7] μέλας, αινα, αν, black
[8] εἶτα, adv, then
[9] πυροειδής, ες, color of fire, red as fire
[10] αἱματῶδης, ες, blood-red
[11] εἶτα, adv, then
[12] χρυσοῦς, ῆ, οῦν, gold
[13] εἶτα, adv, then
[14] λευκός, ή, όν, white
[15] παρέρχομαι aor act inf, pass by
[16] προέρχομαι aor act inf, go before, proceed
[17] ὡσεί, conj, as, like, about
[18] τριάκοντα, thirty

[19] ὑπαντάω pres act ind 3s, go to meet
[20] παρθένος, ου, ἡ, virgin, young girl
[21] κοσμέω perf mid/pass ptcp f.s.nom., adorn, decorate
[22] νυμφών, νος, ὁ, bridal chamber
[23] λευκός, ή, όν, white
[24] ὑπόδημα, ματος, τό, sandal
[25] λευκός, ή, όν, white
[26] κατακαλύπτω perf mid/pass ptcp f.s.nom., cover, veil
[27] μέτωπον, ου, τό, forehead
[28] μίτρα, ας, ἡ, turban
[29] κατακάλυψις, εως, ἡ, revelation
[30] θρίξ, τριχός, ἡ, hair
[31] λευκός, ή, όν, white
[32] πρότερος, α, ον, earlier, former, before
[33] ὅραμα, ματος, τό, vision
[34] ἱλαρός, ά, όν, cheerful, happy
[35] ἀντασπάζομαι aor mid ind 1s, greet in return

σοι ἀπήντησεν;[1] λέγω αὐτῇ· Κυρία, τηλικοῦτο[2] θηρίον, δυνάμενον λαοὺς διαφθεῖραι·[3] ἀλλὰ τῇ δυνάμει τοῦ Κυρίου καὶ τῇ πολυσπλαγχνίᾳ[4] αὐτοῦ ἐξέφυγον[5] αὐτό. **4** Καλῶς ἐξέφυγες,[6] φησίν, ὅτι τὴν μέριμνάν[7] σου ἐπὶ τὸν Θεὸν ἐπέριψας[8] καὶ τὴν καρδίαν σου ἤνοιξας πρὸς τὸν Κύριον, πιστεύσας ὅτι δι' οὐδενὸς δύνῃ σωθῆναι εἰ μὴ διὰ τοῦ μεγάλου καὶ ἐνδόξου[9] ὀνόματος. διὰ τοῦτο ὁ Κύριος ἀπέστειλε τὸν ἄγγελον αὐτοῦ τὸν ἐπὶ τῶν θηρίων ὄντα, οὗ τὸ ὄνομά ἐστι Σεγρί[10] καὶ ἐνέφραξεν[11] τὸ στόμα αὐτοῦ, ἵνα μή σε λυμάνῃ.[12] μεγάλην θλῖψιν ἐκπέφευγας[13] διὰ τὴν πίστιν σου, καὶ ὅτι τηλικοῦτο[14] θηρίον ἰδὼν οὐκ ἐδιψύχησας.[15] **5** ὕπαγε οὖν καὶ ἐξήγησαι[16] τοῖς ἐκλεκτοῖς[17] τοῦ Κυρίου τὰ μεγαλεῖα[18] αὐτοῦ, καὶ εἰπὲ αὐτοῖς ὅτι τὸ θηρίον τοῦτο τύπος[19] ἐστὶν θλίψεως τῆς μελλούσης τῆς μεγάλης· ἐὰν οὖν προετοιμάσησθε[20] καὶ μετανοήσητε ἐξ ὅλης καρδίας ὑμῶν πρὸς τὸν Κύριον, δυνήσεσθε ἐκφυγεῖν[21] αὐτήν, ἐὰν ἡ καρδία ὑμῶν γένηται καθαρὰ[22] καὶ ἄμωμος,[23] καὶ τὰς λοιπὰς τῆς ζωῆς ἡμέρας ὑμῶν δουλεύσητε[24] τῷ Κυρίῳ ἀμέμπτως.[25] ἐπιρίψατε[26] τὰς μερίμνας[27] ὑμῶν ἐπὶ τὸν Κύριον,

---

[1] ἀπαντάω aor act ind 3s, meet
[2] τηλικοῦτος, αὕτη, οῦτο, so great, so large
[3] διαφθείρω aor act inf, destroy, ruin
[4] πολυσπλαγχνία, ας, ἡ, great mercy, compassion
[5] ἐκφεύγω aor act ind 1s, run away, escape
[6] ἐκφεύγω aor act ind 2s, run away, escape
[7] μέριμνα, ης, ἡ, anxiety, worry, care
[8] ἐπιρρίπτω aor act ind 2s, throw, cast upon
[9] ἔνδοξος, η, ον, glorious
[10] Θεγρί, ὁ, Thegri
[11] ἐμφράσσω aor act ind 3s, stop up, shut
[12] λυμαίνω aor act sub 3s, destroy
[13] ἐκφεύγω perf act ind 2s, run away, escape

[14] τηλικοῦτος, αὕτη, οῦτο, so great, so large
[15] διψυχέω aor act ind 2s, be unde-cided, doubt
[16] ἐξηγέομαι aor mid impv 2s, tell, report, expound
[17] ἐκλεκτός, ή, όν, elect
[18] μεγαλεῖος, α, ον, greatness
[19] τύπος, ου, ὁ, pattern, form, type
[20] προετοιμάζω aor mid sub 2p, pre-pare beforehand
[21] ἐκφεύγω aor act inf, escape, run away
[22] καθαρός, ά, όν, clean, pure
[23] ἄμωμος, ον, blameless, faultless
[24] δουλεύω aor act sub 2p, serve
[25] ἀμέμπτως, adv, blameless, faultless
[26] ἐπιρρίπτω aor act impv 2p, throw, cast upon
[27] μέριμνα, ης, ἡ, anxiety, worry, care

καὶ αὐτὸς κατορθώσει[1] αὐτάς. **6** πιστεύσατε τῷ Κυρίῳ, οἱ δίψυχοι,[2] ὅτι πάντα δύναται καὶ ἀποστρέφει[3] τὴν ὀργὴν αὐτοῦ ἀφ' ὑμῶν καὶ ἐξαποστέλλει μάστιγας[4] ὑμῖν τοῖς διψύχοις.[5] οὐαὶ τοῖς ἀκούσασιν τὰ ῥήματα ταῦτα καὶ παρακούσασιν·[6] αἱρετώτερον[7] ἦν αὐτοῖς τὸ μὴ γεννηθῆναι.

24:1 (δ´ 3) Ἠρώτησα αὐτὴν περὶ τῶν τεσσάρων χρωμάτων[8] ὧν εἶχεν τὸ θηρίον εἰς τὴν κεφαλήν. ἡ δὲ ἀποκριθεῖσά μοι λέγει· Πάλιν περίεργος[9] εἶ περὶ τοιούτων πραγμάτων.[10] Ναί, φημί, κυρία·[11] γνώρισόν[12] μοι τί ἐστιν ταῦτα. **2** Ἄκουε, φησίν· τὸ μὲν μέλαν[13] οὗτος ὁ κόσμος ἐστίν, ἐν ᾧ κατοικεῖτε. **3** τὸ δὲ πυροειδὲς[14] καὶ αἱματῶδες,[15] ὅτι δεῖ τὸν κόσμον τοῦτον δι' αἵματος καὶ πυρὸς ἀπόλλυσθαι· **4** τὸ δὲ χρυσοῦν[16] μέρος ὑμεῖς ἐστε οἱ ἐκφυγόντες[17] τὸν κόσμον τοῦτον. ὥσπερ γὰρ τὸ χρυσίον[18] δοκιμάζεται[19] διὰ τοῦ πυρὸς καὶ εὔχρηστον[20] γίνεται, οὕτως καὶ ὑμεῖς δοκιμάζεσθε[21] οἱ κατοικοῦντες ἐν αὐτοῖς. οἱ οὖν μείναντες καὶ πυρωθέντες[22] ὑπ'

---

[1] κατορθόω fut act ind 3s, straight, complete
[2] δίψυχος, ον, doubting, double-minded
[3] ἀποστρέφω pres act ind 3s, turn away
[4] μάστιξ, γος, ἡ, torment, suffering
[5] δίψυχος, ον, doubting, double-minded
[6] παρακούω aor act ptcp m.p.dat., ignore, refuse to listen
[7] αἱρετός, ή, όν, desirable
[8] χρῶμα, ματος, τό, color
[9] περίεργος, ον, curious, meddlesome
[10] πρᾶγμα, ματος, τό, deed, matter, thing
[11] κυρία, ας, ἡ, lady
[12] γνωρίζω aor act impv 2s, make known, reveal
[13] μέλας, αινα, αν, black
[14] πυροειδής, ές, color of fire, red as fire
[15] αἱματῶδης, ες, blood-red
[16] χρυσοῦς, ῆ, οῦν, gold
[17] ἐκφεύγω aor act ptcp m.p.nom., run away, escape
[18] χρυσίον, ου, τό, gold
[19] δοκιμάζω pres mid/pass ind 3s, put to the test
[20] εὔχρηστος, η, ον, useful, serviceable
[21] δοκιμάζω pres mid/pass ind 2p, put to the test
[22] πυρόω aor pass ptcp m.p.nom., burn

αὐτοῦ καθαρισθήσεσθε.[1] ὥσπερ τὸ χρυσίον ἀποβάλλει[2] τὴν σκωρίαν[3] αὐτοῦ, οὕτω καὶ ὑμεῖς ἀποβαλεῖτε[4] πᾶσαν λύπην[5] καὶ στενοχωρίαν,[6] καὶ καθαρισθήσεσθε καὶ χρήσιμοι ἔσεσθε εἰς τὴν οἰκοδομὴν[7] τοῦ πύργου.[8] **5** τὸ δὲ λευκὸν[9] μέρος ὁ αἰὼν ὁ ἐπερχόμενός[10] ἐστιν, ἐν ᾧ κατοικήσουσιν οἱ ἐκλεκτοὶ[11] τοῦ Θεοῦ· ὅτι ἄσπιλοι[12] καὶ καθαροὶ[13] ἔσονται οἱ ἐκλελεγμένοι[14] ὑπὸ τοῦ Θεοῦ εἰς ζωὴν αἰώνιον. **6** σὺ οὖν μὴ διαλίπῃς[15] λαλῶν εἰς τὰ ὦτα τῶν ἁγίων. ἔχετε καὶ τὸν τύπον[16] τῆς θλίψεως τῆς ἐρχομένης μεγάλης. ἐὰν δὲ ὑμεῖς θελήσητε, οὐδὲν ἔσται. μνημονεύετε[17] τὰ προγεγραμμένα.[18] **7** ταῦτα εἴπασα ἀπῆλθεν, καὶ οὐκ εἶδον ποίῳ τόπῳ ἀπῆλθεν· ψόφος[19] γὰρ ἐγένετο· κἀγὼ ἐπεστράφην εἰς τὰ ὀπίσω φοβηθείς, δοκῶν ὅτι τὸ θηρίον ἔρχεται.

Ἀποκάλυψις

25:1 (ε´ 1) Προσευξαμένου μου ἐν τῷ οἴκῳ καὶ καθίσαντος εἰς τὴν κλίνην[20] εἰσῆλθεν ἀνήρ τις ἔνδοξος[21] τῇ ὄψει,[22] σχήματι[23]

---

[1] χρυσίον, ου, τό, gold
[2] ἀποβάλλω pres act ind 3s, take off, remove
[3] σκωρία, ας, ἡ, dross, slag
[4] ἀποβάλλω fut act ind 2p, take off, remove
[5] λύπη, ης, ἡ, grief, sorrow
[6] στενοχωρία, ας, ἡ, distress, difficulty
[7] οἰκοδομή, ῆς, ἡ, building, construction
[8] πύργος, ου, ὁ, tower
[9] λευκός, ή, όν, white
[10] ἐπέρχομαι pres mid/pass ptcp m.s.nom., happen, come about
[11] ἐκλεκτός, ή, όν, elect
[12] ἄσπιλος, ον, spotless, pure
[13] καθαρός, ά, όν, clean, pure
[14] ἐκλέγομαι perf mid/pass ptcp m.p.nom., chosen
[15] διαλείπω aor act sub 2s, stop, cease
[16] τύπος, ου, ὁ, type, pattern, model
[17] μνημονεύω pres act impv 2p, remember
[18] προγράφω perf mid/pass ptcp n.p.acc., write beforehand
[19] ψόφος, ου, ὁ, noise, sound
[20] κλίνη, ης, ἡ, bed
[21] ἔνδοξος, η, ον, glorious
[22] ὄψις, εως, ἡ, appearance
[23] σχῆμα, ματος, τό, appearance

ποιμενικῷ,[1] περικείμενος[2] δέρμα[3] λευκόν,[4] καὶ πήραν[5] ἔχων ἐπὶ
τὸν ὦμον[6] καὶ ῥάβδον[7] εἰς τὴν χεῖρα. καὶ ἠσπάσατό με, κἀγὼ
ἀντησπασάμην[8] αὐτόν. **2** καὶ εὐθὺς παρεκάθισέν[9] μοι καὶ λέγει
μοι· Ἀπεστάλην ἀπὸ τοῦ σεμνοτάτου[10] ἀγγέλου, ἵνα μετὰ σοῦ
οἰκήσω[11] τὰς λοιπὰς ἡμέρας τῆς ζωῆς σου. **3** ἔδοξα ἐγὼ ὅτι
πάρεστιν[12] ἐκπειράζων[13] με, καὶ λέγω αὐτῷ· Σὺ γὰρ τίς εἶ; ἐγὼ
γάρ, φημί, γινώσκω ᾧ παρεδόθην. λέγει μοι· οὐκ ἐπιγινώσκεις με;
Οὔ, φημί. Ἐγώ, φησίν, εἰμὶ ὁ ποιμὴν[14] ᾧ παρεδόθης. **4** ἔτι
λαλοῦντος αὐτοῦ ἠλλοιώθη[15] ἡ ἰδέα[16] αὐτοῦ, καὶ ἐπέγνων αὐτόν,
ὅτι ἐκεῖνος ἦν ᾧ παρεδόθην, καὶ εὐθὺς συνεχύθην,[17] καὶ φόβος με
ἔλαβεν, καὶ ὅλος συνεκόπην[18] ἀπὸ τῆς λύπης,[19] ὅτι οὕτως αὐτῷ
ἀπεκρίθην πονηρῶς[20] καὶ ἀφρόνως.[21] **5** ὁ δὲ ἀποκριθείς μοι λέγει·
Μὴ συγχύννου,[22] ἀλλὰ ἰσχυροποιοῦ[23] ἐν ταῖς ἐντολαῖς μου, αἷς σοι
μέλλω ἐντέλλεσθαι.[24] ἀπεστάλην γάρ, φησίν, ἵνα ἃ εἶδες
πρότερον[25] πάντα σοι πάλιν δείξω, αὐτὰ τὰ κεφάλαια[26] τὰ ὄντα
ὑμῖν σύμφορα.[27] πρῶτον πάντων τὰς ἐντολάς μου γράφον καὶ τὰς

---

[1] ποιμενικός, ή, όν, pertaining to a shepherd
[2] περίκειμαι pres mid/pass ptcp m.s.nom., wrapped around
[3] δέρμα, ματος, τό, skin
[4] λευκός, ή, όν, white
[5] πήρα, ας, ἡ, knapsack, traveler's bag
[6] ὦμος, ου, ὁ, shoulder
[7] ῥάβδος, ου, ἡ, staff
[8] ἀντασπάζομαι aor mid ind 1s, greet in return
[9] παρακαθίζω aor act ind 3s, sit down beside
[10] σεμνός, ή, όν, most holy
[11] οἰκέω aor act sub 1s, live, dwell
[12] πάρειμι pres act ind 3s, be present, to have come
[13] ἐκπειράζω pres act ptcp m.s.nom., tempt
[14] ποιμήν, ένος, ὁ, shepherd
[15] ἀλλοιόω aor pass ind 3s, change
[16] ἰδέα, ας, ἡ, appearance, form
[17] συγχέω aor pass ind 1s, confused
[18] συγκόπτω aor pass ind 1s, be overcome
[19] λύπη, ης, ἡ, sorrow, grief, pain
[20] πονηρῶς, adv, wickedly
[21] ἀφρόνως, adv, foolishly
[22] συγχύνω pres mid/pass impv 2s, confuse
[23] ἰσχυροποιέω pres mid/pass impv 2s, make strong
[24] ἐντέλλω pres mid/pass inf, command, order
[25] πρότερος, α, ον, adv, formerly, before
[26] κεφάλαιον, ου, τό, main point, main thing
[27] σύμφορος, ον, beneficial, advantageous

παραβολάς· τὰ δὲ ἕτερα καθώς σοι δείξω οὕτως γράψεις· διὰ τοῦτο, φησίν, ἐντέλλομαί[1] σοι πρῶτον γράψαι τὰς ἐντολὰς καὶ παραβολάς, ἵνα ὑπὸ χεῖρα ἀναγινώσκῃς αὐτὰς καὶ δυνηθῇς φυλάξαι αὐτάς. 6 ἔγραψα οὖν τὰς ἐντολὰς καὶ παραβολάς, καθὼς ἐνετείλατό[2] μοι. 7 ἐὰν οὖν ἀκούσαντες αὐτὰς φυλάξητε καὶ ἐν αὐταῖς πορευθῆτε καὶ ἐργάσησθε αὐτὰς ἐν καθαρᾷ[3] καρδίᾳ, ἀπολήμψεσθε[4] ἀπὸ τοῦ Κυρίου ὅσα ἐπηγγείλατο[5] ὑμῖν· ἐὰν δὲ ἀκούσαντες μὴ μετανοήσητε, ἀλλ᾽ ἔτι προσθῆτε[6] ταῖς ἁμαρτίαις ὑμῶν, ἀπολήμψεσθε[7] παρὰ τοῦ Κυρίου τὰ ἐναντία.[8] ταῦτά μοι πάντα οὕτως γράψαι ὁ ποιμὴν ἐνετείλατο, ὁ ἄγγελος τῆς μετανοίας.[9]

Ἐντολαί

26:1 (ά 1) Πρῶτον πάντων πίστευσον ὅτι εἷς ἐστὶν ὁ Θεός, ὁ τὰ πάντα κτίσας[10] καὶ καταρτίσας,[11] καὶ ποιήσας ἐκ τοῦ μὴ ὄντος εἰς τὸ εἶναι τὰ πάντα, καὶ πάντα χωρῶν,[12] μόνος δὲ ἀχώρητος.[13] 2 πίστευσον οὖν αὐτῷ καὶ φοβήθητι αὐτόν, φοβηθεὶς δὲ ἐνκράτευσαι.[14] ταῦτα φύλασσε καὶ ἀποβαλεῖς[15] πᾶσαν πονηρίαν[16]

---

[1] ἐντέλλω pres mid/pass ind 1s, command, order

[2] ἐντέλλω aor mid ind 3s, command, order

[3] καθαρός, ά, όν, pure, clean

[4] ἀπολαμβάνω fut mid ind 2p, receive

[5] ἐπαγγέλλω aor mid ind 3s, promise, announce

[6] προστίθημι aor act sub 2p, add

[7] ἀπολαμβάνω fut mid ind 2p, receive

[8] ἐναντίος, α, ον, opposite

[9] μετάνοια, ας, ἡ, repentance

[10] κτίζω aor act ptcp m.s.nom., create

[11] καταρτίζω aor act ptcp m.s.nom., put in order, prepare

[12] χωρέω pres act ptcp m.s.nom., go forward, hold, contain

[13] ἀχώρητος, ον, ῶν, uncontained, incomprehensible, infinite, unlimited

[14] ἐγκρατεύομαι aor mid impv 2s, control onself, self-control

[15] ἀποβάλλω fut act ind 2s, throw away, cast off

[16] πονηρία, ας, ἡ, wickedness, evil

ἀπὸ σεαυτοῦ καὶ ἐνδύσῃ¹ πᾶσαν ἀρετὴν² δικαιοσύνης καὶ ζήσῃ τῷ Θεῷ, ἐὰν φυλάξῃς τὴν ἐντολὴν ταύτην.

27:1 (β΄ 1)Λέγει μοι· Ἁπλότητα³ ἔχε καὶ ἄκακος⁴ γίνου καὶ ἔσῃ ὡς τὰ νήπια⁵ τὰ μὴ γινώσκοντα τὴν πονηρίαν⁶ τὴν ἀπολλύουσαν τὴν ζωὴν τῶν ἀνθρώπων. **2** πρῶτον μὲν μηδενὸς καταλάλει,⁷ μηδὲ ἡδέως⁸ ἄκουε καταλαλοῦντος·⁹ εἰ δὲ μή, καὶ σὺ ὁ ἀκούων ἔνοχος¹⁰ ἔσῃ τῆς ἁμαρτίας τοῦ καταλαλοῦντος,¹¹ ἐὰν πιστεύσῃς τῇ καταλαλιᾷ¹² ᾗ ἂν ἀκούσῃς· πιστεύσας γὰρ καὶ σὺ αὐτὸς ἕξεις κατὰ τοῦ ἀδελφοῦ σου. οὕτως οὖν ἔνοχος¹³ ἔσῃ τῆς ἁμαρτίας τοῦ καταλαλοῦντος.¹⁴ **3** πονηρὰ ἡ καταλαλία·¹⁵ ἀκατάστατον¹⁶ δαιμόνιόν ἐστιν, μηδέποτε¹⁷ εἰρηνεύον,¹⁸ ἀλλὰ πάντοτε ἐν διχοστασίαις¹⁹ κατοικοῦν. ἀπέχου²⁰ οὖν ἀπ᾽ αὐτοῦ, καὶ εὐθηνίαν²¹ πάντοτε ἕξεις μετὰ πάντων. **4** ἔνδυσαι²² δὲ τὴν σεμνότητα,²³ ἐν ᾗ οὐδὲν πρόσκομμά²⁴ ἐστιν πονηρόν, ἀλλὰ πάντα ὁμαλὰ²⁵ καὶ

---

¹ ἐνδύω fut mid ind 2s, put on, clothe
² ἀρετή, ῆς, ἡ, virtue
³ ἁπλότης, ητος, ἡ, sincerity, simplicity
⁴ ἄκακος, ον, innocent
⁵ νήπιος, α, ον, infant, child
⁶ πονηρία, ας, ἡ, wickedness, evil
⁷ καταλαλέω pres act impv 2s, speak evil
⁸ ἡδέως, adv, gladly
⁹ καταλαλέω pres act ptcp m.s.gen., speak evil
¹⁰ ἔνοχος, ον, liable, guilty
¹¹ καταλαλέω pres act ptcp m.s.gen., speak evil
¹² καταλαλιά, ᾶς, ἡ, evil speech, slander
¹³ ἔνοχος, ον, liable, guilty
¹⁴ καταλαλέω pres act ptcp m.s.gen., speak evil
¹⁵ καταλαλιά, ᾶς, ἡ, evil speech, slander
¹⁶ ἀκατάστατος, η, ον, unstable, restless
¹⁷ μηδέποτε, adv, never
¹⁸ εἰρηνεύω pres act ptcp n.s.nom., be at peace
¹⁹ διχοστασία, ας, ἡ, dissension
²⁰ ἀπέχω pres mid/pass impv 2s, refrain from, keep away
²¹ εὐθηνία, ας, ἡ, prosperity, rapport, well-being
²² ἐνδύω aor mid impv 2s, put on, clothe
²³ σεμνότης, τητος, ἡ, holiness, dignity
²⁴ πρόσκομμα, ματος, τό, cause for offense
²⁵ ὁμαλός, ή, όν, smooth, level

ἱλαρά.¹ ἐργάζου τὸ ἀγαθόν, καὶ ἐκ τῶν κόπων² σου, ὧν ὁ Θεὸς δίδωσίν σοι, πᾶσιν ὑστερουμένοις³ δίδου ἁπλῶς,⁴ μὴ διστάζων⁵ τίνι δῷς ἢ τίνι μὴ δῷς. πᾶσιν δίδου· πᾶσιν γὰρ ὁ Θεὸς δίδοσθαι θέλει ἐκ τῶν ἰδίων δωρημάτων.⁶ **5** οἱ οὖν λαμβάνοντες ἀποδώσουσιν λόγον τῷ Θεῷ, διατί⁷ ἔλαβον καὶ εἰς τί· οἱ μὲν γὰρ λαμβάνοντες θλιβόμενοι⁸ οὐ δικασθήσονται,⁹ οἱ δὲ ἐν ὑποκρίσει¹⁰ λαμβάνοντες τίσουσιν¹¹ δίκην.¹² **6** ὁ οὖν διδοὺς ἀθῷός¹³ ἐστιν· ὡς γὰρ ἔλαβεν παρὰ τοῦ Κυρίου τὴν διακονίαν τελέσαι,¹⁴ ἁπλῶς¹⁵ αὐτὴν ἐτέλεσεν,¹⁶ μηθὲν¹⁷ διακρίνων¹⁸ τίνι δῷ ἢ μὴ δῷ. ἐγένετο οὖν ἡ διακονία αὕτη ἁπλῶς¹⁹ τελεσθεῖσα²⁰ ἔνδοξος²¹ παρὰ τῷ Θεῷ. ὁ οὖν οὕτως ἁπλῶς²² διακονῶν τῷ Θεῷ ζήσεται. **7** φύλασσε οὖν τὴν ἐντολὴν ταύτην, ὥς σοι λελάληκα, ἵνα ἡ μετάνοιά²³ σου καὶ τοῦ οἴκου σου ἐν ἁπλότητι²⁴ εὑρεθῇ, καὶ ἡ καρδία σου καθαρὰ²⁵ καὶ ἀμίαντος.²⁶

28:1 (γ´ 1) Πάλιν μοι λέγει· Ἀλήθειαν ἀγάπα, καὶ πᾶσα ἀλήθεια ἐκ τοῦ στόματός σου ἐκπορευέσθω, ἵνα τὸ πνεῦμα, ὃ ὁ

---

¹ ἱλαρός, ά, όν, cheerful, happy

² κόπος, ου, ὁ, work, labor

³ ὑστερέω pres mid/pass ptcp m.p.dat., lack

⁴ ἁπλῶς, adv, sincerely, openly

⁵ διστάζω pres act ptcp m.s.nom., doubt, waver, hesitate

⁶ δώρημα, ματος, τό, gift, present

⁷ διατί, conj, why

⁸ θλίβω pres mid/pass ptcp m.p.nom., press upon, oppress, afflict

⁹ δικάζω fut pass ind 3p, judge, condemn

¹⁰ ὑπόκρισις, εως, ἡ, hypocrisy, false pretense

¹¹ τίνω fut act ind 3p, pay a penalty

¹² δίκη, ης, ἡ, penalty, punishment

¹³ ἀθῷος, ον, innocent

¹⁴ τελέω aor act inf, complete, perform, fulfill

¹⁵ ἁπλῶς, adv, sincerely, openly

¹⁶ τελέω aor act ind 3s, complete, perform, fulfill

¹⁷ μηδείς, μηδεμία, μηδέν, not

¹⁸ διακρίνω pres act ptcp m.s.nom., evaluate, doubt, waver

¹⁹ ἁπλῶς, adv, sincerely, openly

²⁰ τελέω aor pass ptcp f.s.nom., complete, perform, fulfill

²¹ ἔνδοξος, η, ον, glorious

²² ἁπλῶς, adv, sincerely, openly

²³ μετάνοια, ας, ἡ, repentance

²⁴ ἁπλότης, ητος, ἡ, sincerity, simplicity

²⁵ καθαρός, ά, όν, pure, clean

²⁶ ἀμίαντος, ον, undefiled, pure

Θεὸς κατῴκισεν ἐν τῇ σαρκὶ ταύτῃ, ἀληθὲς[1] εὑρεθῇ παρὰ πᾶσιν
ἀνθρώποις, καὶ οὕτως δοξασθήσεται ὁ Κύριος ὁ ἐν σοὶ κατοικῶν·
ὅτι ὁ Κύριος ἀληθινός[2] ἐν παντὶ ῥήματι, καὶ οὐδὲν παρ᾽ αὐτῷ
ψεῦδος.[3] **2** οἱ οὖν ψευδόμενοι[4] ἀθετοῦσι[5] τὸν Κύριον καὶ γίνονται
ἀποστερηταὶ[6] τοῦ Κυρίου, μὴ παραδιδόντες αὐτῷ τὴν
παρακαταθήκην[7] ἣν ἔλαβον. ἔλαβον γὰρ παρ᾽ αὐτοῦ πνεῦμα
ἄψευστον.[8] τοῦτο ἐὰν ψευδὲς[9] ἀποδώσωσιν, ἐμίαναν[10] τὴν ἐντολὴν
τοῦ Κυρίου καὶ ἐγένοντο ἀποστερηταί.[11] **3** ταῦτα οὖν ἀκούσας ἐγὼ
ἔκλαυσα λίαν.[12] ἰδὼν δέ με κλαίοντα λέγει· Τί κλαίεις; Ὅτι, φημί,
κύριε, οὐκ οἶδα εἰ δύναμαι σωθῆναι. Διατί;[13] φησίν. Οὐδέπω[14] γάρ,
φημί, κύριε, ἐν τῇ ἐμῇ ζωῇ ἀληθὲς[15] ἐλάλησα ῥῆμα, ἀλλὰ πάντοτε
πανοῦργος[16] ἔζησα μετὰ πάντων, καὶ τὸ ψεῦδός[17] μου ἀληθὲς[18]
ἐπέδειξα[19] παρὰ πᾶσιν ἀνθρώποις· καὶ οὐδέποτέ[20] μοι οὐδεὶς
ἀντεῖπεν,[21] ἀλλ᾽ ἐπιστεύθη τῷ λόγῳ μου. πῶς οὖν, φημί, κύριε,
δύναμαι ζῆσαι ταῦτα πράξας; **4** Σὺ μέν, φησί, καλῶς καὶ ἀληθῶς[22]
φρονεῖς.[23] ἔδει γάρ σε ὡς Θεοῦ δοῦλον ἐν ἀληθείᾳ πορεύεσθαι καὶ
πονηρὰν συνείδησιν μετὰ τοῦ πνεύματος τῆς ἀληθείας μὴ
κατοικεῖν, μηδὲ λύπην[24] ἐπάγειν[25] τῷ πνεύματι τῷ σεμνῷ[26] καὶ

---

[1] ἀληθής, ές, truthful, true
[2] ἀληθινός, ή, όν, truthful, true
[3] ψεῦδος, ους, τό, false
[4] ψεύδομαι pres mid/pass ptcp m.p.nom., lie
[5] ἀθετέω pres act ind 3p, reject, ignore
[6] ἀποστερητής, οῦ, ὁ, defrauder, cheat
[7] παρακαταθήκη, ης, ἡ, deposit
[8] ἄψευστος, ον, free from lies, truthful
[9] ψευδής, ές, false lying
[10] μιαίνω aor act ind 3p, stain, defile
[11] ἀποστερητής, οῦ, ὁ, defrauder, cheat
[12] λίαν, adv, very much, exceedingly
[13] διατί, conj, why
[14] οὐδέπω, adv, not yet, still not
[15] ἀληθής, ές, truthful, true
[16] πανοῦργος, ον, crafty, sly
[17] ψεῦδος, ους, τό, lie,
[18] ἀληθής, ές, truthful true
[19] ἐπιδείκνυμι aor act ind 1s, show, demonstrate
[20] οὐδέποτε, adv, never
[21] ἀντιλέγω aor act ind 3s, speak against, contradict
[22] ἀληθῶς, adv, truly
[23] φρονέω pres act ind 2s, think
[24] λύπη, ης, ἡ, pain grief, sorrow
[25] ἐπάγω pres act inf, to bring on
[26] σεμνός, ή, όν, holy, godly

ἀληθεῖ.[1] Οὐδέποτε,[2] φημί, κύριε, τοιαῦτα ῥήματα ἀκριβῶς[3] ἤκουσα. 5 Νῦν οὖν, φησίν, ἀκούεις· φύλασσε αὐτά, ἵνα καὶ τὰ πρότερα[4] ἃ ἐλάλησας ψευδῆ[5] ἐν ταῖς πραγματείαις[6] σου, τούτων εὑρεθέντων ἀληθινῶν,[7] κἀκεῖνα πιστὰ γένηται· δύναται γὰρ κἀκεῖνα πιστὰ γενέσθαι. ἐὰν ταῦτα φυλάξῃς καὶ ἀπὸ τοῦ νῦν πᾶσαν ἀλήθειαν λαλήσῃς, δυνήσῃ σεαυτῷ ζωὴν περιποιήσασθαι.[8] καὶ ὃς ἂν ἀκούσῃ τὴν ἐντολὴν ταύτην καὶ ἀπέχηται[9] τοῦ πονηροτάτου ψεύσματος,[10] ζήσεται τῷ Θεῷ.

29:1 (δ´ 1) Ἐντέλλομαί[11] σοι, φησίν, φυλάσσειν τὴν ἁγνείαν,[12] καὶ μὴ ἀναβαινέτω σου ἐπὶ τὴν καρδίαν περὶ γυναικὸς ἀλλοτρίας[13] ἢ περὶ πορνείας[14] τινος ἢ περὶ τοιούτων τινῶν ὁμοιωμάτων[15] πονηρῶν. τοῦτο γὰρ ποιῶν μεγάλην ἁμαρτίαν ἐργάζῃ. τῆς δὲ σῆς[16] μνημονεύων[17] πάντοτε γυναικὸς οὐδέποτε[18] διαμαρτήσεις.[19] **2** ἐὰν γὰρ αὕτη ἡ ἐνθύμησις[20] ἐπὶ τὴν καρδίαν σου ἀναβῇ, διαμαρτήσεις,[21] καὶ ἐὰν ἕτερα οὕτως πονηρά, ἁμαρτίαν ἐργάζῃ. ἡ γὰρ ἐνθύμησις[22] αὕτη Θεοῦ δούλῳ ἁμαρτία μεγάλη ἐστίν· ἐὰν δέ τις ἐργάσηται τὸ ἔργον τὸ πονηρὸν τοῦτο, θάνατον

---

[1] ἀληθής, ές, truthful, true
[2] οὐδέποτε, adv, never
[3] ἀκριβῶς, adv, accurately, carefully
[4] πρότερος, α, ον, earlier, former
[5] ψευδής, ές, lie
[6] πραγματεία, ας, ἡ, activity, occupation
[7] ἀληθινός, ή, όν, true
[8] περιποιέω aor mid inf, obtain, acquire
[9] ἀπέχω pres mid/pass sub 3s, abstain, keep away
[10] ψεῦσμα, ματος, τό, lying, untruthfulness
[11] ἐντέλλω pres mid/pass ind 1s, command, order
[12] ἁγνεία, ας, ἡ, purity, chastity

[13] ἀλλότριος, α, ον, another, not one's own
[14] πορνεία, ας, ἡ, fornication, sexual immorality
[15] ὁμοίωμα, ματος, τό, likeness, similar
[16] σός, ή, όν, your, yours
[17] μνημονεύω pres act ptcp m.s.nom., call to mind, remember, think of
[18] οὐδέποτε, adv, never
[19] διαμαρτάνω fut act ind 2s, miss the mark badly, be quite wrong
[20] ἐνθύμησις, εως, ἡ, thought, idea, reflection
[21] διαμαρτάνω fut act ind 2s, miss the mark badly, be quite wrong
[22] ἐνθύμησις, εως, ἡ, thought, idea, reflection

ἑαυτῷ κατεργάζεται.[1] **3** βλέπε οὖν σύ· ἀπέχου[2] ἀπὸ τῆς
ἐνθυμήσεως[3] ταύτης· ὅπου γὰρ σεμνότης[4] κατοικεῖ, ἐκεῖ ἀνομία[5]
οὐκ ὀφείλει ἀναβαίνειν ἐπὶ καρδίαν ἀνδρὸς δικαίου. **4** λέγω αὐτῷ·
Κύριε, ἐπίτρεψόν[6] μοι ὀλίγα ἐπερωτῆσαί σε. Λέγε, φησίν. Κύριε,
φημί, εἰ γυναῖκα ἔχων τις πιστὴν ἐν Κυρίῳ καὶ ταύτην εὕρῃ ἐν
μοιχείᾳ[7] τινί, ἆρα[8] ἁμαρτάνει ὁ ἀνὴρ συνζῶν[9] μετ᾽ αὐτῆς; **5** Ἄχρι
τῆς ἀγνοίας,[10] φησίν, οὐχ ἁμαρτάνει· ἐὰν δὲ γνῷ ὁ ἀνὴρ τὴν
ἁμαρτίαν αὐτῆς, καὶ μὴ μετανοήσῃ ἡ γυνή, ἀλλ᾽ ἐπιμένῃ[11] τῇ
πορνείᾳ[12] αὐτῆς, καὶ συνζῇ[13] ὁ ἀνὴρ μετ᾽ αὐτῆς, ἔνοχος[14] γίνεται
τῆς ἁμαρτίας αὐτῆς καὶ κοινωνὸς[15] τῆς μοιχείας[16] αὐτῆς. **6** Τί οὖν,
φημί, κύριε, ποιήσῃ ὁ ἀνήρ, ἐὰν ἐπιμείνῃ[17] τῷ πάθει[18] τούτῳ ἡ
γυνή; Ἀπολυσάτω, φησίν, αὐτήν, καὶ ὁ ἀνὴρ ἐφ᾽ ἑαυτῷ μενέτω· ἐὰν
δὲ ἀπολύσας τὴν γυναῖκα ἑτέραν γαμήσῃ,[19] καὶ αὐτὸς μοιχᾶται.[20]
7 Ἐὰν οὖν, φημί, κύριε, μετὰ τὸ ἀπολυθῆναι τὴν γυναῖκα
μετανοήσῃ ἡ γυνὴ καὶ θελήσῃ ἐπὶ τὸν ἑαυτῆς ἄνδρα ὑποστρέψαι,
οὐ παραδεχθήσεται;[21] **8** Καὶ μήν,[22] φησίν, ἐὰν μὴ παραδέξηται[23]
αὐτὴν ὁ ἀνήρ, ἁμαρτάνει καὶ μεγάλην ἁμαρτίαν ἑαυτῷ

---

[1] κατεργάζομαι pres mid/pass ind 3s, bring about, produce
[2] ἀπέχω pres mid/pass impv 2s, keep away, abstain
[3] ἐνθύμησις, εως, ἡ, thought, idea, reflection
[4] σεμνότης, τητος, ἡ, holiness
[5] ἀνομία, ας, ἡ, lawlessness
[6] ἐπιτρέπω aor act impv 2s, allow, permit
[7] μοιχεία, ας, ἡ, adultery
[8] ἆρα, conj, so, then
[9] συζάω pres act ptcp m.s.nom., live with her
[10] ἄγνοια, ας, ἡ, ingorance, unawareness
[11] ἐπιμένω pres act sub 3s, stay, remain, persist
[12] πορνεία, ας, ἡ, sexual immorality
[13] συζάω pres act ind 3s, live with
[14] ἔνοχος, ον, liable, guilty
[15] κοινωνός, οῦ, ὁ, companion, partner, sharer
[16] μοιχεία, ας, ἡ, adultery
[17] ἐπιμένω aor act sub 3s, stay, remain, persist
[18] πάθος, ους, τό, passion
[19] γαμέω aor act sub 3s, marry
[20] μοιχάω pres mid/pass ind 3s, commit adultery
[21] παραδέχομαι fut pass ind 3s, accept, receive
[22] μήν, conj, indeed
[23] παραδέχομαι aor mid sub 3s, accept, receive

ἐπισπᾶται,[1] ἀλλὰ δεῖ παραδεχθῆναι[2] τὸν ἡμαρτηκότα καὶ
μετανοοῦντα· μὴ ἐπὶ πολὺ δέ· τοῖς γὰρ δούλοις τοῦ Θεοῦ
μετάνοιά[3] ἐστιν μία. διὰ τὴν μετάνοιαν[4] οὖν οὐκ ὀφείλει γαμεῖν[5]
ὁ ἀνήρ. αὕτη ἡ πρᾶξις[6] ἐπὶ γυναικὶ καὶ ἀνδρὶ κεῖται.[7] **9** οὐ μόνον,
φησί, μοιχεία[8] ἐστίν, ἐάν τις τὴν σάρκα αὐτοῦ μιάνῃ,[9] ἀλλὰ καὶ ὃς
ἂν τὰ ὁμοιώματα[10] ποιῇ τοῖς ἔθνεσιν, μοιχᾶται.[11] ὥστε καὶ ἐν τοῖς
τοιούτοις ἔργοις ἐὰν ἐμμένῃ[12] τις καὶ μὴ μετανοῇ, ἀπέχου[13] ἀπ'
αὐτοῦ καὶ μὴ συνζῆθι[14] αὐτῷ· εἰ δὲ μή, καὶ σὺ μέτοχος.[15] εἶ τῆς
ἁμαρτίας αὐτοῦ. **10** διὰ τοῦτο προσετάγη[16] ὑμῖν ἐφ' ἑαυτοῖς
μένειν, εἴτε ἀνὴρ εἴτε γυνή· δύναται γὰρ ἐν τοῖς τοιούτοις
μετάνοια[17] εἶναι. **11** ἐγὼ οὖν, φησίν, οὐ δίδωμι ἀφορμὴν[18] ἵνα αὕτη
ἡ πρᾶξις[19] οὕτως συντελῆται,[20] ἀλλὰ εἰς τὸ μηκέτι[21] ἁμαρτάνειν
τὸν ἡμαρτηκότα. περὶ δὲ τῆς προτέρας[22] ἁμαρτίας αὐτοῦ ἔστιν ὁ
δυνάμενος ἴασιν[23] δοῦναι· αὐτὸς γάρ ἐστιν ὁ ἔχων πάντων τὴν
ἐξουσίαν.

30:1 (δ΄ 2) Ἠρώτησα αὐτὸν πάλιν λέγων· Ἐπεὶ[24] ὁ Κύριος ἄξιόν
με ἡγήσατο[25] ἵνα μετ' ἐμοῦ πάντοτε κατοικῇς, ὀλίγα μου ῥήματα

---

[1] ἐπισπάομαι pres mid/pass ind 3s, bring on
[2] παραδέχομαι aor pass inf, accept, receive
[3] μετάνοια, ας, ἡ, repentance
[4] μετάνοια, ας, ἡ, repentance
[5] γαμέω pres act inf, marry
[6] πρᾶξις, εως, ἡ, action
[7] κεῖμαι pres mid/pass ind 3s, be given, exist, be valid
[8] μοιχεία, ας, ἡ, adultery
[9] μιαίνω aor act sub 3s, stain, defile
[10] ὁμοίωμα, ματος, τό, likeness, image, form
[11] μοιχάω pres mid/pass ind 3s, commit adultery
[12] ἐμμένω pres act sub 3s, stay, remain, persist in
[13] ἀπέχω pres mid/pass impv 2s, keep away, abstain
[14] συζάω pres act impv 2s, live with
[15] μέτοχος, ον, partner, companion
[16] προστάσσω aor pass ind 3s, command, order
[17] μετάνοια, ας, ἡ, repentance
[18] ἀφορμή, ῆς, ἡ, occasion, opportunity
[19] πρᾶξις, εως, ἡ, activity
[20] συντελέω pres mid/pass sub 3s, bring to an end, finish
[21] μηκέτι, adv, no longer
[22] πρότερος, α, ον, earlier, former
[23] ἴασις, εως, ἡ, healing, cure
[24] ἐπεί, conj, since, then
[25] ἡγέομαι aor mid ind 3s, think, consider

ἔτι ἀνάσχου,[1] ἐπεὶ[2] οὐ συνίω[3] οὐδέν, καὶ ἡ καρδία μου πεπώρωται[4] ἀπὸ τῶν προτέρων[5] μου πράξεων·[6] συνέτισόν[7] με, ὅτι λίαν[8] ἄφρων[9] εἰμὶ καὶ ὅλως[10] οὐθὲν[11] νοῶ.[12] **2** ἀποκριθείς μοι λέγει· Ἐγώ, φησίν, ἐπὶ τῆς μετανοίας[13] εἰμὶ καὶ πᾶσιν τοῖς μετανοοῦσιν σύνεσιν[14] δίδωμι. ἢ οὐ δοκεῖ σοι, φησίν, αὐτὸ τοῦτο τὸ μετανοῆσαι σύνεσιν[15] εἶναι; τὸ μετανοῆσαι, φησί, σύνεσίς[16] ἐστιν μεγάλη. συνίει[17] γὰρ ὁ ἀνὴρ ὁ ἁμαρτήσας ὅτι πεποίηκεν τὸ πονηρὸν ἔμπροσθεν τοῦ Κυρίου, καὶ ἀναβαίνει ἐπὶ τὴν καρδίαν αὐτοῦ ἡ πρᾶξις[18] ἣν ἔπραξεν, καὶ μετανοεῖ καὶ οὐκέτι ἐργάζεται τὸ πονηρόν, ἀλλὰ τὸ ἀγαθὸν πολυτελῶς[19] ἐργάζεται, καὶ ταπεινοῖ[20] τὴν ἑαυτοῦ ψυχὴν καὶ βασανίζει,[21] ὅτι ἥμαρτεν. βλέπεις οὖν ὅτι ἡ μετάνοια[22] σύνεσίς[23] ἐστιν μεγάλη. **3** Διὰ τοῦτο οὖν, φημί, κύριε, ἐξακριβάζομαι[24] παρὰ σοῦ πάντα· πρῶτον μὲν ὅτι ἁμαρτωλός εἰμι, εἶτα[25] ἀγνοῶ[26] ποῖα ἔργα ἐργαζόμενος ζήσομαι, ὅτι πολλαί μοῦ εἰσιν αἱ ἁμαρτίαι καὶ ποικίλαι.[27] **4** Ζήσῃ, φησίν, ἐὰν τὰς ἐντολάς μου φυλάξῃς καὶ πορευθῇς ἐν αὐταῖς· καὶ ὃς ἂν ἀκούσας τὰς ἐντολὰς ταύτας φυλάξῃ, ζήσεται τῷ Θεῷ.

---

[1] ἀνέχω aor mid impv 2s, endure, bear with, put up with
[2] ἐπεί, conj, since, then
[3] συνίημι pres act ind 1s, understand, comprehend
[4] πωρόω perf mid/pass ind 3s, harden
[5] πρότερος, α, ον, earlier, former
[6] πρᾶξις, εως, ἡ, activity, deed
[7] συνετίζω aor act impv 2s, understand
[8] λίαν, adv, very much, exceedingly
[9] ἄφρων, ον, foolish, ignorant
[10] ὅλως, adv, completely, absolutely
[11] οὐδείς, οὐδεμία, οὐδέν, nothing
[12] νοέω pres act ind 1s, understand
[13] μετάνοια, ας, ἡ, repentance
[14] σύνεσις, εως, ἡ, understanding
[15] σύνεσις, εως, ἡ, understanding
[16] σύνεσις, εως, ἡ, understanding
[17] συνίημι pres act ind 3s, understand, comprehend
[18] πρᾶξις, εως, ἡ, activity, deed
[19] πολυτελῶς, adv, expensive, costly
[20] ταπεινόω pres act ind 3s, humble
[21] βασανίζω pres act ind 3s, torment
[22] μετάνοια, ας, ἡ, repentance
[23] σύνεσις, εως, ἡ, understanding
[24] ἐξακριβάζομαι pres mid/pass ind 1s, ask or inquire exactly
[25] εἶτα, adv, then
[26] ἀγνοέω pres act ind 1s, not to know, be ignorant of
[27] ποικίλος, η, ον, manifold, variegated

31:1 (δ ́ 3) Ἔτι, φημί, κύριε, προσθήσω[1] τοῦ ἐπερωτῆσαι. Λέγε, φησίν. Ἤκουσα, φημί, κύριε, παρά τινων διδασκάλων, ὅτι ἑτέρα μετάνοια[2] οὐκ ἔστιν εἰ μὴ ἐκείνη, ὅτε εἰς ὕδωρ κατέβημεν καὶ ἐλάβομεν ἄφεσιν[3] ἁμαρτιῶν ἡμῶν τῶν προτέρων.[4] **2** λέγει μοι· Καλῶς ἤκουσας· οὕτω γὰρ ἔχει. ἔδει γὰρ τὸν εἰληφότα ἄφεσιν[5] ἁμαρτιῶν μηκέτι[6] ἁμαρτάνειν, ἀλλ' ἐν ἁγνείᾳ[7] κατοικεῖν. **3** ἐπεὶ[8] δὲ πάντα ἐξακριβάζῃ,[9] καὶ τοῦτό σοι δηλώσω,[10] μὴ διδοὺς ἀφορμὴν[11] τοῖς μέλλουσι πιστεύειν ἢ τοῖς νῦν πιστεύσασιν εἰς τὸν Κύριον. οἱ γὰρ νῦν πιστεύσαντες ἢ μέλλοντες πιστεύειν μετάνοιαν[12] ἁμαρτιῶν οὐκ ἔχουσιν, ἄφεσιν[13] δὲ ἔχουσι τῶν προτέρων[14] ἁμαρτιῶν αὐτῶν. **4** τοῖς οὖν κληθεῖσι πρὸ τούτων τῶν ἡμερῶν ἔθηκεν ὁ Κύριος μετάνοιαν.[15] καρδιογνώστης[16] γὰρ ὢν ὁ Κύριος καὶ πάντα προγινώσκων,[17] ἔγνω τὴν ἀσθένειαν[18] τῶν ἀνθρώπων καὶ τὴν πολυπλοκίαν[19] τοῦ διαβόλου, ὅτι ποιήσει τι κακὸν τοῖς δούλοις τοῦ Θεοῦ καὶ πονηρεύσεται[20] εἰς αὐτούς. **5** πολυεύσπλαγχνος[21] οὖν ὢν ὁ Κύριος ἐσπλαγχνίσθη[22] ἐπὶ τὴν ποίησιν[23] αὐτοῦ καὶ ἔθηκεν τὴν μετάνοιαν[24] ταύτην, καὶ ἐμοὶ ἡ ἐξουσία τῆς μετανοίας[25] ταύτης ἐδόθη. **6** ἀλλὰ ἐγώ σοι λέγω,

---

[1] προστίθημι fut act ind 1s, add
[2] μετάνοια, ας, ἡ, repentance
[3] ἄφεσις, εως, ἡ, pardon, forgiveness
[4] πρότερος, α, ον, earlier, former
[5] ἄφεσις, εως, ἡ, pardon, forgiveness
[6] μηκέτι, adv, no longer
[7] ἁγνεία, ας, ἡ, purity
[8] ἐπεί, conj, since, then
[9] ἐξακριβάζομαι pres mid/pass ind 2s, ask or inquire exactly
[10] δηλόω fut act ind 1s, reveal, explain
[11] ἀφορμή, ῆς, ἡ, occasion, opportunity
[12] μετάνοια, ας, ἡ, repentance
[13] ἄφεσις, εως, ἡ, pardon, forgiveness
[14] πρότερος, α, ον, earlier, former
[15] μετάνοια, ας, ἡ, repentance
[16] καρδιογνώστης, ου, ὁ, knower of hearts, one who knows the hearts
[17] προγινώσκω pres act ptcp m.s.nom., know in advance, have foreknowledge
[18] ἀσθένεια, ας, ἡ, weakness
[19] πολυπλοκία, ας, ἡ, cunning, craftiness
[20] πονηρεύομαι fut mid ind 3s, do wrong, commit sin
[21] πολυεύσπλαγχνος, ον, very compassionate, merciful
[22] σπλαγχνίζομαι aor pass ind 3s, have mercy, compassion
[23] ποίησις, εως, ἡ, work, creation
[24] μετάνοια, ας, ἡ, repentance
[25] μετάνοια, ας, ἡ, repentance

φησί, μετὰ τὴν κλῆσιν¹ ἐκείνην τὴν μεγάλην καὶ σεμνὴν² ἐάν τις ἐκπειρασθεὶς³ ὑπὸ τοῦ διαβόλου ἁμαρτήσῃ, μίαν μετάνοιαν⁴ ἔχει. ἐὰν δὲ ὑπὸ χεῖρα ἁμαρτάνῃ καὶ μετανοήσῃ, ἀσύμφορόν⁵ ἐστι τῷ ἀνθρώπῳ τῷ τοιούτῳ· δυσκόλως⁶ γὰρ ζήσεται. 7 λέγω αὐτῷ· Ἐζωοποιήθην⁷ ταῦτα παρὰ σοῦ ἀκούσας οὕτως ἀκριβῶς·⁸ οἶδα γὰρ ὅτι, ἐὰν μηκέτι προσθήσω⁹ ταῖς ἁμαρτίαις μου, σωθήσομαι. Σωθήσῃ, φησίν, καὶ πάντες ὅσοι ἐὰν ταῦτα ποιήσωσιν.

32:1 (δ´ 4) Ἠρώτησα αὐτὸν πάλιν λέγων· Κύριε, ἐπεὶ¹⁰ ἅπαξ¹¹ ἀνέχῃ¹² μου, ἔτι μοι καὶ τοῦτο δήλωσον.¹³ Λέγε, φησίν. Ἐὰν γυνή, φημί, κύριε, ἢ πάλιν ἀνήρ τις κοιμηθῇ,¹⁴ καὶ γαμήσῃ¹⁵ τις ἐξ αὐτῶν, μήτι¹⁶ ἁμαρτάνει ὁ γαμῶν;¹⁷ **2** Οὐχ ἁμαρτάνει, φησίν· ἐὰν δὲ ἐφ' ἑαυτῷ μείνῃ τις, περισσοτέραν¹⁸ ἑαυτῷ τιμὴν καὶ μεγάλην δόξαν περιποιεῖται¹⁹ πρὸς τὸν Κύριον· ἐὰν δὲ καὶ γαμήσῃ,²⁰ οὐχ ἁμαρτάνει. **3** τήρει οὖν τὴν ἁγνείαν²¹ καὶ τὴν σεμνότητα,²² καὶ ζήσῃ τῷ Θεῷ. ταῦτά σοι ὅσα λαλῶ καὶ μέλλω λαλεῖν, φύλασσε ἀπὸ τοῦ νῦν, ἀφ' ἧς μοι παρεδόθης ἡμέρας, καὶ εἰς τὸν οἶκόν σου

---

¹ κλῆσις, εως, ἡ, call
² σεμνός, ή, όν, holy
³ ἐκπειράζω aor pass ptcp f.s.nom., tempt
⁴ μετάνοια, ας, ἡ, repentance
⁵ ἀσύμφορος, ον, harmful, disadvantageous
⁶ δυσκόλως, adv, hard, difficult
⁷ ζωοποιέω aor pass ind 1s, make alive, give life
⁸ ἀκριβῶς, adv, accurately, carefully, well
⁹ προστίθημι fut act ind 1s, add
¹⁰ ἐπεί, conj, since, then
¹¹ ἅπαξ, adv, once
¹² ἀνέχομαι pres mid/pass ind 2s, endure, bear with, put up with

¹³ δηλόω aor act impv 2s, reveal, explain
¹⁴ κοιμάω aor pass sub 3s, sleep
¹⁵ γαμέω aor act sub 3s, marry
¹⁶ μήτι, part, marker of a question expecting a negative repsonse
¹⁷ γαμέω pres act ptcp m.s.nom., marry
¹⁸ περισσός, ή, όν, extraordinary, remarkable
¹⁹ περιποιέω pres mid/pass ind 3s, acquire, obtain, gain for oneself
²⁰ γαμέω aor act sub 3s, marry
²¹ ἁγνεία, ας, ἡ, purity
²² σεμνότης, τητος, ἡ, holiness

κατοικήσω. **4** τοῖς δὲ προτέροις[1] σου παραπτώμασιν[2] ἄφεσις[3] ἔσται, ἐὰν τὰς ἐντολάς μου φυλάξῃς· καὶ πᾶσι δὲ ἄφεσις[4] ἔσται, ἐὰν τὰς ἐντολάς μου ταύτας φυλάξωσι καὶ πορευθῶσιν ἐν τῇ ἁγνότητι[5] ταύτῃ.

33:1 (ε´ 1) Μακρόθυμος,[6] φησί, γίνου καὶ συνετός,[7] καὶ πάντων τῶν πονηρῶν ἔργων κατακυριεύσεις[8] καὶ ἐργάσῃ πᾶσαν δικαιοσύνην. **2** ἐὰν γὰρ μακρόθυμος[9] ἔσῃ, τὸ πνεῦμα τὸ ἅγιον τὸ κατοικοῦν ἐν σοὶ καθαρὸν[10] ἔσται, μὴ ἐπισκοτούμενον[11] ὑπὸ ἑτέρου πονηροῦ πνεύματος, ἀλλ' ἐν εὐρυχώρῳ[12] κατοικοῦν ἀγαλλιάσεται[13] καὶ εὐφρανθήσεται[14] μετὰ τοῦ σκεύους[15] ἐν ᾧ κατοικεῖ, καὶ λειτουργήσει[16] τῷ Θεῷ ἐν ἱλαρότητι[17] πολλῇ, ἔχον τὴν εὐθηνίαν[18] ἐν ἑαυτῷ. **3** ἐὰν δὲ ὀξυχολία[19] τις ἐπέλθῃ,[20] εὐθὺς τὸ πνεῦμα τὸ ἅγιον, τρυφερὸν[21] ὄν, στενοχωρεῖται,[22] μὴ ἔχον τὸν τόπον καθαρόν,[23] καὶ ζητεῖ ἀποστῆναι[24] ἐκ τοῦ τόπου· πνίγεται[25] γὰρ ὑπὸ τοῦ πονηροῦ πνεύματος, μὴ ἔχον τόπον λειτουργῆσαι[26]

---

[1] πρότερος, α, ον, earlier, former
[2] παράπτωμα, ματος, τό, wrongdoing, sin
[3] ἄφεσις, εως, ἡ, pardon, forgiveness
[4] ἄφεσις, εως, ἡ, pardon, forgiveness
[5] ἁγνότης, ητος, ἡ, purity
[6] μακρόθυμος, ον, patient
[7] συνετός, ή, όν, wise, intelligent
[8] κατακυριεύω fut act ind 2s, become master, gain dominion over
[9] μακρόθυμος, ον, patient
[10] καθαρός, ά, όν, pure, clean
[11] ἐπισκοτέω pres mid/pass ptcp n.s.nom., block from seeing, obscure
[12] εὐρύχωρος, ον, broad, spacious, roomy
[13] ἀγαλλιάω fut mid ind 3s, exult, be glad, overjoyed
[14] εὐφραίνω fut pass ind 3s, be glad
[15] σκεῦος, ους, τό, vessel, object
[16] λειτουργέω fut act ind 3s, serve, render service
[17] ἱλαρότης, ητος, ἡ, cheerfulness, gladness
[18] εὐθηνία, ας, ἡ, rapport, well-being
[19] ὀξυχολία, ας, ἡ, irritability, bad temper
[20] ἐπέρχομαι aor act sub 3s, come, happen
[21] τρυφερός, ά, όν, delicate, gentle
[22] στενοχωρέω pres mid/pass ind 3s, be distressed
[23] καθαρός, ά, όν, pure, clean
[24] ἀφίστημι aor act inf, go away, withdraw
[25] πνίγω pres mid/pass ind 3s, strangle, choke
[26] λειτουργέω aor act inf, serve

τῷ Κυρίῳ καθὼς βούλεται, μιαινόμενον[1] ὑπὸ τῆς ὀξυχολίας.[2] ἐν γὰρ τῇ μακροθυμίᾳ[3] ὁ Κύριος κατοικεῖ, ἐν δὲ τῇ ὀξυχολίᾳ[4] ὁ διάβολος. **4** ἀμφότερα[5] οὖν τὰ πνεύματα ἐπὶ τὸ αὐτὸ κατοικοῦντα, ἀσύμφορόν[6] ἐστιν καὶ πονηρὸν τῷ ἀνθρώπῳ ἐκείνῳ ἐν ᾧ κατοικοῦσιν. **5** ἐὰν γὰρ λαβὼν ἀψίνθιον[7] μικρὸν εἰς κεράμιον[8] μέλιτος[9] ἐπιχέῃς,[10] οὐχὶ ὅλον τὸ μέλι[11] ἀφανίζεται,[12] καὶ τοσοῦτον[13] μέλι[14] ὑπὸ τοῦ ἐλαχίστου[15] ἀψινθίου[16] ἀπόλλυται[17] καὶ ἀπολλύει τὴν γλυκύτητα[18] τοῦ μέλιτος,[19] καὶ οὐκέτι τὴν αὐτὴν χάριν ἔχει παρὰ τῷ δεσπότῃ,[20] ὅτι ἐπικράνθη[21] καὶ τὴν χρῆσιν[22] αὐτοῦ ἀπώλεσεν; ἐὰν δὲ εἰς τὸ μέλι[23] μὴ βληθῇ τὸ ἀψίνθιον,[24] γλυκὺ[25] εὑρίσκεται τὸ μέλι[26] καὶ εὔχρηστον[27] γίνεται τῷ δεσπότῃ[28] αὐτοῦ. **6** βλέπεις οὖν ὅτι ἡ μακροθυμία[29] γλυκυτάτη[30] ἐστὶν ὑπὲρ τὸ μέλι[31] καὶ εὔχρηστός[32] ἐστι τῷ Κυρίῳ, καὶ ἐν αὐτῇ κατοικεῖ. ἡ δὲ ὀξυχολία[33] πικρὰ[34] καὶ ἄχρηστός[35] ἐστιν. ἐὰν οὖν

---

[1] μιαίνω pres mid/pass ptcp n.s.nom., stain, defile
[2] ὀξυχολία, ας, ἡ, irritability, bad temper
[3] μακροθυμία, ας, ἡ, patience
[4] ὀξυχολία, ας, ἡ, irritability, bad temper
[5] ἀμφότεροι, αι, α, both
[6] ἀσύμφορος, ον, disadvantageous, harmful
[7] ἀψίνθιον, ου, τό, wormwood
[8] κεράμιον, ου, τό, jar
[9] μέλι, τος, τό, honey
[10] ἐπιχέω pres act sub 2s, pour over, pour in
[11] μέλι, τος, τό, honey
[12] ἀφανίζω pres mid/pass ind 3s, be destroyed, perish
[13] τοσοῦτος, αύτη, οῦτον, so much, so great
[14] μέλι, τος, τό, honey
[15] ἐλάχιστος, η, ον, least, very small
[16] ἀψίνθιον, ου, τό, wormwood
[17] ἀπόλλυμι pres act ind 3s, lose, be lost
[18] γλυκύτης, ητος, ἡ, sweetness
[19] μέλι, τος, τό, honey
[20] δεσπότης, ου, ὁ, lord, master, owner
[21] πικραίνω aor pass ind 3s, make bitter
[22] χρῆσις, εως, ἡ, use, usefulness
[23] μέλι, τος, τό, honey
[24] ἀψίνθιον, ου, τό, wormwood
[25] γλυκύς, εῖα, ύ, sweet
[26] μέλι, τος, τό, honey
[27] εὔχρηστος, η, ον, useful
[28] δεσπότης, ου, ὁ, master, owner
[29] μακροθυμία, ας, ἡ, patience
[30] γλυκύς, εῖα, ύ, sweet
[31] μέλι, τος, τό, honey
[32] εὔχρηστος, η, ον, useful
[33] ὀξυχολία, ας, ἡ, irritability, bad temper
[34] πικρός, όν, bitter
[35] ἄχρηστος, ον, useless

μιγῇ[1] ἡ ὀξυχολία[2] τῇ μακροθυμίᾳ,[3] μιαίνεται[4] ἡ μακροθυμία,[5] καὶ οὐκ εὔχρηστός[6] ἐστι τῷ Θεῷ ἡ ἔντευξις[7] αὐτοῦ. 7 Ἤθελον, φημί, κύριε, γνῶναι τὴν ἐνέργειαν[8] τῆς ὀξυχολίας,[9] ἵνα φυλάξωμαι ἀπ᾽ αὐτῆς. Καὶ μήν,[10] φησίν, ἐὰν μὴ φυλάξῃ ἀπ᾽ αὐτῆς σὺ καὶ ὁ οἶκός σου, ἀπώλεσάς σου τὴν πᾶσαν ἐλπίδα. ἀλλὰ φύλαξαι ἀπ᾽ αὐτῆς· ἐγὼ γὰρ μετὰ σοῦ εἰμι. καὶ πάντες δὲ ἀφέξονται[11] ἀπ᾽ αὐτῆς, ὅσοι ἂν μετανοήσωσιν ἐξ ὅλης τῆς καρδίας αὐτῶν· μετ᾽ αὐτῶν γὰρ ἔσομαι καὶ συντηρήσω[12] αὐτούς· ἐδικαιώθησαν γὰρ πάντες ὑπὸ τοῦ σεμνοτάτου[13] ἀγγέλου.

34:1 (ε´ 2) Ἄκουε νῦν, φησί, τὴν ἐνέργειαν[14] τῆς ὀξυχολίας,[15] πῶς πονηρά ἐστι, καὶ πῶς τοὺς δούλους τοῦ Θεοῦ καταστρέφει[16] τῇ ἑαυτῆς ἐνεργείᾳ,[17] καὶ πῶς ἀποπλανᾷ[18] αὐτοὺς ἀπὸ τῆς δικαιοσύνης. οὐκ ἀποπλανᾷ[19] δὲ τοὺς πλήρεις[20] ὄντας ἐν τῇ πίστει, οὐδὲ ἐνεργῆσαι[21] δύναται εἰς αὐτούς, ὅτι ἡ δύναμις τοῦ Κυρίου μετ᾽ αὐτῶν ἐστίν· ἀποπλανᾷ[22] δὲ τοὺς ἀποκένους καὶ διψύχους[23] ὄντας. **2** ὅταν γὰρ ἴδῃ τοὺς τοιούτους ἀνθρώπους

---

[1] μίγνυμι aor pass sub 3s, mix, mingle

[2] ὀξυχολία, ας, ἡ, irritability, bad temper

[3] μακροθυμία, ας, ἡ, patience

[4] μιαίνω pres mid/pass ind 3s, stain, defile

[5] μακροθυμία, ας, ἡ, patience

[6] εὔχρηστος, η, ον, useful

[7] ἔντευξις, εως, ἡ, petitions, prayer, request

[8] ἐνέργεια, ας, ἡ, working, action

[9] ὀξυχολία, ας, ἡ, irritability, bad temper

[10] μήν, conj, indeed

[11] ἀπέχω fut mid ind 3p, keep away, abstain

[12] συντηρέω fut act ind 1s, protect

[13] σεμνός, ή, όν, holy

[14] ἐνέργεια, ας, ἡ, works

[15] ὀξυχολία, ας, ἡ, irritability, bad temper

[16] καταστρέφω pres act ind 3s, overturn, destroy, turn away

[17] ἐνέργεια, ας, ἡ, works

[18] ἀποπλανάω pres act ind 3s, mislead

[19] ἀποπλανάω pres act ind 3s, mislead

[20] πλήρης, ες, full

[21] ἐνεργέω aor act inf, work

[22] ἀποπλανάω pres act ind 3s, mislead

[23] δίψυχος, ον, doubting, doubleminded

61

εὐσταθοῦντας,[1] παρεμβάλλει[2] ἑαυτὴν εἰς τὴν καρδίαν τοῦ ἀνθρώπου, καὶ ἐκ τοῦ μηδενὸς ἡ γυνὴ ἢ ὁ ἀνὴρ ἐν πικρίᾳ[3] γίνεται ἕνεκεν[4] βιωτικῶν[5] πραγμάτων,[6] ἢ περὶ ἐδεσμάτων[7] ἢ μικρολογίας[8] τινος, ἢ περὶ φίλου[9] τινος, ἢ περὶ δόσεως[10] ἢ λήψεως,[11] ἢ περὶ τοιούτων μωρῶν[12] πραγμάτων.[13] ταῦτα γὰρ πάντα μωρά[14] ἐστι καὶ κενὰ [15]καὶ ἄφρονα[16] καὶ ἀσύμφορα[17] τοῖς δούλοις τοῦ Θεοῦ. 3 ἡ δὲ μακροθυμία[18] μεγάλη ἐστὶ καὶ ὀχυρά,[19] καὶ ἰσχυρὰν [20]δύναμιν ἔχουσα καὶ στιβαράν,[21] καὶ εὐθηνουμένην[22] ἐν πλατυσμῷ[23] μεγάλῳ, ἱλαρά,[24] ἀγαλλιωμένη,[25] ἀμέριμνος[26] οὖσα, δοξάζουσα τὸν Κύριον ἐν παντὶ καιρῷ, μηδὲν ἐν ἑαυτῇ ἔχουσα πικρόν,[27] παραμένουσα[28] διὰ παντὸς πραεῖα[29] καὶ ἡσύχιος.[30] αὕτη οὖν ἡ μακροθυμία[31] κατοικεῖ μετὰ τῶν τὴν πίστιν ἐχόντων ὁλόκληρον.[32]

---

[1] εὐσταθέω pres act ptcp m.p.acc., be stable, be tranquil, be at rest

[2] παρεμβάλλω pres act ind 3s, surround, insinuate

[3] πικρία, ας, ἡ, bitterness

[4] ἕνεκα, impr prep, on account of, because of

[5] βιωτικός, ή, όν, belonging to daily life

[6] πρᾶγμα, ματος, τό, deed, matter, thing

[7] ἔδεσμα, ματος, τό, food

[8] μικρολογία, ας, ἡ, trifle, trivial

[9] φίλος, ου, ὁ, friend

[10] δόσις, εως, ἡ, gift, giving

[11] λῆψις, εως, ἡ, receiving

[12] μωρός, ά, όν, foolish

[13] πρᾶγμα, ματος, τό, deed, matter, thing

[14] μωρός, ά, όν, foolish

[15] κενός, ή, όν, empty

[16] ἄφρων, ον, foolish, ignorant

[17] ἀσύμφορος, ον, disadvantageous, harmful

[18] μακροθυμία, ας, ἡ, patience

[19] ὀχυρός, ά, όν, strong, firm

[20] ἰσχυρός, ά, όν, strong

[21] στιβαρός, ά, όν, stout, sturdy

[22] εὐθηνέω pres mid/pass ptcp f.s.acc., thrive, flourish, be in good condition

[23] πλατυσμός, οῦ, ὁ, extension, enlargement, expansion

[24] ἱλαρός, ά, όν, cheerful, happy

[25] ἀγαλλιάω pres mid/pass ptcp f.s.nom., exult, be glad, overjoyed

[26] ἀμέριμνος, ον, free from care

[27] πικρός, όν, bitter

[28] παραμένω pres act ptcp f.s.nom., remain, stay

[29] πρᾶος, ον, gentle, mild

[30] ἡσύχιος, ον, quiet, well-ordered

[31] μακροθυμία, ας, ἡ, patience

[32] ὁλόκληρος, ον, whole, complete, blameless

4 ἡ δὲ ὀξυχολία¹ πρῶτον μὲν μωρά² ἐστιν, ἐλαφρά³ τε καὶ ἄφρων.⁴ εἶτα⁵ ἐκ τῆς ἀφροσύνης⁶ γίνεται πικρία,⁷ ἐκ δὲ τῆς πικρίας⁸ θυμός,⁹ ἐκ δὲ τοῦ θυμοῦ¹⁰ ὀργή, ἐκ δὲ τῆς ὀργῆς μῆνις·¹¹ εἶτα¹² ἡ μῆνις¹³ ἐκ τοσούτων¹⁴ κακῶν συνισταμένη¹⁵ γίνεται ἁμαρτία μεγάλη καὶ ἀνίατος.¹⁶ **5** ὅταν γὰρ ταῦτα τὰ πνεύματα πάντα ἐν ἑνὶ ἀγγείῳ¹⁷ κατοικῇ, οὗ καὶ τὸ πνεῦμα τὸ ἅγιον κατοικεῖ, οὐ χωρεῖ¹⁸ τὸ ἄγγος¹⁹ ἐκεῖνο, ἀλλ᾽ ὑπερπλεονάζει.²⁰ **6** τὸ τρυφερὸν²¹ οὖν πνεῦμα, μὴ ἔχον συνήθειαν²² μετὰ πονηροῦ πνεύματος κατοικεῖν μηδὲ μετὰ σκληρότητος,²³ ἀποχωρεῖ²⁴ ἀπὸ τοῦ ἀνθρώπου τοῦ τοιούτου καὶ ζητεῖ κατοικεῖν μετὰ πραότητος²⁵ καὶ ἡσυχίας.²⁶ **7** εἶτα²⁷ ὅταν ἀποστῇ²⁸ ἀπὸ τοῦ ἀνθρώπου ἐκείνου οὗ κατοικεῖ, γίνεται ὁ ἄνθρωπος ἐκεῖνος κενὸς²⁹ ἀπὸ τοῦ πνεύματος τοῦ δικαίου, καὶ τὸ λοιπὸν πεπληρωμένος τοῖς πνεύμασι τοῖς πονηροῖς ἀκαταστατεῖ³⁰ ἐν πάσῃ πράξει³¹ αὐτοῦ, περισπώμενος³² ὧδε κἀκεῖ ἀπὸ τῶν πνευμάτων τῶν πονηρῶν, καὶ

---

¹ ὀξυχολία, ας, ἡ, irritability, bad temper
² μωρός, ά, όν, foolish
³ ἐλαφρός, ά, όν, fickle, vacillating
⁴ ἄφρων, ον, foolish
⁵ εἶτα, adv, then
⁶ ἀφροσύνη, ης, ἡ, foolishness
⁷ πικρία, ας, ἡ, bitterness
⁸ πικρία, ας, ἡ, bitterness
⁹ θυμός, οῦ, ὁ, wrath, anger
¹⁰ θυμός, οῦ, ὁ, wrath
¹¹ μῆνις, ιδος, ἡ, vengefulness
¹² εἶτα, adv, then
¹³ μῆνις, ιδος, ἡ, vengefulness
¹⁴ τοσοῦτος, αύτη, οῦτον, so much, so great
¹⁵ συνίστημι pres mid/pass ptcp f.s.nom., put together, constitute, prepare
¹⁶ ἀνίατος, ον, incurable
¹⁷ ἀγγεῖον, ου, τό, vessel, container
¹⁸ χωρέω pres act ind 3s, hold, contain
¹⁹ ἄγγος, ους, τό, vessel, container
²⁰ ὑπερπλεονάζω pres act ind 3s, abound, overflow
²¹ τρυφερός, ά, όν, delicate, gentle
²² συνήθεια, ας, ἡ, custom, accustomed
²³ σκληρότης, τος, ἡ, hardness, stubborness
²⁴ ἀποχωρέω pres act ind 3s, go away
²⁵ πραότης, τος, ἡ, gentleness
²⁶ ἡσυχία, ας, ἡ, quietness
²⁷ εἶτα, adv, then
²⁸ ἀφίστημι aor act sub 3s, go away, withdraw
²⁹ κενός, ή, όν, empty
³⁰ ἀκαταστατέω pres act ind 3s, be unsettled, vacillating
³¹ πρᾶξις, εως, ἡ, activity, undertaking
³² περισπάω pres mid/pass ptcp m.s.nom., be pulled, dragged

63

ὅλως[1] ἀποτυφλοῦται[2] ἀπὸ τῆς διανοίας[3] τῆς ἀγαθῆς. οὕτως οὖν συμβαίνει[4] πᾶσι τοῖς ὀξυχόλοις.[5] **8** ἀπέχου[6] οὖν ἀπὸ τῆς ὀξυχολίας,[7] τοῦ πονηροτάτου πνεύματος· ἔνδυσαι[8] δὲ τὴν μακροθυμίαν[9] καὶ ἀντίστα[10] τῇ ὀξυχολίᾳ[11] καὶ τῇ πικρίᾳ,[12] καὶ ἔσῃ εὑρισκόμενος μετὰ τῆς σεμνότητος[13] τῆς ἠγαπημένης ὑπὸ τοῦ Κυρίου. βλέπε οὖν μήποτε[14] παρενθυμηθῇς[15] τὴν ἐντολὴν ταύτην· ἐὰν γὰρ ταύτης τῆς ἐντολῆς κυριεύσῃς,[16] καὶ τὰς λοιπὰς ἐντολὰς δυνήσῃ φυλάξαι, ἅς σοι μέλλω ἐντέλλεσθαι.[17] ἰσχυροῦ[18] ἐν αὐταῖς καὶ ἐνδυναμοῦ,[19] καὶ πάντες ἐνδυναμούσθωσαν[20] ὅσοι ἐὰν θέλωσιν ἐν αὐταῖς πορεύεσθαι.

35:1 (ϛ´ 1) Ἐνετειλάμην[21] σοι, φησίν, ἐν τῇ πρώτῃ ἐντολῇ ἵνα φυλάξῃς τὴν πίστιν καὶ τὸν φόβον καὶ τὴν ἐγκράτειαν.[22] Ναί, φημί, κύριε. Ἀλλὰ νῦν θέλω σοι, φησί, δηλῶσαι[23] καὶ τὰς δυνάμεις αὐτῶν, ἵνα νοήσῃς[24] τίς αὐτῶν τίνα δύναμιν ἔχει καὶ ἐνέργειαν.[25]

---

[1] ὅλως, adv, wholly, completely
[2] ἀποτυφλόω pres mid/pass, ind 3s, to blind
[3] διάνοια, ας, ἡ, thought, mind, understanding
[4] συμβαίνω pres act ind 3s, go along with, happen, come about
[5] ὀξύχολος, ας, ἡ, irritability, bad temper
[6] ἀπέχω pres mid/pass impv 2s, keep away, abstain
[7] ὀξυχολία, ας, ἡ, irritability, bad temper
[8] ἐνδύω aor mid impv 2s, dress, clothe
[9] μακροθυμία, ας, ἡ, patience
[10] ἀνθίστημι aor act impv 2s, oppose, resist
[11] ὀξυχολία, ας, ἡ, irritability, bad temper
[12] πικρία, ας, ἡ, bitterness
[13] σεμνότης, ητος, ἡ, holiness
[14] μήποτε, conj, never, that . . . not
[15] παρενθυμέω aor pass sub 2s, neglect, disregard
[16] κυριεύω aor act sub 2s, rule, be master of
[17] ἐντέλλω pres mid/pass impv 2s, command, order
[18] ἰσχυρόω pres mid/pass impv 2s, be strong
[19] ἐνδυναμόω pres mid/pass impv 2s, empower
[20] ἐνδυναμόω pres mid/pass impv 3p, empower
[21] ἐντέλλω aor mid ind 1s, command
[22] ἐγκράτεια, ας, ἡ, self-control
[23] δηλόω aor act inf, reveal, explain
[24] νοέω aor act sub 2s, understand, apprehend
[25] ἐνέργεια, ας, ἡ, working, action

διπλαί[1] γάρ εἰσιν αἱ ἐνέργειαι[2] αὐτῶν· κεῖνται[3] οὖν ἐπὶ δικαίῳ καὶ ἀδίκῳ·[4] **2** σὺ οὖν πίστευε τῷ δικαίῳ, τῷ δὲ ἀδίκῳ[5] μὴ πιστεύσῃς· τὸ γὰρ δίκαιον ὀρθὴν[6] ὁδὸν ἔχει, τὸ δὲ ἄδικον στρεβλήν.[7] ἀλλὰ σὺ τῇ ὀρθῇ[8] ὁδῷ πορεύου καὶ ὁμαλῇ,[9] τὴν δὲ στρεβλὴν[10] ἔασον.[11] **3** ἡ γὰρ στρεβλὴ[12] ὁδὸς τρίβους[13] οὐκ ἔχει, ἀλλ' ἀνοδίας[14] καὶ προσκόμματα[15] πολλά, καὶ τραχεῖά[16] ἐστι καὶ ἀκανθώδης.[17] βλαβερὰ[18] οὖν ἐστι τοῖς ἐν αὐτῇ πορευομένοις. **4** οἱ δὲ τῇ ὀρθῇ[19] ὁδῷ πορευόμενοι ὁμαλῶς[20] περιπατοῦσι καὶ ἀπροσκόπως·[21] οὔτε γὰρ τραχεῖά[22] ἐστιν οὔτε ἀκανθώδης.[23] βλέπεις οὖν ὅτι συμφορώτερόν[24] ἐστι ταύτῃ τῇ ὁδῷ πορεύεσθαι. **5** Ἀρέσκει[25] μοι, φημί, κύριε, ταύτῃ τῇ ὁδῷ πορεύεσθαι. Πορεύσῃ, φησί, καὶ ὃς ἂν ἐξ ὅλης καρδίας ἐπιτρέψῃ[26] πρὸς Κύριον πορεύσεται ἐν αὐτῇ.

36:1 (ϛ´ 2) Ἄκουε νῦν, φησί, περὶ τῆς πίστεως. δύο εἰσὶν ἄγγελοι μετὰ τοῦ ἀνθρώπου, εἷς τῆς δικαιοσύνης καὶ εἷς τῆς πονηρίας.[27] **2** Πῶς οὖν, φημί, κύριε, γνώσομαι τὰς αὐτῶν ἐνεργείας,[28] ὅτι

---

[1] διπλοῦς, ῆ, οῦν, double, two-fold
[2] ἐνέργεια, ας, ἡ, working, action
[3] κεῖμαι pres mid/pass, ind 3p, lie, exist
[4] ἄδικος, ον, unjust
[5] ἄδικος, ον, unjust
[6] ὀρθός, ή, όν, straight, correct
[7] στρεβλός, ή, όν, crooked, perverse
[8] ὀρθός, ή, όν, straight, correct
[9] ὁμαλής, ή, όν, level, smooth
[10] στρεβλός, ή, όν, crooked, perverse
[11] ἐάω aor act impv 2s, let, permit, leave alone
[12] στρεβλός, ή, όν, crooked, perverse
[13] τρίβος, ου, ὁ, path
[14] ἀνοδία, ας, ἡ, wayless area
[15] πρόσκομμα, ματος, τό, stumbling, obstacle, hindrance

[16] τραχύς, εῖα, ῦ, rough, uneven
[17] ἀκανθώδης, ες, thorny, thorn-bushes
[18] βλαβερός, ά, όν, harmful
[19] ὀρθός, ή, όν, straight, correct
[20] ὁμαλῶς, adv, smooth, level
[21] ἀπροσκόπως, adv, without stumbling
[22] τραχύς, εῖα, ῦ, rough, uneven
[23] ἀκανθώδης, ες, thorny, thorn-bushes
[24] σύμφορος, ον, beneficial, advantageous, profitable
[25] ἀρέσκω pres act ind 3s, please, flatter
[26] ἐπιτρέφω aor act sub 3s, turn
[27] πονηρία, ας, ἡ, wickedness, evil
[28] ἐνέργεια, ας, ἡ, working, activity

ἀμφότεροι¹ ἄγγελοι μετ' ἐμοῦ κατοικοῦσιν; **3** Ἄκουε, φησί, καὶ σύνει² αὐτάς. ὁ μὲν τῆς δικαιοσύνης ἄγγελος τρυφερός³ ἐστι καὶ αἰσχυντηρὸς⁴ καὶ πραΰς⁵ καὶ ἡσύχιος.⁶ ὅταν οὖν οὗτος ἐπὶ τὴν καρδίαν σου ἀναβῇ, εὐθέως λαλεῖ μετὰ σοῦ περὶ δικαιοσύνης, περὶ ἁγνείας,⁷ περὶ σεμνότητος,⁸ περὶ αὐταρκείας,⁹ περὶ παντὸς ἔργου δικαίου καὶ περὶ πάσης ἀρετῆς¹⁰ ἐνδόξου.¹¹ ταῦτα πάντα ὅταν εἰς τὴν καρδίαν σου ἀναβῇ, γίνωσκε ὅτι ὁ ἄγγελος τῆς δικαιοσύνης μετὰ σοῦ ἐστί. ταῦτα οὖν ἐστὶ τὰ ἔργα τοῦ ἀγγέλου τῆς δικαιοσύνης. τούτῳ οὖν πίστευε καὶ τοῖς ἔργοις αὐτοῦ. **4** ὅρα νῦν καὶ τοῦ ἀγγέλου τῆς πονηρίας¹² τὰ ἔργα. πρῶτον πάντων ὀξύχολός¹³ ἐστι καὶ πικρὸς¹⁴ καὶ ἄφρων,¹⁵ καὶ τὰ ἔργα αὐτοῦ πονηρά, καταστρέφοντα¹⁶ τοὺς δούλους τοῦ Θεοῦ· ὅταν οὖν οὗτος ἐπὶ τὴν καρδίαν σου ἀναβῇ, γνῶθι αὐτὸν ἀπὸ τῶν ἔργων αὐτοῦ. **5** Πῶς, φημί, κύριε, νοήσω¹⁷ αὐτόν, οὐκ ἐπίσταμαι.¹⁸ Ἄκουε, φησίν. ὅταν ὀξυχολία¹⁹ σοί τις προσπέσῃ²⁰ ἢ πικρία,²¹ γίνωσκε ὅτι αὐτός ἐστιν ἐν σοί· εἶτα²² ἐπιθυμία πράξεως²³ πολλῶν καὶ πολυτέλεια²⁴ ἐδεσμάτων²⁵ πολλῶν καὶ μεθυσμάτων²⁶ καὶ

¹ ἀμφότεροι, αι, α, both
² συνίημι pres act impv 2s, understand
³ τρυφερός, ά, όν, gentle, subdued
⁴ αἰσχυντηρός, ά, όν, modest
⁵ πραΰς, εῖα, ῦ, gentle, meek, humble
⁶ ἡσύχιος, ον, quiet, well-ordered
⁷ ἁγνεία, ας, ἡ, purity
⁸ σεμνότης, τητος, ἡ, holiness
⁹ αὐτάρκεια, ας, ἡ, contentment
¹⁰ ἀρετή, ῆς, ἡ, excellence of character, exceptional civic virtue
¹¹ ἔνδοξος, η, ον, glorious
¹² πονηρία, ας, ἡ, wickedness, evil
¹³ ὀξύχολος, ον, irritable, bad-tempered
¹⁴ πικρός, όν, bitter
¹⁵ ἄφρων, ον, foolish
¹⁶ καταστρέφω pres act ptcp n.p.nom., destroy, ruin
¹⁷ νοέω fut act ind 1s, understand
¹⁸ ἐπίσταμαι pres mid/pass ind 1s, understand, know
¹⁹ ὀξυχολία, ας, ἡ, irritability, bad temper
²⁰ προσπίπτω aor act sub 3s, fall upon
²¹ πικρία, ας, ἡ, bitterness
²² εἶτα, adv, then
²³ πρᾶξις, εως, ἡ, activity, business
²⁴ πολυτέλεια, ας, ἡ, extravagance, luxury
²⁵ ἔδεσμα, ματος, τό, food
²⁶ μεθύσμα, ματος, τό, intoxicating drink

κραιπαλῶν[1] πολλῶν καὶ ποικίλων[2] τρυφῶν[3] καὶ οὐ δεόντων, καὶ ἐπιθυμία γυναικῶν καὶ πλεονεξία[4] καὶ ὑπερηφανία[5] καὶ ἀλαζονεία,[6] καὶ ὅσα τούτοις παραπλήσιά[7] ἐστι καὶ ὅμοια. ταῦτα οὖν ὅταν ἐπὶ τὴν καρδίαν σου ἀναβῇ, γίνωσκε ὅτι ὁ ἄγγελος τῆς πονηρίας[8] ἐστὶ μετὰ σοῦ. **6** σὺ οὖν ἐπιγνοὺς τὰ ἔργα αὐτοῦ ἀπόστα[9] ἀπ᾽ αὐτοῦ καὶ μηδὲν αὐτῷ πίστευε, ὅτι τὰ ἔργα αὐτοῦ πονηρά εἰσι καὶ ἀσύμφορα[10] τοῖς δούλοις τοῦ Θεοῦ. ἔχεις οὖν ἀμφοτέρων[11] τῶν ἀγγέλων τὰς ἐνεργείας·[12] σύνιε[13] αὐτὰς καὶ πίστευε τῷ ἀγγέλῳ τῆς δικαιοσύνης· **7** ἀπὸ δὲ τοῦ ἀγγέλου τῆς πονηρίας[14] ἀπόστηθι,[15] ὅτι ἡ διδαχὴ αὐτοῦ πονηρά ἐστι παντὶ ἔργῳ· ἐὰν γὰρ ᾖ τις πιστὸς ἀνήρ, καὶ ἡ ἐνθύμησις[16] τοῦ ἀγγέλου τούτου ἀναβῇ ἐπὶ τὴν καρδίαν αὐτοῦ, δεῖ τὸν ἄνδρα ἐκεῖνον ἢ τὴν γυναῖκα ἐξαμαρτῆσαί[17] τι. **8** ἐὰν δὲ πάλιν πονηρότατός τις ᾖ ἀνὴρ ἢ γυνή, καὶ ἀναβῇ ἐπὶ τὴν καρδίαν αὐτοῦ τὰ ἔργα τοῦ ἀγγέλου τῆς δικαιοσύνης, ἐξ ἀνάγκης[18] δεῖ αὐτὸν ἀγαθόν τι ποιῆσαι. **9** βλέπεις οὖν, φησίν, ὅτι καλόν ἐστι τῷ ἀγγέλῳ τῆς δικαιοσύνης ἀκολουθεῖν, τῷ δὲ ἀγγέλῳ τῆς πονηρίας[19] ἀποτάξασθαι.[20] **10** τὰ μὲν περὶ τῆς πίστεως αὕτη ἡ ἐντολὴ δηλοῖ,[21] ἵνα τοῖς ἔργοις τοῦ ἀγγέλου τῆς δικαιοσύνης πιστεύσῃς, καὶ ἐργασάμενος αὐτὰ ζήσῃ

---

[1] κραιπάλη, ης, ἡ, drunkenness
[2] ποικίλος, η, ον, manifold, various kinds
[3] τρυφή, ῆς, ἡ, indulgence, luxury
[4] πλεονεξία, ας, ἡ, covetousness, greed
[5] ὑπερηφανία, ας, ἡ, arrogance, pride
[6] ἀλαζονεία, ας, ἡ, pretension
[7] παραπλήσιος, α, ον, resembling, similar
[8] πονηρία, ας, ἡ, wickedness, evil
[9] ἀφίστημι aor act impv 2s, go away, keep away
[10] ἀσύμφορος, ον, disadvantageous, harmful
[11] ἀμφότεροι, αι, α, both
[12] ἐνέργεια, ας, ἡ, working, activity
[13] συνίημι pres act impv 2s, understand
[14] πονηρία, ας, ἡ, wickedness, evil
[15] ἀφίστημι aor act impv 2s, go away, keep away
[16] ἐνθύμησις, εως, ἡ, thought, reflection, idea
[17] ἐξαμαρτάνω aor act inf, sin, do wrong
[18] ἀνάγκη, ης, ἡ, necessity
[19] πονηρία, ας, ἡ, wickedness, evil
[20] ἀποτάσσω aor mid inf, renounce
[21] δηλόω pres act ind 3s, reveal, explain

τῷ Θεῷ. πίστευε δὲ ὅτι τὰ ἔργα τοῦ ἀγγέλου τῆς πονηρίας[1]
χαλεπά[2] ἐστι· μὴ ἐργαζόμενος οὖν αὐτὰ ζήσῃ τῷ Θεῷ.

37:1 (ζ΄ 1) Φοβήθητι, φησί, τὸν Κύριον καὶ φύλασσε τὰς ἐντολὰς
αὐτοῦ· φυλάσσων οὖν τὰς ἐντολὰς τοῦ Θεοῦ ἔσῃ δυνατὸς ἐν πάσῃ
πράξει,[3] καὶ ἡ πρᾶξίς[4] σου ἀσύγκριτος[5] ἔσται. φοβούμενος γὰρ
τὸν Κύριον πάντα καλῶς ἐργάσῃ· οὗτος δέ ἐστιν ὁ φόβος ὃν δεῖ σε
φοβηθῆναι καὶ σωθήσῃ. **2** τὸν δὲ διάβολον μὴ φοβηθῇς·
φοβούμενος γὰρ τὸν Κύριον κατακυριεύσεις[6] τοῦ διαβόλου, ὅτι
δύναμις ἐν αὐτῷ οὐκ ἔστιν. ἐν ᾧ δὲ δύναμις οὐκ ἔστιν, οὐδὲ φόβος·
ἐν ᾧ δὲ δύναμις ἢ ἔνδοξος,[7] καὶ φόβος ἐν αὐτῷ. πᾶς γὰρ ὁ δύναμιν
ἔχων φόβον ἔχει· ὁ δὲ μὴ ἔχων δύναμιν ὑπὸ πάντων
καταφρονεῖται.[8] **3** φοβήθητι δὲ τὰ ἔργα τοῦ διαβόλου, ὅτι πονηρά
ἐστι. φοβούμενος οὖν τὸν Κύριον φοβηθήσῃ τὰ ἔργα τοῦ διαβόλου
καὶ οὐκ ἐργάσῃ αὐτά, ἀλλ᾽ ἀφέξῃ[9] ἀπ᾽ αὐτῶν. **4** δισσοὶ[10] οὖν εἰσιν
οἱ φόβοι· ἐὰν γὰρ θέλῃς τὸ πονηρὸν ἐργάσασθαι, φοβοῦ τὸν
Κύριον καὶ οὐκ ἐργάσῃ αὐτό· ἐὰν δὲ θέλῃς πάλιν τὸ ἀγαθὸν
ἐργάσασθαι, φοβοῦ τὸν Κύριον καὶ ἐργάσῃ αὐτό. ὥστε ὁ φόβος
τοῦ Κυρίου ἰσχυρός[11] ἐστι καὶ μέγας καὶ ἔνδοξος.[12] φοβήθητι οὖν
τὸν Κύριον, καὶ ζήσῃ αὐτῷ· καὶ ὅσοι ἂν φοβηθῶσιν αὐτὸν τῶν
φυλασσόντων τὰς ἐντολὰς αὐτοῦ, ζήσονται τῷ Θεῷ. **5** Διατί,[13]
φημί, κύριε, εἶπας περὶ τῶν τηρούντων τὰς ἐντολὰς αὐτοῦ·
Ζήσονται τῷ Θεῷ; Ὅτι, φησί, πᾶσα ἡ κτίσις[14] φοβεῖται τὸν
Κύριον, τὰς δὲ ἐντολὰς αὐτοῦ οὐ φυλάσσει. τῶν οὖν φοβουμένων

---

[1] πονηρία, ας, ἡ, wickedness, evil
[2] χαλεπός, ή, όν, evil, troublesome
[3] πρᾶξις, εως, ἡ, activity, undertaking
[4] πρᾶξις, εως, ἡ, activity, undertaking
[5] ἀσύγκριτος, ον, incomparable
[6] κατακυριεύω fut act ind 2s, become master, rule, lord over
[7] ἔνδοξος, η, ον, glorious
[8] καταφρονέω pres mid/pass ind 3s, despise, look down on
[9] ἀπέχω fut mid ind 2s, keep away, abstain
[10] δισσός, ή, όν, two-ways, double
[11] ἰσχυρός, ά, όν, strong
[12] ἔνδοξος, η, ον, glorious
[13] διατί, conj, why
[14] κτίσις, εως, ἡ, creature

αὐτὸν καὶ φυλασσόντων τὰς ἐντολὰς αὐτοῦ, ἐκείνων ἡ ζωή ἐστι παρὰ τῷ Θεῷ· τῶν δὲ μὴ φυλασσόντων τὰς ἐντολὰς αὐτοῦ, οὐδὲ ζωὴ ἐν αὐτῷ.

38:1 (η΄ 1) Εἶπόν σοι, φησίν, ὅτι τὰ κτίσματα¹ τοῦ Θεοῦ διπλᾶ² ἐστι· καὶ γὰρ ἡ ἐγκράτεια³ διπλῆ⁴ ἐστιν. ἐπί τινων γὰρ δεῖ ἐγκρατεύεσθαι,⁵ ἐπί τινων δὲ οὐ δεῖ. **2** Γνώρισόν⁶ μοι, φημί, κύριε, ἐπὶ τίνων δεῖ ἐγκρατεύεσθαι,⁷ ἐπὶ τίνων δὲ οὐ δεῖ. Ἄκουε, φησί. τὸ πονηρὸν ἐγκρατεύου,⁸ καὶ μὴ ποίει αὐτό· τὸ δὲ ἀγαθὸν μὴ ἐγκρατεύου,⁹ ἀλλὰ ποίει αὐτό. ἐὰν γὰρ ἐγκρατεύσῃ¹⁰ τὸ ἀγαθὸν μὴ ποιεῖν, ἁμαρτίαν μεγάλην ἐργάζῃ· ἐὰν δὲ ἐγκρατεύσῃ¹¹ τὸ πονηρὸν μὴ ποιεῖν, δικαιοσύνην μεγάλην ἐργάζῃ. ἐγκράτευσαι¹² οὖν ἀπὸ πονηρίας¹³ πάσης ἐργαζόμενος τὸ ἀγαθόν. **3** Ποταπαί,¹⁴ φημί, κύριε, εἰσὶν αἱ πονηρίαι¹⁵ ἀφ᾿ ὧν ἡμᾶς δεῖ ἐγκρατεύεσθαι;¹⁶ Ἄκουε, φησίν· ἀπὸ μοιχείας¹⁷ καὶ πορνείας,¹⁸ ἀπὸ μεθύσματος¹⁹ ἀνομίας,²⁰ ἀπὸ τρυφῆς²¹ πονηρᾶς, ἀπὸ ἐδεσμάτων²² πολλῶν καὶ

---

¹ κτίσμα, ματος, τό, creature

² διπλοῦς, ῆ, οῦν, twofold, double

³ ἐγκράτεια, ας, ἡ, self-control

⁴ διπλοῦς, ῆ, οῦν, twofold, double

⁵ ἐγκρατεύομαι pres mid/pass inf, practice self-control

⁶ γνωρίζω aor act impv 2s, make known, reveal

⁷ ἐγκρατεύομαι pres mid/pass inf, control onself

⁸ ἐγκρατεύομαι pres mid/pass impv 2s, control onself

⁹ ἐγκρατεύομαι pres mid/pass impv 2s, control onself

¹⁰ ἐγκρατεύομαι fut mid ind 2s, control oneself

¹¹ ἐγκρατεύομαι fut mid ind 2s, control oneself

¹² ἐγκρατεύομαι aor mid impv 2s, control oneself

¹³ πονηρία, ας, ἡ, wickedness, evil

¹⁴ ποταπός, ή, όν, what sort of, what kind of

¹⁵ πονηρία, ας, ἡ, wickedness, evil

¹⁶ ἐγκρατεύομαι pres mid/pass inf, control onself

¹⁷ μοιχεία, ας, ἡ, adultery

¹⁸ πορνεία, ας, ἡ, fornication, sexual immorality

¹⁹ μεθύσμα, ματος, τό, intoxicating drink

²⁰ ἀνομία, ας, ἡ, lawlessness, lawless deed

²¹ τρυφή, ῆς, ἡ, indulgence, luxury

²² ἔδεσμα, ματος, τό, food

πολυτελείας[1] πλούτου[2] καὶ καυχήσεως[3] καὶ ὑψηλοφροσύνης[4] καὶ ὑπερηφανίας,[5] καὶ ἀπὸ ψεύσματος[6] καὶ καταλαλιάς[7] καὶ ὑποκρίσεως[8] καὶ μνησικακίας[9] καὶ πάσης βλασφημίας.[10] **4** ταῦτα τὰ ἔργα πάντων πονηρότατά εἰσιν ἐν τῇ ζωῇ τῶν ἀνθρώπων. ἀπὸ τούτων οὖν τῶν ἔργων δεῖ ἐγκρατεύεσθαι[11] τὸν δοῦλον τοῦ Θεοῦ. ὁ γὰρ μὴ ἐγκρατευόμενος[12] ἀπὸ τούτων οὐ δύναται ζῆσαι τῷ Θεῷ. ἄκουε οὖν καὶ τὰ ἀκόλουθα[13] τούτων. **5** Ἔτι γάρ, φημί, κύριε, πονηρὰ ἔργα ἐστί; Καί γε[14] πολλά, φησίν, ἔστιν ἀφ᾽ ὧν δεῖ τὸν δοῦλον τοῦ Θεοῦ ἐγκρατεύεσθαι·[15] κλέμμα,[16] ψεῦδος,[17] ἀποστέρησις,[18] ψευδομαρτυρία,[19] πλεονεξία,[20] ἐπιθυμία πονηρά, ἀπάτη,[21] κενοδοξία,[22] ἀλαζονεία,[23] καὶ ὅσα τούτοις ὅμοια εἰσιν. **6** οὐ δοκεῖ σοι ταῦτα πονηρὰ εἶναι; καὶ λίαν[24] πονηρά, φησί, τοῖς δούλοις τοῦ Θεοῦ; τούτων πάντων δεῖ ἐγκρατεύεσθαι[25] τὸν δουλεύοντα[26] τῷ Θεῷ. ἐγκράτευσαι[27] οὖν ἀπὸ πάντων τούτων, ἵνα

---

[1] πολυτέλεια, ας, ἡ, extravagance, luxury
[2] πλοῦτος, ου, ὁ, wealth
[3] καύχησις, εως, ἡ, boasting
[4] ὑψηλοφροσύνη, ης, ἡ, pride, haughtiness
[5] ὑπερηφανία, ας, ἡ, arrogance, pride
[6] ψεῦσμα, ματος, τό, lying, untruthfulness
[7] καταλαλιά, ᾶς, ἡ, evil speech, slander
[8] ὑπόκρισις, εως, ἡ, hypocrisy
[9] μνησικακία, ας, ἡ, vengefulness
[10] βλασφημία, ας, ἡ, blasphemy
[11] ἐγκρατεύομαι pres mid/pass inf, control onself
[12] ἐγκρατεύομαι pres mid/pass ptcp m.s.nom. control onself
[13] ἀκόλουθος, ον, following
[14] γέ, conj, indeed
[15] ἐγκρατεύομαι pres mid/pass inf, control oneself
[16] κλέμμα, ματος, τό, stealing, theft
[17] ψεῦδος, ους, τό, a lie, falsehood
[18] ἀποστέρησις, εως, ἡ, fraud
[19] ψευδομαρτυρία, ας, ἡ, false witness
[20] πλεονεξία, ας, ἡ, covetousness, greed
[21] ἀπάτη, ης, ἡ, deception, deceitfulness
[22] κενοδοξία, ας, ἡ, vanity, conceit
[23] ἀλαζονεία, ας, ἡ, pretension, arrogance
[24] λίαν, adv, very, exceedingly
[25] ἐγκρατεύομαι pres mid/pass inf, control oneself
[26] δουλεύω pres act ptcp m.s.acc., be a slave, serve
[27] ἐγκρατεύομαι aor mid impv 2s, control oneself

ζήσῃ τῷ Θεῷ καὶ ἐγγραφήσῃ[1] μετὰ τῶν ἐγκρατευομένων[2] αὐτά. ἀφ᾽ ὧν μὲν οὖν δεῖ σε ἐγκρατεύεσθαι,[3] ταῦτά ἐστιν. **7** ἃ δὲ δεῖ σε μὴ ἐγκρατεύεσθαι,[4] φησίν, ἀλλὰ ποιεῖν, ἄκουε. τὸ ἀγαθὸν μὴ ἐγκρατεύου,[5] ἀλλὰ ποίει αὐτό. **8** Καὶ τῶν ἀγαθῶν μοι, φημί, κύριε, δήλωσον[6] τὴν δύναμιν, ἵνα πορευθῶ ἐν αὐτοῖς καὶ δουλεύσω[7] αὐτοῖς, ἵνα ἐργασάμενος αὐτὰ δυνηθῶ σωθῆναι. Ἄκουε, φησί, καὶ τῶν ἀγαθῶν τὰ ἔργα, ἅ σε δεῖ ἐργάζεσθαι καὶ μὴ ἐγκρατεύεσθαι.[8] **9** πρῶτον πάντων πίστις, φόβος Κυρίου, ἀγάπη, ὁμόνοια,[9] ῥήματα δικαιοσύνης, ἀλήθεια, ὑπομονή· τούτων ἀγαθώτερον οὐδέν ἐστιν ἐν τῇ ζωῇ τῶν ἀνθρώπων. ταῦτα ἐάν τις φυλάσσῃ καὶ μὴ ἐγκρατεύηται[10] ἀπ᾽ αὐτῶν, μακάριος γίνεται ἐν τῇ ζωῇ αὐτοῦ. **10** εἶτα[11] τούτων τὰ ἀκόλουθα[12] ἄκουσον· χήραις[13] ὑπηρετεῖν,[14] ὀρφανοὺς[15] καὶ ὑστερουμένους[16] ἐπισκέπτεσθαι,[17] ἐξ ἀναγκῶν[18] λυτροῦσθαι[19] τοὺς δούλους τοῦ Θεοῦ, φιλόξενον[20] εἶναι (ἐν γὰρ τῇ φιλοξενίᾳ[21] εὑρίσκεται ἀγαθοποίησίς[22] ποτε[23]), μηδενὶ

---

[1] ἐγγράφω fut mid ind 2s, write down, inscribe, enroll
[2] ἐγκρατεύομαι pres mid/pass ptcp m.p.gen., control oneself
[3] ἐγκρατεύομαι pres mid/pass inf, control oneself
[4] ἐγκρατεύομαι pres mid/pass inf, control oneself
[5] ἐγκρατεύομαι pres mid impv 2s, control oneself
[6] δηλόω aor act impv 2s, reveal, explain
[7] δουλεύω aor act sub 1s, be a slave, serve
[8] ἐγκρατεύομαι pres mid/pass inf, control oneself
[9] ὁμόνοια, ας, ἡ, oneness of mind, harmony
[10] ἐγκρατεύομαι pres mid/pass sub 3s, control oneself
[11] εἶτα, adv, then
[12] ἀκόλουθος, ον, following
[13] χήρα, ας, ἡ, widow
[14] ὑπηρετέω pres act inf, serve, be helpful
[15] ὀρφανός, ή, όν, orphan
[16] ὑστερέω pres mid/pass m.p.acc., be needy, lack
[17] ἐπισκέπτομαι pres mid/pass inf, look after
[18] ἀνάγκη, ης, ἡ, distress, calamity
[19] λυτρόω pres mid/pass inf, set free, rescue, redeem
[20] φιλοξενία, ας, ἡ, hospitality
[21] φιλοξενία, ας, ἡ, hospitality
[22] ἀγαθοποίησις, εως, ἡ, doing good
[23] ποτέ, conj, presumably

ἀντιτάσσεσθαι,[1] ἡσύχιον[2] εἶναι, ἐνδεέστερον[3] γίνεσθαι πάντων ἀνθρώπων, πρεσβύτας[4] σέβεσθαι,[5] δικαιοσύνην ἀσκεῖν,[6] ἀδελφότητα[7] συντηρεῖν,[8] ὕβριν[9] ὑποφέρειν,[10] μακρόθυμον[11] εἶναι, μνησικακίαν[12] μὴ ἔχειν, κάμνοντας[13] τῇ ψυχῇ παρακαλεῖν, ἐσκανδαλισμένους[14] ἀπὸ τῆς πίστεως μὴ ἀποβάλλεσθαι[15] ἀλλ' ἐπιστρέφειν καὶ εὐθύμους[16] ποιεῖν, ἁμαρτάνοντας νουθετεῖν,[17] χρεώστας[18] μὴ θλίβειν[19] καὶ ἐνδεεῖς,[20] καὶ εἴ τινα τούτοις ὅμοιά ἐστι. **11** δοκεῖ σοι, φησί, ταῦτα ἀγαθὰ εἶναι; Τί γάρ, φημί, κύριε, τούτων ἀγαθώτερον; Πορεύου οὖν, φησίν, ἐν αὐτοῖς καὶ μὴ ἐγκρατεύου[21] ἀπ' αὐτῶν, καὶ ζήσῃ τῷ Θεῷ. **12** φύλασσε οὖν τὴν ἐντολὴν ταύτην· ἐὰν τὸ ἀγαθὸν ποιῇς καὶ μὴ ἐγκρατεύσῃ[22] ἀπ' αὐτοῦ, ζήσῃ τῷ Θεῷ, καὶ πάντες ζήσονται τῷ Θεῷ οἱ οὕτω ποιοῦντες. καὶ πάλιν ἐὰν τὸ πονηρὸν μὴ ποιῇς καὶ ἐγκρατεύσῃ[23] ἀπ' αὐτοῦ, ζήσῃ τῷ Θεῷ, καὶ πάντες ζήσονται τῷ Θεῷ ὅσοι ἐὰν ταύτας τὰς ἐντολὰς φυλάξωσι καὶ πορευθῶσιν ἐν αὐταῖς.

---

[1] ἀντιτάσσω pres mid/pass inf, oppose, resist
[2] ἡσύχιος, ον, quiet, well-ordered
[3] ἐνδεής, ές, poor, impoverished
[4] πρεσβύτης, ου, ὁ, elder, elderly
[5] σέβω pres mid/pass inf, respect
[6] ἀσκέω pres act inf, practice, engage in
[7] ἀδελφότης, ητος, ἡ, fellowship
[8] συντηρέω pres act inf, protect, defend
[9] ὕβρις, εως, ἡ, shame, insult
[10] ὑποφέρω pres act inf, endure, bear
[11] μακρόθυμος, ον, patient, forbearing
[12] μνησικακία, ας, ἡ, vengefulness
[13] κάμνω pres act ptcp m.p.acc., be weary, ill

[14] σκανδαλίζω perf mid/pass ptcp m.p.acc., cause to sin, stumble
[15] ἀποβάλλω pres mid/pass inf, throw
[16] εὔθυμος, ον, cheerful
[17] νουθετέω pres act inf, admonish, warn, instruct
[18] χρεώστης, ου, ὁ, debtor
[19] θλίβω pres act inf, press upon, oppress
[20] ἐνδεής, ές, poor, impoverished
[21] ἐγκρατεύομαι pres mid/pass impv 2s, control oneself
[22] ἐγκρατεύομαι fut mid ind 2s, control oneself
[23] ἐγκρατεύομαι fut mid ind 2s, control oneself

39:1 (θʹ 1) Λέγει μοι Ἆρον ἀπὸ σεαυτοῦ τὴν διψυχίαν[1] καὶ μηδὲν ὅλως[2] διψυχήσῃς[3] αἰτήσασθαί τι παρὰ τοῦ Θεοῦ, λέγων ἐν σεαυτῷ ὅτι πῶς δύναμαι αἰτήσασθαι παρὰ τοῦ Κυρίου καὶ λαβεῖν, ἡμαρτηκὼς τοσαῦτα[4] εἰς αὐτόν; **2** μὴ διαλογίζου[5] ταῦτα, ἀλλ' ἐξ ὅλης τῆς καρδίας σου ἐπίστρεψον ἐπὶ τὸν Κύριον, καὶ αἰτοῦ παρ' αὐτοῦ ἀδιστάκτως,[6] καὶ γνώσῃ τὴν πολυευσπλαγχνίαν[7] αὐτοῦ, ὅτι οὐ μή σε ἐγκαταλίπῃ,[8] ἀλλὰ τὸ αἴτημα[9] τῆς ψυχῆς σου πληροφορήσει.[10] **3** οὐκ ἔστι γὰρ ὁ Θεὸς ὡς οἱ ἄνθρωποι μνησικακοῦντες,[11] ἀλλ' αὐτὸς ἀμνησίκακός[12] ἐστι καὶ σπλαγχνίζεται[13] ἐπὶ τὴν ποίησιν[14] αὐτοῦ. **4** σὺ οὖν καθάρισόν σου τὴν καρδίαν ἀπὸ πάντων τῶν ματαιωμάτων[15] τοῦ αἰῶνος τούτου καὶ τῶν προειρημένων[16] σοι ῥημάτων, καὶ αἰτοῦ παρὰ τοῦ Κυρίου, καὶ ἀπολήψῃ[17] πάντα, καὶ ἀπὸ πάντων τῶν αἰτημάτων[18] σου ἀνυστέρητος[19] ἔσῃ, ἐὰν ἀδιστάκτως[20] αἰτήσῃς παρὰ τοῦ Κυρίου. **5** ἐὰν δὲ διστάσῃς[21] ἐν τῇ καρδίᾳ σου, οὐδὲν οὐ μὴ λήψῃ τῶν αἰτημάτων[22] σου. οἱ γὰρ διστάζοντες[23] εἰς τὸν Θεόν, οὗτοί εἰσιν οἱ

---

[1] διψυχία, ας, ἡ, double-mindedness

[2] ὅλως, adv, actually

[3] διψυχέω aor act sub 2s, be undecided, doubt

[4] τοσοῦτος, αύτη, οῦτον, so great, so large

[5] διαλογίζομαι pres mid/pass impv 2s, consider, argue

[6] ἀδιστάκτως, adv, without doubting

[7] πολυευσπλαγχνία, ας, ἡ, richness in mercy

[8] ἐγκαταλείπω aor act sub 2s, leave behind, abandon

[9] αἴτημα, τος, τό, request

[10] πληροφορέω fut act ind 3s, fill, fulfill

[11] μνησικακέω pres act ptcp m.p.nom., remember evil, bear a grudge

[12] ἀμνησίκακος, όν, bearing no malice, forgiving

[13] σπλαγχνίζομαι pres mid/pass ind 3s, have pity, feel sympathy

[14] ποίησις, ἡ, work, creation

[15] ματαίωμα, ατος, τό, emptiness, worthlessness

[16] προλέγω perf mid/pass ptcp n.p.gen., tell beforehand

[17] ἀπολαμβάνω fut mid ind 2s, receive, recover

[18] αἴτημα, ατος, τό, request

[19] ἀνυστέρητος, ον, not lacking

[20] ἀδιστάκτως, adv, without doubting

[21] διστάζω aor act sub 2s, doubt, hesitate

[22] αἴτημα, τό, ατος, request

[23] διστάζω pres act ptcp m.p.nom., doubt, hesitate

δίψυχοι,[1] καὶ οὐδὲν ὅλως[2] ἐπιτυγχάνουσι[3] τῶν αἰτημάτων[4] αὐτῶν. **6** οἱ δὲ ὁλοτελεῖς[5] ὄντες ἐν τῇ πίστει πάντα αἰτοῦνται πεποιθότες ἐπὶ τὸν Κύριον, καὶ λαμβάνουσιν, ὅτι ἀδιστάκτως[6] αἰτοῦνται, μηδὲν διψυχοῦντες.[7] πᾶς γὰρ δίψυχος[8] ἀνήρ, ἐὰν μὴ μετανοήσῃ, δυσκόλως[9] σωθήσεται. **7** καθάρισον οὖν τὴν καρδίαν σου ἀπὸ τῆς διψυχίας,[10] ἔνδυσαι[11] δὲ τὴν πίστιν, ὅτι ἰσχυρά[12] ἐστι, καὶ πίστευε τῷ Θεῷ ὅτι πάντα τὰ αἰτήματά[13] σου ἃ αἰτεῖς λήψη. καὶ ἐὰν αἰτησάμενός ποτε[14] παρὰ τοῦ Κυρίου αἴτημα[15] τι βραδύτερον[16] λαμβάνῃς, μὴ διψυχήσῃς[17] ὅτι ταχὺ[18] οὐκ ἔλαβες τὸ αἴτημα[19] τῆς ψυχῆς σου· πάντως[20] γὰρ διὰ πειρασμόν[21] τινα ἢ παράπτωμά[22] τι, ὃ σὺ ἀγνοεῖς,[23] βραδύτερον[24] λαμβάνεις τὸ αἴτημά[25] σου. **8** σὺ οὖν μὴ διαλίπῃς[26] αἰτούμενος τὸ αἴτημα[27] τῆς ψυχῆς σου, καὶ λήψη αὐτό. ἐὰν δὲ ἐκκακήσῃς[28] καὶ διψυχήσῃς[29] αἰτούμενος, σεαυτὸν αἰτιῶ[30] καὶ μὴ τὸν διδόντα σοι. **9** βλέπε τὴν διψυχίαν[31] ταύτην· πονηρὰ γάρ ἐστι καὶ ἀσύνετος,[32] καὶ πολλοὺς

---

[1] δίψυχος, ον, doubting, double-minded

[2] ὅλως, adv, actually

[3] ἐπιτυγχάνω pres act ind 3p, obtain, attain to

[4] αἴτημα, ατος, τό, request

[5] ὁλοτελής, ες, quite complete

[6] ἀδιστάκτως, adv, without doubting

[7] διψυχέω pres act ptcp m.p.nom., be double-minded

[8] δίψυχος, ον, doubting, double-minded

[9] δυσκόλως, adv, hardly, with difficulty

[10] διψυχία, ας, ἡ, double-mindedness

[11] ἐνδύω aor mid impv 2s, dress, clothe

[12] ἰσχυρός, ά, όν, strong, powerful

[13] αἴτημα, ατος, τό, request

[14] ποτέ, conj, ever

[15] αἴτημα, ατος, τό, request

[16] βραδύς, εῖα, ύ, slow

[17] διψυχέω aor act sub 2s, be undecided, doubt

[18] ταχύ, adv, quickly, soon

[19] αἴτημα, ατος, τό, request

[20] πάντως, adv, certainly, altogether

[21] πειρασμός, οῦ, ὁ, test, temptation

[22] παράπτωμα, ατος, τό, transgression, sin

[23] ἀγνοέω pres act ind 2s, not to know, be ignorant

[24] βραδύς, εῖα, ύ, slow

[25] αἴτημα, ατος, τό, request

[26] διαλείπω aor act sub 2s, stop, cease

[27] αἴτημα, ατος, τό, request

[28] ἐκκακέω aor act sub 2s, lose heart

[29] διψυχέω aor act sub 2s, be double-minded

[30] αἰτιάομαι pres mid/pass impv 2s, blame, accuse

[31] διψυχία, ας, ἡ, double-mindedness

[32] ἀσύνετος, ον, senseless, foolish

ἐκριζοῖ[1] ἀπὸ τῆς πίστεως, καὶ γε[2] λίαν[3] πιστοὺς καὶ ἰσχυροῦς.[4] καὶ γὰρ αὕτη ἡ διψυχία[5] θυγάτηρ ἐστὶ τοῦ διαβόλου, καὶ λίαν[6] πονηρεύεται[7] εἰς τοὺς δούλους τοῦ Θεοῦ. **10** καταφρόνησον[8] οὖν τῆς διψυχίας[9] καὶ κατακυρίευσον[10] αὐτῆς ἐν παντὶ πράγματι,[11] ἐνδυσάμενος[12] τὴν πίστιν τὴν ἰσχυρὰν[13] καὶ δυνατήν. ἡ γὰρ πίστις πάντα ἐπαγγέλλεται,[14] πάντα τελειοῖ·[15] ἡ δὲ διψυχία[16] μὴ καταπιστεύουσα[17] ἑαυτῇ πάντων ἀποτυγχάνει[18] τῶν ἔργων αὐτῆς ὧν πράσσει. **11** βλέπεις οὖν, φησίν, ὅτι ἡ πίστις ἄνωθέν[19] ἐστι παρὰ τοῦ Κυρίου, καὶ ἔχει δύναμιν μεγάλην· ἡ δὲ διψυχία[20] ἐπίγειον[21] πνεῦμά ἐστι παρὰ τοῦ διαβόλου, δύναμιν μὴ ἔχουσα. **12** σὺ οὖν δούλευε[22] τῇ ἐχούσῃ δύναμιν τῇ πίστει, καὶ ἀπὸ τῆς διψυχίας[23] ἀπόσχου[24] τῆς μὴ ἐχούσης δύναμιν, καὶ ζήσῃ τῷ Θεῷ, καὶ πάντες ζήσονται τῷ Θεῷ οἱ ταῦτα φρονοῦντες.[25]

---

[1] ἐκριζόω pres act ind 3s, pull up by the roots, utterly destroy
[2] γέ, part, at least, even
[3] λίαν, adv, very, exceedingly
[4] ἰσχυρός, ά, όν, strong, powerful
[5] διψυχία, ας, ἡ, double-mindedness
[6] λίαν, adv, very, exceedingly
[7] πονηρεύομαι pres mid/pass ind 3s, be wicked, do wrong
[8] καταφρονέω aor act impv 2s, despise, not care for
[9] διψυχία, ας, ἡ, double-mindedness
[10] κατακυριεύω aor act impv 2s, gain dominion over, be master
[11] πρᾶγμα, ατος, τό, deed, matter
[12] ἐνδύω aor mid ptcp m.s.nom., dress, clothe
[13] ἰσχυρός, ά, όν, strong, powerful
[14] ἐπαγγέλλομαι pres mid/pass ind 3s, promise, profess
[15] τελειόω pres act ind 3s, complete, bring to an end
[16] διψυχία, ας, ἡ, double-mindedness
[17] καταπιστεύω pres act ptcp f.s.nom., trust
[18] ἀποτυγχάνω pres act ind 3s, fail, have no success with
[19] ἄνωθεν, adv, from above, again
[20] διψυχία, ας, ἡ, double-mindedness
[21] ἐπίγειος, ον, earthly
[22] δουλεύω pres act impv 2s, be a slave, obey
[23] διψυχία, ας, ἡ, double-mindedness
[24] ἀπέχω aor mid impv 2s, keep away from, abstain from
[25] φρονέω pres act ptcp m.p.nom., think, set one's mind on

40:1 (ί 1) Ἆρον ἀπὸ σεαυτοῦ, φησί, τὴν λύπην·[1] καὶ γὰρ αὕτη ἀδελφή[2] ἐστι τῆς διψυχίας[3] καὶ τῆς ὀξυχολίας.[4] **2** Πῶς, φημί, κύριε, ἀδελφή[5] ἐστι τούτων; ἄλλο γάρ μοι δοκεῖ εἶναι ὀξυχολία,[6] καὶ ἄλλο διψυχία,[7] καὶ ἄλλο λύπη.[8] ἀσύνετος[9] εἶ ἄνθρωπος, φησί, καὶ οὐ νοεῖς[10] ὅτι ἡ λύπη[11] πάντων τῶν πνευμάτων πονηροτέρα ἐστί, καὶ δεινοτάτη[12] τοῖς δούλοις τοῦ Θεοῦ, καὶ παρὰ πάντα τὰ πνεύματα καταφθείρει[13] τὸν ἄνθρωπον, καὶ ἐκτρίβει[14] τὸ πνεῦμα τὸ ἅγιον, καὶ πάλιν σώζει. **3** Ἐγώ, φημί, κύριε, ἀσύνετός[15] εἰμι καὶ οὐ συνίω[16] τὰς παραβολὰς ταύτας. πῶς γὰρ δύναται ἐκτρίβειν[17] καὶ πάλιν σώζειν, οὐ νοῶ.[18] **4** Ἄκουε, φησίν· οἱ μηδέποτε[19] ἐρευνήσαντες[20] περὶ τῆς ἀληθείας μηδὲ ἐπιζητήσαντες[21] περὶ τῆς θεότητος,[22] πιστεύσαντες δὲ μόνον, ἐμπεφυρμένοι[23] δὲ πραγματείαις[24] καὶ πλούτῳ[25] καὶ φιλίαις[26] ἐθνικαῖς[27] καὶ ἄλλαις πολλαῖς πραγματείαις τοῦ αἰῶνος τούτου· ὅσοι οὖν τούτοις πρόσκεινται,[28] οὐ νοοῦσι[29] τὰς παραβολὰς τῆς

---

[1] λύπην, ης, ἡ, grief, sorrow
[2] ἀδελφή, ῆς, ἡ, sister
[3] διψυχία, ας, ἡ, double-mindedness
[4] ὀξυχολία, ας, ἡ, irritability, bad temper
[5] ἀδελφή, ῆς, ἡ, sister
[6] ὀξυχολία, ας, ἡ, irritability, bad temper
[7] διψυχία, ας, ἡ, double-mindedness
[8] λύπη, ης, ἡ, grief, sorrow
[9] ἀσύνετος, ον, senseless, foolish
[10] νοέω pres act ind 2s, perceive, consider
[11] λύπη, ης, ἡ, grief, sorrow
[12] δεινός, ή, όν, fearful, terrible
[13] καταφθείρω pres act ind 3s, destroy, ruin
[14] ἐκτρίβω pres act ind 3s, wear out, destroy
[15] ἀσύνετος, ον, senseless, foolish
[16] συνίημι pres act ind 1s, understand, comprehend

[17] ἐκτρίβω pres act inf, wear out, destroy
[18] νοέω pres act ind 1s, perceive, consider
[19] μηδέποτε, adv, never
[20] ἐρευνάω aor act ptcp m.p.nom., examine, investigate
[21] ἐπιζητέω aor act ptcp m.p.nom., search for, inquire
[22] θεότης, ητος, ἡ, deity, divinity
[23] ἐμφύρω perf mid/pass ptcp m.p.nom., mix up, knead in
[24] πραγματεία, ας, ἡ, activity, business affairs
[25] πλοῦτος, ου, ὁ, wealth, riches
[26] φιλία, ας, ἡ, friendship, love
[27] ἐθνικός, ή, όν, national, gentile
[28] πρόσκειμαι pres mid/pass ind 3p, be involved in, be devoted to
[29] νοέω pres act ind 3p, perceive, consider

θεότητος·[1] ἐπισκοτοῦνται[2] γὰρ ὑπὸ τούτων τῶν πράξεων[3] καὶ
καταφθείρονται καὶ γίνονται κεχερσωμένοι.[4] **5** καθὼς οἱ
ἀμπελῶνες[5] οἱ καλοί, ὅταν ἀμελείας[6] τύχωσι,[7] χερσοῦνται[8] ἀπὸ
τῶν ἀκανθῶν[9] καὶ βοτανῶν[10] ποικίλων,[11] οὕτως οἱ ἄνθρωποι οἱ
πιστεύσαντες καὶ εἰς ταύτας τὰς πράξεις[12] τὰς πολλὰς
ἐμπίπτοντες[13] τὰς προειρημένας[14] ἀποπλανῶνται[15] ἀπὸ τῆς
διανοίας[16] αὐτῶν καὶ οὐδὲν ὅλως[17] νοοῦσι[18] περὶ τῆς δικαιοσύνης·
καὶ γὰρ ὅταν ἀκούσωσι περὶ θεότητος[19] καὶ ἀληθείας, ὁ νοῦς[20]
αὐτῶν περὶ τὴν πρᾶξιν[21] αὐτῶν καταγίνεται,[22] καὶ οὐδὲν ὅλως[23]
νοοῦσιν.[24] **6** οἱ δὲ φόβον ἔχοντες Θεοῦ καὶ ἐρευνῶντες[25] περὶ
θεότητος[26] καὶ ἀληθείας, καὶ τὴν καρδίαν ἔχοντες πρὸς τὸν
Κύριον, πάντα τὰ λεγόμενα αὐτοῖς τάχιον[27] νοοῦσι[28] καὶ

[1] θεότης, ητος, ἡ, deity, divinity
[2] ἐπισκοτέω pres mid/pass ind 3p, darken, obscure
[3] πρᾶξις, εως, ἡ, activity, way of acting, deed
[4] χερσόω perf mid/pass ptcp m.p.nom., make dry and barren
[5] ἀμπελών, ῶνος, ὁ, vineyard
[6] ἀμελεία, ας, ἡ, neglect
[7] τυγχάνω aor act sub 3p, meet, experience
[8] χερσόω pres mid/pass ind 3p, make dry and barren
[9] ἄκανθα, ας, ἡ, thorn-plant
[10] βοτάνη, ης, ἡ, plant, herb
[11] ποικίλος, η, ον, of various kinds, many-colored
[12] πρᾶξις, εως, ἡ, activity, way of acting, deed
[13] ἐμπίπτω pres act ptcp m.p.nom., fall into, fall among
[14] προλέγω perf mid/pass ptcp f.p.acc., tell beforehand, be said above
[15] ἀποπλανάω pres mid/pass ind 3p, mislead, wander away from
[16] διάνοια, ας, ἡ, understanding, mind
[17] ὅλως, adv, actually
[18] νοέω pres act ind 3p, perceive, consider
[19] θεότης, ητος, ἡ, deity, divinity
[20] νοῦς, ός, ὁ, mind, understanding
[21] πρᾶξις, εως, ἡ, activity, way of acting, deed
[22] καταγίνομαι pres mid/pass ind 3s, busy oneself, be taken up with something
[23] ὅλως, adv, actually
[24] νοέω pres act ind 3p, perceive, consider
[25] ἐρευνάω pres act ptcp m.p.nom., examine, investigate
[26] θεότης, ητος, ἡ, deity, divinity
[27] ταχύς, εῖα, ύ, adv, quick, swift
[28] νοέω pres act ind 3p, perceive, consider

συνίουσιν,[1] ὅτι ἔχουσι τὸν φόβον τοῦ Κυρίου ἐν ἑαυτοῖς· ὅπου γὰρ ὁ Κύριος κατοικεῖ, ἐκεῖ καὶ σύνεσις[2] πολλή. κολλήθητι οὖν τῷ Κυρίῳ, καὶ πάντα συνήσεις[3] καὶ νοήσεις.[4]

41:1 (ί 2) Ἄκουε νῦν, φησίν, ἀνόητε,[5] πῶς ἡ λύπη[6] ἐκτρίβει[7] τὸ πνεῦμα τὸ ἅγιον καὶ πάλιν σώζει. **2** ὅταν ὁ δίψυχος[8] ἐπιβάληται[9] πρᾶξίν[10] τινα, καὶ ταύτης ἀποτύχῃ[11] διὰ τὴν διψυχίαν[12] αὐτοῦ, ἡ λύπη[13] αὕτη εἰσπορεύεται[14] εἰς τὸν ἄνθρωπον, καὶ λυπεῖ[15] τὸ πνεῦμα τὸ ἅγιον καὶ ἐκτρίβει[16] αὐτό. **3** εἶτα[17] πάλιν ἡ ὀξυχολία[18] ὅταν κολληθῇ[19] τῷ ἀνθρώπῳ περὶ πράγματός[20] τινος, καὶ λίαν[21] πικρανθῇ,[22] πάλιν ἡ λύπη[23] εἰσπορεύεται[24] εἰς τὴν καρδίαν τοῦ ἀνθρώπου τοῦ ὀξυχολήσαντος,[25] καὶ λυπεῖται[26] ἐπὶ τῇ πράξει αὐτοῦ ᾗ ἔπραξε, καὶ μετανοεῖ ὅτι πονηρὸν εἰργάσατο. **4** αὕτη οὖν ἡ λύπη[27] δοκεῖ σωτηρίαν ἔχειν, ὅτι τὸ πονηρὸν πράξας

---

[1] συνίημι pres act ind 3p, understand, comprehend

[2] σύνεσις, εως, ἡ, comprehension, insight

[3] συνίημι fut act ind 2s, understand, comprehend

[4] νοέω fut act ind 2s, perceive, consider

[5] ἀνόητος, ος, unintelligent, foolish

[6] λύπη, ης, ἡ, grief, sorrow

[7] ἐκτρίβω pres act ind 3s, wear out, destroy

[8] δίψυχος, ον, doubting, double-minded

[9] ἐπιβάλλω aor mid sub 3s, throw oneself upon something, take something upon oneself

[10] πρᾶξις, εως, ἡ, activity, way of acting, deed

[11] ἀποτυγχάνω aor act sub 3s fail, have no success with

[12] διψυχία, ας, ἡ, double-mindedness

[13] λύπη, ης, ἡ, grief, sorrow

[14] εἰσπορεύομαι pres mid/pass ind 3s, go in, enter

[15] λυπέω pres mid/pass ind 3s, grieve, pain

[16] ἐκτρίβω pres act ind 3s, wear out, destroy

[17] εἶτα, adv, then, furthermore

[18] ὀξυχολία, ας, ἡ, irritability, bad temper

[19] κολλάω aor pass sub 3s, bind, attach to someone

[20] πρᾶγμα, ατος, τό, deed, matter

[21] λίαν, adv, very, exceedingly

[22] πικραίνω aor pass sub 3s, make bitter, become embittered

[23] λύπη, ης, ἡ, grief, sorrow

[24] εἰσπορεύομαι pres mid/pass ind 3s, go in, enter

[25] ὀξυχολέω aor act ptcp m.s.gen., be irritable, easily moved to anger

[26] λυπέω pres mid/pass ind 3s, grieve, pain

[27] λύπη, ης, ἡ, grief, sorrow

μετενόησεν. ἀμφότεραι οὖν αἱ πράξεις[1] λυποῦσι[2] τὸ πνεῦμα· ἡ μὲν διψυχία,[3] ὅτι οὐκ ἐπέτυχε[4] τῆς πράξεως[5] αὐτῆς, ἡ δὲ ὀξυχολία[6] λυπεῖ[7] τὸ πνεῦμα, ὅτι ἔπραξε τὸ πονηρόν. ἀμφότερα[8] οὖν λυπηρά[9] ἐστι τῷ πνεύματι τῷ ἁγίῳ, ἡ διψυχία[10] καὶ ἡ ὀξυχολία.[11] **5** ἆρον οὖν ἀπὸ σεαυτοῦ τὴν λύπην[12] καὶ μὴ θλίβε[13] τὸ πνεῦμα τὸ ἅγιον τὸ ἐν σοὶ κατοικοῦν, μήποτε[14] ἐντεύξηται[15] κατὰ σου τῷ Θεῷ καὶ ἀποστῇ[16] ἀπὸ σοῦ. **6** τὸ γὰρ πνεῦμα τοῦ Θεοῦ τὸ δοθὲν εἰς τὴν σάρκα ταύτην λύπην[17] οὐχ ὑποφέρει[18] οὐδὲ στενοχωρίαν.[19]

42:1 (ἱ 3) ἔνδυσαι[20] οὖν τὴν ἱλαρότητα[21] τὴν πάντοτε ἔχουσαν χάριν παρὰ τῷ Θεῷ καὶ εὐπρόσδεκτον[22] οὖσαν αὐτῷ, καὶ ἐντρύφα[23] ἐν αὐτῇ. πᾶς γὰρ ἱλαρὸς[24] ἀνὴρ ἀγαθὰ ἐργάζεται καὶ ἀγαθὰ φρονεῖ,[25] καὶ καταφρονεῖ[26] τῆς λύπης.[27] **2** ὁ δὲ λυπηρὸς[28] ἀνὴρ

---

[1] πρᾶξις, εως, ἡ, activity, way of acting, deed
[2] λυπέω pres act ind 3p, grieve, pain
[3] διψυχία, ας, ἡ, double-mindedness
[4] ἐπιτυγχάνω aor act ind 3s, obtain, attain to
[5] πρᾶξις, εως, ἡ, activity, way of acting, deed
[6] ὀξυχολία, ας, ἡ, irritability, bad temper
[7] λυπέω pres mid/pass ind 3s, grieve, pain
[8] ἀμφότεροι, αι, α, both, all
[9] λυπηρός, ά, όν, painful, distressing
[10] διψυχία, ας, ἡ, double-mindedness
[11] ὀξυχολία, ας, ἡ, irritability, bad temper
[12] λύπη, ης, ἡ, grief, sorrow
[13] θλίβω pres act impv 2s, press upon, oppress
[14] μήποτε, conj, ever
[15] ἐντυγχάνω aor mid sub 3s, meet, approach, petition

[16] ἀφίστημι aor act sub 3s, go away, withdraw
[17] λύπη, ης, ἡ, grief, sorrow
[18] ὑποφέρω pres act ind 3s, bear up under, submit to
[19] στενοχωρία, ας, ἡ, distress, difficulty
[20] ἐνδύω aor mid impv 2s, dress, clothe
[21] ἱλαρότης, τητος, ἡ, cheerfulness, gladness
[22] εὐπρόσδεκτος, ον, acceptable, pleasant
[23] ἐντρυφάω pres act impv 2s, revel, carouse
[24] ἱλαρός, ά, όν, cheerful, glad
[25] φρονέω pres act ind 3s, think, set one's mind on
[26] καταφρονέω pres act ind 3s, despise, care nothing for
[27] λύπη, ης, ἡ, grief, sorrow
[28] λυπηρός, ά, όν, painful, distressing

πάντοτε πονηρεύεται·[1] πρῶτον μὲν πονηρεύεται,[2] ὅτι λυπεῖ[3] τὸ πνεῦμα τὸ ἅγιον τὸ δοθὲν τῷ ἀνθρώπῳ ἱλαρόν·[4] δεύτερον δὲ λυπῶν[5] τὸ πνεῦμα τὸ ἅγιον ἀνομίαν[6] ἐργάζεται, μὴ ἐντυγχάνων[7] μηδὲ ἐξομολογούμενος[8] τῷ Θεῷ. πάντοτε γὰρ λυπηροῦ[9] ἀνδρὸς ἡ ἔντευξις[10] οὐκ ἔχει δύναμιν τοῦ ἀναβῆναι ἐπὶ τὸ θυσιαστήριον[11] τοῦ Θεοῦ. 3 Διατί,[12] φημί, οὐκ ἀναβαίνει ἐπὶ τὸ θυσιαστήριον[13] ἡ ἔντευξις[14] τοῦ λυπουμένου;[15] Ὅτι, φησίν, ἡ λύπη[16] ἐγκάθηται[17] εἰς τὴν καρδίαν αὐτοῦ· μεμιγμένη[18] οὖν ἡ λύπη[19] μετὰ τῆς ἐντεύξεως[20] οὐκ ἀφίησι τὴν ἔντευξιν[21] ἀναβῆναι καθαρὰν[22] ἐπὶ τὸ θυσιαστήριον.[23] ὥσπερ γὰρ ὄξος[24] καὶ οἶνος μεμιγμένα[25] ἐπὶ τὸ αὐτὸ τὴν αὐτὴν ἡδονὴν[26] οὐκ ἔχουσιν, οὕτω καὶ ἡ λύπη[27] μεμιγμένη μετὰ τοῦ ἁγίου πνεύματος τὴν αὐτὴν ἔντευξιν[28] οὐκ ἔχει. 4 καθάρισον οὖν σεαυτὸν ἀπὸ τῆς λύπης[29] τῆς πονηρᾶς ταύτης, καὶ ζήσῃ τῷ Θεῷ· καὶ πάντες ζήσονται τῷ Θεῷ ὅσοι ἂν

---

[1] πονηρεύομαι pres mid/pass ind 3s, be wicked, do wrong
[2] πονηρεύομαι pres mid/pass ind 3s, be wicked, do wrong
[3] λυπέω pres act ind 3s, grieve, pain
[4] ἱλαρός, ά, όν, cheerful, glad
[5] λυπέω pres act ptcp m.s.nom., grieve, pain
[6] ἀνομία, ας, ἡ, lawlessness
[7] ἐντυγχάνω pres act ptcp m.s.nom., meet, approach, petition
[8] ἐξομολογέω pres mid/pass ptcp m.s.nom., promise, confess
[9] λυπηρός, ά, όν, painful, distressing
[10] ἔντευξις, εως, ἡ, petition, prayer
[11] θυσιαστήριον, ου, τό, altar
[12] διατί, part, why?
[13] θυσιαστήριον, ου, τό, altar
[14] ἔντευξις, εως, ἡ, petition, prayer
[15] λυπέω pres mid/pass ptcp m.s.gen., grieve, pain
[16] λύπη, ης, ἡ, grief, sorrow
[17] ἐγκάθημαι pres mid/pass ind 3s, lie hidden in
[18] μίγνυμι perf mid/pass ptcp f.s.nom., mix, mingle
[19] λύπη, ης, ἡ, grief, sorrow
[20] ἔντευξις, εως, ἡ, petition, prayer
[21] ἔντευξις, εως, ἡ, petition, prayer
[22] καθαρός, ά, όν, clean, pure
[23] θυσιαστήριον, ου, τό, altar
[24] ὄξος, ους, τό, sour wine, vinegar
[25] μίγνυμι perf mid/pass ptcp n.p.nom., mix, mingle
[26] ἡδονή, ῆς, ἡ, pleasure, agreeable taste
[27] λύπη, ης, ἡ, grief, sorrow
[28] ἔντευξις, εως, ἡ, petition, prayer
[29] λύπη, ης, ἡ, grief, sorrow

ἀποβάλωσιν¹ ἀφ᾽ ἑαυτῶν τὴν λύπην² καὶ ἐνδύσωνται³ πᾶσαν ἱλαρότητα.⁴

43:1 (ια΄.1) Ἔδειξέ μοι ἐπὶ συμψελλίου⁵ καθημένους ἀνθρώπους, καὶ ἕτερον ἄνθρωπον καθήμενον ἐπὶ καθέδραν.⁶ καὶ λέγει μοι· Βλέπεις τοὺς ἐπὶ τοῦ συμψελλίου⁷ καθημένους; Βλέπω, φημί, κύριε. Οὗτοι, φησί, πιστοί εἰσι, καὶ ὁ καθήμενος ἐπὶ τὴν καθέδραν⁸ ψευδοπροφήτης⁹ ἐστὶν ὃς ἀπόλλυσι τὴν διάνοιαν¹⁰ τῶν δούλων τοῦ Θεοῦ· τῶν διψύχων¹¹ δὲ ἀπόλλυσιν, οὐ τῶν πιστῶν. **2** οὗτοι οὖν οἱ δίψυχοι¹² ὡς ἐπὶ μάγον¹³ ἔρχονται, καὶ ἐπερωτῶσιν αὐτὸν τί ἄρα ἔσται αὐτοῖς· κἀκεῖνος ὁ ψευδοπροφήτης,¹⁴ μηδεμίαν ἔχων ἐν ἑαυτῷ δύναμιν πνεύματος θείου,¹⁵ λαλεῖ μετ᾽ αὐτῶν κατὰ τὰ ἐπερωτήματα¹⁶ αὐτῶν καὶ κατὰ τὰς ἐπιθυμίας τῆς πονηρίας¹⁷ αὐτῶν, καὶ πληροῖ τὰς ψυχὰς αὐτῶν καθὼς αὐτοὶ βούλονται. **3** αὐτὸς γὰρ κενὸς¹⁸ ὢν κενὰ¹⁹ καὶ ἀποκρίνεται κενοῖς·²⁰ ὃ γὰρ ἐὰν ἐπερωτηθῇ, πρὸς τὸ κένωμα²¹ τοῦ ἀνθρώπου ἀποκρίνεται. τινὰ δὲ καὶ ῥήματα ἀληθῆ²² λαλεῖ· ὁ γὰρ διάβολος πληροῖ αὐτὸν τῷ αὐτοῦ πνεύματι, εἴ τινα δυνήσεται ῥῆξαι²³ τῶν δικαίων. **4** ὅσοι οὖν ἰσχυροί²⁴ εἰσιν ἐν τῇ πίστει τοῦ Κυρίου, ἐνδεδυμένοι²⁵ τὴν ἀλήθειαν, τοῖς τοιούτοις πνεύμασιν οὐ

---

¹ ἀποβάλλω aor act sub 3p, throw away, take off
² λύπη, ης, ἡ, grief, sorrow
³ ἐνδύω aor mid sub 3p, dress, clothe
⁴ ἱλαρότης, τητος, ἡ, cheerfulness, gladness
⁵ συμψέλλιον, ου, τό, a bench
⁶ καθέδρα, ας, ἡ, chair, seat
⁷ συμψέλλιον, ου, τό, a bench
⁸ καθέδρα, ας, ἡ, chair, seat
⁹ ψευδοπροφήτης, ου, ὁ, false prophet
¹⁰ διάνοια, ας, ἡ, understanding
¹¹ δίψυχος, ον, doubting
¹² δίψυχος, ον, doubting
¹³ μάγος, οὐ, ὁ, magus, magician
¹⁴ ψευδοπροφήτης, ου, ὁ, false prophet
¹⁵ θεῖος, θεία, θεῖον, divine
¹⁶ ἐπερώτημα, ατος, τό, question, appeal
¹⁷ πονηρία, ας, ἡ, wickedness
¹⁸ κενός, ή, όν, empty
¹⁹ κενός, ή, όν, empty
²⁰ κενός, ή, όν, empty
²¹ κένωμα, ατος, τό, empty space
²² ἀληθής, ές, truthful
²³ ῥήγνυμι aor act inf, tear in pieces
²⁴ ἰσχυρός, ά, όν, strong, powerful
²⁵ ἐνδύω perf mid/pass ptc m.p.nom., dress, clothe

κολλῶνται,[1] ἀλλ’ ἀπέχονται[2] ἀπ’ αὐτῶν. ὅσοι δὲ δίψυχοί[3] εἰσι καὶ πυκνῶς[4] μετανοοῦσι,[5] μαντεύονται[6] ὡς καὶ τὰ ἔθνη, καὶ ἑαυτοῖς μείζονα ἁμαρτίαν ἐπιφέρουσιν[7] εἰδωλολατροῦντες·[8] ὁ γὰρ ἐπερωτῶν ψευδοπροφήτην[9] περὶ πράξεώς[10] τινος εἰδωλολάτρης[11] ἐστὶ καὶ κενὸς[12] ἀπὸ τῆς ἀληθείας καὶ ἄφρων.[13] **5** πᾶν γὰρ πνεῦμα ἀπὸ Θεοῦ δοθὲν οὐκ ἐπερωτᾶται, ἀλλὰ ἔχον τὴν δύναμιν τῆς θεότητος[14] ἀφ’ ἑαυτοῦ λαλεῖ πάντα, ὅτι ἄνωθέν[15] ἐστιν ἀπὸ τῆς δυνάμεως τοῦ θείου[16] πνεύματος. **6** τὸ δὲ πνεῦμα τὸ ἐπερωτώμενον καὶ λαλοῦν κατὰ τὰς ἐπιθυμίας τῶν ἀνθρώπων ἐπίγειόν[17] ἐστι καὶ ἐλαφρόν,[18] δύναμιν μὴ ἔχον· καὶ ὅλως[19] οὐ λαλεῖ ἐὰν μὴ ἐπερωτηθῇ. **7** Πῶς οὖν, φημί, κύριε, ἄνθρωπος γνώσεται τίς αὐτῶν προφήτης καὶ τίς ψευδοπροφήτης[20] ἐστίν; Ἄκουε, φησί, περὶ ἀμφοτέρων[21] τῶν προφητῶν· καὶ ὥς σοι μέλλω λέγειν, οὕτω δοκιμάσεις[22] τὸν προφήτην καὶ τὸν ψευδοπροφήτην.[23] ἀπὸ τῆς ζωῆς δοκίμαζε[24] τὸν ἄνθρωπον τὸν ἔχοντα τὸ πνεῦμα τὸ θεῖον.[25]

---

[1] κολλάω pres mid/pass ind 3p, bind closely

[2] ἀπέχω pres mid/pass in 3p, be paid in full, suffice

[3] δίψυχος, ον, doubting, hesitating

[4] πυκνῶς, adv, frequently

[5] μετανοέω pres act ind 3p, change one’s mind, repent

[6] μαντεύομαι pres mid/pass ind 3p, prophesy

[7] ἐπιφέρω pres act ind 3p, bring, give

[8] εἰδωλολατρέω pres act ptcp m.p.nom., become an image-worshiper

[9] ψευδοπροφήτης, ου, ὁ, false prophet

[10] πρᾶξις, εως, ἡ, acting, act

[11] εἰδωλολάτρης, ου, ὁ, image-worshiper

[12] κενός, ή, όν, empty

[13] ἄφρων, ονος, ὁ, foolish

[14] θεότης, ητος, ἡ, deity, divine

[15] ἄνωθεν, adv, from above, again

[16] θεῖος, θεία, θεῖον, divine

[17] ἐπίγειος, ον, earthly

[18] ἐλαφρός, ά, όν, light

[19] ὅλως, adv, actually

[20] ψευδοπροφήτης, ου, ὁ, false prophet

[21] ἀμφότεροι, αι, α, both

[22] δοκιμάζω fut act ind 2s, put to the test, prove

[23] ψευδοπροφήτης, ου, ὁ, false prophet

[24] δοκιμάζω pres act impv 2s, put to the test, prove

[25] θεῖος, θεία, θεῖον, divine

8 πρῶτον μὲν ὁ ἔχων τὸ πνεῦμα τὸ θεῖον[1] τὸ ἄνωθεν[2] πραΰς[3] ἐστι καὶ ἡσύχιος[4] καὶ ταπεινόφρων[5] καὶ ἀπεχόμενος[6] ἀπὸ πάσης πονηρίας[7] καὶ ἐπιθυμίας ματαίας[8] τοῦ αἰῶνος τούτου, καὶ ἑαυτὸν ἐνδεέστερον[9] ποιεῖ πάντων τῶν ἀνθρώπων, καὶ οὐδενὶ οὐδὲν ἀποκρίνεται ἐπερωτώμενος, οὐδὲ κατὰ μόνας λαλεῖ οὐδὲ ὅταν θέλῃ ἄνθρωπος λαλεῖν, λαλεῖ τὸ πνεῦμα τὸ ἅγιον ἀλλὰ τότε λαλεῖ, ὅταν θελήσῃ αὐτὸν ὁ Θεὸς λαλῆσαι. **9** ὅταν οὖν ἔλθῃ ὁ ἄνθρωπος ὁ ἔχων τὸ πνεῦμα τὸ θεῖον[10] εἰς συναγωγὴν ἀνδρῶν δικαίων τῶν ἐχόντων πίστιν θείου[11] πνεύματος, καὶ ἔντευξις[12] γένηται πρὸς τὸν Θεὸν τῆς συναγωγῆς τῶν ἀνδρῶν ἐκείνων, τότε ὁ ἄγγελος τοῦ πνεύματος τοῦ προφητικοῦ[13] ὁ κείμενος[14] πρὸς αὐτὸν πληροῖ τὸν ἄνθρωπον, καὶ πληρωθεὶς ὁ ἄνθρωπος τῷ πνεύματι τῷ ἁγίῳ λαλεῖ εἰς τὸ πλῆθος, καθὼς ὁ Κύριος βούλεται. **10** οὕτως οὖν φανερὸν[15] ἔσται τὸ πνεῦμα τῆς θεότητος.[16] ὅση οὖν περὶ τοῦ πνεύματος τῆς θεότητος[17] τοῦ Κυρίου, ἡ δύναμις αὕτη. **11** Ἄκουε νῦν, φησί, περὶ τοῦ πνεύματος τοῦ ἐπιγείου[18] καὶ κενοῦ[19] καὶ δύναμιν μὴ ἔχοντος, ἀλλὰ ὄντος μωροῦ.[20] **12** πρῶτον μὲν ὁ ἄνθρωπος ἐκεῖνος ὁ δοκῶν πνεῦμα ἔχειν ὑψοῖ[21] ἑαυτὸν καὶ θέλει πρωτοκαθεδρίαν[22] ἔχειν, καὶ εὐθὺς ἰταμός[23] ἐστι καὶ ἀναιδὴς[24] καὶ πολύλαλος[25] καὶ ἐν τρυφαῖς[26] πολλαῖς

---

[1] θεῖος, θεία, θεῖον, divine
[2] ἄνωθεν, adv, from above, again
[3] πραΰς, πραεῖα, πραΰ, gentle, humble
[4] ἡσύχιος, ον, quiet
[5] ταπεινόφρων, ον, humble
[6] ἀπέχω pres mid/pass ptcp m.s.nom., be paid in full, suffice
[7] πονηρία, ας, ἡ, wickedness
[8] μάταιος, αία, αιον, idle, empty
[9] ἐνδεής, ές, poor
[10] θεῖος, θεία, θεῖον, divine
[11] θεῖος, θεία, θεῖον, divine
[12] ἔντευξις, εως, ἡ, petition, prayer
[13] προφητικός, ή, όν, prophetic
[14] κεῖμαι pres mid/pass ptcp m.s.nom., lie, recline
[15] φανερός, ά, όν, visible, clear
[16] θεότης, ητος, ἡ, deity, divinity
[17] θεότης, ητος, ἡ, deity, divinity
[18] ἐπίγειος, ον, earthly
[19] κενός, ή, όν, empty
[20] μωρός, ά, όν, foolish, stupid
[21] ὑψόω pres act ind 3s, raise up, exalt
[22] πρωτοκαθεδρία, ας, ἡ, seat of honor
[23] ἰταμός, ή, όν, bold, impetuous
[24] ἀναιδής, ές, shameless, bold
[25] πολύλαλος, ον, talkative, garrulous
[26] τρυφή, ῆς, ἡ, indulgence, reveling

ἀναστρεφόμενος[1] καὶ ἐν ἑτέραις πολλαῖς ἀπάταις,[2] καὶ μισθοὺς[3] λαμβάνων τῆς προφητείας[4] αὐτοῦ· ἐὰν δὲ μὴ λάβῃ, οὐ προφητεύει.[5] δύναται οὖν πνεῦμα θεῖον[6] μισθοὺς[7] λαμβάνειν καὶ προφητεύειν;[8] οὐκ ἐνδέχεται[9] τοῦτο ποιεῖν Θεοῦ προφήτην, ἀλλὰ τῶν τοιούτων προφητῶν ἐπίγειόν[10] ἐστι τὸ πνεῦμα. **13** εἶτα[11] ὅλως[12] εἰς συναγωγὴν ἀνδρῶν δικαίων οὐκ ἐγγίζει, ἀλλ' ἀποφεύγει[13] αὐτούς. κολλᾶται[14] δὲ τοῖς διψύχοις[15] καὶ κενοῖς,[16] καὶ κατὰ γωνίαν[17] αὐτοῖς προφητεύει,[18] καὶ ἀπατᾷ[19] αὐτοὺς λαλῶν κατὰ τὰς ἐπιθυμίας αὐτῶν πάντα κενῶς·[20] κενοῖς[21] γὰρ καὶ ἀποκρίνεται. τὸ γὰρ κενὸν[22] σκεῦος[23] μετὰ τῶν κενῶν[24] συντιθέμενον[25] οὐ θραύεται,[26] ἀλλὰ συμφωνοῦσιν[27] ἀλλήλοις. **14** ὅταν δὲ ἔλθῃ εἰς συναγωγὴν πλήρη[28] ἀνδρῶν δικαίων ἐχόντων πνεῦμα θεότητος,[29] καὶ ἔντευξις[30] ἀπ' αὐτῶν γένηται, κενοῦται[31] ὁ ἄνθρωπος ἐκεῖνος, καὶ τὸ πνεῦμα τὸ ἐπίγειον[32] ὑπὸ τοῦ φόβου

---

[1] ἀναστρέφω pres mid/pass ptcp m.s.nom., upset, stay

[2] ἀπάτη, ης, ἡ, deception

[3] μισθός, οῦ, ὁ, pay, wages

[4] προφητεία, ας, ἡ, prophecy

[5] προφητεύω pres act ind 3s, prophesy

[6] θεότης, ητος, ἡ, deity, divinity

[7] μισθός, οῦ, ὁ, pay, wages

[8] προφητεύω pres act inf, prophesy

[9] ἐνδέχομαι pres mid/pass ind 3s, it is possible

[10] ἐπίγειος, ον, earthly

[11] εἶτα, adv, then

[12] ὅλως, adv, completely

[13] ἀποφεύγω, pres act ind 3s, escape

[14] κολλάω pres mid/pass ind 3s, bind closely, unite

[15] δίψυχος, ον, doubting, hesitating

[16] κενός, ή, όν, empty

[17] γωνία, ας, ἡ, corner

[18] προφητεύω pres act ind 3s, prophesy

[19] ἀπατάω pres act ind 3s, deceive

[20] κενῶς, adv, idly, in vain

[21] κενός, ή, όν, empty

[22] κενός, ή, όν, empty

[23] σκεῦος, ους, τό, thing, vessel

[24] κενός, ή, όν, empty

[25] συντίθημι pres mid/pass ptcp n.s.nom., put with, place with

[26] θραύω pres mid/pass ind 3p, break

[27] συμφωνέω pres act ind 3p, agree with

[28] πλήρης, ες, filled, full

[29] θεότης, ητος, ἡ, deity, divinity

[30] ἔντευξις, εως, ἡ, petition, prayer

[31] κενόω pres mid/pass ind 3s, empty, destroy

[32] ἐπίγειος, ον, earthly

φεύγει[1] ἀπ᾽ αὐτοῦ, καὶ κωφοῦται[2] ὁ ἄνθρωπος ἐκεῖνος καὶ ὅλως[3] συνθραύεται,[4] μηδὲν δυνάμενος λαλῆσαι. **15** ἐὰν γὰρ εἰς ἀποθήκην[5] στιβάσῃς[6] οἶνον ἢ ἔλαιον[7] καὶ ἐν αὐτοῖς θῇς κεράμιον[8] κενόν,[9] καὶ πάλιν ἀποστιβάσαι[10] θελήσῃς τὴν ἀποθήκην,[11] τὸ κεράμιον[12] ἐκεῖνο ὃ ἔθηκας κενόν,[13] κενὸν[14] καὶ εὑρήσεις· οὕτω καὶ οἱ προφῆται οἱ κενοί·[15] ὅταν ἔλθωσιν εἰς πνεύματα δικαίων, ὁποῖοι[16] ἦλθον, τοιοῦτοι καὶ εὑρίσκονται. **16** ἔχεις ἀμφοτέρων[17] τῶν προφητῶν τὴν ζωήν. δοκίμαζε[18] οὖν ἀπὸ τῶν ἔργων καὶ τῆς ζωῆς τὸν ἄνθρωπον τὸν λέγοντα ἑαυτὸν πνευματοφόρον[19] εἶναι. **17** σὺ δὲ πίστευε τῷ πνεύματι τῷ ἐρχομένῳ ἀπὸ τοῦ Θεοῦ καὶ ἔχοντι δύναμιν· τῷ δὲ πνεύματι τῷ ἐπιγείῳ[20] καὶ κενῷ[21] μηδὲν πίστευε, ὅτι ἐν αὐτῷ δύναμις οὐκ ἔστιν· ἀπὸ τοῦ διαβόλου γὰρ ἔρχεται. **18** ἄκουσον οὖν τὴν παραβολὴν ἣν μέλλω σοι λέγειν. λάβε λίθον καὶ βάλε εἰς τὸν οὐρανόν, ἴδε[22] εἰ δύνασαι ἅψασθαι αὐτοῦ· ἢ πάλιν λάβε σίφωνα[23] ὕδατος καὶ σιφώνισον[24] εἰς τὸν οὐρανόν, ἴδε[25] εἰ δύνασαι τρυπῆσαι[26] τὸν οὐρανόν. **19** Πῶς, φημί, κύριε, δύναται ταῦτα γενέσθαι; ἀδύνατα[27] γὰρ ἀμφότερα[28] ταῦτα

---

[1] φεύγω pres act ind 3s, flee
[2] κωφόω pres mid/pass ind 3s, become deaf, rendered speechless
[3] ὅλως, adv, completely
[4] συνθραύω pres mid/pass ind 3s, be broken, shattered
[5] ἀποθήκη, ης, ἡ, storehouse
[6] στιβάζω aor act sub 2s, store (up)
[7] ἔλαιον, ου, τό, olive oil
[8] κεράμιον, ου, τό, earthenware vessel, jar
[9] κενός, ή, όν, empty
[10] ἀποστιβάζω aor act inf, make empty
[11] ἀποθήκη, ης, ἡ, storehouse
[12] κεράμιον, ου, τό, earthernware vessel, jar
[13] κενός, ή, όν, empty
[14] κενός, ή, όν, empty
[15] κενός, ή, όν, empty
[16] ὁποῖος, οία, οῖον, of what sort
[17] ἀμφότεροι, αι, α, both
[18] δοκιμάζω pres act impv 2s, put to the test, prove
[19] πνευματοφόρος, ον, bearing the (divine) Spirit
[20] ἐπίγειος, ον, earthly
[21] κενός, ή, όν, empty
[22] ἴδε, intj, look!
[23] σίφων, ωνος, ὁ, water-pump
[24] σιφωνίζω aor act impv 2s, squirt
[25] ἴδε, intj, into, look!
[26] τρυπάω aor act inf, make a hole in, bore through
[27] ἀδύνατος, ον, powerless
[28] ἀμφότεροι, αι, α, both

εἴρηκας. Ὡς ταῦτα οὖν, φησίν, ἀδύνατά[1] ἐστιν, οὕτω καὶ τὰ πνεύματα τὰ ἐπίγεια[2] ἀδύνατά[3] ἐστι καὶ ἀδρανῆ.[4] **20** λάβε νῦν τὴν δύναμιν τὴν ἄνωθεν[5] ἐρχομένην. ἡ χάλαζα[6] ἐλάχιστόν[7] ἐστι κοκκάριον,[8] καὶ ὅταν ἐπιπέσῃ[9] ἐπὶ κεφαλὴν ἀνθρώπου, πῶς πόνον[10] παρέχει·[11] ἢ πάλιν λάβε τὴν σταγόνα[12] ἢ ἀπὸ τοῦ κεράμου[13] πίπτει χαμαὶ,[14] καὶ τρυπᾷ[15] τὸν λίθον. **21** βλέπεις οὖν ὅτι τὰ ἄνωθεν[16] ἐλάχιστα[17] πίπτοντα ἐπὶ τὴν γῆν μεγάλην δύναμιν ἔχουσιν· οὕτω καὶ τὸ πνεῦμα τὸ θεῖον[18] ἄνωθεν[19] ἐρχόμενον δυνατόν ἐστι. τούτῳ οὖν τῷ πνεύματι πίστευε, ἀπὸ δὲ τοῦ ἑτέρου ἀπέχου.[20]

44:1 (ιβ΄ 1) Λέγει μοι· Ἆρον ἀπὸ σεαυτοῦ πᾶσαν ἐπιθυμίαν πονηράν, ἔνδυσαι[21] δὲ τὴν ἐπιθυμίαν τὴν ἀγαθὴν καὶ σεμνήν·[22] ἐνδεδυμένος[23] γὰρ τὴν ἐπιθυμίαν ταύτην μισήσεις τὴν πονηρὰν ἐπιθυμίαν καὶ χαλιναγωγήσεις[24] αὐτὴν καθὼς βούλει. **2** ἀγρία[25] γάρ ἐστιν ἡ ἐπιθυμία ἡ πονηρὰ καὶ δυσκόλως[26] ἡμεροῦται·[27]

---

[1] ἀδύνατος, ον, powerless
[2] ἐπίγειος, ον, earthly
[3] ἀδύνατος, ον, powerless
[4] ἀδρανής, ές, powerless
[5] ἄνωθεν, adv, from above, again
[6] χάλαζα, ης, ἡ, hailstone
[7] ἐλάχιστος, ίστη, ον, least
[8] κοκκάριον, ου, τό, little grain
[9] ἐπιπίπτω aor act sub 3s, fall on, happen
[10] πόνος, ου, ὁ, (hard) labor, toil
[11] παρέχω pres act ind 3s, give up, offer
[12] σταγών, όνος, ἡ, drop
[13] κέραμος, ου, ὁ, earthenware vessel
[14] χαμαί, adv, to the ground, on the ground
[15] τρυπάω pres act ind 3s, make a hole in, bore through

[16] ἄνωθεν, adv, from above, again
[17] ἐλάχιστος, ίστη, ον, least
[18] θεῖος, θεία, θεῖον, divine
[19] ἄνωθεν, adv, from above, again
[20] ἀπέχω pres mid/pass impv 2s, be paid in full, suffice
[21] ἐνδύω aor mid impv 2s, dress, clothe
[22] σεμνός, ή, όν, worthy of respect, noble
[23] ἐνδύω perf mid/pass ptcp m.s.nom., dress, clothe
[24] χαλιναγωγέω fut act ind 2s, bridle, hold in check
[25] ἄγριος, ία, ον, wild
[26] δυσκόλως, adv, hardly, with difficulty
[27] ἡμερόω pres mid/pass ind 3s, tame

φοβερὰ¹ γάρ ἐστι καὶ λίαν² τῇ ἀγριότητι³ αὐτῆς δαπανᾷ⁴ τοὺς
ἀνθρώπους· μάλιστα⁵ δὲ ἐὰν ἐμπέσῃ⁶ εἰς αὐτὴν δοῦλος Θεοῦ καὶ
μὴ ᾖ συνετός,⁷ δαπανᾶται⁸ ὑπ' αὐτῆς δεινῶς.⁹ δαπανᾷ¹⁰ δὲ τοὺς
τοιούτους τοὺς μὴ ἔχοντας ἔνδυμα¹¹ τῆς ἐπιθυμίας τῆς ἀγαθῆς,
ἀλλὰ ἐμπεφυρμένους¹² τῷ αἰῶνι τούτῳ. τούτους οὖν παραδίδωσιν
εἰς θάνατον. 3 Ποῖα, φημί, κύριε, ἔργα ἐστὶ τῆς ἐπιθυμίας τῆς
πονηρᾶς τὰ παραδιδόντα τοὺς ἀνθρώπους εἰς θάνατον; γνώρισόν¹³
μοι, ἵνα ἀφέξωμαι¹⁴ ἀπ' αὐτῶν. Ἄκουσον, φησίν, ἐν ποίοις ἔργοις
θανατοῖ¹⁵ ἡ ἐπιθυμία ἡ πονηρὰ τοὺς δούλους τοῦ Θεοῦ.

45:1 (ιβ΄ 2) Πάντων προέχουσα¹⁶ ἐπιθυμία γυναικὸς
ἀλλοτρίας¹⁷ ἢ ἀνδρός, καὶ πολυτελείας¹⁸ πλούτου¹⁹ καὶ
ἐδεσμάτων²⁰ πολλῶν ματαίων²¹ καὶ μεθυσμάτων,²² καὶ ἑτέρων
τρυφῶν²³ πολλῶν καὶ μωρῶν·²⁴ πᾶσα γὰρ τρυφή²⁵ μωρά²⁶ ἐστι καὶ
κενὴ²⁷ τοῖς δούλοις τοῦ Θεοῦ. 2 αὗται οὖν αἱ ἐπιθυμίαι πονηραί
εἰσι, θανατοῦσαι²⁸ τοὺς δούλους τοῦ Θεοῦ. αὕτη γὰρ ἡ ἐπιθυμία ἡ

---

¹ φοβερός, ά, όν, fear, fearful
² λίαν, adv, very, exceedingly
³ ἀγριότης, ητος, ἡ, wildness
⁴ δαπανάω pres act ind 3s, spend, wear out
⁵ μάλιστα, adv, especially
⁶ ἐμπίπτω aor act sub 3s, fall
⁷ συνετός, ή, όν, intelligent
⁸ δαπανάω pres mid/pass ind 3s, spend, wear out
⁹ δεινῶς, adv, terribly
¹⁰ δαπανάω pres act ind 3s, spend, wear out
¹¹ ἔνδυμα, ατος, τό, garment, clothing
¹² ἐμφύρω perf mid/pass ptcp m.p.acc., mix up, knead in
¹³ γνωρίζω aor act impv 2s, made known, reveal
¹⁴ ἀπέχω aor mid sub 1s, be paid in full, suffice
¹⁵ θανατόω pres act ind 3s, put to death
¹⁶ προέχω pres act ptcp f.s.nom., jut out, excel
¹⁷ ἀλλότριος, ία, ον, not one's own, alien
¹⁸ πολυτέλεια, ας, ἡ, extravagance
¹⁹ πλοῦτος, ου, ὁ, wealth
²⁰ ἔδεσμα, ατος, τό, food
²¹ μάταιος, αία, αιον, idle, empty
²² μέθυσμα, ατος, τό, intoxicating drink
²³ τρυφή, ῆς, ἡ, indulgence, luxury
²⁴ μωρός, ά, όν, foolish, stupid
²⁵ τρυφή, ῆς, ἡ, indulgence, luxury
²⁶ μωρός, ά, όν, foolish, stupid
²⁷ κενός, ή, όν, empty
²⁸ θανατόω pres act ptcp f.p.nom., put to death

πονηρὰ τοῦ διαβόλου θυγάτηρ[1] ἐστίν. ἀπέχεσθαι[2] οὖν δεῖ ἀπὸ τῶν ἐπιθυμιῶν τῶν πονηρῶν, ἵνα ἀποσχόμενοι[3] ζήσητε τῷ Θεῷ. **3** ὅσοι δὲ ἂν κατακυριευθῶσιν[4] ὑπ’ αὐτῶν καὶ μὴ ἀντισταθῶσιν[5] αὐταῖς, ἀποθανοῦνται εἰς τέλος· θανατώδεις[6] γάρ εἰσιν αἱ ἐπιθυμίαι αὗται. **4** σὺ οὖν ἔνδυσαι[7] τὴν ἐπιθυμίαν τῆς δικαιοσύνης, καὶ καθοπλισάμενος[8] τὸν φόβον τοῦ Κυρίου ἀντίστηθι[9] αὐταῖς. ὁ γὰρ φόβος τοῦ Θεοῦ κατοικεῖ ἐν τῇ ἐπιθυμίᾳ τῇ ἀγαθῇ. ἡ ἐπιθυμία ἡ πονηρά, ἐὰν ἴδῃ σε καθωπλισμένον[10] τῷ φόβῳ τοῦ Θεοῦ καὶ ἀνθεστηκότα[11] αὐτῇ, φεύξεται[12] ἀπὸ σοῦ μακράν,[13] καὶ οὐκ ἔτι σοι ὀφθήσεται φοβουμένη τὰ ὅπλα[14] σου. **5** σὺ οὖν στεφανωθεὶς[15] κατ’ αὐτῆς ἐλθὲ πρὸς τὴν ἐπιθυμίαν τῆς δικαιοσύνης, καὶ παραδοὺς αὐτῇ τὸ νῖκος[16] ὃ ἔλαβες, δούλευσον[17] αὐτῇ καθὼς αὐτὴ βούλεται. ἐὰν δουλεύσῃς[18] τῇ ἐπιθυμίᾳ τῇ ἀγαθῇ καὶ ὑποταγῇς αὐτῇ, δυνήσῃ τῆς ἐπιθυμίας τῆς πονηρᾶς κατακυριεῦσαι[19] καὶ ὑποτάξαι αὐτὴν καθὼς βούλει.

46:1 (ιβ ́ 3) Ἤθελον, φημί, κύριε, γνῶναι ποίοις τρόποις[20] με δεῖ δουλεῦσαι[21] τῇ ἐπιθυμίᾳ τῇ ἀγαθῇ. Ἄκουε, φησίν· ἔργασαι δικαιοσύνην καὶ ἀρετήν,[22] ἀλήθειαν καὶ φόβον Κυρίου, πίστιν καὶ

---

[1] θυγάτηρ, τρός, ἡ, daughter
[2] ἀπέχω pres mid/pass inf, be paid in full, suffice
[3] ἀπέχω aor mid ptcp m.p.nom., be paid in full, suffice
[4] κατακυριεύω aor pass sub 3p, bring into subjection, have mastery over
[5] ἀνθίστημι aor pass sub 3p, set oneself, resist
[6] θανατώδης, ες, deadly, fatal
[7] ἐνδύω aor mid impv 2s, dress, clothe
[8] καθοπλίζω aor mid ptcp m.s.nom., arm, equip oneself
[9] ἀνθίστημι aor act impv 2s, set oneself, resist
[10] καθοπλίζω perf mid/pass ptcp m.s.acc., arm, equip oneself
[11] ἀνθίστημι perf act ptcp m.s.acc., set oneself against, resist
[12] φεύγω fut mid ind 3s, flee
[13] μακράν, adv, far (away)
[14] ὅπλον, ου, τό, tool, weapon
[15] στεφανόω aor pass ptcp m.s.nom., wreathe, crown
[16] νῖκος, ους, τό, victory
[17] δουλεύω aor act impv 2s, be a slave
[18] δουλεύω aor act sub 2s, be a slave
[19] κατακυριεύω aor act inf, become master, subdue
[20] τρόπος, ου, ὁ, manner, way
[21] δουλεύω aor act inf, be a slave
[22] ἀρετή, ῆς, ἡ, virtue

πραότητα,[1] καὶ ὅσα τούτοις ὅμοιά ἐστιν ἀγαθά. ταῦτα ἐργαζόμενος εὐάρεστος[2] ἔσῃ δοῦλος τοῦ Θεοῦ καὶ ζήσῃ αὐτῷ· καὶ πᾶς ὃς ἂν δουλεύσῃ[3] τῇ ἐπιθυμίᾳ τῇ ἀγαθῇ, ζήσεται τῷ Θεῷ. 2 Συνετέλεσεν[4] οὖν τὰς ἐντολὰς τὰς δώδεκα, καὶ λέγει μοι· Ἔχεις τὰς ἐντολὰς ταύτας· πορεύου ἐν αὐταῖς καὶ τοὺς ἀκούοντας παρακάλει ἵνα ἡ μετάνοια[5] αὐτῶν καθαρὰ[6] γένηται τὰς λοιπὰς ἡμέρας τῆς ζωῆς αὐτῶν. 3 τὴν διακονίαν ταύτην ἣν σοι δίδωμι ἐκτέλει[7] ἐπιμελῶς,[8] καὶ πολὺ ἐργάσῃ· εὑρήσεις γὰρ χάριν ἐν τοῖς μέλλουσι μετανοεῖν, καὶ πεισθήσονταί σου τοῖς ῥήμασιν· ἐγὼ γὰρ μετὰ σοῦ ἔσομαι καὶ ἀναγκάσω[9] αὐτοὺς πεισθῆναί σοι. 4 Λέγω αὐτῷ· Κύριε, αἱ ἐντολαὶ αὗται μεγάλαι καὶ καλαὶ καὶ ἔνδοξοί[10] εἰσι καὶ δυνάμεναι εὐφρᾶναι[11] καρδίαν ἀνθρώπου τοῦ δυναμένου τηρῆσαι αὐτάς. οὐκ οἶδα δὲ εἰ δύνανται αἱ ἐντολαὶ αὗται ὑπὸ ἀνθρώπου φυλαχθῆναι, διότι[12] σκληραί[13] εἰσι λίαν.[14] 5 ἀποκριθεὶς λέγει μοι· Ἐὰν σὺ σεαυτῷ προθῇς[15] ὅτι δύνανται φυλαχθῆναι, εὐκόλως[16] αὐτὰς φυλάξεις, καὶ οὐκ ἔσονται σκληραί·[17] ἐὰν δὲ ἐπὶ τὴν καρδίαν σου ἤδη ἀναβῇ μὴ δύνασθαι αὐτὰς ὑπὸ ἀνθρώπου φυλαχθῆναι, οὐ φυλάξεις αὐτάς. 6 νῦν δέ σοι λέγω· ἐὰν ταύτας μὴ φυλάξῃς, ἀλλὰ παρενθυμηθῇς,[18] οὐχ ἕξεις σωτηρίαν, οὔτε τὰ τέκνα σου οὔτε ὁ οἶκός σου, ἐπεὶ[19] ἤδη σεαυτῷ κέκρικας τοῦ μὴ δύνασθαι τὰς ἐντολὰς ταύτας ὑπὸ ἀνθρώπου φυλαχθῆναι.

---

[1] πραΰτης, ητος, ἡ, gentleness
[2] εὐάρεστος, ον, pleasing, acceptable
[3] δουλεύω aor act sub 3s, be a slave
[4] συντελέω aor act ind 3s, bring to an end, complete
[5] μετάνοια, ας, ἡ, repentance
[6] καθαρός, ά, όν, clean, pure
[7] ἐκτελέω pres act impv 2s, finish
[8] ἐπιμελῶς, adv, carefully
[9] ἀναγκάζω fut act ind 1s, compel, force
[10] ἔνδοξος, ον, honored, glorious
[11] εὐφραίνω aor act inf, be glad, gladden
[12] διότι, conj, because
[13] σκληρός, ά, όν, rough, hard
[14] λίαν, adv, very, exceedingly
[15] προτίθημι aor act sub 2s, set before someone as a task, display publically
[16] εὐκόλως, adv, easily
[17] σκληρός, ά, όν, rough, hard
[18] παρενθυμέω aor pass sub 2s, disregard, neglect
[19] ἐπεί, conj, when, because

47:1 (ιβ΄ 4) Καὶ ταῦτά μοι λίαν[1] ὀργίλως[2] ἐλάλησεν, ὥστε με συγχυθῆναι[3] καὶ λίαν[4] αὐτὸν φοβηθῆναι· ἡ μορφή[5] γὰρ αὐτοῦ ἠλλοιώθη,[6] ὥστε μὴ δύνασθαι ἄνθρωπον ὑπενεγκεῖν[7] τὴν ὀργὴν αὐτοῦ. **2** ἰδὼν δέ με τεταραγμένον[8] ὅλον καὶ συγκεχυμένον[9] ἤρξατό μοι ἐπιεικέστερον[10] καὶ ἱλαρώτερον[11] λαλεῖν, καὶ λέγει· Ἄφρον,[12] ἀσύνετε[13] καὶ δίψυχε,[14] οὐ νοεῖς[15] τὴν δόξαν τοῦ Θεοῦ, πῶς μεγάλη ἐστὶ καὶ ἰσχυρὰ[16] καὶ θαυμαστή,[17] ὅτι ἔκτισε[18] τὸν κόσμον ἕνεκα[19] τοῦ ἀνθρώπου καὶ πᾶσαν τὴν κτίσιν[20] αὐτοῦ ὑπέταξε τῷ ἀνθρώπῳ, καὶ τὴν ἐξουσίαν πᾶσαν ἔδωκεν αὐτῷ τοῦ κατακυριεύειν[21] τῶν ὑπὸ τὸν οὐρανὸν πάντων; **3** εἰ οὖν, φησί, πάντων ὁ ἄνθρωπος κύριός ἐστι τῶν κτισμάτων[22] τοῦ Θεοῦ καὶ πάντων κατακυριεύει,[23] οὐ δύναται καὶ τούτων τῶν ἐντολῶν κατακυριεῦσαι;[24] δύναται, φησί, πάντων καὶ πασῶν τῶν ἐντολῶν τούτων κατακυριεῦσαι[25] ὁ ἄνθρωπος ὁ ἔχων τὸν Κύριον ἐν τῇ καρδίᾳ αὐτοῦ. **4** οἱ δὲ ἐπὶ τοῖς χείλεσιν[26] ἔχοντες τὸν Κύριον, τὴν

---

[1] λίαν, adv, very, exceedingly

[2] ὀργίλως, adv, angrily

[3] συγχέω aor pass inf, confuse, confound

[4] λίαν, adv, very, exceedingly

[5] μορφή, ῆς, ἡ, form, outward appearance

[6] ἀλλοιόω aor pass ind 3s, change

[7] ὑποφέρω aor act inf, submit to, endure

[8] ταράσσω perf mid/pass ptcp m.s.acc., shake together, stir up

[9] συγχέω perf mid/pass ptcp m.s.acc., confuse, confound

[10] ἐπιεικής, ές, yielding, gentle

[11] ἱλαρός, ά, όν, cheerful, glad

[12] ἄφρων, ον, foolish, ignorant

[13] ἀσύνετος, ον, senseless, foolish

[14] δίψυχος, ον, doubting, hesitating

[15] νοέω pres act ind 2s, perceive, consider

[16] ἰσχυρός, ά, όν, strong, powerful

[17] θαυμαστός, ή, όν, wonderful, marvelous

[18] κτίζω aor act ind 3s, create

[19] ἕνεκα, impr prep, because of

[20] κτίσις, εως, ἡ, creation

[21] κατακυριεύω pres act inf, become master, subdue

[22] κτίσμα, ατος, τό, creature

[23] κατακυριεύω, pres act ind 3s, became master, subdue

[24] κατακυριεύω, aor act inf, become master, subdue

[25] κατακυριεύω, aor act inf, become master, subdue

[26] χεῖλος, ους, τό, the lips, shore

δὲ καρδίαν αὐτῶν πεπωρωμένην,[1] καὶ μακρὰν[2] ὄντες ἀπὸ τοῦ Κυρίου, ἐκείνοις αἱ ἐντολαὶ αὗται σκληραί[3] εἰσι καὶ δύσβατοι.[4] **5** θέσθε οὖν ὑμεῖς, οἱ κενοὶ[5] καὶ ἐλαφροὶ[6] ὄντες ἐν τῇ πίστει, τὸν Κύριον ὑμῶν εἰς τὴν καρδίαν, καὶ γνώσεσθε ὅτι οὐδέν ἐστιν εὐκολώτερον[7] τῶν ἐντολῶν τούτων οὔτε γλυκύτερον[8] οὔτε ἡμερώτερον.[9] **6** ἐπιστράφητε ὑμεῖς οἱ ταῖς ἐντολαῖς πορευόμενοι τοῦ διαβόλου, ταῖς δυσκόλοις[10] καὶ πικραῖς[11] καὶ ἀγρίαις[12] καὶ ἀσελγέσι,[13] καὶ μὴ φοβήθητε τὸν διάβολον, ὅτι ἐν αὐτῷ δύναμις οὐκ ἔστιν καθ᾽ ὑμῶν· **7** ἐγὼ γὰρ ἔσομαι μεθ᾽ ὑμῶν, ὁ ἄγγελος τῆς μετανοίας[14] ὁ κατακυριεύων[15] αὐτοῦ. ὁ διάβολος μόνον φόβον ἔχει, ὁ δὲ φόβος αὐτοῦ τόνον[16] οὐκ ἔχει· μὴ φοβήθητε οὖν αὐτόν, καὶ φεύξεται[17] ἀφ᾽ ὑμῶν.

48:1 (ιβ´ 5) Λέγω αὐτῷ· Κύριε, ἄκουσόν μου ὀλίγων ῥημάτων. Λέγε, φησίν, ὃ βούλει. Ὁ μὲν ἄνθρωπος, φημί, κύριε, πρόθυμός[18] ἐστι τὰς ἐντολὰς τοῦ Θεοῦ φυλάσσειν, καὶ οὐδείς ἐστιν ὁ μὴ αἰτούμενος παρὰ τοῦ Κυρίου ἵνα ἐνδυναμωθῇ[19] ἐν ταῖς ἐντολαῖς αὐτοῦ καὶ ὑποταγῇ[20] αὐταῖς· ἀλλ᾽ ὁ διάβολος σκληρός[21] ἐστι καὶ καταδυναστεύει[22] αὐτῶν. **2** Οὐ δύναται, φησί, καταδυναστεύειν[23] τῶν δούλων τοῦ Θεοῦ τῶν ἐξ ὅλης καρδίας ἐλπιζόντων ἐπ᾽ αὐτόν.

---

[1] πωρόω perf mid/pass ptcp f.s.acc., harden
[2] μακράν, adv, far (away)
[3] σκληρός, ά, όν, hard, rough
[4] δύσβατος, ον, impassable
[5] κενός, ή, όν, empty
[6] ἐλαφρός, ά, όν, weight, light
[7] εὔκολος, ον, easily satisfied, ready
[8] γλυκύς, εῖα, ύ, sweet
[9] ἥμερος, ον, gentle, kind
[10] δύσκολος, ον, hard, difficult
[11] πικρός, ά, όν, bitter
[12] ἄγριος, ία, ον, wild
[13] ἀσελγής, ές, licentious
[14] μετάνοια, ας, ἡ, repentance
[15] κατακυριεύω, pres act ptcp m.s.nom., become master, subdue
[16] τόνος, ου, ὁ, force, lasting quality
[17] φεύγω fut mid ind 3s, flee
[18] πρόθυμος, ον, ready, willing
[19] ἐνδυναμόω aor pass sub 3s, strengthen
[20] ὑποταγή, ῆς, ἡ, subjection, subordination
[21] σκληρός, ά, όν, rough, hard
[22] καταδυναστεύω pres act ind 3s, oppress, exploit
[23] καταδυναστεύω pres act inf, oppress, exploit

δύναται ὁ διάβολος ἀντιπαλαῖσαι,[1] καταπαλαῖσαι[2] δὲ οὐ δύναται. ἐὰν οὖν ἀντισταθῆτε[3] αὐτῷ, νικηθεὶς[4] φεύξεται[5] ἀφ' ὑμῶν κατησχυμμένος.[6] ὅσοι δέ, φησίν, ἀπόκενοί[7] εἰσι, φοβοῦνται τὸν διάβολον ὡς δύναμιν ἔχοντα. **3** ὅταν ὁ ἄνθρωπος κεράμια[8] ἱκανώτατα γεμίσῃ[9] οἴνου καλοῦ, καὶ ἐν τοῖς κεραμίοις[10] ἐκείνοις ὀλίγα ἀπόκενα[11] ᾖ, ἔρχεται ἐπὶ τὰ κεράμια[12] καὶ οὐ κατανοεῖ[13] τὰ πλήρη·[14] οἶδε γὰρ ὅτι πλήρη[15] εἰσί· κατανοεῖ[16] δὲ τὰ ἀπόκενα,[17] φοβούμενος μήποτε[18] ὤξισαν·[19] ταχὺ[20] γὰρ τὰ ἀπόκενα[21] κεράμια[22] ὀξίζουσι,[23] καὶ ἀπόλλυται ἡ ἡδονὴ[24] τοῦ οἴνου. **4** οὕτω καὶ ὁ διάβολος ἔρχεται ἐπὶ πάντας τοὺς δούλους τοῦ Θεοῦ ἐκπειράζων[25] αὐτούς. ὅσοι οὖν πλήρεις[26] εἰσὶν ἐν τῇ πίστει, ἀνθεστήκασιν[27] αὐτῷ ἰσχυρῶς,[28] κἀκεῖνος ἀποχωρεῖ[29] ἀπ' αὐτῶν μὴ ἔχων τόπον ποῦ εἰσέλθῃ. ἔρχεται οὖν τότε πρὸς τοὺς ἀποκένους,[30] καὶ ἔχων

---

[1] ἀντιπαλαίω aor act inf, wrestle

[2] καταπαλαίω aor act inf, win a victory over

[3] ἀνθίστημι aor pass sub 2p, set oneself against, resist

[4] νικάω aor pass ptcp m.s.nom., conquer

[5] φεύγω fut mid ind 3s, flee

[6] καταισχύνω perf mid/pass ptcp m.s.nom., dishonor, put to shame

[7] ἀπόκενος, ον, quite empty

[8] κεράμιον, ου, τό, earthenware vessel

[9] γεμίζω aor act sub 3s, fill

[10] κεράμιον, ου, τό, earthenware vessel

[11] ἀπόκενος, ον, quite empty

[12] κεράμιον, ου, τό, earthenware vessel

[13] κατανοέω pres act ind 3s, notice, consider

[14] πλήρης, ες, filled, full

[15] πλήρης, ες, filled, full

[16] κατανοέω pres act ind 3s, notice, consider

[17] ἀπόκενος, ον, quite empty

[18] μήποτε, conj, never

[19] ὀξίζω aor act ind 3p, become sour

[20] ταχύς, εῖα, ύ, adv, quick, soon

[21] ἀπόκενος, ον, quite empty

[22] κεράμιον, ου, τό, earthenware vessel

[23] ὀξίζω pres act ind 3p, become sour

[24] ἡδονή, ῆς, ἡ, pleasure, delight

[25] ἐκπειράζω pres act ptcp m.s.nom., tempt

[26] πλήρης, ες, filled, full

[27] ἀνθίστημι perf act ind 3p, set oneself against, resist

[28] ἰσχυρῶς, adv, strongly, dependably

[29] ἀποχωρέω pres act ind 3s, leave, desert

[30] ἀπόκενος, ον, quite empty

τόπον εἰσπορεύεται¹ εἰς αὐτούς, καὶ ὃ δὲ βούλεται ἐν αὐτοῖς
ἐργάζεται, καὶ γίνονται αὐτῷ ὑπόδουλοι.²

49:1 (ιβ΄ 6) Ἐγὼ δὲ ὑμῖν λέγω, ὁ ἄγγελος τῆς μετανοίας·³ μὴ
φοβήθητε τὸν διάβολον. ἀπεστάλην γάρ, φησί, μεθ᾽ ὑμῶν εἶναι
τῶν μετανοούντων ἐξ ὅλης καρδίας αὐτῶν καὶ ἰσχυροποιῆσαι⁴
αὐτοὺς ἐν τῇ πίστει. **2** πιστεύσατε οὖν τῷ Θεῷ ὑμεῖς οἱ διὰ τὰς
ἁμαρτίας ὑμῶν ἀπεγνωκότες⁵ τὴν ζωὴν ὑμῶν καὶ προστιθέντες⁶
ἁμαρτίαις καὶ καταβαρύνοντες⁷ τὴν ζωὴν ὑμῶν, ὅτι ἐὰν
ἐπιστραφῆτε πρὸς τὸν Κύριον ἐξ ὅλης τῆς καρδίας ὑμῶν καὶ
ἐργάσησθε τὴν δικαιοσύνην τὰς λοιπὰς ἡμέρας τῆς ζωῆς ὑμῶν καὶ
δουλεύσητε⁸ αὐτῷ ὀρθῶς⁹ κατὰ τὸ θέλημα αὐτοῦ, ποιήσει ἴασιν¹⁰
τοῖς προτέροις¹¹ ὑμῶν ἁμαρτήμασι,¹² καὶ ἕξετε δύναμιν τοῦ
κατακυριεῦσαι¹³ τῶν ἔργων τοῦ διαβόλου. τὴν δὲ ἀπειλὴν¹⁴ τοῦ
διαβόλου ὅλως¹⁵ μὴ φοβήθητε· ἄτονος¹⁶ γάρ ἐστιν ὥσπερ νεκροῦ
νεῦρα.¹⁷ **3** ἀκούσατε οὖν μου, καὶ φοβήθητε τὸν πάντα δυνάμενον,
σῶσαι καὶ ἀπολέσαι, καὶ τηρεῖτε τὰς ἐντολὰς ταύτας, καὶ
ζήσεσθε τῷ Θεῷ. **4** λέγω αὐτῷ· Κύριε, νῦν ἐνεδυναμώθην¹⁸ ἐν πᾶσι
τοῖς δικαιώμασι¹⁹ τοῦ Κυρίου, ὅτι σὺ μετ᾽ ἐμοῦ εἶ· καὶ οἶδα ὅτι
συγκόψεις²⁰ τὴν δύναμιν τοῦ διαβόλου πᾶσαν, καὶ ἡμεῖς αὐτοῦ

---

¹ εἰσπορεύομαι pres mid/pass ind 3s, go in, enter
² ὑπόδουλος, ον, enslaved
³ μετάνοια, ας, ἡ, repentance
⁴ μετάνοια, ας, ἡ, repentance
⁵ ἀπογινώσκω perf act ptcp m.p.nom., despair
⁶ προστίθημι pres act ptcp m.p.nom., add, give
⁷ καταβαρύνω pres act ptcp m.p.nom., weigh down, burden
⁸ δουλεύω aor act sub 2p, be a slave
⁹ ὀρθῶς, adv, correctly
¹⁰ ἴασις, εως, ἡ, healing, cure
¹¹ πρότερος, α, ον, former, earlier
¹² ἁμάρτημα, τος, τό, sin
¹³ κατακυριεύω aor act inf, become master, subdue
¹⁴ ἀπειλή, ῆς, ἡ, threat
¹⁵ ὅλως, adv, completely
¹⁶ ἄτονος, ον, slack, powerless
¹⁷ νεῦρον, ου, τό, sinew
¹⁸ ἐνδυναμόω aor pass ind 1s, strengthen
¹⁹ δικαίωμα, ατος, τό, regulation, requirement
²⁰ συγκόπτω fut act ind 2s, break

κατακυριεύσομεν¹ καὶ κατισχύσομεν² πάντων τῶν ἔργων αὐτοῦ. καὶ ἐλπίζω, κύριε, δύνασθαί με νῦν τὰς ἐντολὰς ταύτας, ἃς ἐντέταλσαι,³ τοῦ Κυρίου ἐνδυναμοῦντος⁴ φυλάξαι. **5** Φυλάξεις, φησίν, ἐὰν ἡ καρδία σου καθαρὰ⁵ γένηται πρὸς Κύριον· καὶ πάντες δὲ φυλάξουσιν, ὅσοι ἂν καθαρίσωσιν ἑαυτῶν τὰς καρδίας ἀπὸ τῶν ματαίων⁶ ἐπιθυμιῶν τοῦ αἰῶνος τούτου, καὶ ζήσονται τῷ Θεῷ.

Παραβολαὶ ἅς ἐλάλησε μετ' ἐμοῦ

50:1 (ά 1) Λέγει μοι· Οἴδατε ὅτι ἐπὶ ξένης⁷ κατοικεῖτε ὑμεῖς οἱ δοῦλοι τοῦ Θεοῦ· ἡ γὰρ πόλις ὑμῶν μακράν⁸ ἐστιν ἀπὸ τῆς πόλεως ταύτης· εἰ οὖν οἴδατε τὴν πόλιν ὑμῶν ἐν ᾗ μέλλετε κατοικεῖν, τί ὧδε ὑμεῖς ἑτοιμάζετε ἀγροὺς καὶ παρατάξεις⁹ πολυτελεῖς¹⁰ καὶ οἰκοδομὰς¹¹ καὶ οἰκήματα¹² μάταια;¹³ **2** ταῦτα οὖν ὁ ἑτοιμάζων εἰς ταύτην τὴν πόλιν οὐ διανοεῖται¹⁴ ἐπανακάμψαι¹⁵ εἰς τὴν ἰδίαν πόλιν. **3** ἄφρον¹⁶ καὶ Δίψυχε¹⁷ καὶ ταλαίπωρε¹⁸ ἄνθρωπε, οὐ νοεῖς¹⁹ ὅτι ταῦτα πάντα ἀλλότριά²⁰ ἐστι, καὶ ὑπ' ἐξουσίαν ἑτέρου εἰσίν; ἐρεῖ γὰρ ὁ κύριος τῆς πόλεως ταύτης· Οὐ θέλω σε κατοικεῖν εἰς τὴν πόλιν μου, ἀλλ' ἔξελθε ἐκ τῆς πόλεως ταύτης, ὅτι τοῖς νόμοις

---

¹ κατακυριεύω fut act ind 1p, become master, subdue
² κατισχύω fut act ind 1p, be dominant, win a victory over
³ ἐντέλλω perf mid/pass ind 2s, command, order
⁴ ἐνδυναμόω pres act ptcp m.s.gen., strengthen
⁵ καθαρός, ά, όν, clean, pure
⁶ μάταιος, αία, αιον, idle, empty
⁷ ξένος, η, ον, foreign, strange
⁸ μακράν, adv, far, far away
⁹ παράταξις, εως, ἡ, furnishings
¹⁰ πολυτελής, ές, expensive
¹¹ οἰκοδομή, ῆς, ἡ, building
¹² οἴκημα, ατος, τό, room, apartment
¹³ μάταιος, αία, αιον, worthless
¹⁴ διανοέομαι pres mid/pass ind 3s, have in mind, intend
¹⁵ ἐπανακάμπτω aor act inf, return
¹⁶ ἄφρων, ον, foolish, ignorant
¹⁷ δίψυχος, ον, doubting, double-minded
¹⁸ ταλαίπωρος, ον, miserable, wretched
¹⁹ νοέω pres act ind 2s, understand
²⁰ ἀλλότριος, ία, ον, strange, foreign

μου οὐ χρᾶσαι.¹ **4** σὺ οὖν ἔχων ἀγροὺς καὶ οἰκήσεις² καὶ ἑτέρας ὑπάρξεις³ πολλάς, ἐκβαλλόμενος ὑπ αὐτοῦ τί ποιήσεις σου τὸν ἀγρὸν καὶ τὴν οἰκίαν καὶ τὰ λοιπὰ ὅσα ἡτοίμασας σεαυτῷ; λέγει γάρ σοι δικαίως⁴ ὁ κύριος τῆς χώρας⁵ ταύτης· "Η τοῖς νόμοις μου χρῶ,⁶ ἢ ἐκχώρει⁷ ἐκ τῆς χώρας⁸ μου. **5** σὺ οὖν τί μέλλεις ποιεῖν, ἔχων νόμον ἐν τῇ σῇ⁹ πόλει; ἕνεκεν¹⁰ τῶν ἀγρῶν σου καὶ τῆς λοιπῆς ὑπάρξεως¹¹ τὸν νόμον σου πάντως¹² ἀπαρνήσῃ¹³ καὶ πορεύσῃ τῷ νόμῳ τῆς πόλεως ταύτης; βλέπε μὴ ἀσύμφορόν¹⁴ ἐστιν ἀπαρνῆσαι¹⁵ τὸν νόμον σου· ἐὰν γὰρ ἐπανακάμψαι¹⁶ θελήσῃς εἰς τὴν πόλιν σου, οὐ μὴ παραδεχθῇς,¹⁷ ὅτι ἀπηρνήσω¹⁸ τὸν νόμον τῆς πόλεώς σου, καὶ ἐκκλεισθήσῃ¹⁹ ἀπ᾽ αὐτῆς. **6** βλέπε οὖν σύ· ὡς ἐπὶ ξένης²⁰ κατοικῶν μηδὲν πλέον ἑτοίμαζε σεαυτῷ εἰ μὴ τὴν αὐτάρκειαν²¹ τὴν ἀρκετήν²² σοι, καὶ ἕτοιμος²³ γίνου, ἵνα ὅταν θέλῃ ὁ δεσπότης²⁴ τῆς πόλεως ταύτης ἐκβαλεῖν σε ἀντιταξάμενον²⁵ τῷ νόμῳ αὐτοῦ, ἐξέλθῃς ἐκ τῆς πόλεως αὐτοῦ καὶ ἀπέλθῃς εἰς τὴν πόλιν σου, καὶ τῷ σῷ²⁶ νόμῳ χρήσῃ²⁷ ἀνυβρίστως²⁸

---

¹ χράομαι pres mid/pass ind 2s, use, make use of
² οἴκησις, εως, ἡ, house, dwelling
³ ὕπαρξις, εως, ἡ, possession
⁴ δικαίως, adv, rightly, justly
⁵ χώρα, ας, ἡ, region
⁶ χράομαι pres mid/pass impv 2s, use
⁷ ἐκχωρέω pres act impv 2s, go out, go away
⁸ χώρα, ας, ἡ, region
⁹ σός, σή, σόν, your, yours
¹⁰ ἕνεκα, impr prep, since, because
¹¹ ὕπαρξις, ὕπαρξις, εως, ἡ, possession, subsistence
¹² πάντως, adv, completely, totally
¹³ ἀπαρνέομαι fut mid ind 2s, deny
¹⁴ ἀσύμφορος, ον, disadvantageous, harmful
¹⁵ ἀπαρνέομαι aor act inf, deny
¹⁶ ἐπανακάμπτω aor act inf, return
¹⁷ παραδέχομαι fut pass ind 2s, accept, receive
¹⁸ ἀπαρνέομαι aor mid ind 2s, deny
¹⁹ ἐκκλείω fut pass ind 2s, shut out, exclude
²⁰ ξένος, η, ον, foreign, strange
²¹ αὐτάρκεια, ας, ἡ, state of sufficiency
²² ἀρκετός, ή, όν, enough, sufficient
²³ ἕτοιμος, η, ον, ready, prepare
²⁴ δεσπότης, ου, ὁ, lord, master
²⁵ ἀντιτάσσω aor mid ptcp m.s.acc., oppose, resist
²⁶ σός, σή, σόν, your, yours
²⁷ χράομαι aor mid sub 2s, use
²⁸ ἀνυβρίστως, adv, without insolence

ἀγαλλιώμενος[1] **7** βλέπετε οὖν ὑμεῖς οἱ δουλεύοντες[2] τῷ Θεῷ καὶ ἔχοντες αὐτὸν εἰς τὴν καρδίαν· ἐργάζεσθε τὰ ἔργα τοῦ Θεοῦ μνημονεύοντες[3] τῶν ἐντολῶν αὐτοῦ καὶ τῶν ἐπαγγελιῶν ὧν ἐπηγγείλατο,[4] καὶ πιστεύσατε αὐτῷ ὅτι ποιήσει αὐτάς, ἐὰν αἱ ἐντολαὶ αὐτοῦ φυλαχθῶσιν. **8** ἀντὶ[5] ἀγρῶν οὖν ἀγοράζετε ψυχὰς θλιβομένας,[6] καθά[7] τις δυνατός ἐστι, καὶ χήρας[8] καὶ ὀρφανοὺς[9] ἐπισκέπτεσθε,[10] καὶ μὴ παραβλέπετε[11] αὐτούς, καὶ τὸν πλοῦτον[12] ὑμῶν καὶ τὰς παρατάξεις[13] πάσας εἰς τοιούτους ἀγροὺς καὶ οἰκίας δαπανᾶτε,[14] ἃς ἐλάβετε παρὰ τοῦ Θεοῦ. **9** εἰς τοῦτο γὰρ ἐπλούτισεν[15] ὑμᾶς ὁ δεσπότης,[16] ἵνα ταύτας τὰς διακονίας τελέσητε[17] αὐτῷ· πολὺ βέλτιόν[18] ἐστι τοιούτους ἀγροὺς ἀγοράζειν καὶ κτήματα[19] καὶ οἴκους, οὓς εὑρήσεις ἐν τῇ πόλει σου, ὅταν ἐπιδημήσῃς[20] εἰς αὐτήν. **10** αὕτη ἡ πολυτέλεια[21] καλὴ καὶ ἱλαρά,[22] λύπην[23] μὴ ἔχουσα μηδὲ φόβον, ἔχουσα δὲ χαράν. τὴν οὖν πολυτέλειαν[24] τῶν ἐθνῶν μὴ πράσσετε· ἀσύμφορον[25] γάρ ἐστιν ὑμῖν τοῖς δούλοις τοῦ Θεοῦ· **11** τὴν δὲ ἰδίαν πολυτέλειαν[26]

---

[1] ἀγαλλιάω pres mid/pass ptcp m.s.nom., rejoicing greatly

[2] δουλεύω pres act ptcp m.p.nom., serve, be subjected to

[3] μνημονεύω pres act ptcp m.p.nom., remember

[4] ἐπαγγέλλω aor mid ind 3s, promise, offer

[5] ἀντί, prep, instead

[6] θλίβω pres mid/pass ptcp f.p.acc., persecuted, afflicted

[7] καθά, conj, just as, as

[8] χήρα, ας, ἡ, widow

[9] ὀρφανός, ή, όν, orphan

[10] ἐπισκέπτομαι pres mid/pass impv 2p, examine, inspect

[11] παραβλέπω pres act impv 2p, overlook, neglect

[12] πλοῦτος, ου, ὁ, wealth

[13] παράταξις, εως, ἡ, furnishings

[14] δαπανάω pres act impv 2p, spend (freely)

[15] πλουτίζω aor act ind 3s, be rich

[16] δεσπότης, ου, ὁ, lord, master

[17] τελέω aor act sub 2p, fulfill, finish, complete

[18] βελτίων, ον, better

[19] κτῆμα, ατος, τό, possession

[20] ἐπιδημέω aor act sub 2s, be in town, stay

[21] πολυτέλεια, ας, ἡ, extravagance

[22] ἱλαρός, ά, όν, noble, cheerful

[23] λύπη, ης, ἡ, grief

[24] πολυτέλεια, ας, ἡ, extravagance

[25] ἀσύμφορος, ον, disadvantageous, harmful

[2626] πολυτέλεια, ας, ἡ, extravagance

πράσσετε, ἐν ᾗ δύνασθε χαρῆναι· καὶ μὴ παραχαράσσετε,¹ μηδὲ τοῦ ἀλλοτρίου² ἅψησθε μηδὲ ἐπιθυμεῖτε³ αὐτοῦ· πονηρὸν γάρ ἐστιν ἀλλοτρίων⁴ ἐπιθυμεῖν.⁵ τὸ δὲ σὸν⁶ ἔργον ἐργάζου, καὶ σωθήσῃ.

51:1 (β΄ 1) Περιπατοῦντός μου εἰς τὸν ἀγρὸν καὶ κατανοοῦντος πτελέαν⁷ καὶ ἄμπελον,⁸ καὶ διακρίνοντος⁹ περὶ αὐτῶν καὶ τῶν καρπῶν αὐτῶν, φανεροῦταί μοι ὁ ποιμὴν¹⁰ καὶ λέγει· Τί σὺ ἐν ἑαυτῷ ζητεῖς; Περὶ τῆς πτελέας¹¹ καὶ τῆς ἀμπέλου¹²συζητῶ,¹³ φημί, κύριε, ὅτι εὐπρεπέσταταί¹⁴ εἰσιν ἀλλήλαις. **2** Ταῦτα τὰ δύο δένδρα,¹⁵ φησίν, εἰς τύπον¹⁶ κεῖνται¹⁷ τοῖς δούλοις τοῦ Θεοῦ. Ἤθελον, φημί, κύριε, γνῶναι τὸν τύπον¹⁸ τῶν δένδρων¹⁹ τούτων ὧν λέγεις. Βλέπεις, φησί, τὴν πτελέαν²⁰ καὶ τὴν ἄμπελον;²¹ Βλέπω, φημί, κύριε. **3** Ἡ ἄμπελος,²² φησίν, αὕτη καρπὸν φέρει, ἡ δὲ πτελέα²³ ξύλον²⁴ ἄκαρπόν²⁵ ἐστιν· ἀλλ’ ἡ ἄμπελος²⁶ αὕτη, ἐὰν μὴ ἀναβῇ ἐπὶ τὴν πτελέαν,²⁷ οὐ δύναται καρποφορῆσαι²⁸ πολὺ ἐρριμμένη²⁹ χαμαί,³⁰ καὶ ὃν φέρει καρπόν, σεσηπότα³¹ φέρει μὴ

---

¹ παραχαράσσω pres act impv 2p, debase, counterfeit
² ἀλλότριος, ία, ον, not one's own
³ ἐπιθυμέω pres act impv 2p, desire
⁴ ἀλλότριος, ία, ον, not one's own
⁵ ἐπιθυμέω pres act inf, desire
⁶ σός, σή, σόν, your, yours
⁷ πτελέα, ας, ἡ, elm tree
⁸ ἄμπελος, ου, ἡ, vine, grapevine
⁹ διακρίνω pres act ptcp m.s.gen., separate, make a distinction
¹⁰ ποιμήν, ένος, ὁ, shepherd
¹¹ πτελέα, ας, ἡ, elm tree
¹² ἄμπελος, ου, ἡ, vine, grapevine
¹³ συζητέω pres act ind 1s, discuss, dispute
¹⁴ εὐπρεπής, ές, looking well
¹⁵ δένδρον, ου, τό, tree
¹⁶ τύπος, ου, ὁ, mark, copy, type
¹⁷ κεῖμαι pres mid/pass ind 3p, lie, recline
¹⁸ τύπος, ου, ὁ, mark, copy, type
¹⁹ δένδρον, ου, τό, tree
²⁰ πτελέα, ας, ἡ, elm tree
²¹ ἄμπελος, ου, ἡ, vine, grapevine
²² ἄμπελος, ου, ἡ, vine, grapevine
²³ πτελέα, ας, ἡ, elm tree
²⁴ ξύλον, ου, τό, wood
²⁵ ἄκαρπος, ον, fruitless
²⁶ ἄμπελος, ου, ἡ, vine, grapevine
²⁷ πτελέα, ας, ἡ, elm tree
²⁸ καρποφορέω aor act inf, bear fruit
²⁹ ῥίπτω perf mid/pass ptcp f.s.nom., throw
³⁰ χαμαί, adv, on the ground
³¹ σήπω perf act ptcp m.s.acc., decay, rot

κρεμαμένη¹ ἐπὶ τῆς πτελέας.² ὅταν οὖν ἐπιρριφῇ³ ἡ ἄμπελος⁴ ἐπὶ
τὴν πτελέαν,⁵ καὶ παρ' ἑαυτῆς φέρει καρπὸν καὶ παρὰ τῆς
πτελέας.⁶ 4 βλέπεις οὖν ὅτι καὶ ἡ πτελέα⁷ πολὺν καρπὸν δίδωσιν,
οὐκ ἐλάσσονα⁸ τῆς ἀμπέλου,⁹ μᾶλλον δὲ καὶ πλείονα. Πῶς, φημί,
κύριε, πλείονα; Ὅτι, φησίν, ἡ ἄμπελος¹⁰ κρεμαμένη¹¹ ἐπὶ τὴν
πτελέαν¹² τὸν καρπὸν πολὺν καὶ καλὸν δίδωσιν, ἐρριμμένη¹³ δὲ
χαμαὶ¹⁴ σαπρὸν¹⁵ καὶ ὀλίγον φέρει. αὕτη οὖν ἡ παραβολὴ εἰς τοὺς
δούλους τοῦ Θεοῦ κεῖται,¹⁶ εἰς πτωχὸν καὶ πλούσιον.¹⁷ 5 Πῶς,
φημί, κύριε; γνώρισόν¹⁸ μοι. Ἄκουε, φησίν· ὁ μὲν πλούσιος¹⁹ ἔχει
χρήματα²⁰ πολλά, τὰ δὲ πρὸς τὸν Κύριον πτωχεύει,²¹
περισπώμενος²² περὶ τὸν πλοῦτον²³ ἑαυτοῦ, καὶ λίαν²⁴ μικρὰν ἔχει
τὴν ἐξομολόγησιν²⁵ καὶ τὴν ἔντευξιν²⁶ πρὸς τὸν Κύριον, καὶ ἣν
ἔχει, μικρὰν καὶ βληχρὰν²⁷ καὶ ἄνω²⁸ μὴ ἔχουσαν δύναμιν. ὅταν
οὖν ἀναβῇ ὁ πλούσιος²⁹ ἐπὶ τὸν πένητα³⁰ ὁ πλούσιος³¹ καὶ
χορηγήσῃ³² αὐτῷ τὰ δέοντα, πιστεύων ὅτι ὃ ἐργάσεται εἰς τὸν
πένητα³³ δυνήσεται τὸν μισθὸν³⁴ εὑρεῖν παρὰ τῷ Θεῷ ὅτι ὁ πένης³⁵

---

¹ κρεμάννυμι pres mid/pass ptcp
  f.s.nom., hang (up), hang
² πτελέα, ας, ἡ, elm tree
³ ἐπιρρίπτω aor pass sub 3s, throw,
  cast upon
⁴ ἄμπελος, ου, ἡ, vine, grapevine
⁵ πτελέα, ας, ἡ, elm tree
⁶ πτελέα, ας, ἡ, elm tree
⁷ πτελέα, ας, ἡ, elm tree
⁸ ἐλάσσων, ον, less
⁹ ἄμπελος, ου, ἡ, vine, grapevine
¹⁰ ἄμπελος, ου, ἡ, vine, grapevine
¹¹ κρεμάννυμι pres mid/pass ptcp
  f.s.nom., hang (up), hang
¹² πτελέα, ας, ἡ, elm tree
¹³ ῥίπτω perf mid/pass ptcp f.s.nom.,
  throw
¹⁴ χαμαί, adv, on the ground
¹⁵ σαπρός, ά, όν, bad, not good
¹⁶ κεῖμαι pres mid/pass ind 3s, lie,
  recline
¹⁷ πλούσιος, ία, ιον, rich, wealthy
¹⁸ γνωρίζω aor act impv 2s, make
  known, know
¹⁹ πλούσιος, ία, ιον, rich, wealthy
²⁰ χρῆμα, ατος, τό, property, wealth
²¹ πτωχεύω pres act ind 3s, be poor
²² περισπάω pres mid/pass ptcp
  m.s.nom., be pulled, be distracted
²³ πλοῦτος, ου, ὁ, wealth
²⁴ λίαν, adv, very, exceedingly
²⁵ ἐξομολόγησις, εως, ἡ, praise
²⁶ ἔντευξις, εως, ἡ, petition, request
²⁷ βληχρός, ά, όν, feeble
²⁸ ἄνω, adv, above
²⁹ πλούσιος, ία, ιον, rich, wealthy
³⁰ πένης, ητος, poor, needy
³¹ πλούσιος, ία, ιον, rich, wealthy
³² χορηγέω aor act sub 3s, provide
³³ πένης, ητος, poor, needy
³⁴ μισθός, οῦ, ὁ, pay, wages
³⁵ πένης, ητος, poor, needy

πλούσιός¹ ἐστιν ἐν τῇ ἐντεύξει² καὶ τῇ ἐξομολογήσει,³ καὶ
δύναμιν μεγάλην ἔχει ἡ ἔντευξις⁴ αὐτοῦ παρὰ τῷ Θεῷ ἐπιχορηγεῖ⁵
οὖν ὁ πλούσιος⁶ τῷ πένητι⁷ πάντα ἀδιστάκτως·⁸ 6 ὁ πένης⁹ δὲ
ἐπιχορηγούμενος¹⁰ ὑπὸ τοῦ πλουσίου¹¹ ἐντυγχάνει¹² αὐτῷ, τῷ Θεῷ
εὐχαριστῶν περὶ τοῦ διδόντος αὐτῷ. κἀκεῖνος ἔτι ἐπισπουδάζει¹³
περὶ τοῦ πένητος,¹⁴ ἵνα ἀδιάλειπτος¹⁵ γένηται ἐν τῇ ζωῇ αὐτοῦ·
οἶδε γὰρ ὅτι ἡ ἔντευξις¹⁶ τοῦ πένητος¹⁷ προσδεκτή¹⁸ ἐστι καὶ
πλουσία¹⁹ πρὸς τὸν Θεόν. 7 ἀμφότεροι²⁰ οὖν τὸ ἔργον τελοῦσιν·²¹
ὁ μὲν πένης²² ἐργάζεται τὴν ἔντευξιν²³ ἐν ᾗ πλουτεῖ,²⁴ ἣν ἔλαβεν
παρὰ τοῦ Κυρίου· ταύτην ἀποδίδωσιτῷ Κυρίῳ τῷ ἐπιχορηγοῦντι²⁵
αὐτῷ. καὶ ὁ πλούσιος²⁶ ὡσαύτως²⁷ τὸν πλοῦτον²⁸ ὃν ἔλαβεν ἀπὸ τοῦ
Κυρίου ἀδιστάκτως²⁹ παρέχεται³⁰ τῷ πένητι.³¹ καὶ τοῦτο ἔργον
μέγα ἐστὶ καὶ δεκτὸν³² παρὰ τῷ Θεῷ, ὅτι συνῆκεν³³ ἐπὶ τῷ
πλούτῳ³⁴ αὐτοῦ καὶ ἠργάσατο εἰς τὸν πένητα³⁵ ἐκ τῶν δωρημάτων³⁶

¹ πλούσιος, ία, ιον, rich, wealthy
² ἔντευξις, εως, ἡ, petition, request
³ ἐξομολόγησις, εως, ἡ, praise
⁴ ἔντευξις, εως, ἡ, petition, prayer
⁵ ἐπιχορηγέω pres act ind 3s, give, grant
⁶ πλούσιος, ία, ιον, rich, wealthy
⁷ πένης, ητος, poor, needy
⁸ ἀδιστάκτως, adv, without doubting
⁹ πένης, ητος, poor, needy
¹⁰ ἐπιχορηγέω pres mid/pass ptcp m.s.nom., give, grant
¹¹ πλούσιος, ία, ιον, rich, wealthy
¹² ντυγχάνω pres act ind 3s, approach, appeal, read
¹³ ἐπισπουδάζω pres act ind 3s, be more zealous
¹⁴ πένης, ητος, poor, needy
¹⁵ ἀδιάλειπτος, ον, unceasing, constant
¹⁶ ἔντευξις, εως, ἡ, petition, prayer
¹⁷ πένης, ητος, poor, needy
¹⁸ προσδεκτός, ή, όν, acceptable

¹⁹ πλούσιος, ία, ιον, rich, wealthy
²⁰ ἀμφότεροι, αι, α, all
²¹ τελέω pres act ind 3p, bring to an end, finish
²² πένης, ητος, poor, needy
²³ ἔντευξις, εως, ἡ, petition, request
²⁴ πλουτέω pres act ind 3s, be rich
²⁵ ἐπιχορηγέω pres act ptcp m.s.dat., give, grant
²⁶ πλούσιος, ία, ιον, rich, wealthy
²⁷ ὡσαύτως, adv, likewise
²⁸ πλοῦτος, ου, ὁ, wealth
²⁹ ἀδιστάκτως, adv, without doubting
³⁰ παρέχω pres mid/pass ind 3s, give up, offer
³¹ πένης, ητος, poor, needy
³² δεκτός, ή, όν, acceptable, welcome
³³ συνίημι aor act ind 3s, understand, comprehend
³⁴ πλοῦτος, ου, ὁ, wealth
³⁵ πένης, ητος, poor, needy
³⁶ δώρημα, ατος, τό, gift, present

τοῦ Κυρίου καὶ ἐτέλεσεν[1] τὴν διακονίαν τοῦ Κυρίου ὀρθῶς.[2]
8 παρὰ τοῖς ἀνθρώποις οὖν ἡ πτελέα[3] δοκεῖ καρπὸν μὴ φέρειν,
καὶ οὐκ οἴδασιν οὐδὲ νοοῦσιν[4] ὅτι, ἐὰν ἀβροχία[5] γένηται, ἡ
πτελέα[6] ὕδωρ ἔχουσα τρέφει[7] τὴν ἄμπελον,[8] καὶ ἡ ἄμπελος[9]
ἀδιάλειπτον[10] ἔχουσα τὸ ὕδωρ διπλοῦν[11] τὸν καρπὸν δίδωσι, καὶ
ὑπὲρ ἑαυτῆς καὶ ὑπὲρ τῆς πτελέας.[12] οὕτω καὶ οἱ πένητες[13]
ἐντυγχάνοντες[14] πρὸς τὸν Κύριον ὑπὲρ τῶν πλουσίων[15]
πληροφοροῦσι[16] τὸν πλοῦτον[17] αὐτῶν, καὶ πάλιν οἱ πλούσιοι[18]
χορηγοῦντες[19] τοῖς πένησι[20] τὰ δέοντα πληροφοροῦσι[21] τὰς ψυχὰς
αὐτῶν. **9** γίνονται οὖν ἀμφότεροι[22] κοινωνοὶ[23] τοῦ ἔργου τοῦ
δικαίου. ταῦτα οὖν ὁ ποιῶν οὐκ ἐγκαταλειφθήσεται[24] ὑπὸ τοῦ
Θεοῦ, ἀλλ' ἔσται ἐπιγεγραμμένος[25] εἰς τὰς βίβλους[26] τῶν ζώντων.
10 μακάριοι οἱ ἔχοντες καὶ συνιέντες[27] ὅτι παρὰ τοῦ Κυρίου
πλουτίζονται·[28] ὁ γὰρ συνίων[29] τοῦτο δυνήσεται καὶ διακονῆσαί
τι ἀγαθόν τι ἐγράζεσθαι.

---

[1] τελέω aor act ind 3s, bring to an end, finish
[2] ὀρθῶς, adv, rightly
[3] πτελέα, ας, ἡ, elm tree
[4] νοέω pres act ind 3p, perceive, consider
[5] ἀβροχία, ας, ἡ, draught
[6] πτελέα, ας, ἡ, elm tree
[7] τρέφω pres act ind 3s, feed, nourish, rear
[8] ἄμπελος, ου, ἡ, vine, grapevine
[9] ἄμπελος, ου, ἡ, vine, grapevine
[10] ἀδιάλειπτος, ον, unceasing, constant
[11] διπλοῦς, ῆ, οῦν, double
[12] πτελέα, ας, ἡ, elm tree
[13] πένης, ητος, poor, needy
[14] ἐντυγχάνω pres act ptcp m.p.nom., approach, appeal, read
[15] πλούσιος, ία, ιον, rich, wealthy
[16] πληροφορέω pres act ind 3p, fill, fulfill

[17] πλοῦτος, ου, ὁ, wealth
[18] πλούσιος, ία, ιον, rich, wealthy
[19] χορηγέω pres act ptcp m.p.nom., provide, supply
[20] πένης, ητος, poor, needy
[21] πληροφορέω pres act ind 3p, fill, fulfill
[22] ἀμφότεροι, αι, α, both
[23] κοινωνός, οῦ, ὁ, companion, sharer
[24] ἐγκαταλείπω fut pass ind 3s, leave, forsake
[25] ἐπιγράφω perf mid/pass ptcp m.s.nom., write on, record
[26] βίβλος, ου, ἡ, book
[27] συνίημι pres act ptcp m.p.nom., understand, comprehend
[28] πλουτίζω pres mid/pass ind 3p, make wealthy, make rich
[29] συνίημι pres act ptcp m.s.nom., understand, comprehend

52:1 (γ΄ 1) Ἔδειξέ μοι δένδρα[1] πολλὰ μὴ ἔχοντα φύλλα,[2] ἀλλ᾿ ὡσεὶ[3] ξηρὰ[4] ἐδόκει μοι εἶναι· ὅμοια γὰρ ἦν πάντα. καὶ λέγει μοι· Βλέπεις τὰ δένδρα[5] ταῦτα; Βλέπω, φημί, κύριε, ὅμοια ὄντα καὶ ξηρά.[6] ἀποκριθείς μοι λέγει· Ταῦτα τὰ δένδρα,[7] ἃ βλέπεις, οἱ κατοικοῦντές εἰσιν ἐν τῷ αἰῶνι τούτῳ. **2** Διατί[8] οὖν, φημί, κύριε, ὡσεὶ[9] ξηρὰ[10] εἰσι καὶ ὅμοια; Ὅτι, φησίν, οὔτε οἱ δίκαιοι φαίνονται οὔτε οἱ ἁμαρτωλοὶ ἐν τῷ αἰῶνι τούτῳ, ἀλλ᾿ ὅμοιοί εἰσιν· ὁ γὰρ αἰὼν οὗτος τοῖς δικαίοις χειμών[11] ἐστι, καὶ οὐ φαίνονται μετὰ τῶν ἁμαρτωλῶν κατοικοῦντες. **3** ὥσπερ γὰρ ἐν τῷ χειμῶνι[12] τὰ δένδρα[13] ἀποβεβληκότα[14] τὰ φύλλα[15] ὅμοιά εἰσι, καὶ οὐ φαίνονται τὰ ξηρὰ[16] ποῖά εἰσιν ἢ τὰ ζῶντα, οὕτως ἐν τῷ αἰῶνι τούτῳ οὐ φαίνονται οὔτε οἱ δίκαιοι οὔτε οἱ ἁμαρτωλοί, ἀλλὰ πάντες ὅμοιοί εἰσιν.

53:1 (δ΄ 1) Ἔδειξέ μοι πάλιν δένδρα[17] πολλά, ἃ μὲν βλαστῶντα,[18] ἃ δὲ ξηρά,[19] καὶ λέγει μοι· Βλέπεις, φησί, τὰ δένδρα ταῦτα; Βλέπω, φημί, κύριε, τὰ μὲν βλαστῶντα,[20] τὰ δὲ ξηρά.[21] **2** Ταῦτα, φησί, τὰ δένδρα[22] τὰ βλαστῶντα[23] οἱ δίκαιοί εἰσιν οἱ μέλλοντες κατοικεῖν εἰς τὸν αἰῶνα τὸν ἐρχόμενον· ὁ γὰρ αἰὼν ὁ ἐρχόμενος

---

[1] δένδρον, ου, τό, tree
[2] φύλλον, ου, τό, foliage
[3] ὡσεί, part, as
[4] ξηρός, ά, όν, dry, withered
[5] δένδρον, ου, τό, tree
[6] ξηρός, ά, όν, dry, withered
[7] δένδρον, ου, τό, tree
[8] διατί, part, why
[9] ὡσεί, part, as
[10] ξηρός, ά, όν, dry, withered
[11] χειμών, ῶνος, ὁ, bad weather, winter
[12] χειμών, ῶνος, ὁ, bad weather, winter
[13] δένδρον, ου, τό, tree

[14] ἀποβάλλω perf act ptcp n.p.nom., take off, throw away
[15] φύλλον, ου, τό, foliage
[16] ξηρός, ά, όν, dry, withered
[17] δένδρον, ου, τό, tree
[18] βλαστάνω pres act ptcp n.p.acc., grow, bud
[19] ξηρός, ά, όν, dry, withered
[20] βλαστάνω pres act ptcp n.p.acc., grow, bud
[21] ξηρός, ά, όν, dry, withered
[22] δένδρον, ου, τό, tree
[23] βλαστάνω pres act ptcp n.p.nom., grow, bud

θέρος[1] ἐστὶ τοῖς δικαίοις, τοῖς δὲ ἁμαρτωλοῖς χειμών.[2] ὅταν οὖν
ἐπιλάμψῃ[3] τὸ ἔλεος[4] τοῦ Κυρίου, τότε φανερωθήσονται οἱ
δουλεύοντες[5] τῷ Θεῷ, καὶ πάντες φανερωθήσονται· 3 ὥσπερ γὰρ
τῷ θέρει[6] ἑνὸς ἑκάστου δένδρου[7] οἱ καρποὶ φανεροῦνται καὶ
ἐπιγινώσκονται ποταποί[8] εἰσιν, οὕτω καὶ τῶν δικαίων οἱ καρποὶ
φανεροὶ[9] ἔσονται καὶ γνωσθήσονται πάντες οἱ ἐλάχιστοι[10] ὄντες
εὐθαλεῖς[11] ὄντες ἐν τῷ αἰῶνι ἐκείνῳ. 4 τὰ δὲ ἔθνη καὶ οἱ
ἁμαρτωλοί, οἷα[12] εἶδες τὰ δένδρα[13] τὰ ξηρά,[14] τοιοῦτοι
εὑρεθήσονται ξηροὶ[15] καὶ ἄκαρποι[16] ἐν ἐκείνῳ τῷ αἰῶνι, καὶ ὡς
ξύλα[17] κατακαυθήσονται,[18] καὶ φανεροὶ[19] ἔσονται· ὅτι ἡ πρᾶξις[20]
αὐτῶν πονηρὰ γέγονεν ἐν τῇ ζωῇ αὐτῶν. οἱ μὲν γὰρ ἁμαρτωλοὶ
καυθήσονται[21] ὅτι ἥμαρτον καὶ οὐ μετενόησαν· τὰ δὲ ἔθνη
καυθήσονται[22] ὅτι οὐκ ἔγνωσαν τὸν κτίσαντα[23] αὐτούς. 5 σὺ οὖν
καρποφόρησον,[24] ἵνα ἐν ἐκείνῃ τῇ θερείᾳ[25] γνωσθῇ σου ὁ καρπός.
ἀπέχου[26] δὲ ἀπὸ τῶν πολλῶν πράξεων,[27] καὶ οὐδὲν διαμάρτῃς.[28] οἱ
γὰρ τὰ πολλὰ πράσσοντες πολλὰ καὶ ἁμαρτάνουσι,

---

[1] θέρος, ους, τό, summer
[2] χειμών, ῶνος, ὁ, bad weather,
winter
[3] ἐπιλάμπω aor act sub 3s, shine out
[4] ἔλεος, ους, τό, mercy
[5] δουλεύω pres act ptcp m.p.nom., be
a slave
[6] θερεία, ας, ἡ, summertime
[7] δένδρον, ου, τό, tree
[8] ποταπός, ή, όν, of what sort
[9] φανερός, ά, όν, visible
[10] ἐλάχιστος, ίστη, ον, least
[11] εὐθαλής, ές, flourishing
[12] οἷος, α, ον, of what sort
[13] δένδρον, ου, τό, tree
[14] ξηρός, ά, όν, dry, withered
[15] ξηρός, ά, όν, dry, withered
[16] ἄκαρπος, ον, unfruitful
[17] ξύλον, ου, τό, wood

[18] κατακαίω fut pass ind 3p, burn
down, burn up
[19] φανερός, ά, όν, visible
[20] πρᾶξις, εως, ἡ, activity, way of
acting, deed
[21] καίω fut pass ind 3p, light, burn
(up)
[22] καίω fut pass ind 3p, light, burn
(up)
[23] κτίζω aor act ptcp m.s.acc., create
[24] καρποφορέω aor act impv 2s, bear
fruit
[25] θερεία, ας, ἡ, summertime
[26] ἀπέχω pres mid impv, be paid in
full, suffice
[27] πρᾶξις, εως, ἡ, activity, way of
acting, deed
[28] διαμαρτάνω aor act sub 2s, miss
the mark badly

περισπώμενοι[1] περὶ τὰς πράξεις[2] αὐτῶν καὶ μηδὲν δουλεύοντες[3] τῷ Κυρίῳ ἑαυτῶν. **6** Πῶς οὖν, φησίν, ὁ τοιοῦτος δύναταί τι αἰτήσασθαι παρὰ τοῦ Κυρίου καὶ λαβεῖν, μὴ δουλεύων[4] τῷ Κυρίῳ; οἱ γὰρ δουλεύοντες[5] αὐτῷ, ἐκεῖνοι λήμψονται τὰ αἰτήματα[6] αὐτῶν, οἱ δὲ μὴ δουλεύοντες[7] τῷ Κυρίῳ, ἐκεῖνοι οὐδὲν λήμψονται. **7** ἐὰν δὲ μίαν τις πρᾶξιν[8] ἐργάσηται, δύναται καὶ τῷ Κυρίῳ δουλεῦσαι·[9] οὐ γὰρ διαφθαρήσεται[10] ἡ διάνοια[11] αὐτοῦ ἀπὸ τοῦ Κυρίου, ἀλλὰ δουλεύσει[12] αὐτῷ ἔχων τὴν διάνοιαν[13] αὐτοῦ καθαράν.[14] **8** ταῦτα οὖν ἐὰν ποιήσῃς, δύνασαι καρποφορῆσαι[15] εἰς τὸν αἰῶνα τὸν ἐρχόμενον· καὶ ὃς ἂν ταῦτα ποιήσῃ, καρποφορήσει.[16]

54:1 (ε΄ 1) Νηστεύων[17] καὶ καθήμενος εἰς ὄρος τι καὶ εὐχαριστῶν τῷ Κυρίῳ περὶ πάντων ὧν ἐποίησε μετ᾽ ἐμοῦ, βλέπω τὸν ποιμένα[18] παρακαθήμενόν[19] μοι καὶ λέγοντα· Τί ὀρθρινὸς[20] ὧδε ἐλήλυθας; Ὅτι, φημί, κύριε, στατίωνα[21] ἔχω. **2** Τί, φησίν, ἐστὶ στατίων[22]; Νηστεύω,[23] φημί, κύριε. Νηστεία[24] δέ, φησί, τί ἐστιν

---

[1] περισπάω pres mid/pass ptcp m.p.nom., be pulled, be distracted
[2] πρᾶξις, εως, ἡ, activity, way of acting, deed
[3] δουλεύω pres act ptcp m.p.nom., be a slave
[4] δουλεύω pres act ptcp m.s.nom., be a slave
[5] δουλεύω pres act ptcp m.p.nom., be a slave
[6] αἴτημα, τος, τό, request
[7] δουλεύω pres act ptcp m.p.nom., be a slave
[8] πρᾶξις, εως, ἡ, activity, way of acting, deed
[9] δουλεύω aor act inf, be a slave
[10] διαφθείρω fut pass ind 3s, spoil, deprave
[11] διάνοια, ας, ἡ, understanding
[12] δουλεύω fut act ind 3s, be a slave
[13] διάνοια, ας, ἡ, understanding
[14] καθαρός, ά, όν, clean, pure
[15] καρποφορέω aor act inf, bear fruit
[16] καρποφορέω fut act ind 3s, bear fruit
[17] νηστεύω pres act ptcp m.s.nom., fast
[18] ποιμήν, ένος, ὁ, shepherd
[19] παρακάθημαι pres mid/pass ptcp m.s.acc., sit beside
[20] ὀρθρινός, ή, όν, early in the morning
[21] στατίων, ωνος, keep a fast
[22] στατίων, ωνος, keep a fast
[23] νηστεύω pres act ind 1s, fast
[24] νηστεία, ας, ἡ, fasting

αὕτη, ἣν νηστεύετε[1]; Ὡς εἰώθειν,[2] φημί, κύριε, οὕτω νηστεύω.[3]
3 Οὐκ οἴδατε, φησί, νηστεύειν[4] τῷ Κυρίῳ, οὐδέ ἐστιν νηστεία[5]
αὕτη ἡ ἀνωφελής[6] ἣν νηστεύετε[7] αὐτῷ. Διατί,[8] φημί, κύριε, τοῦτο
λέγεις; Λέγω σοί, φησίν, ὅτι οὐκ ἔστιν αὕτη νηστεία,[9] ἣν δοκεῖτε
νηστεύειν·[10] ἀλλ' ἐγώ σε διδάξω τί ἐστι νηστεία[11] πλήρης[12] καὶ
δεκτὴ[13] τῷ Κυρίῳ. ἄκουε, φησίν. **4** ὁ Θεὸς οὐ βούλεται τοιαύτην
νηστείαν[14] ματαίαν·[15] οὕτω γὰρ νηστεύων[16] τῷ Θεῷ οὐδὲν ἐργάσῃ
τῇ δικαιοσύνῃ. νήστευσον[17] δὲ τῷ Θεῷ νηστείαν[18] τοιαύτην·
5 μηδὲν πονηρεύσῃ[19] ἐν τῇ ζωῇ σου, καὶ δούλευσον[20] τῷ Κυρίῳ ἐν
καθαρᾷ[21] καρδίᾳ· τήρησον τὰς ἐντολὰς αὐτοῦ πορευόμενος ἐν
τοῖς προστάγμασιν[22] αὐτοῦ, καὶ μηδεμία ἐπιθυμία πονηρὰ
ἀναβήτω ἐν τῇ καρδίᾳ σου· πίστευσον δὲ τῷ Θεῷ· καὶ ἐὰν ταῦτα
ἐργάσῃ καὶ φοβηθῇς αὐτὸν καὶ ἐγκρατεύσῃ[23] ἀπὸ παντὸς
πονηροῦ πράγματος,[24] ζήσῃ τῷ Θεῷ· καὶ ταῦτα ἐὰν ἐργάσῃ,
μεγάλην νηστείαν[25] τελεῖς[26] καὶ δεκτὴν[27] τῷ Θεῷ.

55:1 (ε´ 2) Ἄκουε τὴν παραβολὴν ἣν μέλλω σοι λέγειν
ἀνήκουσαν[28] τῇ νηστείᾳ.[29] **2** εἶχέ τις ἀγρὸν καὶ δούλους πολλούς,

---

[1] νηστεύω pres act ind 2p, fast
[2] ἔθω plupf act ind 1s, be accustomed
[3] νηστεύω pres act ind 1s, fast
[4] νηστεύω pres act inf, fast
[5] νηστεία, ας, ἡ, fasting
[6] ἀνωφελής, ές, useless
[7] νηστεύω pres act ind 2p, fast
[8] διατί, part, why
[9] νηστεία, ας, ἡ, fasting
[10] νηστεύω pres act inf, fast
[11] νηστεία, ας, ἡ, fasting
[12] πλήρης, ες, filled, full
[13] δεκτός, ή, όν, acceptable
[14] νηστεία, ας, ἡ, fasting
[15] μάταιος, αία, αιον, idle, empty
[16] νηστεύω pres act ptcp m.s.nom., fast
[17] νηστεύω aor act impv 2s, fast
[18] νηστεία, ας, ἡ, fasting
[19] πονηρεύομαι fut mid sub 2s, do wrong
[20] δουλεύω aor act impv 2s, be a slave
[21] καθαρός, ά, όν, clean, pure
[22] πρόσταγμα, ατος, τό, order, command
[23] ἐγκρατεύομαι fut mid ind 2s, control oneself
[24] πρᾶγμα, ατος, τό, deed, thing
[25] νηστεία, ας, ἡ, fasting
[26] τελέω fut act ind 2s, end, finish
[27] δεκτός, ή, όν, acceptable
[28] ἀνήκω pres act ptcp f.s.acc., refer
[29] νηστεία, ας, ἡ, fasting

καὶ εἰς μέρος τι τοῦ ἀγροῦ ἐφύτευσεν¹ ἀμπελῶνα.² καὶ ἐκλεξάμενος³ δοῦλόν τινα πιστὸν καὶ εὐάρεστον⁴ ἔντιμον,⁵ προσεκαλέσατο⁶ αὐτὸν καὶ λέγει αὐτῷ· Λάβε τὸν ἀμπελῶνα⁷ τοῦτον ὃν ἐφύτευσα⁸ καὶ χαράκωσον⁹ αὐτὸν ἕως ἔρχομαι, καὶ ἕτερον δὲ μὴ ποιήσῃς τῷ ἀμπελῶνι·¹⁰ καὶ ταύτην μου τὴν ἐντολὴν φύλαξον, καὶ ἐλεύθερος¹¹ ἔσῃ παρ᾽ ἐμοί. ἐξῆλθε δὲ ὁ δεσπότης¹² τοῦ δούλου εἰς τὴν ἀποδημίαν.¹³ **3** ἐξελθόντος δὲ αὐτοῦ ἔλαβεν ὁ δοῦλος καὶ ἐχαράκωσε¹⁴ τὸν ἀμπελῶνα.¹⁵ καὶ τελέσας¹⁶ τὴν χαράκωσιν¹⁷ τοῦ ἀμπελῶνος¹⁸ εἶδε τὸν ἀμπελῶνα¹⁹ βοτανῶν²⁰ πλήρη²¹ ὄντα. **4** ἐν ἑαυτῷ οὖν ἐλογίσατο λέγων· Ταύτην τὴν ἐντολὴν τοῦ Κυρίου τετέλεκα·²² σκάψω²³ λοιπὸν τὸν ἀμπελῶνα²⁴ τοῦτον, καὶ ἔσται εὐπρεπέστερος²⁵ ἐσκαμμένος,²⁶ καὶ βοτάνας²⁷ μὴ ἔχων δώσει καρπὸν πλείονα, μὴ πνιγόμενος²⁸ ὑπὸ τῶν βοτανῶν.²⁹ λαβὼν ἔσκαψε³⁰ τὸν ἀμπελῶνα,³¹ καὶ πάσας τὰς βοτάνας³² τὰς οὔσας ἐν τῷ ἀμπελῶνι³³ ἐξέτιλλε.³⁴ καὶ ἐγένετο ὁ

---

¹ φυτεύω aor act ind 3s, plant
² ἀμπελών, ῶνος, ὁ, vineyard
³ ἐκλέγομαι aor mid ptcp m.s.nom., choose
⁴ εὐάρεστος, ον, pleasing
⁵ ἔντιμος, ον, honored, valuable
⁶ προσκαλέομαι aor mid ind 3s, summon
⁷ ἀμπελών, ῶνος, ὁ, vineyard
⁸ φυτεύω aor act ind 3s, plant
⁹ χαρακόω aor act impv 2s, fence in
¹⁰ ἀμπελών, ῶνος, ὁ, vineyard
¹¹ ἐλεύθερος, έρα, ον, free
¹² δεσπότης, ου, ὁ, lord
¹³ ἀποδημία, ας, ἡ, absense
¹⁴ χαρακόω aor act ind 3s, fence in
¹⁵ ἀμπελών, ῶνος, ὁ, vineyard
¹⁶ τελέω aor ptcp m.s.nom., finish
¹⁷ χαράκωσις, εως, ἡ, fencing in
¹⁸ ἀμπελών, ῶνος, ὁ, vineyard
¹⁹ ἀμπελών, ῶνος, ὁ, vineyard
²⁰ βοτάνη, ης, ἡ, plant, herb
²¹ πλήρης, ες, full
²² τελέω perf act ind 1s, finish
²³ σκάπτω fut act ind 1s, dig, cultivate
²⁴ ἀμπελών, ῶνος, ὁ, vineyard
²⁵ εὐπρεπής, ές, looking well
²⁶ σκάπτω perf mid/pass ptcp m.s.nom., dig, cultivate
²⁷ βοτάνη, ης, ἡ, herb, plant
²⁸ πνίγω pres mid/pass ptcp m.s.nom., strangle
²⁹ βοτάνη, ης, ἡ, plant, herb
³⁰ σκάπτω aor act ind 3s, dig, cultivate
³¹ ἀμπελών, ῶνος, ὁ, vineyard
³² βοτάνη, ης, ἡ, herb, plant
³³ ἀμπελών, ῶνος, ὁ, vineyard
³⁴ ἐκτίλλω imp act ind 3s, pull out

ἀμπελὼν[1] ἐκεῖνος εὐπρεπέστατος[2] καὶ εὐθαλής,[3] μὴ ἔχων βοτάνας[4] τὰς πνιγούσας[5] αὐτόν. 5 μετὰ χρόνον τινὰ ἦλθεν ὁ δεσπότης[6] τοῦ δούλου καὶ τοῦ ἀγροῦ, καὶ εἰσῆλθεν εἰς τὸν ἀμπελῶνα.[7] καὶ ἰδὼν τὸν ἀμπελῶνα[8] κεχαρακωμένον[9] εὐπρεπῶς,[10] ἔτι δὲ καὶ ἐσκαμμένον[11] καὶ πάσας τὰς βοτάνας[12] ἐκτετιλμένας[13] καὶ εὐθαλεῖς[14] οὔσας τὰς ἀμπέλους,[15] ἐχάρη λίαν[16] ἐπὶ τοῖς ἔργοις τοῦ δούλου. 6 προσκαλεσάμενος[17] οὖν τὸν υἱὸν αὐτοῦ τὸν ἀγαπητόν, ὃν εἶχε κληρονόμον,[18] καὶ τοὺς φίλους,[19] οὓς εἶχε συμβούλους,[20] λέγει αὐτοῖς ὅσα ἐνετείλατο[21] τῷ δούλῳ αὐτοῦ, καὶ ὅσα εὗρε γεγονότα. κἀκεῖνοι συνεχάρησαν[22] τῷ δούλῳ ἐπὶ τῇ μαρτυρίᾳ ᾗ ἐμαρτύρησεν αὐτῷ ὁ δεσπότης.[23] 7 καὶ λέγει αὐτοῖς· Ἐγὼ τῷ δούλῳ τούτῳ ἐλευθερίαν[24] ἐπηγγειλάμην[25] ἐάν μου τὴν ἐντολὴν φυλάξῃ ἣν ἐνετειλάμην[26] αὐτῷ· ἐφύλαξε δέ μου τὴν ἐντολὴν καὶ προσέθηκε[27] τῷ ἀμπελῶνι[28] ἔργον καλόν, καὶ ἐμοὶ λίαν[29] ἤρεσεν.[30] ἀντὶ[31] τούτου οὖν τοῦ ἔργου οὗ εἰργάσατο θέλω

---

[1] ἀμπελών, ῶνος, ὁ, vineyard
[2] εὐπρεπής, ές, looking well
[3] εὐθαλής, ές, flourishing
[4] βοτάνη, ης, ἡ, herb, plant
[5] πνίγω pres act ptcp f.p.acc., strangle
[6] δεσπότης, ου, ὁ, lord
[7] ἀμπελών, ῶνος, ὁ, vineyard
[8] ἀμπελών, ῶνος, ὁ, vineyard
[9] χαρακόω perf mid/pass ptcp m.s.acc., fence in
[10] εὐπρεπῶς, adv, attractively
[11] σκάπτω perf mid/pass ptcp m.s.acc., dig, cultivate
[12] βοτάνη, ης, ἡ, herb, plant
[13] ἐκτίλλω perf mid/pass ptcp f.p.acc., pull out
[14] εὐθαλής, ές, flourishing
[15] ἀμπελών, ῶνος, ὁ, vineyard
[16] λίαν, adv, very, exceedingly
[17] προσκαλέω aor mid ptcp m.s.nom., summon
[18] κληρονόμος, ου, ὁ, heir
[19] φίλος, η, ον, beloved, friend
[20] σύμβουλος, ου, ὁ, adviser, counsellor
[21] ἐντέλλω aor mid ind 3s, command, order
[22] συγχαίρω aor act ind 3p, rejoice with
[23] δεσπότης, ου, ὁ, lord
[24] ἐλευθερία, ας, ἡ, freedom
[25] ἐπαγγέλλω aor mid ind 1s, promise
[26] ἐντέλλω aor mid ind 1s, command, order
[27] προστίθημι aor act ind 3s, add
[28] ἀμπελών, ῶνος, ὁ, vineyard
[29] λίαν, adv, very, exceedingly
[30] ἀρέσκω aor act ind 3s, win favor, please
[31] ἀντί, prep, instead of

αὐτὸν συγκληρονόμον[1] τῷ υἱῷ μου ποιῆσαι, ὅτι τὸ καλὸν φρονήσας[2] οὐ παρενεθυμήθη,[3] ἀλλ᾽ ἐτέλεσεν[4] αὐτό. **8** ταύτῃ τῇ γνώμῃ[5] ὁ υἱὸς τοῦ δεσπότου[6] συνηυδόκησεν[7] αὐτῷ, ἵνα συγκληρονόμος[8] γένηται ὁ δοῦλος τῷ υἱῷ. **9** μετὰ ὀλίγας ἡμέρας δεῖπνον ἐποίησεν ὁ οἰκοδεσπότης[9] αὐτοῦ, καὶ ἔπεμψεν αὐτῷ ἐκ τοῦ δείπνου[10] ἐδέσματα[11] πολλά. λαβὼν δὲ ὁ δοῦλος τὰ ἐδέσματα[12] τὰ πεμφθέντα αὐτῷ παρὰ τοῦ δεσπότου[13] τὰ ἀρκοῦντα[14] αὐτῷ ἧρε, τὰ λοιπὰ δὲ τοῖς συνδούλοις[15] αὐτοῦ διέδωκεν.[16] **10** οἱ δὲ σύνδουλοι[17] αὐτοῦ λαβόντες τὰ ἐδέσματα[18] ἐχάρησαν καὶ ἤρξαντο εὔχεσθαι[19] ὑπὲρ αὐτοῦ, ἵνα χάριν μείζονα εὕρῃ παρὰ τῷ δεσπότῃ,[20] ὅτι οὕτως ἐχρήσατο[21] αὐτοῖς. **11** ταῦτα πάντα τὰ γεγονότα ὁ δεσπότης[22] αὐτοῦ ἤκουσε, καὶ πάλιν λίαν[23] ἐχάρη ἐπὶ τῇ πράξει[24] αὐτοῦ. συγκαλεσάμενος[25] πάλιν τοὺς φίλους[26] ὁ δεσπότης[27] καὶ τὸν υἱὸν αὐτοῦ ἀπήγγειλεν αὐτοῖς τὴν πρᾶξιν[28] αὐτοῦ ἣν ἔπραξεν

---

[1] συγκληρονόμος, ον, co-heir
[2] φρονέω aor act ptcp m.s.nom., think
[3] παρενθυμέω aor pass ind 3s, disregard, neglect
[4] τελέω aor act ind 3s, finish
[5] γνώμη, ης, ἡ, purpose
[6] δεσπότης, ου, ὁ, lord
[7] συνευδοκέω aor act ind 3s, agree with
[8] συγκληρονόμος, ον, co-heir
[9] οἰκοδεσπότης, ου, ὁ, master of the house
[10] δεῖπνον, ου, τό, supper
[11] ἔδεσμα, ατος, τό, food
[12] ἔδεσμα, ατος, τό, food
[13] δεσπότης, ου, ὁ, lord
[14] ἀρκέω pres act ptcp n.p.acc., be enough, be sufficient

[15] σύνδουλος, ου, ὁ, fellow-slave
[16] διαδίδωμι aor act ind 3s, distribute, give
[17] σύνδουλος, ου, ὁ, fellow-slave
[18] ἔδεσμα, ατος, τό, food
[19] εὔχομαι pres mid/pass inf, pray
[20] δεσπότης, ου, ὁ, lord
[21] χράομαι aor mid ind 3s, make us of, employ
[22] δεσπότης, ου, ὁ, lord
[23] λίαν, adv, very, exceedingly
[24] πρᾶξις, εως, ἡ, acting, act
[25] συγκαλέω aor mid ptcp m.s.nom., summon
[26] φίλος, η, ον, beloved, friend
[27] δεσπότης, ου, ὁ, lord
[28] πρᾶξις, εως, ἡ, activity, way of acting, deed

ἐπὶ τοῖς ἐδέσμασιν[1] οἷς ἔλαβεν· οἱ δὲ ἔτι μᾶλλον συνευδόκησαν[2] γενέσθαι τὸν δοῦλον συγκληρονόμον[3] τῷ υἱῷ αὐτοῦ.

56:1 (ε΄ 3) Λέγω· Κύριε, ἐγὼ ταύτας τὰς παραβολὰς οὐ γινώσκω οὐδὲ δύναμαι νοῆσαι,[4] ἐὰν μή μοι ἐπιλύσῃς[5] αὐτάς. **2** Πάντα σοι ἐπιλύσω,[6] φησί, καὶ ὅσα ἂν λαλήσω μετὰ σοῦ, δείξω σοι. τὰς ἐντολὰς τοῦ Κυρίου φύλασσε, καὶ ἔσῃ εὐάρεστος[7] τῷ Θεῷ καὶ ἐγγραφήσῃ[8] εἰς τὸν ἀριθμὸν[9] τῶν φυλασσόντων τὰς ἐντολὰς αὐτοῦ. **3** ἐὰν δέ τι ἀγαθὸν ποιήσῃς ἐκτὸς[10] τῆς ἐντολῆς τοῦ Θεοῦ, σεαυτῷ περιποιήσῃ[11] δόξαν περισσοτέραν,[12] καὶ ἔσῃ ἐνδοξότερος[13] παρὰ τῷ Θεῷ οὗ ἔμελλες εἶναι. ἐὰν οὖν φυλάσσων τὰς ἐντολὰς τοῦ Θεοῦ προσθῇς[14] καὶ τὰς λειτουργίας[15] ταύτας, χαρήσῃ, ἐὰν τηρήσῃς αὐτὰς κατὰ τὴν ἐμὴν ἐντολήν. **4** λέγω αὐτῷ· Κύριε, ὃ ἐάν μοι ἐντείλῃ,[16] φυλάξω αὐτό· οἶδα γὰρ ὅτι σὺ μετ᾽ ἐμοῦ εἶ. Ἔσομαι, φησί, μετὰ σοῦ, ὅτι τοιαύτην προθυμίαν[17] ἔχεις τῆς ἀγαθοποιήσεως·[18] καὶ μετὰ πάντων δὲ ἔσομαι, φησίν, ὅσοι τοιαύτην προθυμίαν[19] ἔχουσιν. **5** ἡ νηστεία[20] αὕτη, φησί, τηρουμένων τῶν ἐντολῶν τοῦ Κυρίου λίαν[21] καλή ἐστιν. οὕτως οὖν φυλάξεις τὴν νηστείαν[22] ταύτην ἣν μέλλεις τηρεῖν. **6** πρῶτον πάντων φύλαξαι ἀπὸ παντὸς ῥήματος πονηροῦ καὶ πάσης ἐπιθυμίας πονηρᾶς, καὶ καθάρισόν σου τὴν καρδίαν ἀπὸ πάντων

---

[1] ἔδεσμα, ατος, τό, food
[2] συνευδοκέω aor act ind 3p, agree with
[3] συγκληρονόμος, ον, co-heir
[4] νοέω aor act inf, perceive, consider
[5] ἐπιλύω aor act sub 2s, explain
[6] ἐπιλύω fut act ind 1s, explain
[7] εὐάρεστος, ον, pleasing
[8] ἐγγράφω fut mid ind 2s, write in, record
[9] ἀριθμός, οῦ, ὁ, number
[10] ἐκτός, impr prep, the outside
[11] περιποιέω fut mid ind 2s, save, acquire

[12] περισσός, ή, όν, extraordinary, abundant
[13] ἔνδοξος, ον, honored, glorious
[14] προστίθημι aor act sub 2s, add
[15] λειτουργία, ας, ἡ, service
[16] ἐντέλλω aor mid sub 2s, command, order
[17] προθυμία, ας, ἡ, willingness
[18] ἀγαθοποίησις, εως, ἡ, doing good
[19] προθυμία, ας, ἡ, willingness
[20] νηστεία, ας, ἡ, hungry, fasting
[21] λίαν, adv, very, exceedingly
[22] νηστεία, ας, ἡ, fasting

τῶν ματαιωμάτων[1] τοῦ αἰῶνος τούτου. ἐὰν ταῦτα φυλάξῃς, ἔσται σοι αὕτη ἡ νηστεία[2] τελεία.[3] **7** οὕτω δὲ ποιήσεις· συντελέσας[4] τὰ γεγραμμένα, ἐν ἐκείνῃ τῇ ἡμέρᾳ ᾗ νηστεύεις[5] μηδὲν γεύσῃ[6] εἰ μὴ ἄρτον καὶ ὕδωρ, καὶ ἐκ τῶν ἐδεσμάτων[7] ὧν ἔμελλες τρώγειν[8] συμψηφίσας[9] τὴν ποσότητα[10] τῆς δαπάνης[11] ἐκείνης τῆς ἡμέρας ἧς ἔμελλες ποιεῖν, δώσεις αὐτὸ χήρᾳ[12] ἢ ὀρφανῷ[13] ἢ ὑστερουμένῳ,[14] καὶ οὕτω ταπεινοφρονήσεις,[15] ἵν᾽ ἐκ τῆς ταπεινοφροσύνης[16] σου ὁ εἰληφὼς ἐμπλήσῃ[17] τὴν ἑαυτοῦ ψυχὴν καὶ εὔξηται[18] ὑπὲρ σοῦ πρὸς τὸν Κύριον. **8** ἐὰν οὖν οὕτω τελέσῃς[19] τὴν νηστείαν,[20] ὥς σοι ἐνετειλάμην,[21] ἔσται ἡ θυσία[22] σου δεκτὴ[23] παρὰ τῷ Θεῷ, καὶ ἔγγραφος[24] ἔσται ἡ νηστεία[25] αὕτη, καὶ ἡ λειτουργία[26] οὕτως ἐργαζομένη καλὴ καὶ ἱλαρά[27] ἐστι καὶ εὐπρόσδεκτος[28] τῷ Κυρίῳ. **9** ταῦτα οὕτω τηρήσεις σὺ μετὰ τῶν τέκνων σου καὶ ὅλου τοῦ οἴκου σου· τηρήσας δὲ αὐτὰ μακάριος ἔσῃ· καὶ ὅσοι ἂν ἀκούσαντες αὐτὰ τηρήσωσι, μακάριοι ἔσονται, καὶ ὅσα ἂν αἰτήσωνται παρὰ τοῦ Κυρίου λήμψονται.

---

[1] ματαίωμα, ατος, τό, emptiness, worthlessness

[2] νηστεία, ας, ἡ, hungry, fasting

[3] τέλειος, α, ον, perfect

[4] συντελέω aor act ptcp m.s.nom., complete, carry out

[5] νηστεύω pres act ind 2s, fast

[6] γεύομαι fut mid ind 2s, taste

[7] ἔδεσμα, ατος, τό, food σου

[8] τρώγω pres act inf, eat

[9] συμψηφίζω aor act ptcp m.s.nom., count up, compute

[10] πόσος, η, ον, how great, how many

[11] δαπάνη, ης, ἡ, cost

[12] χήρα, ας, ἡ, widow

[13] ὀρφανός, ή, όν, orphan

[14] ὑστερέω pres mid/pass ptcp m.s.dat., miss, fail

[15] ταπεινοφρονέω fut act ind 2s, be humble

[16] ταπεινοφρόνησις, εως, ἡ, humility

[17] ἐμπίπλημι aor act sub 3s, fill, satisfy

[18] εὔχομαι aor mid sub 3s, pray

[19] τελέω aor act sub 2s, finish, carry out

[20] νηστεία, ας, ἡ, fasting

[21] ἐντέλλω aor mid ind 1s, command order

[22] θυσία, ας, ἡ, sacrifice

[23] δεκτός, ή, όν, acceptable

[24] ἔγγραφος, ον, recorded

[25] νηστεία, ας, ἡ, hungry, fasting

[26] λειτουργία, ας, ἡ, service

[27] ἱλαρός, ά, όν, cheerful, glad

[28] εὐπρόσδεκτος, ον, acceptable, pleasant

57:1 (ε΄ 4) Ἐδεήθην[1] αὐτοῦ πολλὰ ἵνα μοι δηλώσῃ[2] τὴν παραβολὴν τοῦ ἀγροῦ καὶ τοῦ δεσπότου[3] καὶ τοῦ ἀμπελῶνος[4] καὶ τοῦ δούλου τοῦ χαρακώσαντος[5] τὸν ἀμπελῶνα[6] καὶ τῶν χαράκων[7] καὶ τῶν βοτανῶν[8] τῶν ἐκτετιλμένων[9] ἐκ τοῦ ἀμπελῶνος[10] καὶ τοῦ υἱοῦ καὶ τῶν φίλων[11] τῶν συμβούλων·[12] συνῆκα[13] γὰρ ὅτι παραβολή τίς ἐστι ταῦτα πάντα. **2** ὁ δὲ ἀποκριθείς μοι λέγει· Αὐθάδης[14] εἶ λίαν[15] εἰς τὸ ἐπερωτᾶν. οὐκ ὀφείλεις, φησίν, ἐπερωτᾶν οὐδὲν ὅλως·[16] ἐὰν γάρ σοι δέῃ δηλωθῆναι,[17] δηλωθήσεται.[18] λέγω αὐτῷ· Κύριε, ὅσα ἄν μοι δείξῃς καὶ μὴ δηλώσῃς,[19] μάτην[20] ἔσομαι ἑωρακὼς αὐτὰ καὶ μὴ νοῶν[21] τί ἐστιν· ὡσαύτως[22] καὶ ἐάν μοι παραβολὰς λαλήσῃς καὶ μὴ ἐπιλύσῃς[23] μοι αὐτάς, εἰς μάτην[24] ἔσομαι ἠκουκώς τι παρὰ σοῦ. **3** ὁ δὲ πάλιν ἀπεκρίθη μοι λέγων· Ὅς ἄν, φησί, δοῦλος ᾖ τοῦ Θεοῦ καὶ ἔχῃ τὸν Κύριον ἑαυτοῦ ἐν τῇ καρδίᾳ, αἰτεῖται παρ᾽ αὐτοῦ σύνεσιν[25] καὶ λαμβάνει, καὶ πᾶσαν παραβολὴν ἐπιλύει,[26] καὶ γνωστὰ[27] αὐτῷ γίνονται τὰ ῥήματα τοῦ Κυρίου τὰ λεγόμενα διὰ παραβολῶν· ὅσοι δὲ βληχροί[28] εἰσι καὶ ἀργοὶ[29] πρὸς τὴν ἔντευξιν,[30] ἐκεῖνοι διστάζουσιν[31] αἰτεῖσθαι

---

[1] δέομαι aor pass ind 1s, ask, request
[2] δηλόω aor act sub 3s, reveal
[3] δεσπότης, ου, ὁ, lord
[4] ἀμπελών, ῶνος, ὁ, vineyard
[5] χαρακόω aor act ptcp m.s.gen., fence in
[6] ἀμπελών, ῶνος, ὁ, vineyard
[7] χάραξ, ακος, ὁ, stake
[8] βοτάνη, ης, ἡ, plant, herb
[9] ἐκτίλλω perf mid/pass ptcp f.p.gen., pull out
[10] ἀμπελών, ῶνος, ὁ, vineyard
[11] φίλος, η, ον, beloved, friend
[12] σύμβουλος, ου, ὁ, adviser, counsellor
[13] συνίημι aor act ind 1s, understand
[14] αὐθάδης, ες, self-willed
[15] λίαν, adv, very, exceedingly
[16] ὅλως, adv, completely
[17] δηλόω aor pass inf, reveal
[18] δηλόω fut pass ind 3s, reveal
[19] δηλόω aor act sub 2s, reveal
[20] μάτην, adv, in vain
[21] νοέω pres act ptcp m.s.nom., perceive, consider
[22] ὡσαύτως, adv, likewise
[23] ἐπιλύω aor act sub 2s, explain
[24] μάτην, adv, in vain
[25] σύνεσις, εως, ἡ, intelligence
[26] ἐπιλύω pres act ind 3s, explain
[27] γνωστός, ή, όν, known
[28] βληχρός, ά, όν, feeble
[29] ἀργός, ή, όν, idle
[30] ἔντευξις, εως, ἡ, petition, request
[31] διστάζω pres act ind 3p, doubt, waver

παρὰ τοῦ Κυρίου· **4** ὁ δὲ Κύριος πολυεύσπλαγχνός[1] ἐστι καὶ πᾶσι τοῖς αἰτουμένοις παρ' αὐτοῦ ἀδιαλείπτως[2] δίδωσι. σὺ δὲ ἐνδεδυναμωμένος[3] ὑπὸ τοῦ ἁγίου ἀγγέλου καὶ εἰληφὼς παρ' αὐτοῦ τοιαύτην ἔντευξιν[4] καὶ μὴ ὢν ἀργός,[5] διατί[6] οὐκ αἰτῇ παρὰ τοῦ Κυρίου σύνεσιν[7] καὶ λαμβάνεις παρ' αὐτοῦ; **5** λέγω αὐτῷ· Κύριε, ἐγὼ ἔχων σὲ μεθ' ἑαυτοῦ ἀνάγκην[8] ἔχω σὲ αἰτεῖσθαι καὶ σὲ ἐπερωτᾶν· σὺ γάρ μοι δεικνύεις[9] πάντα καὶ λαλεῖς μετ' ἐμοῦ· εἰ δὲ ἄτερ[10] σοῦ ἔβλεπον ἢ ἤκουον αὐτά, ἠρώτων ἂν τὸν Κύριον ἵνα μοι δηλωθῇ.[11]

58:1 (ε΄ 5) Εἶπόν σοι, φησί, καὶ ἄρτι, ὅτι πανοῦργος[12] εἶ καὶ αὐθάδης,[13] ἐπερωτῶν τὰς ἐπιλύσεις[14] τῶν παραβολῶν. ἐπειδὴ[15] δὲ οὕτω παράμονος[16] εἶ, ἐπιλύσω[17] σοι τὴν παραβολὴν τοῦ ἀγροῦ καὶ τῶν λοιπῶν τῶν ἀκολουθούντων πάντων, ἵνα γνωστὰ[18] πᾶσι ποιήσῃς αὐτά. ἄκουε νῦν, φησί, καὶ σύνιε[19] αὐτά. **2** ὁ ἀγρὸς[20] ὁ κόσμος οὗτός ἐστιν· ὁ δὲ κύριος τοῦ ἀγροῦ[21] ὁ κτίσας[22] τὰ πάντα καὶ ἀπαρτίσας[23] αὐτὰ καὶ ἐνδυναμώσας.[24] ὁ δὲ δοῦλος ὁ υἱὸς τοῦ Θεοῦ ἐστίν· αἱ δὲ ἄμπελοι[25] ὁ λαὸς οὗτός ἐστιν ὃν αὐτὸς ἐφύτευσεν.[26] **3** οἱ δὲ χάρακες[27] οἱ ἅγιοι ἄγγελοί εἰσι τοῦ Κυρίου οἱ

---

[1] πολυεύσπλαγχνος, ον, rich in compassion
[2] ἀδιαλείπτως, adv, constantly
[3] ἐνδυναμόω perf mid/pass ptcp m.s.nom., strengthen
[4] ἔντευξις, εως, ἡ, petition, request
[5] ἀργός, ή, όν, idle
[6] διατί, part, why
[7] σύνεσις, εως, ἡ, intelligence
[8] ἀνάγκη, ης, ἡ, necessity
[9] δεικνύω pres act ind 2s, point out
[10] ἄτερ, prep, without
[11] δηλόω aor pass sub 3s, reveal
[12] πανοῦργος, ον, clever
[13] αὐθάδης, ες, self-willed
[14] ἐπίλυσις, εως, ἡ, explanation

[15] ἐπειδή, conj, when
[16] Παράμονος, ον, lasting, stubborn
[17] ἐπιλύω fut act ind 1s, explain
[18] γνωστός, ή, όν, known
[19] συνίημι, pres act impv 2s, understand
[20] ἀργός, ή, όν, unemployed, idle
[21] ἀργός, ή, όν, unemployed, idle
[22] κτίζω aor act ptcp m.s.nom., create
[23] ἀπαρτίζω aor act ptcp m.s.nom., finish, complete
[24] ἐνδυναμόω aor act ptcp m.s.nom., strengthen
[25] ἄμπελος, ου, ἡ, vine, grapevine
[26] φυτεύω aor act ind 3s, plant
[27] χάραξ, ακος, ὁ, stake

111

συγκρατοῦντες[1] τὸν λαὸν αὐτοῦ· αἱ δὲ βοτάναι[2] αἱ ἐκτετιλμέναι[3] ἐκ τοῦ ἀμπελῶνος,[4] αἱ ἀνομίαι[5] εἰσὶ τῶν δούλων τοῦ Θεοῦ· τὰ δὲ ἐδέσματα[6] ἃ ἔπεμψεν αὐτῷ ἐκ τοῦ δείπνου,[7] αἱ ἐντολαί εἰσιν ἃς ἔδωκε τῷ λαῷ αὐτοῦ διὰ τοῦ υἱοῦ αὐτοῦ· οἱ δὲ φίλοι[8] καὶ σύμβουλοι,[9] οἱ ἅγιοι ἄγγελοι οἱ πρῶτοι κτισθέντες·[10] ἡ δὲ ἀποδημία[11] τοῦ δεσπότου,[12] ὁ χρόνος ὁ περισσεύων εἰς τὴν παρουσίαν[13] αὐτοῦ. 4 λέγω αὐτῷ· Κύριε, μεγάλως[14] καὶ θαυμαστῶς[15] πάντα ἐστὶ καὶ ἐνδόξως[16] πάντα ἔχει. μὴ οὖν, φημί, ἐγὼ ἠδυνάμην ταῦτα νοῆσαι;[17] οὐδὲ ἕτερος ἀνθρώπων, κἂν λίαν[18] συνετὸς[19] ᾖ τις, οὐ δύναται νοῆσαι[20] αὐτά. ἔτι, φημί, κύριε, δήλωσόν[21] μοι ὃ μέλλω σε ἐπερωτᾶν. 5 Λέγε, φησίν, εἴ τι βούλει. Διατί,[22] φημί, κύριε, ὁ υἱὸς τοῦ Θεοῦ εἰς δούλου τρόπον[23] κεῖται[24] ἐν τῇ παραβολῇ;

59:1 (ε΄ 6) Ἄκουε, φησίν· εἰς δούλου τρόπον[25] οὐ κεῖται[26] ὁ υἱὸς τοῦ Θεοῦ, ἀλλ' εἰς ἐξουσίαν μεγάλην κεῖται[27] καὶ κυριότητα.[28] Πῶς, φημί, κύριε; οὐ νοῶ.[29] 2 Ὅτι, φησίν, ὁ Θεὸς τὸν ἀμπελῶνα[30]

---

[1] συγκρατέω pres act ptcp m.p.nom., hold together
[2] βοτάνη, ης, ἡ, herb, plant
[3] ἐκτίλλω perf mid/pass ptcp f.p.nom., pull out
[4] ἀμπελών, ῶνος, ὁ, vineyard
[5] ἀνομία, ας, ἡ, lawlessness
[6] ἔδεσμα, ατος, τό, food
[7] δεῖπνον, ου, τό, dinner
[8] φίλος, η, ον, beloved, friend
[9] σύμβουλος, ου, ὁ, adviser, counsellor
[10] κτίζω aor pass ptcp m.p.nom., create
[11] ἀποδημία, ας, ἡ, absence
[12] δεσπότης, ου, ὁ, lord
[13] παρουσία, ας, ἡ, presence
[14] μεγάλως, adv, greatly
[15] θαυμαστῶς, adv, wonderfully
[16] ἐνδόξως, adv, in splendor
[17] νοέω aor act inf, perceive, consider
[18] λίαν, adv, very, exceedingly
[19] συνετός, ή, όν, intelligent
[20] νοέω aor act inf, perceive, consider
[21] δηλόω aor act impv 2s, reveal
[22] διατί, part, why
[23] τρόπος, ου, ὁ, manner, way
[24] κεῖμαι pres mid/pass ind 3s, lie, recline
[25] τρόπος, ου, ὁ, manner, way
[26] κεῖμαι pres mid/pass ind 3s, lie, recline
[27] κεῖμαι pres mid/pass ind 3s, lie, recline
[28] κυριότης, ητος, ἡ, lordship
[29] νοέω pres act ind 1s, perceive, consider
[30] ἀμπελών, ῶνος, ὁ, vineyard

ἐφύτευσε,[1] τοῦτ' ἔστι τὸν λαὸν ἔκτισε,[2] καὶ παρέδωκε τῷ υἱῷ
αὐτοῦ· καὶ ὁ υἱὸς κατέστησε[3] τοὺς ἀγγέλους ἐπ' αὐτοὺς τοῦ
συντηρεῖν[4] αὐτούς· καὶ αὐτὸς τὰς ἁμαρτίας αὐτῶν ἐκαθάρισε
πολλὰ κοπιάσας[5] καὶ πολλοὺς κόπους[6] ἀνηντληκώς·[7] οὐδεὶς γὰρ
ἀμπελὼν[8] δύναται σκαφῆναι[9] ἄτερ[10] κόπου[11] ἢ μόχθου.[12] 3 αὐτὸς
οὖν καθαρίσας τὰς ἁμαρτίας τοῦ λαοῦ ἔδειξεν αὐτοῖς τὰς
τρίβους[13] τῆς ζωῆς, δοὺς αὐτοῖς τὸν νόμον ὃν ἔλαβε παρὰ τοῦ
πατρὸς αὐτοῦ. 4 βλέπεις, φησίν, ὅτι αὐτὸς κύριός ἐστι τοῦ λαοῦ,
ἐξουσίαν πᾶσαν λαβὼν παρὰ τοῦ πατρὸς αὐτοῦ. ὅτι δὲ ὁ Κύριος
σύμβουλον[14] ἔλαβε τὸν υἱὸν αὐτοῦ καὶ τοὺς ἐνδόξους[15] ἀγγέλους
περὶ τῆς κληρονομίας[16] τοῦ δούλου, ἄκουε· 5 τὸ πνεῦμα τὸ ἅγιον
τὸ προόν,[17] τὸ κτίσαν[18] πᾶσαν τὴν κτίσιν,[19] κατῴκισεν[20] ὁ Θεὸς εἰς
σάρκα ἣν ἠβούλετο. αὕτη οὖν ἡ σάρξ, ἐν ᾗ κατῴκησε[21] τὸ πνεῦμα
τὸ ἅγιον, ἐδούλευσε[22] τῷ πνεύματι καλῶς ἐν σεμνότητι[23] καὶ
ἁγνείᾳ[24] πορευθεῖσα, μηδὲν ὅλως[25] μιάνασα[26] τὸ πνεῦμα. 6 πολι-

---

[1] φυτεύω aor act ind 3s, plant
[2] κτίζω aor act ind 3s, create
[3] καθίστημι aor act ind 3s, bring, appoint
[4] συντηρέω pres act inf, protect, keep in mind
[5] κοπιάω aor act ptcp, m.s.nom., become weary, work hard
[6] κόπος, ου, ὁ, trouble, work
[7] ἀναντλέω perf act ptcp m.s.nom., drain out, empty
[8] ἀμπελών, ῶνος, ὁ, vineyard
[9] σκάπτω aor pass inf, dig
[10] ἄτερ, prep, without
[11] κόπος, ου, ὁ, trouble, work
[12] μόχθος, ου, ὁ, labor
[13] τρίβος, ου, ἡ, path
[14] σύμβουλος, ου, ὁ, advisor, counsellor

[15] ἔνδοξος, ον, honored, glorious
[16] κληρονομία, ας, ἡ, inheritance
[17] πρόειμι pres act ptcp n.s.acc., be preexistent
[18] κτίζω aor act ptcp n.s.nom., create
[19] κτίσις, εως, ἡ, creation
[20] κατοικίζω aor act ind 3s, cause to dwell
[21] κατοικίζω aor act ind 3s, cause to dwell
[22] δουλεύω aor act ind 3s, be a slave
[23] σεμνότης, τητος, ἡ, dignity, holiness
[24] ἁγνεία, ας, ἡ, purity
[25] ὅλως, adv, completely
[26] μιαίνω aor act ptcp f.s.nom., stain, defile

τευσαμένην¹ οὖν αὐτὴν καλῶς καὶ ἁγνῶς² καὶ συγκοπιάσασαν³ τῷ πνεύματι καὶ συνεργήσασαν⁴ ἐν παντὶ πράγματι,⁵ ἰσχυρῶς⁶ καὶ ἀνδρείως⁷ ἀναστραφεῖσαν,⁸ μετὰ τοῦ πνεύματος τοῦ ἁγίου εἵλατο⁹ κοινωνόν· ¹⁰ ἤρεσε¹¹ γὰρ τῷ Κυρίῳ ἡ πορεία¹² τῆς σαρκὸς ταύτης, ὅτι οὐκ ἐμιάνθη ¹³ ἐπὶ τῆς γῆς ἔχουσα τὸ πνεῦμα τὸ ἅγιον. **7** σύμβουλον¹⁴ οὖν ἔλαβε τὸν υἱὸν καὶ τοὺς ἀγγέλους τοὺς ἐνδόξους,¹⁵ ἵνα καὶ ἡ σὰρξ αὕτη, δουλεύσασα¹⁶ τῷ πνεύματι ἀμέμπτως,¹⁷ σχῇ τόπον τινὰ κατασκηνώσεως,¹⁸ καὶ μὴ δόξῃ τὸν μισθὸν¹⁹ τῆς δουλείας²⁰ αὐτῆς ἀπολωλεκέναι· πᾶσα γὰρ σὰρξ ἀπολήμψεται²¹ μισθὸν²² ἡ εὑρεθεῖσα ἀμίαντος²³ καὶ ἄσπιλος,²⁴ ἐν ᾗ τὸ πνεῦμα τὸ ἅγιον κατῴκησεν.²⁵ **8** ἔχεις καὶ ταύτης τῆς παραβολῆς τὴν ἐπίλυσιν.²⁶

60:1 (ε´ 7) Ηὐφράνθην,²⁷ φημί, κύριε, ταύτην τὴν ἐπίλυσιν²⁸ ἀκούσας. Ἄκουε νῦν, φησί· τὴν σάρκα σου ταύτην φύλασσε καθαρὰν²⁹ καὶ ἀμίαντον,³⁰ ἵνα τὸ πνεῦμα τὸ κατοικοῦν ἐν αὐτῇ

---

¹ πολιτεύομαι aor mid ptcp f.s.acc., to be a citizen
² ἁγνῶς, adv, purely
³ συγκοπιάω aor act ptcp f.s.acc., labor together
⁴ συνεργέω aor act ptcp f.s.acc., work together
⁵ πρᾶγμα, ατος, τό, deed, matter
⁶ ἰσχυρῶς, adv, strongly
⁷ ἀνδρείως, adv, manly
⁸ ἀναστρέφω aor pass ptcp f.s.acc., upset, stay
⁹ αἱρέω aor mid ind 3s, take, choose
¹⁰ κοινωνός, οῦ, ὁ, companion, sharer
¹¹ ἀρέσκω aor act ind 3s, win favor, please
¹² πορεία, ας, ἡ, journey, conduct
¹³ μιαίνω aor pass ind 3s, stain, defile
¹⁴ σύμβουλος, ου, ὁ, adviser, counselor

¹⁵ ἔνδοξος, ον, honored, glorious
¹⁶ δουλεύω aor act ptcp f.s.nom., be a slave
¹⁷ ἀμέμπτως, adv, vineyard
¹⁸ κατασκήνωσις, εως, ἡ, taking up lodging
¹⁹ μισθός, οῦ, ὁ, wages
²⁰ δουλεία, ας, ἡ, slavery
²¹ ἀπολαμβάνω fut mid ind 3s, receive
²² μισθός, οῦ, ὁ, wages
²³ ἀμίαντος, ον, undefiled
²⁴ ἄσπιλος, ον, spotless
²⁵ κατοικίζω aor act ind 3s, cause to dwell
²⁶ ἐπίλυσις, εως, ἡ, explanation
²⁷ εὐφραίνω aor pass ind 1s, be glad
²⁸ ἐπίλυσις, εως, ἡ, explanation
²⁹ καθαρός, ά, όν, clean, pure
³⁰ ἀμίαντος, ον, undefiled

114

μαρτυρήσῃ αὐτῇ, καὶ δικαιωθῇ σου ἡ σάρξ. **2** βλέπε μήποτε[1] ἀναβῇ ἐπὶ τὴν καρδίαν σου τὴν σάρκα σου ταύτην φθαρτὴν[2] εἶναι, καὶ παραχρήσῃ[3] αὐτῇ ἐν μιασμῷ[4] τινι. ἐὰν γὰρ μιάνῃς[5] τὴν σάρκα σου, μιανεῖς[6] καὶ τὸ πνεῦμα τὸ ἅγιον· ἐὰν δὲ μιάνῃς[7] τὴν σάρκα, οὐ ζήσῃ. **3** Εἰ δέ τις, φημί, κύριε, γέγονεν ἄγνοια[8] προτέρα[9] πρὶν[10] ἀκουσθῆναι τὰ ῥήματα ταῦτα, πῶς σωθήσεται ὁ ἄνθρωπος ὁ μιάνας[11] τὴν σάρκα ἑαυτοῦ; Περὶ τῶν προτέρων,[12] φησίν, ἀγνοημάτων[13] τῷ Θεῷ μόνῳ δυνατὸν ἴασιν[14] δοῦναι· αὐτοῦ γὰρ ἐστι πᾶσα ἡ ἐξουσία. **4** ἀλλὰ νῦν φύλασσε σεαυτόν, καὶ ὁ Κύριος ὁ παντοκράτωρ,[15] πολύσπλαγχνος[16] ὤν, περὶ τῶν προτέρων[17] ἀγνοημάτων[18] ἴασιν[19] δώσει, ἐὰν τὸ λοιπὸν μὴ μιάνῃς[20] σου τὴν σάρκα μηδὲ τὸ πνεῦμα· ἀμφότερα[21] γὰρ κοινά[22] ἐστι καὶ ἄτερ[23] ἀλλήλων μιανθῆναι[24] οὐ δύναται. ἀμφότερα[25] οὖν καθαρὰ[26] φύλασσε, καὶ ζήσῃ τῷ Θεῷ.

61:1 (ϛ΄ 1) Καθήμενος ἐν τῷ οἴκῳ μου καὶ δοξάζων τὸν Κύριον περὶ πάντων ὧν ἑωράκειν, καὶ συνζητῶν[27] περὶ τῶν ἐντολῶν, ὅτι καλαὶ καὶ δυναταὶ καὶ ἱλαραὶ[28] καὶ ἔνδοξοι[29] καὶ δυνάμεναι σῶσαι

---

[1] μήποτε, conj, never
[2] φθαρτός, ή, όν, perishable
[3] παραχράομαι aor mid sub 2s, misuse
[4] μιασμός, οῦ, ὁ, defilement
[5] μιαίνω aor act sub 2s, stain, defile
[6] μιαίνω fut act ind 2s, stain, defile
[7] μιαίνω aor act sub 2s, stain, defile
[8] ἄγνοια, ας, ἡ, ignorance
[9] πρότερος, α, ον, former, earlier
[10] πρίν, conj, before
[11] μιαίνω aor act ptcp m.s.nom., stain, defile
[12] πρότερος, α, ον, former, earlier
[13] ἀγνόημα, ατος, τό, sin committed in ignorance
[14] ἴασις, εως, ἡ, healing, cure
[15] παντοκράτωρ, ορος, ὁ, almighty
[16] πολύσπλαγχνος, ον, sympathetic, compassionate
[17] πρότερος, α, ον, former, earlier
[18] ἀγνόημα, ατος, τό, sin committed in ignorance
[19] ἴασις, εως, ἡ, healing, cure
[20] μιαίνω aor act sub 2s, stain, defile
[21] ἀμφότεροι, αι, α, both
[22] κοινός, ή, όν, common
[23] ἄτερ, impr prep, without
[24] μιαίνω aor pass inf, stain, defile
[25] ἀμφότεροι, αι, α, both
[26] καθαρός, ά, όν, clean, pure
[27] συνζητέω pres act ptcp m.s.nom., seek for together
[28] ἱλαρός, ά, όν, cheerful, glad
[29] ἔνδοξος, ον, honored, glorious

ψυχὴν ἀνθρώπου, ἔλεγον ἐν ἐμαυτῷ· Μακάριος ἔσομαι ἐὰν ἐν ταῖς ἐντολαῖς ταύταις πορευθῶ, καὶ ὃς ἂν ταύταις πορευθῇ, μακάριος ἔσται. **2** ὡς ταῦτα ἐν ἐμαυτῷ ἐλάλουν, βλέπω αὐτὸν ἐξαίφνης[1] παρακαθήμενόν[2] μοι καὶ λέγοντα ταῦτα· Τί διψυχεῖς[3] περὶ τῶν ἐντολῶν ὧν σοι ἐνετειλάμην;[4] καλαί εἰσιν· ὅλως[5] μὴ διψυχήσῃς,[6] ἀλλ' ἔνδυσαι[7] τὴν πίστιν τοῦ Κυρίου, καὶ ἐν αὐταῖς πορεύσῃ· ἐγὼ γάρ σε ἐνδυναμώσω[8] ἐν αὐταῖς. **3** αὗται αἱ ἐντολαὶ σύμφοροί[9] εἰσι τοῖς μέλλουσι μετανοεῖν· ἐὰν γὰρ μὴ πορευθῶσιν ἐν αὐταῖς, εἰς μάτην[10] ἐστὶν ἡ μετάνοια[11] αὐτῶν. **4** οἱ οὖν μετανοοῦντες ἀποβάλλετε[12] τὰς πονηρίας[13] τοῦ αἰῶνος τούτου τὰς ἐκτριβούσας[14] ὑμᾶς· ἐνδυσάμενοι[15] δὲ πᾶσαν ἀρετὴν[16] δικαιοσύνης δυνήσεσθε τηρῆσαι τὰς ἐντολὰς ταύτας καὶ μηκέτι[17] προστιθέναι[18] ταῖς ἁμαρτίαις ὑμῶν. ἐὰν οὖν μηκέτι[19] μηδὲν προσθῆτε,[20] ἀποστήσεσθε[21] ἀπὸ τῶν προτέρων[22] ἁμαρτιῶν ὑμῶν. πορεύεσθε οὖν ταῖς ἐντολαῖς μου ταύταις, καὶ ζήσεσθε τῷ Θεῷ. ταῦτα πάντα παρ' ἐμοῦ λελάληται ὑμῖν. **5** καὶ μετὰ τὸ ταῦτα λαλῆσαι αὐτὸν μετ' ἐμοῦ, λέγει μοι· Ἄγωμεν εἰς ἀγρόν, καὶ δείξω σοι τοὺς ποιμένας[23] τῶν προβάτων. Ἄγωμεν, φημί, κύριε. καὶ

---

[1] ἐξαίφνης, adv, suddenly
[2] παρακάθημαι pres mid/pass ptcp m.s.acc., sit beside
[3] διψυχέω pres act ind 2s, be undecided
[4] ἐντέλλω aor mid ind 1s, command, order
[5] ὅλως, adv, completely
[6] διψυχέω aor act sub 2s, be undecided
[7] ἐνδύω aor mid impv 2s, dress, clothe
[8] ἐνδυναμόω fut act ind 1s, strengthen
[9] σύμφορος, ον, beneficial
[10] μάτην, adv, in vain
[11] μετάνοια, ας, ἡ, repentance

[12] ἀποβάλλω pres act imp 2p, take off, shed
[13] πονηρία, ας, ἡ, wickedness
[14] ἐκτρίβω pres act ptcp f.p.acc., wear out, ruin
[15] ἐνδύω aor mid ptcp m.p.nom., dress, clothe
[16] ἀρετή, ῆς, ἡ, virtue
[17] μηκέτι, adv, no longer
[18] προστίθημι pres act inf, add
[19] μηκέτι, adv, no longer
[20] προστίθημι aor act sub 2p, add
[21] ἀφίστημι fut pass ind 2p, mislead, withdraw
[22] πρότερος, α, ον, former, earlier
[23] ποιμήν, ένος, ὁ, shepherd

116

ἤλθομεν εἴς τι πεδίον,[1] καὶ δεικνύει[2] μοι ποιμένα[3] νεανίσκον[4] ἐνδεδυμένον[5] σύνθεσιν[6] ἱματίων, τῷ χρώματι[7] κροκώδη.[8] **6** ἔβοσκε[9] δὲ πρόβατα πολλὰ λίαν,[10] καὶ τὰ πρόβατα ταῦτα ὡσεὶ[11] τρυφῶντα[12] ἦν καὶ λίαν[13] σπαταλῶντα,[14] καὶ ἱλαρὰ[15] ἦν σκιρτῶντα[16] ὧδε κἀκεῖ· καὶ αὐτὸς ὁ ποιμὴν[17] πάνυ[18] ἱλαρὸς[19] ἦν ἐπὶ τῷ ποιμνίῳποιμὴν[20] αὐτοῦ· καὶ αὐτὴ ἡ ἰδέα[21] τοῦ ποιμένος[22] ἱλαρὰ[23] ἦν λίαν[24] καὶ ἐν τοῖς προβάτοις περιέτρεχε.[25]

62:1 (ϛ´ 2) Καὶ λέγει μοι· Βλέπεις τὸν ποιμένα[26] τοῦτον; Βλέπω, φημί, κύριε. Οὗτος, φησίν, ἄγγελος τρυφῆς[27] καὶ ἀπάτης[28] ἐστίν. οὗτος ἐκτρίβει[29] τὰς ψυχὰς τῶν δούλων τοῦ Θεοῦ καὶ καταστρέφει[30] αὐτοὺς ἀπὸ τῆς ἀληθείας, ἀπατῶν[31] αὐτοὺς ταῖς ἐπιθυμίαις ταῖς πονηραῖς, ἐν αἷς ἀπόλλυνται. **2** ἐπιλανθάνονται[32] γὰρ τῶν ἐντολῶν τοῦ Θεοῦ τοῦ ζῶντος καὶ πορεύονται

---

[1] πεδίον, ου, τό, plain, field
[2] δεικνύω pres act ind 3s, point out, show
[3] ποιμήν, ένος, ὁ, shepherd
[4] νεανίσκος, ου, ὁ, youth, servant
[5] ἐνδύω perf mid/pass ptcp m.s.acc., dress
[6] σύνθεσις, εως, ἡ, combination
[7] χρῶμα, ατος, τό, color
[8] κροκώδης, ες, saffron-yellow
[9] βόσκω imp act ind 3s, herd
[10] λίαν, adv, very, exceedingly
[11] ὡσεί, part, as
[12] τρυφάω pres act ptcp n.p.nom., live for pleasure
[13] λίαν, adv, very, exceedingly
[14] σπαταλάω pres act ptcp n.p.nom., live luxuriously
[15] ἱλαρός, ά, όν, cheerful, glad
[16] σκιρτάω pres act ptcp n.p.nom., leap

[17] ποιμήν, ένος, ὁ, shepherd
[18] πάνυ, adv, very
[19] ἱλαρός, ά, όν, cheerful, glad
[20] ποιμήν, ένος, ὁ, shepherd
[21] ἰδέα, ας, ἡ, appearance
[22] ποιμήν, ένος, ὁ, shepherd
[23] ἱλαρός, ά, όν, cheerful, glad
[24] λίαν, adv, very, exceedingly
[25] περιτρέχω imp act ind 3s, run around
[26] ποιμήν, ένος, ὁ, shepherd
[27] τρυφή, ῆς, ἡ, splendor, delight
[28] ἀπάτη, ης, ἡ, deception, pleasure
[29] ἐκτρίβω pres act ind 3s, wear out, destroy
[30] καταστρέφω pres act ind 3s, upset, overturn
[31] ἀπατάω pres act ptcp m.s.nom., deceive, mislead
[32] ἐπιλανθάνομαι pres mid/pass ind 3p, forget

ἀπάταις[1] καὶ τρυφαῖς[2] ματαίαις,[3] καὶ ἀπόλλυνται ὑπὸ τοῦ ἀγγέλου τούτου, τινὰ μὲν εἰς θάνατον, τινὰ δὲ εἰς καταφθοράν.[4] **3** λέγω αὐτῷ· Κύριε, οὐ γινώσκω ἐγώ τί ἐστιν εἰς θάνατον καὶ τί εἰς καταφθοράν.[5] Ἄκουε, φησίν· ἃ εἶδες πρόβατα ἱλαρὰ[6] καὶ σκιρτῶντα,[7] οὗτοί εἰσιν οἱ ἀπεσπασμένοι[8] ἀπὸ τοῦ Θεοῦ εἰς τέλος καὶ παραδεδωκότες ἑαυτοὺς ταῖς ἐπιθυμίαις τοῦ αἰῶνος τούτου. ἐν τούτοις οὖν μετάνοια[9] ζωῆς οὐκ ἔστιν, ὅτι καὶ τὸ ὄνομα τοῦ Θεοῦ δι᾽ αὐτοὺς βλασφημεῖται. τῶν τοιούτων ἡ ζωὴ θάνατός ἐστιν. **4** ἃ δὲ εἶδες μὴ σκιρτῶντα,[10] ἀλλ᾽ ἐν ἑνὶ τόπῳ βοσκόμενα,[11] οὗτοί εἰσιν οἱ παραδεδωκότες μὲν ἑαυτοὺς ταῖς τρυφαῖς[12] καὶ ἀπάταις,[13] εἰς δὲ τὸν Κύριον οὐδὲν ἐβλασφήμησαν. οὗτοι οὖν κατεφθαρμένοι[14] εἰσὶν ἀπὸ τῆς ἀληθείας· ἐν τούτοις ἐλπίς ἐστι μετανοίας,[15] ἐν ᾗ δύνανται ζῆσαι. ἡ καταφθορὰ[16] οὖν ἐλπίδα ἔχει ἀνανεώσεώς[17] τινος, ὁ δὲ θάνατος ἀπώλειαν[18] ἔχει αἰώνιον. **5** πάλιν προέβημεν[19] μικρόν, καὶ δεικνύει[20] μοι ποιμένα[21] μέγαν ὡσεὶ[22] ἄγριον[23] τῇ ἰδέᾳ,[24] περικείμενον[25] δέρμα[26] αἴγειον[27] λευκόν,[28] καὶ

---

[1] ἀπάτη, ης, ἡ, deception, pleasure
[2] τρυφή, ῆς, ἡ, splendor, delight
[3] μάταιος, αία, αιον, idle, empty
[4] καταφθορά, ᾶς, ἡ, destruction
[5] καταφθορά, ᾶς, ἡ, destruction
[6] ἱλαρός, ά, όν, cheerful, glad
[7] σκιρτάω pres act ptcp n.p.nom., leap
[8] ἀποσπάω perf mid/pass ptcp m.p.nom., pull out, draw out
[9] μετάνοια, ας, ἡ, repentance
[10] σκιρτάω pres act ptcp n.p.acc., leap
[11] βόσκω pres act ptcp n.p.acc., herd, tend
[12] τρυφή, ῆς, ἡ, splendor, delight
[13] ἀπάτη, ης, ἡ, deception, pleasure
[14] καταφθείρω perf mid/pass ptcp m.p.nom., destroy, ruin

[15] μετάνοια, ας, ἡ, repentance
[16] καταφθορά, ᾶς, ἡ, destruction, downfall
[17] ἀνανέωσις, εως, ἡ, renewal
[18] ἀπώλεια, ας, ἡ, destruction
[19] προβαίνω aor act ind 1p, go ahead
[20] δεικνύω pres act ind 3s, point out, show
[21] ποιμήν, ένος, ὁ, shepherd
[22] ὡσεί, part, as
[23] ἄγριος, ία, ον, wild
[24] ἰδέα, ας, ἡ, appearance
[25] περίκειμαι pres mid/pass ptcp m.s.acc., be around
[26] δέρμα, ατος, τό, skin
[27] αἴγειος, εία, ειον, of a goat
[28] λευκός, ή, όν, bright, white

πήραν¹ τινὰ εἶχεν ἐπὶ τῶν ὤμων,² καὶ ῥάβδον³ σκληρὰν⁴ λίαν⁵ καὶ ὄζους⁶ ἔχουσαν, καὶ μάστιγα⁷ μεγάλην· καὶ τὸ βλέμμα⁸ εἶχε περίπικρον,⁹ ὥστε φοβηθῆναί με αὐτόν· τοιοῦτον εἶχε τὸ βλέμμα.¹⁰ **6** οὗτος οὖν ὁ ποιμὴν¹¹ παρελάμβανε τὰ πρόβατα ἀπὸ τοῦ ποιμένος¹² τοῦ νεανίσκου,¹³ ἐκεῖνα τὰ σπαταλῶντα¹⁴ καὶ τρυφῶντα,¹⁵ μὴ σκιρτῶντα¹⁶ δέ, καὶ ἔβαλλεν αὐτὰ εἴς τινα τόπον κρημνώδη¹⁷ καὶ ἀκανθώδη¹⁸ καὶ τριβολώδη,¹⁹ ὥστε ἀπὸ τῶν ἀκανθῶν²⁰ καὶ τριβόλων²¹ μὴ δύνασθαι ἐκπλέξαι²² τὰ πρόβατα, ἀλλ᾽ ἐμπλέκεσθαι²³ ταῖς ἀκάνθαις²⁴ καὶ τριβόλοις·²⁵ **7** ταῦτα οὖν ἐμπεπλεγμένα²⁶ ἐβόσκοντο²⁷ ἐν ταῖς ἀκάνθαις²⁸ καὶ τριβόλοις,²⁹ καὶ λίαν³⁰ ἐταλαιπώρουν³¹ δαιρόμενα³² ὑπ᾽ αὐτοῦ· καὶ ὧδε καὶ ἐκεῖ περιήλαυνεν³³ αὐτά, καὶ ἀνάπαυσιν³⁴ αὐτοῖς οὐκ ἐδίδει, καὶ ὅλως³⁵ οὐκ εὐσταθοῦσαν³⁶ τὰ πρόβατα ἐκεῖνα.

---

¹ πήρα, ας, ἡ, knapsack
² ὦμος, ου, ὁ, shoulder
³ ῥάβδος, ου, ἡ, rod
⁴ σκληρός, ά, όν, hard, rough
⁵ λίαν, adv, very, exceedingly
⁶ ὄζος, ου, ὁ, the knot
⁷ μάστιξ, ιγος, ἡ, whip, lash
⁸ βλέμμα, ατος, τό, look, countenance
⁹ περίπικρος, ον, very bitter
¹⁰ βλέμμα, ατος, τό, look, countenance
¹¹ ποιμήν, ένος, ὁ, shepherd
¹² ποιμήν, ένος, ὁ, shepherd
¹³ νεανίσκος, ου, ὁ, young man
¹⁴ σπαταλάω pres act ptcp n.p.acc., live luxuriously
¹⁵ τρυφάω pres act ptcp n.p.nom., live for pleasure
¹⁶ σκιρτάω pres act ptcp n.p.acc., leap
¹⁷ κρημνώδης, ες, steep
¹⁸ ἀκανθώδης, ες, thorny
¹⁹ τριβολώδης, ες, full of thistles

²⁰ ἄκανθα, ης, ἡ, thorn-plant
²¹ τρίβολος, ου, ὁ, thistle
²² ἐκπλέκω aor act inf, disentangle
²³ ἐκπλέκω pres mid/pass inf, disentangle
²⁴ ἄκανθα, ης, ἡ, thorn-plant
²⁵ τρίβολος, ου, ὁ, the thistle
²⁶ ἐμπλέκω perf mid/pass ptcp n.p.acc., be entangled
²⁷ βόσκω imp mid/pass ind 3p, herd, tend
²⁸ ἄκανθα, ης, ἡ, thorn-plant
²⁹ τρίβολος, ου, ὁ, thistle
³⁰ λίαν, adv, very, exceedingly
³¹ ταλαιπωρέω imp act ind 3p, endure sorrow
³² δέρω pres mid/pass ptcp n.p.acc., beat, whip
³³ περιελαύνω imp act ind 3s, drive about
³⁴ ἀνάπαυσις, εως, ἡ, stopping, rest
³⁵ ὅλως, adv, completely
³⁶ εὐσταθέω imp act ind 3p, be stable, be tranquil

63:1 (ς´ 3) Βλέπων οὖν αὐτὰ οὕτω μαστιγούμενα[1] καὶ ταλαιπωροῦντα[2] ἐλυπούμην[3] ἐπ᾽ αὐτοῖς, ὅτι οὕτως ἐβασανίζοντο[4] καὶ ἀνοχὴν[5] ὅλως[6] οὐκ εἶχον. **2** λέγω τῷ ποιμένι[7] τῷ μετ᾽ ἐμοῦ λαλοῦντι· Κύριε, τίς ἐστιν οὗτος ὁ ποιμὴν[8] ὁ οὕτως ἄσπλαγχνος[9] καὶ πικρὸς[10] καὶ ὅλως[11] μὴ σπλαγχνιζόμενος[12] ἐπὶ τὰ πρόβατα ταῦτα; Οὗτος, φησίν, ἐστὶν ὁ ἄγγελος τῆς τιμωρίας·[13] ἐκ δὲ τῶν ἀγγέλων τῶν δικαίων ἐστί, κείμενος[14] δὲ ἐπὶ τῆς τιμωρίας.[15] **3** παραλαμβάνει οὖν τοὺς ἀποπλανηθέντας[16] ἀπὸ τοῦ Θεοῦ καὶ πορευθέντας ταῖς ἐπιθυμίαις καὶ ἀπάταις[17] τοῦ αἰῶνος τούτου καὶ τιμωρεῖ αὐτούς, καθὼς ἄξιοί εἰσι, δειναῖς[18] καὶ ποικίλαις[19] τιμωρίαις.[20] **4** Ἤθελον, φημί, κύριε, γνῶναι τὰς ποικίλας[21] ταύτας τιμωρίας,[22] ποταπαί[23] εἰσιν. Ἄκουε, φησίν· αἱ ποικίλαι[24] τιμωρίαι[25] καὶ βάσανοι[26] βιωτικαί[27] εἰσι βάσανοι·[28] τιμωροῦνται[29]

---

[1] μαστιγόω pres mid/pass ptcp n.p.acc., whip, flog
[2] ταλαιπωρέω pres act ptcp n.p.acc., endure sorrow
[3] λυπέω imp mid/pass ind 1s, vex, become sad
[4] βασανίζω imp mid/pass ind 3p, torture
[5] ἀνοχή, ῆς, ἡ, relief, pause
[6] ὅλως, adv, completely
[7] ποιμήν, ένος, ὁ, shepherd
[8] ποιμήν, ένος, ὁ, shepehrd
[9] ἄσπλαγχνος, ον, merciless
[10] πικρός, ά, όν, bitter
[11] ὅλως, adv, completely
[12] σπλαγχνίζομαι pres mid/pass ptcp m.s.nom., have pity, feel sympathy
[13] τιμωρία, ας, ἡ, punishment
[14] κεῖμαι pres mid/pass ptcp m.s.nom., lie, recline

[15] τιμωρία, ας, ἡ, punishment
[16] ἀποπλανάω aor pass ptcp m.p.acc., mislead
[17] ἀπάτη, ης, ἡ, deception, pleasure
[18] δεῖνα, ὁ, ἡ, τό, somebody
[19] ποικίλος, η, ον, diversified, manifold
[20] τιμωρία, ας, ἡ, punishment
[21] ποικίλος, η, ον, diversified, manifold
[22] τιμωρία, ας, ἡ, punishment
[23] ποταπός, ή, όν, of what sort
[24] ποικίλος, η, ον, diversified, manifold
[25] τιμωρία, ας, ἡ, punishment
[26] βάσανος, ου, ἡ, torture
[27] βιωτικός, ή, όν, belong to (daily) life
[28] βάσανος, ου, ἡ, torture
[29] τιμωρέω pres mid/pass ind 3p, punish

γὰρ οἱ μὲν ζημίαις,[1] οἱ δὲ ὑστερήσεσιν,[2] οἱ δὲ ἀσθενείαις[3] ποικίλαις,[4] οἱ δὲ πάσῃ ἀκαταστασίᾳ,[5] οἱ δὲ ὑβριζόμενοι[6] ὑπὸ ἀναξίων[7] καὶ ἑτέραις πολλαῖς πράξεσι[8] πάσχοντες. **5** πολλοὶ γὰρ ἀκαταστατοῦντες[9] ταῖς βουλαῖς[10] αὐτῶν ἐπιβάλλονται[11] πολλά, καὶ οὐδὲν αὐτοῖς ὅλως[12] προχωρεῖ.[13] καὶ λέγουσιν ἑαυτοὺς μὴ εὐοδοῦσθαι[14] ἐν ταῖς πράξεσιν[15] αὐτῶν, καὶ οὐκ ἀναβαίνει[16] ἐπὶ τὴν καρδίαν αὐτῶν ὅτι ἔπραξαν πονηρὰ ἔργα, ἀλλ᾽ αἰτιῶνται τὸν Κύριον. **6** ὅταν οὖν θλιβῶσι[17] πάσῃ θλίψει, τότε ἐμοὶ παραδίδονται εἰς ἀγαθὴν παιδείαν[18] καὶ ἰσχυροποιοῦνται[19] ἐν τῇ πίστει τοῦ Κυρίου καὶ τὰς λοιπὰς ἡμέρας τῆς ζωῆς αὐτῶν δουλεύουσι[20] τῷ Κυρίῳ ἐν καθαρᾷ[21] καρδίᾳ· ἐὰν οὖν μετανοήσωσι, τότε ἀναβαίνει ἐπὶ τὴν καρδίαν αὐτῶν τὰ ἔργα ἃ ἔπραξαν πονηρά, καὶ τότε δοξάζουσι τὸν Θεόν, λέγοντες ὅτι δίκαιος κριτής[22] ἐστι καὶ δικαίως[23] ἔπαθον ἕκαστος κατὰ τὰς πράξεις[24] αὐτοῦ· δουλεύουσι[25] δὲ λοιπὸν τῷ Κυρίῳ ἐν καθαρᾷ[26] καρδίᾳ αὐτῶν καὶ εὐοδοῦνται[27] ἐν πάσῃ πράξει[28] αὐτῶν, λαμβάνοντες παρὰ τοῦ

---

[1] ζημία, ας, ἡ, damage

[2] ὑστέρησις, εως, ἡ, need, lack

[3] ἀσθένεια, ας, ἡ, sickness, weakness

[4] ποικίλος, η, ον, diversified, manifold

[5] ἀκαταστασία, ας, ἡ, disturbance, disorder

[6] ὑβρίζω pres mid/pass ptcp m.p.nom., mistreat

[7] ἀνάξιος, ον, unworthy

[8] πρᾶξις, εως, ἡ, acting, act

[9] ἀκαταστατέω pres act ptcp m.p.nom., be unsettled

[10] βουλή, ῆς, ἡ, plan, purpose

[11] ἐπιβάλλω pres mid/pass ind 3p, put on

[12] ὅλως, adv, completely

[13] προχωρέω pres act ind 3s, turn out, succeed

[14] εὐοδόω pres mid/pass inf, prosper

[15] πρᾶξις, εως, ἡ, acting, act

[16] αἰτιάομαι pres mid/pass ind 3p, blame, accuse

[17] θλίβω aor act sub 3p, press upon

[18] παιδεία, ας, ἡ, discipline, correction

[19] ἰσχυροποιέω pres mid/pass 3p, strengthen

[20] δουλεύω pres act ind 3p, be a slave

[21] καθαρός, ά, όν, clean, pure

[22] κριτής, οῦ, ὁ, a judge

[23] δικαίως, adv, justly

[24] πρᾶξις, εως, ἡ, acting, act

[25] δουλεύω pres act ind 3p, be a slave

[26] καθαρός, ά, όν, clean, pure

[27] εὐοδόω pres mid/pass ind 3p, prosper

[28] πρᾶξις, εως, ἡ, acting, act

Κυρίου πάντα ὅσα ἂν αἰτῶνται· καὶ τότε δοξάζουσι τὸν Κύριον ὅτι ἐμοὶ παρεδόθησαν, καὶ οὐκέτι οὐδὲν πάσχουσι τῶν πονηρῶν.

64:1 (ς´ 4) Λέγω αὐτῷ· Κύριε, ἔτι μοι τοῦτο δήλωσον.[1] Τί, φησίν, ἐπιζητεῖς;[2] Εἰ ἄρα, φημί, κύριε, τὸν αὐτὸν χρόνον βασανίζονται[3] οἱ τρυφῶντες[4] καὶ ἀπατώμενοι,[5] ὅσον τρυφῶσι[6] καὶ ἀπατῶνται;[7] λέγει μοι· Τὸν αὐτὸν χρόνον βασανίζονται.[8] **2** Ἐλάχιστον,[9] φημί, κύριε, βασανίζονται·[10] ἔδει γὰρ τοὺς οὕτω τρυφῶντας[11] καὶ ἐπιλανθανομένους[12] τοῦ Θεοῦ ἑπταπλασίως[13] βασανίζεσθαι.[14] **3** λέγει μοι· Ἄφρων[15] εἶ καὶ οὐ νοεῖς[16] τῆς βασάνου[17] τὴν δύναμιν. Εἰ γὰρ ἐνόουν,[18] φημί, κύριε, οὐκ ἂν ἐπηρώτων ἵνα μοι δηλώσης.[19] Ἄκουε, φησίν, ἀμφοτέρων[20] τὴν δύναμιν, τῆς τρυφῆς[21] καὶ τῆς βασάνου.[22] **4** τῆς τρυφῆς[23] καὶ ἀπάτης[24] ὁ χρόνος ὥρα ἐστὶ μία· τῆς δὲ βασάνου[25] ἡ ὥρα τριάκοντα[26] ἡμερῶν δύναμιν ἔχει. ἐὰν οὖν μίαν ἡμέραν τρυφήσῃ[27] τις καὶ ἀπατηθῇ,[28] μίαν δὲ ἡμέραν βασανισθῇ,[29]

---

[1] δηλόω aor act impv 2s, reveal
[2] ἐπιζητέω pres act ind 2s, search for, seek for
[3] βασανίζω pres mid/pass ind 3p, torture
[4] τρυφάω pres act ptcp m.p.nom., live for pleasure
[5] ἀπατάω pres mid/pass ptcp m.p.nom., deceive, mislead
[6] τρυφάω pres act sub 3p, live for pleasure
[7] ἀπατάω pres mid/pass ind 3p, deceive, mislead
[8] βασανίζω pres mid/pass ind 3p, torture
[9] ἐλάχιστος, ίστη, ον, least
[10] βασανίζω pres mid/pass ind 3p, torture
[11] τρυφάω pres act ptcp m.p.acc., live for pleasure
[12] ἐπιλανθάνομαι pres mid/pass ptcp m.p.acc., forget
[13] ἑπταπλασίως, adv, sevenfold
[14] βασανίζω pres mid/pass inf, torture
[15] ἄφρων, ον, ονος, foolish
[16] νοέω pres act ind 2s, perceive, consider
[17] βάσανος, ου, ἡ, torture
[18] νοέω imp act ind 1s, perceive, consider
[19] δηλόω aor act sub 2s, reveal
[20] ἀμφότεροι, αι, α, both
[21] τρυφή, ῆς, ἡ, splendor, delight
[22] βάσανος, ου, ἡ, torture
[23] τρυφή, ῆς, ἡ, splendor, delight
[24] ἀπάτη, ης, ἡ, deception, pleasure
[25] βάσανος, ου, ἡ, torture
[26] τριάκοντα, thirty
[27] τρυφάω aor act sub 3s, live for pleasure
[28] ἀπατάω aor pass sub 3s, deceive, mislead
[29] βασανίζω aor pass sub 3s, torture

ὅλον ἐνιαυτὸν¹ ἰσχύει² ἡ ἡμέρα τῆς βασάνου.³ ὅσας οὖν ἡμέρας τρυφήσῃ⁴ τις, τοσούτους⁵ ἐνιαυτοὺς⁶ βασανίζεται.⁷ βλέπεις οὖν, φησίν, ὅτι τῆς τρυφῆς⁸ καὶ ἀπάτης⁹ ὁ χρόνος ἐλάχιστός¹⁰ ἐστι, τῆς δὲ τιμωρίας¹¹ καὶ βασάνου¹² πολύς.

65:1 (ς´ 5) Ὅτι, φημί, κύριε, οὐ νενόηκα¹³ ὅλως¹⁴ περὶ τοῦ χρόνου τῆς ἀπάτης¹⁵ καὶ τρυφῆς¹⁶ καὶ βασάνου,¹⁷ τηλαυγέστερόν¹⁸ μοι δήλωσον.¹⁹ **2** ἀποκριθείς μοι λέγει· Ἡ ἀφροσύνη²⁰ σου παράμονός²¹ ἐστι, καὶ οὐ θέλεις σου τὴν καρδίαν καθαρίσαι καὶ δουλεύειν²² τῷ Θεῷ. βλέπε, φησί, μήποτε²³ ὁ χρόνος πληρωθῇ καὶ σὺ ἄφρων²⁴ εὑρεθῇς. ἄκουε οὖν, φησί, καθὼς βούλει, ἵνα νοήσῃς²⁵ αὐτά. **3** ὁ τρυφῶν²⁶ καὶ ἀπατώμενος²⁷ μίαν ἡμέραν καὶ πράσσων ἃ βούλεται πολλὴν ἀφροσύνην²⁸ ἐνδέδυται²⁹ καὶ οὐ νοεῖ³⁰ τὴν πρᾶξιν³¹ ἣν ποιεῖ· εἰς τὴν αὔριον³² ἐπιλανθάνεται³³ γὰρ τί πρὸ

---

¹ ἐνιαυτός, οῦ, ὁ, year
² ἰσχύω pres act ind 3s, be in good health, have power
³ βάσανος, ου, ἡ, torture
⁴ τρυφάω aor act sub 3s, live for pleasure
⁵ τοσοῦτος, αύτη, οῦτον, so many, so great
⁶ ἐνιαυτός, οῦ, ὁ, year
⁷ βασανίζω pres mid/pass ind 3s, torture
⁸ τρυφή, ῆς, ἡ, splendor, delight
⁹ ἀπάτη, ης, ἡ, deception, pleasure
¹⁰ ἐλάχιστος, ίστη, ον, least
¹¹ τιμωρία, ας, ἡ, punishment
¹² βάσανος, ου, ἡ, torture
¹³ νοέω perf act ind 1s, perceive, consider
¹⁴ ὅλως, adv, completely
¹⁵ ἀπάτη, ης, ἡ, deception, pleasure
¹⁶ τρυφή, ῆς, ἡ, splendor, delight
¹⁷ βάσανος, ου, ἡ, torture
¹⁸ τηλαυγής, ές, more clearly
¹⁹ δηλόω aor act impv 2s, reveal, explain
²⁰ ἀφροσύνη, ης, ἡ, foolishness
²¹ παράνομος, ον, lawless
²² δουλεύω pres act inf, be a slave
²³ μήποτε, conj, never
²⁴ ἄφρων, ον, ονος, foolish
²⁵ νοέω aor act sub 2s, perceive, consider
²⁶ τρυφή, ῆς, ἡ, splendor, delight
²⁷ ἀπατάω pres mid/pass ptcp m.s.nom., deceive, mislead
²⁸ ἀφροσύνη, ης, ἡ, foolishness
²⁹ ἐνδύω perf mid/pass ind 3s, dress
³⁰ νοέω pres act ind 3s, perceive, consider
³¹ πρᾶξις, εως, ἡ, activity, way of acting, deed
³² αὔριον, adv, next day
³³ ἐπιλανθάνομαι pres mid/pass ind 3s, forget

μιᾶς ἔπραξεν· ἡ γὰρ τρυφὴ¹ καὶ ἀπάτη² μνήμας³ οὐκ ἔχει διὰ τὴν ἀφροσύνην⁴ ἣν ἐνδέδυται·⁵ ἡ δὲ τιμωρία⁶ καὶ ἡ βάσανος⁷ ὅταν κολληθῇ⁸ τῷ ἀνθρώπῳ μίαν ἡμέραν, μέχρις⁹ ἐνιαυτοῦ¹⁰ τιμωρεῖται¹¹ καὶ βασανίζεται·¹² μνήμας¹³ γὰρ μεγάλας ἔχει ἡ τιμωρία¹⁴ καὶ ἡ βάσανος.¹⁵ 4 βασανιζόμενος¹⁶ οὖν καὶ τιμωρούμενοι¹⁷ ὅλον τὸν ἐνιαυτόν,¹⁸ μνημονεύει¹⁹ τότε τῆς τρυφῆς²⁰ καὶ ἀπάτης²¹ καὶ γινώσκει ὅτι δι᾽ αὐτὰ πάσχει τὰ πονηρά. πᾶς οὖν ἄνθρωπος ὁ τρυφῶν²² καὶ ἀπατώμενος²³ οὕτω βασανίζεται,²⁴ ὅτι ἔχοντες ζωὴν εἰς θάνατον ἑαυτοὺς παραδεδώκασι. 5 Ποῖαι, φημί, κύριε, τρυφαί²⁵ εἰσι βλαβεραί;²⁶ Πᾶσα, φησί, πρᾶξις²⁷ τρυφή²⁸ ἐστι τῷ ἀνθρώπῳ, ὃ ἐὰν ἡδέως²⁹ ποιῇ· καὶ γὰρ ὁ ὀξύχολος³⁰ τῷ ἑαυτοῦ πάθει³¹ τὸ ἱκανὸν ποιῶν τρυφᾷ·³² καὶ ὁ μοιχὸς³³ καὶ ὁ μέθυσος³⁴ καὶ ὁ κατάλαλος³⁵ καὶ ὁ

---

¹ τρυφή, ῆς, ἡ, splendor, delight
² ἀπάτη, ης, ἡ, deception, pleasure
³ μνήμη, ης, ἡ, memory
⁴ ἀφροσύνη, ης, ἡ, foolishness
⁵ ἐνδύω perf mid/pass ind 3s, dress
⁶ τιμωρία, ας, ἡ, punishment
⁷ βάσανος, ου, ἡ, torture
⁸ κολλάω aor pass sub 3s, bind closely, unite
⁹ μέχρι, impr prep, as far as, until
¹⁰ ἐνιαυτός, οῦ, ὁ, year
¹¹ τιμωρέω pres mid/pass ind 3s, punish
¹² βασανίζω pres mid/pass ind 3s, torture
¹³ μνήμη, ης, ἡ, memory
¹⁴ τιμωρία, ας, ἡ, punishment
¹⁵ βάσανος, ου, ἡ, torture
¹⁶ βασανίζω pres mid/pass ptcp m.s.nom., torture
¹⁷ τιμωρέω pres mid/pass ptcp m.p.nom., punish
¹⁸ ἐνιαυτός, οῦ, ὁ, year
¹⁹ μνημονεύω pres act ind 3s, remember
²⁰ τρυφή, ῆς, ἡ, splendor, delight
²¹ ἀπάτη, ης, ἡ, deception, pleasure
²² τρυφή, ῆς, ἡ, splendor, delight
²³ ἀπατάω pres mid/pass ptcp m.s.nom., deceive, mislead
²⁴ βασανίζω pres mid/pass ind 3s, torture
²⁵ τρυφή, ῆς, ἡ, splendor, delight
²⁶ βλαβερός, ά, όν, harmful
²⁷ πρᾶξις, εως, ἡ, activity, way of acting, deed
²⁸ τρυφή, ῆς, ἡ, splendor, delight
²⁹ ἡδέως, adv, gladly
³⁰ ὀξύχολος, ον, irritable
³¹ πάθος, ους, τό, suffering
³² τρυφάω pres act ind 3s, live for pleasure
³³ μοιχός, οῦ, ὁ, adulterer
³⁴ μέθυσος, ου, ὁ, drunkard
³⁵ κατάλαλος, ον, slanderous

ψεύστης[1] καὶ ὁ πλεονέκτης[2] καὶ ὁ ἀποστερητὴς[3] καὶ ὁ τούτοις τὰ ὅμοια ποιῶν τῇ ἰδίᾳ νόσῳ[4] τὸ ἱκανὸν ποιεῖ· τρυφᾷ[5] οὖν ἐπὶ τῇ πράξει[6] αὐτοῦ. **6** αὗται πᾶσαι αἱ τρυφαί[7] βλαβεραί[8] εἰσι τοῖς δούλοις τοῦ Θεοῦ· διὰ ταύτας οὖν τὰς ἀπάτας[9] πάσχουσιν οἱ τιμωρούμενοι[10] καὶ βασανιζόμενοι.[11] **7** εἰσὶν δὲ καὶ τρυφαί[12] σώζουσαι τοὺς ἀνθρώπους· πολλοὶ γὰρ ἀγαθὸν ἐργαζόμενοι τρυφῶσι[13] τῇ ἑαυτῶν ἡδονῇ[14] φερόμενοι. αὕτη οὖν ἡ τρυφὴ[15] σύμφορός[16] ἐστι τοῖς δούλοις τοῦ Θεοῦ καὶ ζωὴν περιποιεῖται[17] τῷ ἀνθρώπῳ τῷ τοιούτῳ· αἱ δὲ βλαβεραί[18] τρυφαί[19] αἱ προειρημέναι[20] βασάνους[21] καὶ τιμωρίας[22] αὐτοῖς περιποιοῦνται·[23] ἐὰν δὲ ἐπιμείνωσι[24] καὶ μὴ μετανοήσωσι, θάνατον ἑαυτοῖς περιποιοῦνται.[25]

66:1 (ϛ´ 6) Μετὰ ἡμέρας ὀλίγας εἶδον αὐτὸν εἰς τὸ πεδίον[26] τὸ αὐτό ὅπου καὶ τοὺς ποιμένας[27] ἑωράκειν, καὶ λέγει μοι· Τί ἐπιζητεῖς;[28] Πάρειμι,[29] φημί, κύριε, ἵνα τὸν ποιμένα[30] τὸν

---

[1] ψεύστης, ου, ὁ, liar
[2] πλεονέκτης, ου, ὁ, greedy person
[3] ἀποστερητής, οῦ, ὁ, defrauder
[4] νόσος, ου, ἡ, disease
[5] τρυφάω pres act ind 3s, live for pleasure
[6] πρᾶξις, εως, ἡ, activity, way of acting, deed
[7] τρυφή, ῆς, ἡ, splendor, delight
[8] βλαβερός, ά, όν, harmful
[9] ἀπάτη, ης, ἡ, deception
[10] τιμωρέω pres mid/pass ptcp m.p.nom., punish
[11] βασανίζω pres mid/pass ptcp m.p.nom., torture
[12] τρυφή, ῆς, ἡ, splendor, delight
[13] τρυφάω pres act sub 3p, live for pleasure
[14] ἡδονή, ῆς, ἡ, pleasure
[15] τρυφή, ῆς, ἡ, splendor, delight
[16] σύμφορος, ον, beneficial
[17] περιποιέω pres mid/pass ind 3s, save, acquire
[18] βλαβερός, ά, όν, harmful
[19] τρυφή, ῆς, ἡ, splendor, delight
[20] προλέγω perf mid/pass ptcp f.p.nom., tell beforehand
[21] βάσανος, ου, ἡ, torture
[22] τιμωρία, ας, ἡ, punishment
[23] περιποιέω pres mid/pass 3p, save, acquire
[24] ἐπιμένω aor act sub 3p, stay, remain
[25] περιποιέω pres mid/pass 3p, save, acquire
[26] πεδίον, ου, τό, plain, field
[27] ποιμήν, ένος, ὁ, shepherd
[28] ἐπιζητέω pres act ind 2s, search for, seek after
[29] πάρειμι pres act ind 3s, be present
[30] ποιμήν, ένος, ὁ, shepherd

τιμωρητὴν[1] κελεύσῃς[2] ἐκ τοῦ οἴκου μου ἐξελθεῖν, ὅτι λίαν[3] με
θλίβει.[4] Δεῖ σε, φησί, θλιβῆναι·[5] οὕτω γάρ, φησί, προσέταξεν[6] ὁ
ἔνδοξος[7] ἄγγελος τὰ περὶ σοῦ· θέλει γάρ σε πειρασθῆναι. Τί γάρ,
φημί, κύριε, ἐποίησα οὕτω πονηρόν, ἵνα τῷ ἀγγέλῳ τούτῳ
παραδοθῶ; 2 Ἄκουε, φησίν· αἱ μὲν ἁμαρτίαι σου πολλαί, ἀλλ' οὐ
τοσαῦται[8] ὥστε σε τῷ ἀγγέλῳ τούτῳ παραδοθῆναι· ἀλλ' ὁ οἶκός
σου μεγάλας ἁμαρτίας καὶ ἀνομίας[9] εἰργάσατο, καὶ
παρεπικράνθη ὁ ἔνδοξος[10] ἄγγελος ἐπὶ τοῖς ἔργοις αὐτῶν, καὶ διὰ
τοῦτο ἐκέλευσέ[11] σε χρόνον τινὰ θλιβῆναι,[12] ἵνα κἀκεῖνοι
μετανοήσωσι καὶ καθαρίσωσιν ἑαυτοὺς ἀπὸ πάσης ἐπιθυμίας τοῦ
αἰῶνος τούτου. ὅταν οὖν μετανοήσωσι καὶ καθαρισθῶσι, τότε
ἀποστήσεται[13] ὁ ἄγγελος τῆς τιμωρίας.[14] 3 λέγω αὐτῷ· Κύριε, εἰ
ἐκεῖνοι τοιαῦτα εἰργάσαντο ἵνα παραπώλοντο[15] ὁ ἄγγελος ὁ
ἔνδοξος,[16] τί ἐγὼ ἐποίησα; Ἄλλως,[17] φησίν, οὐ δύνανται ἐκεῖνοι
θλιβῆναι,[18] ἐὰν μὴ σὺ ἡ κεφαλὴ τοῦ οἴκου ὅλου θλιβῇς·[19] σοῦ γὰρ
θλιβομένου[20] ἐξ ἀνάγκης[21] κἀκεῖνοι θλιβήσονται,[22]
εὐσταθοῦντος[23] δὲ σοῦ οὐδεμίαν δύνανται θλῖψιν ἔχειν. 4 Ἀλλ'

---

[1] τιμωρητής, οῦ, ὁ, the avenger
[2] κελεύω aor act sub 2s, command,
   order
[3] λίαν, adv, very, exceedingly
[4] θλίβω pres act ind 3s, press upon,
   press together
[5] θλίβω aor pass inf, press upon,
   press together
[6] προστάσσω aor act ind 3s,
   command, order
[7] ἔνδοξος, ον, honored, glorious
[8] τοσοῦτος, αύτη, οῦτον, so great, so
   large
[9] ἀνομία, ας, ἡ, lawlessness
[10] ἔνδοξος, ον, honored, glorious
[11] κελεύω aor act ind 3s, command,
   order
[12] θλίβω aor pass inf, press upon,
   press together

[13] ἀφίστημι fut mid ind 3s, mislead,
   withdraw
[14] τιμωρία, ας, ἡ, punishment
[15] παραπικραίνω aor pass ind 3s,
   embitter, be disobedient
[16] ἔνδοξος, ον, honored, glorious
[17] ἄλλως, adv, otherwise
[18] θλίβω aor pass inf, press upon,
   press together
[19] θλίβω aor pass sub 2s, press upon,
   press together
[20] θλίβω pres mid/pass ptcp m.s.gen.,
   press upon, press together
[21] ἀνάγκη, ης, ἡ, necessity
[22] θλίβω fut pass ind 3p, press upon,
   press together
[23] εὐσταθέω pres act ptcp m.s.gen.,
   be stable

ἰδού, φημί, κύριε, μετανενοήκασιν ἐξ ὅλης καρδίας αὐτῶν. Οἶδα, φησί, κἀγὼ ὅτι μετανενοήκασιν ἐξ ὅλης καρδίας αὐτῶν· τῶν οὖν μετανοούντων δοκεῖς τὰς ἁμαρτίας εὐθὺς ἀφίεσθαι; οὐ παντελῶς·[1] ἀλλὰ δεῖ τὸν μετανοοῦντα βασανίσαι[2] τὴν ἑαυτοῦ ψυχὴν καὶ ταπεινοφρονῆσαι[3] ἐν πάσῃ τῇ πράξει[4] αὐτοῦ ἰσχυρῶς[5] καὶ θλιβῆναι[6] ἐν πολλαῖς θλίψεσι καὶ ποικίλαις·[7] καὶ ἐὰν ὑπενέγκῃ[8] τὰς θλίψεις τὰς ἐπερχομένας[9] αὐτῷ, πάντως[10] σπλαγχνισθήσεται[11] ὁ τὰ πάντα κτίσας[12] καὶ ἐνδυναμώσας[13] καὶ ἴασίν[14] τινα δώσει· 5 καὶ τοῦτο ὅταν ὁ Θεὸς τοῦ μετανοοῦντος καθαρὰν[15] ἴδῃ τὴν καρδίαν ἀπὸ παντὸς πονηροῦ πράγματος.[16] σοὶ δὲ συμφέρον[17] ἐστὶ καὶ τῷ οἴκῳ σου νῦν θλιβῆναι.[18] τί δέ σοι πολλὰ λέγω; θλιβῆναί[19] σε δεῖ, καθὼς προσέταξεν[20] ὁ ἄγγελος τοῦ Κυρίου ἐκεῖνος, ὁ παραδούς σε ἐμοί· καὶ τοῦτο εὐχάριστει τῷ Κυρίῳ, ὅτι ἄξιόν σε ἡγήσατο[21] τοῦ προδηλῶσαί[22] σοι τὴν θλῖψιν, ἵνα προγνοὺς[23] αὐτὴν ὑπενέγκῃς[24] ἰσχυρῶς.[25] 6 λέγω αὐτῷ· Κύριε, σὺ μετ᾽ ἐμοῦ γίνου, καὶ εὐκόλως[26] δυνήσομαι πᾶσαν θλῖψιν

---

[1] παντελῶς, adv, fully
[2] βασανίζω aor act inf, torture
[3] ταπεινοφρονέω aor act inf, be humble
[4] πρᾶξις, εως, ἡ, acting, activity
[5] ἰσχυρῶς, adv, strongly
[6] θλίβω aor pass inf, press upon, press together
[7] ποικίλος, η, ον, diversified, manifold
[8] ὑποφέρω aor act sub 3s, submit to, endure, bear
[9] ἐπέρχομαι pres mid/pass ptcp f.p.acc., come, arrive
[10] πάντως, adv, by all means
[11] σπλαγχνίζομαι fut pass ind 3s, have pity, feel sympathy
[12] κτίζω aor act ptcp m.s.nom., create
[13] ἐνδυναμόω aor act ptcp m.s.nom., strengthen
[14] ἴασις, εως, ἡ, healing, care

[15] καθαρός, ά, όν, clean, pure
[16] πρᾶγμα, ατος, τό, deed, undertaking
[17] συμφέρω pres act ptcp n.s.nom., bring together
[18] θλίβω aor pass inf, press upon, press together
[19] θλίβω aor pass inf, press upon, press together
[20] προστάσσω aor act ind 3s, command, order
[21] ἡγέομαι aor mid ind 3s, lead, guide
[22] προδηλόω aor act inf, reveal
[23] προγινώσκω aor act ptcp m.s.nom., have foreknowledge of, choose beforehand
[24] ὑποφέρω aor act sub 2s, submit to, endure, bear
[25] ἰσχυρῶς, adv, strongly
[26] εὐκόλως, adv, easily

ὑπενέγκαι.[1] Ἐγώ, φησίν, ἔσομαι μετὰ σοῦ· ἐρωτήσω δὲ καὶ τὸν ἄγγελον τὸν τιμωρητὴν[2] ἵνα σε ἐλαφροτέρως[3] θλίψῃ·[4] ἀλλ᾿ ὀλίγον χρόνον θλιβήσῃ,[5] καὶ πάλιν ἀποκατασταθήσῃ[6] εἰς τὸν οἶκόν σου· μόνον παράμεινον[7] ταπεινοφρονῶν[8] καὶ λειτουργῶν[9] τῷ Κυρίῳ ἐν καθαρᾷ[10] καρδίᾳ, καὶ τὰ τέκνα σου καὶ ὁ οἶκός σου, καὶ πορεύου ταῖς ἐντολαῖς μου ἅς σοι ἐντέλλομαι,[11] καὶ δυνήσεταί σου ἡ μετάνοια[12] ἰσχυρὰ[13] καὶ καθαρὰ[14] εἶναι· 7 καὶ ἐὰν ταύτας φυλάξῃς μετὰ τοῦ οἴκου σου, ἀποστήσεται[15] πᾶσα θλῖψις ἀπὸ σοῦ· καὶ ἀπὸ πάντων δέ, φησίν, ἀποστήσεται[16] θλῖψις, ὃς ἂν ταῖς ἐντολαῖς μου πορεύσεται ταύταις.

67:1 (ἡ 1) Ἔδειξέ μοι ἰτέαν[17] μεγάλην σκεπάζουσαν[18] πεδία[19] καὶ ὄρη, καὶ ὑπὸ τὴν σκέπην[20] τῆς ἰτέας[21] πάντες ἐληλύθασιν οἱ κεκλημένοι τῷ ὀνόματι Κυρίου. **2** Εἰστήκει δὲ ἄγγελος τοῦ Κυρίου ἔνδοξος[22] λίαν[23] ὑψηλὸς[24] παρὰ τὴν ἰτέαν,[25] δρέπανον[26] ἔχων μέγα, καὶ ἔκοπτε[27] κλάδους[28] ἀπὸ τῆς ἰτέας,[29] καὶ ἐπεδίδου[30] τῷ

---

[1] ὑποφέρω aor act inf, submit to, endure, bear

[2] τιμωρητής, οῦ, ὁ, avenger

[3] ἐλαφροτέρως, adv, more lightly

[4] θλίβω aor act sub 3s, press upon, press together

[5] θλίβω fut pass ind 2s, press upon, press together

[6] ἀποκαθίστημι fut pass ind 2s, restore

[7] παραμένω aor act impv 2s, remain, stay

[8] απεινοφρονέω pres act ptcp m.s.nom., be humble

[9] λειτουργέω pres act ptcp m.s.nom., serve

[10] καθαρός, ά, όν, clean, pure

[11] ἐντέλλω pres mid/pass ind 1s, command, order

[12] μετάνοια, ας, ἡ, repentance

[13] ἰσχυρός, ά, όν, strong

[14] καθαρός, ά, όν, clean, pure

[15] ἀφίστημι fut mid ind 3s, mislead, withdraw

[16] ἀφίστημι fut mid ind 3s, mislead, withdraw

[17] ἰτέα, ας, ἡ, willow tree

[18] σκεπάζω pres act ptcp f.s.acc., cover, protect

[19] πεδίον, ου, τό, plain, field

[20] σκέπη, ης, ἡ, shade

[21] ἰτέα, ας, ἡ, willow tree

[22] ἔνδοξος, ον, honored, glorious

[23] λίαν, adv, very, exceedingly

[24] ὑψηλός, ή, όν, tall, proud

[25] ἰτέα, ας, ἡ, willow tree

[26] δρέπανον, ου, τό, sickle

[27] κόπτω imp act ind 3s, cut (off), beat

[28] κλάδος, ου, ὁ, branch

[29] ἰτέα, ας, ἡ, willow tree

[30] ἐπιδίδωμι imp act ind 3s, give, hand over

λαῷ τῷ σκεπαζομένῳ[1] ὑπὸ τῆς ἰτέας·[2] μικρὰ δὲ ῥαβδία ἐπεδίδου[3]
αὐτοῖς, ὡσεὶ[4] πηχυαῖα.[5] **3** μετὰ τὸ πάντας λαβεῖν τὰ ῥαβδία[6]
ἔθηκε τὸ δρέπανον[7] ὁ ἄγγελος, καὶ τὸ δένδρον[8] ἐκεῖνο ὑγιὲς[9] ἦν,
οἷον[10] καὶ ἑωράκειν αὐτό. **4** ἐθαύμαζον δὲ ἐγὼ ἐν ἐμαυτῷ λέγων·
Πῶς τοσούτων[11] κλάδων[12] κεκομμένων[13] τὸ δένδρον[14] ὑγιές[15] ἐστι;
λέγει μοι ὁ ποιμήν·[16] Μὴ θαύμαζε εἰ τὸ δένδρον[17] ὑγιὲς[18] ἔμεινε
τοσούτων[19] κλάδων[20] κοπέντων.[21] ἄφες δέ, φησί, πάντα ἴδῃς, καὶ
δηλωθήσεταί[22] σοι τὸ τί ἐστιν. **5** ὁ ἄγγελος ὁ ἐπιδεδωκὼς[23] τῷ λαῷ
τὰς ῥάβδους[24] πάλιν ἀπῄτει[25] ἀπ᾽ αὐτῶν· καὶ καθὼς ἔλαβον, οὕτω
καὶ ἐκαλοῦντο πρὸς αὐτόν, καὶ εἰς ἕκαστος αὐτῶν ἀπεδίδου τὰς
ῥάβδους.[26] ἐλάμβανε δὲ ὁ ἄγγελος τοῦ Κυρίου καὶ κατενόει[27]
αὐτάς. **6** παρά τινων ἐλάμβανε τὰς ῥάβδους[28] ξηρὰς[29] καὶ
βεβρωμένας[30] ὡς ὑπὸ σητός·[31] ἐκέλευσεν[32] ὁ ἄγγελος τοὺς τὰς
τοιαύτας ῥάβδους[33] ἐπιδεδωκότας[34] χωρὶς ἵστασθαι. **7** ἕτεροι δὲ

---

[1] σκεπάζω pres mid/pass ptcp m.s.dat., cover, protect
[2] ἰτέα, ας, ἡ, willow tree
[3] ἐπιδίδωμι imp act ind 3s, give, hand over
[4] ὡσεί, part, as
[5] πηχυαῖος, α, ον, a cubit long
[6] ῥαβδίον, ου, τό, stick, twig
[7] δρέπανον, ου, τό, sickle
[8] δένδρον, ου, τό, tree
[9] ὑγιής, ές, healthy, sound
[10] οἷος, α, ον, of what sort
[11] τοσοῦτος, αύτη, οῦτον, so many
[12] κλάδος, ου, ὁ, branch
[13] κόπτω perf mid/pass ptcp m.p.gen., cut (off), beat
[14] δένδρον, ου, τό, tree
[15] ὑγιής, ές, healthy, sound
[16] ποιμήν, ένος, ὁ, shepherd
[17] δένδρον, ου, τό, tree
[18] ὑγιής, ές, healthy, sound
[19] τοσοῦτος, αύτη, οῦτον, so great, so much
[20] κλάδος, ου, ὁ, branch
[21] κόπτω aor pass ptcp m.s.nom., cut (off), beat
[22] δηλόω fut pass ind 3s, reveal, make clear
[23] ἐπιδίδωμι perf act ptcp m.s.nom., give, hand over
[24] ῥάβδος, ου, ἡ, rod
[25] ἀπαιτέω imp act ind 3s, ask for, demand
[26] ῥάβδος, ου, ἡ, rod
[27] κατανοέω imp act ind 3s, notice, consider
[28] ῥάβδος, ου, ἡ, rod
[29] ξηρός, ά, όν, dry, withered
[30] βιβρώσκω perf mid/pass ptcp f.p.acc., eat
[31] σής, σεός, ὁ, moth
[32] κελεύω aor act ind 3s, command, order
[33] ῥάβδος, ου, ἡ, rod
[34] ἐπιδίδωμι perf act ptcp m.p.acc., give, hand over

ἐπεδίδουν[1] ξηράς,[2] ἀλλ' οὐκ ἦσαν βεβρωμέναι[3] ὑπὸ σητός·[4] καὶ τούτους ἐκέλευσε[5] χωρὶς ἵστασθαι. **8** ἕτεροι δὲ ἐπεδίδουν[6] ἡμιξήρους·[7] καὶ οὗτοι χωρὶς ἵσταντο. **9** ἕτεροι δὲ ἐπεδίδουν[8] τὰς ῥάβδους[9] αὐτῶν ἡμιξήρους[10] καὶ σχισμὰς[11] ἐχούσας· καὶ οὗτοι χωρὶς ἵσταντο. **10** ἕτεροι δὲ ἐπεδίδουν[12] τὰς ῥάβδους[13] αὐτῶν χλωρὰς[14] μὲν σχισμὰς[15] ἐχούσας· καὶ οὗτοι χωρὶς ἵσταντο **11** ἕτεροι δὲ ἐπεδίδουν[16] τὰς ῥάβδους[17] τὸ ἥμισυ[18] ξηρὸν[19] καὶ τὸ ἥμισυ[20] χλωρόν·[21] καὶ οὗτοι χωρὶς ἵσταντο. **12** ἕτεροι δὲ προσέφερον τὰς ῥάβδους[22] αὐτῶν τὰ δύο μέρη τῆς ῥάβδου[23] χλωρά,[24] τὸ δὲ τρίτον ξηρόν·[25] καὶ οὗτοι χωρὶς ἵσταντο. **13** ἕτεροι δὲ ἐπεδίδουν[26] τὰ δύο μέρη ξηρά,[27] τὸ δὲ τρίτον χλωρόν·[28] καὶ οὗτοι χωρὶς ἵσταντο. **14** ἕτεροι δὲ ἐπεδίδουν[29] τὰς ῥάβδους[30] αὐτῶν παρὰ μικρὸν ὅλας χλωράς,[31] ἐλάχιστον[32] δὲ τῶν ῥάβδων[33] αὐτῶν ξηρὸν[34] ἦν,

---

[1] ἐπιδίδωμι imp act ind 3p, give, handover
[2] ξηρός, ά, όν, dry, withered
[3] βιβρώσκω perf mid/pass ptcp f.p.nom., eat
[4] σής, σεός, ὁ, moth
[5] κελεύω aor act ind 3s, command, order
[6] ἐπιδίδωμι imp act ind 3p, give, handover
[7] ἡμίξηρος, ον, half dry, half withered
[8] ἐπιδίδωμι imp act ind 3p, give, handover
[9] ῥάβδος, ου, ἡ, rod
[10] ἡμίξηρος, ον, half dry, half withered
[11] σχισμή, ῆς, ἡ, crack, fissure
[12] ἐπιδίδωμι imp act ind 3p, give, handover
[13] ῥάβδος, ου, ἡ, rod
[14] χλωρός, ά, ό, green, pale
[15] σχισμή, ῆς, ἡ, crack, fissure
[16] ἐπιδίδωμι imp act ind 3p, give, handover
[17] ῥάβδος, ου, ἡ, rod
[18] ἥμισυς, εια, half
[19] ξηρός, ά, όν, dry, withered
[20] ἥμισυς, εια, half
[21] χλωρός, ά, ό, green, pale
[22] ῥάβδος, ου, ἡ, rod
[23] ῥάβδος, ου, ἡ, rod
[24] χλωρός, ά, ό, green, pale
[25] ξηρός, ά, όν, dry, withered
[26] ἐπιδίδωμι imp act ind 3p, give, handover
[27] ξηρός, ά, όν, dry, withered
[28] χλωρός, ά, ό, green, pale
[29] ἐπιδίδωμι imp act ind 3p, give, handover
[30] ῥάβδος, ου, ἡ, rod
[31] χλωρός, ά, ό, green, pale
[32] ἐλάχιστος, ίστη, ον, least
[33] ῥάβδος, ου, ἡ, rod
[34] ξηρός, ά, όν, dry, withered

αὐτὸ τὸ ἄκρον·[1]σχισμὰς[2] δὲ εἶχον ἐν αὐταῖς· καὶ οὗτοι χωρὶς ἵσταντο. **15** ἑτέρων δὲ ἦν ἐλάχιστον[3] χλωρόν,[4] τὰ δὲ λοιπὰ μέρη τῶν ῥάβδων[5] ξηρά·[6] καὶ οὗτοι χωρὶς ἵσταντο. **16** ἕτεροι δὲ ἤρχοντο τὰς ῥάβδους[7] χλωρὰς[8] φέροντες ὡς ἔλαβον παρὰ τοῦ ἀγγέλου· τὸ δὲ πλεῖον μέρος τοῦ ὄχλου τοιαύτας ῥάβδους[9] ἐπεδίδουν.[10] ὁ δὲ ἄγγελος ἐπὶ τούτοις ἐχάρη λίαν·[11] καὶ οὗτοι χωρὶς ἵσταντο. **17** ἕτεροι δὲ ἐπεδίδουν[12] τὰς ῥάβδους[13] αὐτῶν χλωρὰς[14] καὶ παραφυάδας[15] ἐχούσας· καὶ οὗτοι χωρὶς ἵσταντο· καὶ ἐπὶ τούτοις ὁ ἄγγελος λίαν[16] ἐχάρη. **18** ἕτεροι δὲ ἐπεδίδουν[17] τὰς ῥάβδους[18] αὐτῶν χλωρὰς[19] καὶ παραφυάδας[20] ἐχούσας· αἱ δὲ παραφυάδες[21] αὐτῶν ὡσεὶ[22] καρπόν τινα εἶχον. καὶ λίαν[23] ἱλαροὶ[24] ἦσαν οἱ ἄνθρωποι ἐκεῖνοι, ὧν αἱ ῥάβδοι[25] τοιαῦται εὑρέθησαν. καὶ ὁ ἄγγελος ἐπὶ τούτοις ἠγαλλιᾶτο,[26] καὶ ὁ ποιμὴν[27] λίαν[28] ἱλαρὸς[29] ἦν ἐπὶ τούτοις.

---

[1] ἄκρον, ου, τό, high point, top
[2] σχισμή, ῆς, ἡ, crack, fissure
[3] ἐλάχιστος, ίστη, ον, least
[4] χλωρός, ά, ό, green, pale
[5] ῥάβδος, ου, ἡ, rod
[6] ξηρός, ά, όν, dry, withered
[7] ῥάβδος, ου, ἡ, rod
[8] χλωρός, ά, ό, green, pale
[9] ῥάβδος, ου, ἡ, rod
[10] ἐπιδίδωμι imp act ind 3p, give, handover
[11] λίαν, adv, very, exceedingly
[12] ἐπιδίδωμι imp act ind 3p, give, handover
[13] ῥάβδος, ου, ἡ, rod
[14] χλωρός, ά, ό, green, pale
[15] παραφυάς, άδος, ἡ, offshoot

[16] λίαν, adv, very, exceedingly
[17] ἐπιδίδωμι imp act ind 3p, give, handover
[18] ῥάβδος, ου, ἡ, rod
[19] χλωρός, ά, ό, green, pale
[20] παραφυάς, άδος, ἡ, offshoot
[21] παραφυάς, άδος, ἡ, offshoot
[22] ὡσεί, part, as
[23] λίαν, adv, very, exceedingly
[24] ἱλαρός, ά, όν, glad, happy
[25] ῥάβδος, ου, ἡ, rod
[26] ἀγαλλιάω imp mid/pass ind 3s, exult, be glad
[27] ποιμήν, ένος, ὁ, shepherd
[28] λίαν, adv, very, exceedingly
[29] ἱλαρός, ά, όν, glad, happy

68:1 (ή 2) Ἐκέλευσε[1] δὲ ὁ ἄγγελος τοῦ Κυρίου στεφάνους[2] ἐνεχθῆναι. καὶ ἐνέχθησαν στέφανοι[3] ὡσεὶ[4] ἐκ φοινίκων[5] γεγονότες, καὶ ἐστεφάνωσε[6] τοὺς ἄνδρας τοὺς ἐπιδεδωκότας[7] τὰς ῥάβδους[8] τὰς παραφυάδας[9] ἐχούσας καὶ καρπόν τινα, καὶ ἀπέλυσεν αὐτοὺς εἰς τὸν πύργον.[10] **2** καὶ τοὺς ἄλλους δὲ ἀπέστειλεν εἰς τὸν πύργον,[11] τοὺς τὰς ῥάβδους[12] τὰς χλωρὰς[13] ἐπιδεδωκότας[14] τὰς παραφυάδας[15] ἐχούσας, καρπὸν δὲ μὴ ἐχούσας τὰς παραφυάδας,[16] δοὺς αὐτοῖς σφραγίδα.[17] **3** ἱματισμὸν[18] δὲ τὸν αὐτὸν πάντες εἶχον λευκὸν[19] ὡσεὶ[20] χιόνα[21] οἱ πορευόμενοι εἰς τὸν πύργον.[22] **4** καὶ τοὺς τὰς ῥάβδους[23] ἐπιδεδωκότας[24] χλωρὰς[25] ὡς ἔλαβον ἀπέλυσε, δοὺς αὐτοῖς ἱματισμὸν[26] λευκὸν[27] καὶ σφραγῖδας.[28] **5** μετὰ τὸ ταῦτα τελέσαι[29] τὸν ἄγγελον λέγει τῷ ποιμένι·[30] Ἐγὼ ὑπάγω· σὺ δὲ τούτους ἀπόλυσον εἰς τὰ τείχη,[31] καθὼς ἄξιός ἐστί τις κατοικεῖν. κατανόησον[32] δὲ τὰς ῥάβδους[33]

---

[1] κελεύω aor act ind 3s, command, order

[2] στέφανος, ου, ὁ, crown

[3] στέφανος, ου, ὁ, crown

[4] ὡσεί, part, like

[5] φοῖνιξ/φοίνιξ, ικος, ὁ, palm-branch

[6] στεφανόω aor act ind 3s, crown

[7] ἐπιδίδωμι perf act ptcp m.p.acc., hand over, deliver

[8] ῥάβδος, ου, ἡ, rod

[9] παραφυάς, άδος, ἡ, offshoot, side growth

[10] πύργος, ου, ὁ, tower

[11] πύργος, ου, ὁ, tower

[12] ῥάβδος, ου, ἡ, rod

[13] χλωρός, ά, ό, green, pale

[14] ἐπιδίδωμι perf act ptcp m.p.acc., hand over, deliver

[15] παραφυάς, άδος, ἡ, offshoot, side growth

[16] παραφυάς, άδος, ἡ, offshoot, side growth

[17] σφραγίς, ῖδος, ἡ, signet, seal

[18] ἱματισμός, οῦ, ὁ, clothing

[19] λευκός, ή, όν, bright, white

[20] ὡσεί, adv, like

[21] χιών, όνος, ἡ, snow

[22] πύργος, ου, ὁ, tower

[23] ῥάβδος, ου, ἡ, rod

[24] ἐπιδίδωμι perf act ptcp m.p.acc., hand over, deliver

[25] χλωρός, ά, ό, green, pale

[26] ἱματισμός, οῦ, ὁ, clothing

[27] λευκός, ή, όν, bright, white

[28] σφραγίς, ῖδος, ἡ, signet, seal

[29] τελέω aor act inf, end, finish

[30] ποιμήν, ένος, ὁ, shepherd

[31] τεῖχος, ους, τό, wall

[32] κατανοέω aor act imp 2s, notice, consider

[33] ῥάβδος, ου, ἡ, rod

αὐτῶν ἐπιμελῶς,[1] καὶ οὕτως ἀπόλυσον· ἐπιμελῶς[2] δὲ κατανόησον.[3] βλέπε μή τίς σε παρέλθῃ,[4] φησίν· ἐὰν δέ τίς σε παρέλθῃ,[5] ἐγὼ αὐτοὺς ἐπὶ τὸ θυσιαστήριον[6] δοκιμάσω.[7] ταῦτα εἰπὼν τῷ ποιμένι[8] ἀπῆλθεν. **6** καὶ μετὰ τὸ ἀπελθεῖν τὸν ἄγγελον λέγει μοι ὁ ποιμήν·[9] Λάβωμεν πάντων τὰς ῥάβδους[10] καὶ φυτεύσωμεν[11] αὐτάς, εἴ τινες ἐξ αὐτῶν δυνήσονται ζῆσαι. λέγω αὐτῷ· Κύριε, τὰ ξηρὰ[12] ταῦτα πῶς δύναται ζῆσαι; **7** ἀποκριθείς μοι λέγει· Τὸ δένδρον[13] τοῦτο ἰτέα[14] ἐστὶ καὶ φιλόζωον[15] τὸ γένος.[16] ἐὰν οὖν φυτευθῶσι[17] καὶ μικρὰν ἱκμάδα λάβωσι αἱ ῥάβδοι[18] αὗται, ζήσονται πολλαὶ ἐξ αὐτῶν· εἶτα[19] δὲ πειράσωμεν καὶ ὕδωρ αὐταῖς παραχέειν.[20] ἐάν τις αὐτῶν δυνηθῇ ζῆσαι, συνχαρήσομαι[21] αὐταῖς· ἐὰν δὲ μὴ ζήσεται, οὐχ εὑρεθήσομαι ἐγὼ ἀμελής.[22] **8** ἐκέλευσε[23] δέ με ὁ ποιμὴν[24] καλέσαι, καθώς τις αὐτῶν ἐστάθη. ἦλθον τάγματα[25] τάγματα,[26] καὶ ἐπεδίδουν[27] τὰς ῥάβδους[28] τῷ ποιμένι.[29] ἐλάμβανε δὲ ὁ ποιμὴν[30] τὰς ῥάβδους[31] καὶ κατὰ τάγματα[32] ἐφύτευσεν[33] αὐτάς, καὶ μετὰ τὸ φυτεῦσαι[34] αὐτὰς ὕδωρ αὐταῖς πολὺ παρέχεεν,[35] ὥστε ἀπὸ τοῦ

---

[1] ἐπιμελῶς, adv, carefully

[2] ἐπιμελῶς, adv, carefully

[3] κατανοέω aor act impv 2s, notice, consider

[4] παρέρχομαι aor act sub 3s, go by

[5] παρέρχομαι aor act sub 3s, go by

[6] θυσιαστήριον, ου, τό, altar

[7] δοκιμάζω fut act ind 1s, test

[8] ποιμήν, ένος, ὁ, shepherd

[9] ποιμήν, ένος, ὁ, shepherd

[10] ῥάβδος, ου, ἡ, rod

[11] φυτεύω aor act sub 1p, plant

[12] ξηρός, ά, όν, dry, withered

[13] δένδρον, ου, τό, tree

[14] ἰτέα, ας, ἡ, willow tree

[15] φιλόζωος, ον, loving life

[16] γένος, ους, τό, descendant

[17] φυτεύω aor pass sub 3p, plant

[18] ῥάβδος, ου, ἡ, rod

[19] εἶτα, adv, then, next

[20] παραχέω pres act inf, pour near, pour on

[21] συνχαίρω fut mid ind 1s, rejoice with

[22] ἀμελής, ές, careless

[23] κελεύω aor act ind 3p, command, order

[24] ποιμήν, ένος, ὁ, shepherd

[25] τάγμα, ατος, τό, division, group

[26] τάγμα, ατος, τό, division, group

[27] ἐπιδίδωμι imp act ind 3p, hand over, deliver

[28] ῥάβδος, ου, ἡ, rod

[29] ποιμήν, ένος, ὁ, shepherd

[30] ποιμήν, ένος, ὁ, shepherd

[31] ῥάβδος, ου, ἡ, rod

[32] τάγμα, ατος, τό, division, group

[33] φυτεύω aor act ind 3s, plant

[34] φυτεύω aor act inf, plant

[35] παραχέω aor act ind 3s, pour near, pour on

133

ὕδατος μὴ φαίνεσθαι τὰς ῥάβδους.[1] **9** καὶ μετὰ τὸ ποτίσαι[2] αὐτὸν
τὰς ῥάβδους[3] λέγει μοι· Ἄγωμεν, καὶ μετ᾽ ὀλίγας ἡμέρας
ἐπανέλθωμεν[4] καὶ ἐπισκεψώμεθα[5] τὰς ῥάβδους[6] ταύτας πάσας· ὁ
γὰρ κτίσας[7] τὸ δένδρον[8] τοῦτο θέλει πάντας ζῆν τοὺς λαβόντας ἐκ
τοῦ δένδρου[9] τούτου κλάδους.[10] ἐλπίζω δὲ κἀγὼ ὅτι λαβόντα τὰ
ῥαβδία[11] ταῦτα ἰκμάδα[12] καὶ ποτισθέντα[13] ὕδατι ζήσονται τὸ
πλεῖστον μέρος αὐτῶν.

69:3 (ἡ 3) Λέγω αὐτῷ· Κύριε, τὸ δένδρον[14] τοῦτο τί ἐστιν
γνώρισόν μοι· ἀποροῦμαι[15] γὰρ περὶ αὐτοῦ, ὅτι τοσούτων[16]
κλάδων[17] κοπέντων[18] ὑγιές[19] ἐστι τὸ δένδρον[20] καὶ ὅλως[21] οὐδὲν
φαίνεται κεκομμένον[22] ἀπ᾽ αὐτοῦ· ἐν τούτῳ οὖν ἀποροῦμαι.[23]
2 Ἄκουε, φησί· τὸ δένδρον[24] τοῦτο τὸ μέγα τὸ σκεπάζον[25] πεδία[26]
καὶ ὄρη καὶ πᾶσαν τὴν γῆν, νόμος Θεοῦ ἐστιν ὁ δοθεὶς εἰς ὅλον
τὸν κόσμον· ὁ δὲ νόμος οὗτος ὁ υἱὸς τοῦ Θεοῦ ἐστιν ὁ κηρυχθεὶς
εἰς τὰ πέρατα[27] τῆς γῆς· οἱ δὲ ὑπὸ τὴν σκέπην[28] λαοὶ ὄντες οἱ
ἀκούσαντες τοῦ κηρύγματος[29] καὶ πιστεύσαντες εἰς αὐτόν· **3** ὁ δὲ

---

[1] ῥάβδος, ου, ἡ, rod
[2] ποτίζω aor act inf, drink
[3] ῥάβδος, ου, ἡ, rod
[4] ἐπανέρχομαι aor act sub 1p, return
[5] ἐπισκέπτομαι aor mid sub 1p, look at, visit
[6] ῥάβδος, ου, ἡ, rod
[7] κτίζω aor act ptcp m.s.nom., create
[8] δένδρον, ου, τό, tree
[9] δένδρον, ου, τό, tree
[10] κλάδος, ου, ὁ, branch
[11] ῥαβδίον, ου, τό, stick, twig
[12] ἰκμάς, άδος, ἡ, moisture
[13] ποτίζω aor pass ptcp n.p.nom., drink
[14] δένδρον, ου, τό, tree
[15] ἀπορέω pres mid/pass ind 1s, at a loss, be in doubt

[16] τοσοῦτος, αύτη, οῦτον, so many, so much
[17] κλάδος, ου, ὁ, branch
[18] κόπτω aor pass ptcp m.p.gen., cut (off), beat
[19] ὑγιής, ές, healthy, sound
[20] δένδρον, ου, τό, tree
[21] ὅλως, adv, completely, wholly
[22] κόπτω aor pass ptcp n.s.acc., cut (off), beat
[23] ἀπορέω pres mid/pass ind 1s, at a loss, be in doubt
[24] δένδρον, ου, τό, tree
[25] σκεπάζω pres act ptcp n.s.nom., spead over, protect
[26] πεδίον, ου, τό, plain, field
[27] πέρας, ατος, τό, end, limit
[28] σκέπη, ης, ἡ, shade
[29] κήρυγμα, ατος, τό, proclamation

ἄγγελος ὁ μέγας καὶ ἔνδοξος[1] Μιχαὴλ ὁ ἔχων τὴν ἐξουσίαν τούτου τοῦ λαοῦ καὶ διακυβερνῶν·[2] αὐτὸς γάρ ἐστιν ὁ διδῶν αὐτοῖς τὸν νόμον εἰς τὰς καρδίας τῶν πιστευόντων. ἐπισκέπτεται[3] οὖν αὐτούς οἷς ἔδωκεν, εἰ ἄρα τετηρήκασιν αὐτόν. **4** βλέπεις δὲ ἑνὸς ἑκάστου τὰς ῥάβδους·[4] αἱ γὰρ ῥάβδοι[5] ὁ νόμος ἐστί. βλέπεις οὖν πολλὰς ἐκ τῶν ῥάβδων[6] ἠχρειωμένας,[7] γνώσῃ δὲ αὐτοὺς πάντας τοὺς μὴ τηρήσαντας τὸν νόμον, καὶ ὄψῃ ἑνὸς ἑκάστου τὴν κατοικίαν.[8] **5** λέγω αὐτῷ· Κύριε, διατί[9] οὓς μὲν ἀπέλυσεν εἰς τὸν πύργον,[10] οὓς δὲ σοὶ κατέλειψεν;[11] Ὅσοι, φησί, παρέβησαν[12] τὸν νόμον ὃν ἔλαβον παρ' αὐτοῦ, εἰς τὴν ἐμὴν ἐξουσίαν κατέλιπεν αὐτοὺς εἰς μετάνοιαν·[13] ὅσοι δὲ ἤδη εὐηρέστηκαν[14] τῷ νόμῳ καὶ τετήρηκαν αὐτόν, ὑπὸ τὴν ἰδίαν ἐξουσίαν ἔχει αὐτούς. **6** Τίνες οὖν, φημί, κύριε, εἰσὶν οἱ ἐστεφανωμένοι[15] καὶ εἰς τὸν πύργον[16] ὑπάγοντες; Ὅσοι, φησί, συμπαλαίσαντες[17] τῷ διαβόλῳ ἐνίκησαν[18] αὐτόν, ἐστεφανωμένοι[19] εἰσίν· οὗτοί εἰσιν οἱ ὑπὲρ τοῦ νόμου παθόντες· **7** οἱ δὲ ἕτεροι καὶ αὐτοὶ χλωρὰς[20] τὰς ῥάβδους[21] ἐπιδεδωκότες[22] καὶ παραφυάδας[23]

---

[1] ἔνδοξος, ον, honored, glorious

[2] διακυβερνάω pres act ptcp m.s.nom., direct, govern

[3] ἐπισκέπτομαι pres mid/pass ind 3s, look at, visit

[4] ῥάβδος, ου, ἡ, rod, staff

[5] ῥάβδος, ου, ἡ, rod, staff

[6] ῥάβδος, ου, ἡ, rod, staff

[7] ἀχρειόω perf mid/pass ptcp f.p.acc., make useless, become worthless

[8] κατοικία, ας, ἡ, dwelling, habitation

[9] διατί, part, why

[10] πύργος, ου, ὁ, tower

[11] καταλείπω aor act ind 3s, leave

[12] παραβαίνω aor act ind 3p, go aside, break

[13] μετάνοια, ας, ἡ, repentance

[14] εὐαρεστέω perf act ind 3p, please, take delight

[15] στεφανόω perf mid/pass ind m.p.nom., crown

[16] πύργος, ου, ὁ, tower

[17] συμπαλαίω aor act ptcp m.p.nom., wrestle with

[18] νικάω aor act ind 3p, conquer, overcome

[19] στεφανόω perf mid/pass ind m.p.nom., crown

[20] χλωρός, ά, ό, green, pale

[21] ῥάβδος, ου, ἡ, rod, staff

[22] ἐπιδίδωμι perf act ptcp m.p.nom., hand over, deliver

[23] παραφυάς, άδος, ἡ, offshoot, side growth

ἐχούσας, καρπὸν δὲ μὴ ἐχούσας, οἱ ὑπὲρ τοῦ νόμου θλιβέντες,[1] μὴ παθόντες δὲ μηδὲ ἀρνησάμενοι τὸν νόμον αὐτῶν. **8** οἱ δὲ χλωρὰς[2] ἐπιδεδωκότες[3] οἵας[4] ἔλαβον, σεμνοὶ[5] καὶ δίκαιοι καὶ λίαν[6] πορευθέντες ἐν καθαρᾷ[7] καρδίᾳ καὶ τὰς ἐντολὰς τοῦ Κυρίου πεφυλακότες. τὰ δὲ λοιπὰ γνώσῃ, ὅταν κατανοήσω[8] τὰς ῥάβδους[9] ταύτας τὰς πεφυτευμένας[10] καὶ πεποτισμένας.[11]

70:1 (ἡ 4) Καὶ μετὰ ἡμέρας ὀλίγας ἤλθομεν εἰς τὸν τόπον, καὶ ἐκάθισεν ὁ ποιμὴν[12] εἰς τὸν τόπον τοῦ ἀγγέλου τοῦ μεγάλου, κἀγὼ παρεστάθην αὐτῷ. καὶ λέγει μοι· Περίζωσαι[13] ὠμόλινον,[14] καὶ διακόνει μοι. περιεζωσάμην[15] ἐγὼ ὠμόλινον[16] ἐκ σάκκου[17] γεγονὸς καθαρόν.[18] **2** ἰδὼν δέ με περιεζωσμένον[19] καὶ ἕτοιμον[20] ὄντα τοῦ διακονεῖν αὐτῷ, Κάλει, φησί, τοὺς ἄνδρας ὧν εἰσιν αἱ ῥάβδοι[21] πεφυτευμέναι,[22] κατὰ τὸ τάγμα,[23] ὥς τις ἐπέδωκεν[24] τὰς ῥάβδους.[25] καὶ ἀπῆλθον εἰς τὸ πεδίον[26] καὶ ἐκάλεσα πάντας· καὶ ἔστησαν πάντες τάγματα[27] τάγματα.[28] **3** λέγει αὐτοῖς· Ἕκαστος

---

[1] θλίβω aor pass ptcp m.p.nom., press upon, crowd

[2] χλωρός, ά, ό, green, pale

[3] ἐπιδίδωμι perf act ptcp m.p.nom., hand over, deliver

[4] οἷος, α, ον, of what sort

[5] σεμνός, ή, όν, noble, worthy of honor

[6] λίαν, adv, very, exceedingly

[7] καθαρός, ά, όν, clean, pure

[8] κατανοέω fut act ind 1s, notice, consider

[9] ῥάβδος, ου, ἡ, rod, staff

[10] φυτεύω perf mid/pass ptcp f.p.acc., plant

[11] ποτίζω perf mid/pass ptcp f.p.acc., drink

[12] ποιμήν, ένος, ὁ, shepherd

[13] περιζώννυμι aor mid imp 2s, gird about

[14] ὠμόλινον, ου, τό, apron, towel

[15] περιζώννυμι aor mid imp 2s, gird about

[16] ὠμόλινον, ου, τό, apron, towel

[17] σάκκος, ου, ὁ, sack, sackcloth

[18] καθαρός, ά, όν, clean, pure

[19] περιζώννυμι perf mid/pass ptcp m.s.acc., gird about

[20] ἕτοιμος, η, ον, ready

[21] ῥάβδος, ου, ἡ, rod, staff

[22] φυτεύω perf mid/pass ptcp f.p.nom., plant

[23] τάγμα, ατος, τό, division, group

[24] ἐπιδίδωμι aor act ind 3s, hand over, deliver

[25] ῥάβδος, ου, ἡ, rod, staff

[26] πεδίον, ου, τό, plain, field

[27] τάγμα, ατος, τό, division, group

[28] τάγμα, ατος, τό, division, group

ἐκτιλάτω[1] τὰς ῥάβδους[2] τὰς ἰδίας καὶ φερέτω πρός με. **4** πρῶτοι
ἐπέδωκαν[3] οἱ τὰς ξηρὰς[4] καὶ κεκομμένας[5] ἐσχηκότες, καὶ
ὡσαύτως[6] εὑρέθησαν ξηραὶ[7] καὶ κεκομμέναι· ἐκέλευσεν[9] αὐτοὺς
χωρὶς στῆναι. **5** εἶτα[10] ἐπέδωκαν[11] τὰς ῥάβδους[12] οἱ τὰς ξηρὰς[13] καὶ
μὴ κεκομμένας[14] ἔχοντες· τινὲς δὲ ἐξ αὐτῶν ἐπέδωκαν[15] τὰς
ῥάβδους[16] χλωράς,[17] τινὲς δὲ ξηρὰς[18] καὶ κεκομμένας[19] ὡς ὑπὸ
σητός.[20] τοὺς ἐπιδεδωκότας[21] οὖν χλωρὰς[22] ἐκέλευσε[23] χωρὶς
στῆναι, τοὺς δὲ ξηρὰς[24] καὶ κεκομμένας[25] ἐκέλευσε[26] μετὰ τῶν
πρώτων στῆναι. **6** εἶτα[27] ἐπέδωκαν[28] οἱ τὰς ἡμίσους[29] ξηροὺς[30] καὶ
σχισμὰς[31] ἐχούσας· καὶ πολλοὶ ἐξ αὐτῶν χλωρὰς[32] ἐπέδωκαν[33] καὶ
μὴ ἐχούσας σχισμάς·[34] τινὲς δὲ χλωρὰς[35] καὶ παραφυάδας[36] ἐχούσας,

---

[1] ἐκτίλλω aor act impv 3s, pull out
[2] ῥάβδος, ου, ἡ, rod, staff
[3] ἐπιδίδωμι aor act ind 3p, hand over, deliver
[4] ξηρός, ά, όν, dry, withered
[5] κόπτω perf mid/pass ptcp f.p.acc., cut (off), beat
[6] ὡσαύτως, adv, likewise
[7] ξηρός, ά, όν, dry, withered
[8] κόπτω perf mid/pass ptcp f.p.nom., cut (off), beat
[9] κελεύω aor act ind 3s, command, order
[10] εἶτα, adv, then, now
[11] ἐπιδίδωμι aor act ind 3p, hand over, deliver
[12] ῥάβδος, ου, ἡ, rod, staff
[13] ξηρός, ά, όν, dry, withered
[14] κόπτω perf mid/pass ptcp f.p.nom., cut (off), beat
[15] ἐπιδίδωμι aor act ind 3p, hand over, deliver
[16] ῥάβδος, ου, ἡ, rod, staff
[17] χλωρός, ά, ό, green, pale
[18] ξηρός, ά, όν, dry, withered

[19] κόπτω perf mid/pass ptcp f.p.acc., cut (off), beat
[20] σής, σεός, ὁ, moth
[21] ἐπιδίδωμι perf act ptcp m.p.acc., hand over, deliver
[22] χλωρός, ά, ό, green, pale
[23] κελεύω aor act ind 3s, command, order
[24] ξηρός, ά, όν, dry, withered
[25] κόπτω perf mid/pass ptcp f.p.nom., cut (off), beat
[26] κελεύω aor act ind 3s, command, order
[27] εἶτα, adv, then, now
[28] ἐπιδίδωμι aor act ind 3p, hand over, deliver
[29] ἥμισυς, εια, υ, half
[30] ξηρός, ά, όν, dry withered
[31] σχισμή, ῆς, ἡ, crack, fissure
[32] χλωρός, ά, ό, green, pale
[33] ἐπιδίδωμι aor act ind 3p, hand over, deliver
[34] σχισμή, ῆς, ἡ, crack, fissure
[35] χλωρός, ά, ό, green, pale
[36] παραφυάς, άδος, ἡ, offshoot, side growth

καὶ εἰς τὰς παραφυάδας[1] καρπούς, οἵας[2] εἶχον οἱ εἰς τὸν πύργον[3] πορευθέντες ἐστεφανωμένοι·[4] τινὲς δὲ ἐπέδωκαν[5] ξηρὰς[6] καὶ βεβρωμένας,[7] τινὲς δὲ ξηρὰς[8] καὶ ἀβρώτους,[9] τινὲς δὲ οἷαι[10] ἦσαν ἡμίξηροι[11] καὶ σχισμὰς[12] ἔχουσαι. ἐκέλευσεν[13] αὐτοὺς ἕκαστον αὐτῶν χωρὶς στῆναι, τοὺς μὲν πρὸς τὰ ἴδια τάγματα,[14] τοὺς δὲ χωρίς.

71:1 (ἡ 5) Εἶτα[15] ἐπεδίδουν[16] οἱ τὰς ῥάβδους[17] χλωρὰς[18] μὲν ἔχοντες, σχισμὰς[19] δὲ ἐχούσας· οὗτοι πάντες χλωρὰς[20] ἐπέδωκαν,[21] καὶ ἔστησαν εἰς τὸ ἴδιον τάγμα.[22] ἐχάρη δὲ ὁ ποιμὴν[23] ἐπὶ τούτοις, ὅτι πάντες ἠλλοιώθησαν[24] καὶ ἀπέθοντο[25] τὰ σχίσματα[26] αὐτῶν. **2** ἐπέδωκαν[27] δὲ καὶ οἱ τὸ ἥμισυ χλωρόν,[28] τὸ δὲ ἥμισυ[29] ξηρόν[30] ἔχοντες· τινῶν εὑρέθησαν αἱ ῥάβδοι[31] ὁλοτελεῖς[32] χλωραί,[33] τινῶν

---

[1] παραφυάς, άδος, ἡ, offshoot, side growth
[2] οἷος, α, ον, of what sort
[3] πύργος, ου, ὁ, tower
[4] στεφανόω perf mid/pass ptcp m.p.nom., crown
[5] ἐπιδίδωμι aor act ind 3p, hand over, deliver
[6] ξηρός, ά, όν, dry withered
[7] βιβρώσκω perf mid/pass ptcp f.p.acc., eat, consume
[8] ξηρός, ά, όν, dry withered
[9] ἄβρωτος, ον, not eaten
[10] οἷος, α, ον, of what sort
[11] ἥμισυς, εια, υ, half
[12] σχισμή, ῆς, ἡ, crack, fissure
[13] κελεύω aor act ind 3s, command, order
[14] τάγμα, ατος, τό, division, group
[15] εἶτα, adv, then, now
[16] ἐπιδίδωμι imp act ind 3p, hand over, deliver

[17] ῥάβδος, ου, ἡ, rod, staff
[18] χλωρός, ά, ό, green, pale
[19] σχισμή, ῆς, ἡ, crack, fissure
[20] χλωρός, ά, ό, green, pale
[21] ἐπιδίδωμι aor act ind 3p, hand over, deliver
[22] τάγμα, ατος, τό, division, group
[23] ποιμήν, ένος, ὁ, shepherd
[24] ἀλλοιόω aor pass ind 3p, change
[25] ἀποτίθημι aor mid ind 3p, take off, lay aside
[26] σχίσμα, ατος, τό, tear, crack, dissension
[27] ἐπιδίδωμι aor act ind 3p, give, hand over
[28] χλωρός, ά, ό, green, pale
[29] ἥμισυς, εια, υ, half
[30] ξηρός, ά, όν, dry, withered
[31] ῥάβδος, ου, ἡ, rod, staff
[32] ὁλοτελής, ες, quite complete
[33] χλωρός, ά, ό, green, pale

ἡμίξηροι,¹ τινῶν ξηραὶ² καὶ βεβρωμέναι,³ τινῶν δὲ χλωραὶ⁴ καὶ
παραφυάδας⁵ ἔχουσαι. οὗτοι πάντες ἀπελύθησαν ἕκαστος πρὸς τὸ
τάγμα⁶ αὐτοῦ. **3** εἶτα⁷ ἐπέδωκαν⁸ οἱ τὰ δύο μέρη χλωρὰ⁹
ἐσχηκότες, τὸ δὲ τρίτον ξηρόν·¹⁰ πολλοὶ ἐξ αὐτῶν χλωρὰς¹¹
ἐπέδωκαν,¹² πολλοὶ δὲ ἡμιξήρους,¹³ ἕτεροι δὲ ξηρὰς¹⁴ καὶ
βεβρωμένας·¹⁵ οὗτοι πάντες ἀπεστάλησαν ἕκαστος εἰς τὸ ἴδιον
τάγμα.¹⁶ **4** εἶτα¹⁷ ἐπέδωκαν¹⁸ οἱ τὰ δύο μέρη ξηρὰ¹⁹ ἔχοντες, τὸ δὲ
τρίτον χλωρόν.²⁰ πολλοὶ ἐξ αὐτῶν ἡμιξήρους²¹ ἐπέδωκαν,²² τινὲς
δὲ ξηρὰς²³ καὶ βεβρωμένας,²⁴ τινὲς δὲ ἡμιξήρους²⁵ καὶ σχισμὰς²⁶
ἐχούσας· ὀλίγοι δὲ χλωράς.²⁷ οὗτοι πάντες ἔστησαν εἰς τὸ ἴδιον
τάγμα.²⁸ **5** ἐπέδωκαν²⁹ δὲ οἱ τὰς ῥάβδους³⁰ αὐτῶν χλωρὰς³¹
ἐσχηκότες, ἐλάχιστον δὲ ξηρὸν³² καὶ σχισμὰς ἐχούσας. ἐκ τούτων

---

¹ ἡμίξηρος, ον, half dry, half withered
² ξηρός, ά, όν, dry, withered
³ βιβρώσκω perf mid/pass ptcp f.p.nom., eat, consume
⁴ χλωρός, ά, ό, green, pale
⁵ παραφυάς, άδος, ἡ, offshoot, side growth
⁶ τάγμα, ατος, τό, division, group
⁷ εἶτα, adv, then, now
⁸ ἐπιδίδωμι aor act ind 3p, give, hand over
⁹ χλωρός, ά, ό, green, pale
¹⁰ ξηρός, ά, όν, dry, withered
¹¹ χλωρός, ά, ό, green, pale
¹² ἐπιδίδωμι aor act ind 3p, give, hand over
¹³ ἡμίξηρος, ον, half dry, half withered
¹⁴ ξηρός, ά, όν, dry, withered
¹⁵ βιβρώσκω perf mid/pass ptcp f.p.acc., eat, consume
¹⁶ τάγμα, ατος, τό, division, group
¹⁷ εἶτα, adv, then, now
¹⁸ ἐπιδίδωμι aor act ind 3p, give, hand over
¹⁹ ξηρός, ά, όν, dry, withered
²⁰ χλωρός, ά, ό, green, pale
²¹ ἡμίξηρος, ον, half dry, half withered
²² ἐπιδίδωμι aor act ind 3p, give, hand over
²³ ξηρός, ά, όν, dry, withered
²⁴ βιβρώσκω perf mid/pass ptcp f.p.acc., eat, consume
²⁵ ἡμίξηρος, ον, half dry, half withered
²⁶ σχισμή, ῆς, ἡ, crack, fissure
²⁷ χλωρός, ά, ό, green, pale
²⁸ τάγμα, ατος, τό, division, group
²⁹ ἐπιδίδωμι aor act ind 3p, give, hand over
³⁰ ῥάβδος, ου, ἡ, rod, staff
³¹ χλωρός, ά, ό, green, pale
³² ξηρός, ά, όν, dry, withered

τινὲς χλωρὰς[1] ἐπέδωκαν,[2] τινὲς δὲ χλωρὰς[3] καὶ παραφυάδας[4] ἐχούσας. ἀπῆλθον καὶ οὗτοι εἰς τὸ τάγμα[5] αὐτῶν. **6** εἶτα[6] ἐπέδωκαν[7] οἱ ἐλάχιστον[8] ἔχοντες χλωρόν,[9] τὰ δὲ λοιπὰ μέρη ξηρά·[10] τούτων αἱ ῥάβδοι[11] εὑρέθησαν τὸ πλεῖστον μέρος χλωραὶ[12] καὶ παραφυάδας[13] ἔχουσαι καὶ καρπὸν ἐν ταῖς παραφυάσι,[14] καὶ ἕτεραι χλωραὶ[15] ὅλαι. ἐπὶ ταύταις ταῖς ῥάβδοις[16] ἐχάρη λίαν[17] μεγάλως[18] ὁ ποιμὴν[19] μεγάλως,[20] ὅτι οὕτως εὑρέθησαν. ἀπῆλθον καὶ οὗτοι ἕκαστος εἰς τὸ ἴδιον τάγμα.[21]

72:1 (ἡ 6) Μετὰ τὸ πάντων κατανοῆσαι[22] τὰς ῥάβδους[23] τὸν ποιμένα[24] λέγει μοι· Εἶπόν σοι ὅτι τὸ δένδρον[25] τοῦτο φιλόζωόν[26] ἐστι. βλέπεις, φησί, πόσοι[27] μετενόησαν καὶ ἐσώθησαν; Βλέπω, φημί, κύριε. Ἵνα ἴδῃς, φησί, τὴν πολυευσπλαγχνίαν[28] τοῦ Κυρίου, ὅτι μεγάλη καὶ ἔνδοξός[29] ἐστι, καὶ ἔδωκε πνεῦμα τοῖς ἀξίοις οὖσι μετανοίας.[30] **2** Διατί[31] οὖν, φημί, κύριε, πάντες οὐ μετενόησαν; Ὧν εἶδε, φησί, τὴν καρδίαν μέλλουσαν καθαρὰν[32] γενέσθαι καὶ

---

[1] χλωρός, ά, ό, green, pale
[2] ἐπιδίδωμι aor act ind 3p, hand over, deliver
[3] χλωρός, ά, ό, green, pale
[4] παραφυάς, άδος, ἡ, offshoot, side growth
[5] τάγμα, ατος, τό, division, group
[6] εἶτα, adv, then, now
[7] ἐπιδίδωμι aor act ind 3p, give, hand over
[8] ἐλάχιστος, ίστη, ον, least
[9] χλωρός, ά, ό, green, pale
[10] ξηρός, ά, όν, dry, withered
[11] ῥάβδος, ου, ἡ, rod, staff
[12] χλωρός, ά, ό, green, pale
[13] παραφυάς, άδος, ἡ, offshoot, side growth
[14] παραφυάς, άδος, ἡ, offshoot, side growth
[15] χλωρός, ά, ό, green, pale
[16] ῥάβδος, ου, ἡ, rod, staff
[17] λίαν adv, very, exceedingly
[18] μεγάλως, adv, greatly
[19] ποιμήν, ένος, ὁ, shepherd
[20] μεγάλως, adv, greatly
[21] τάγμα, ατος, τό, division, group
[22] κατανοέω aor act inf, notice, consider
[23] ῥάβδος, ου, ἡ, rod, staff
[24] ποιμήν, ένος, ὁ, shepherd
[25] δένδρον, ου, τό, tree
[26] φιλόζωος, ον, loving life
[27] πόσος, η, ον, how great
[28] πολυευσπλαγχνία, ας, ἡ, richness in mercy
[29] ἔνδοξος, ον, honored, glorious
[30] μετάνοια, ας, ἡ, repentance
[31] διατί, part, why
[32] καθαρός, ά, όν, clean, pure

δουλεύειν¹ αὐτῷ ἐξ ὅλης καρδίας, τούτοις ἔδωκε τὴν μετάνοιαν·² ὧν δὲ εἶδε τὴν δολιότητα³ καὶ πονηρίαν,⁴ μελλόντων ἐν ὑποκρίσει⁵ μετανοεῖν, ἐκείνοις οὐκ ἔδωκε μετάνοιαν,⁶ μήποτε⁷ πάλιν βεβηλώσωσι⁸ τὸ ὄνομα αὐτοῦ. 3 λέγω αὐτῷ· Κύριε, νῦν μοι δήλωσον⁹ τοὺς τὰς ῥάβδους¹⁰ ἐπιδεδωκότας,¹¹ ποταπός¹² τις αὐτῶν ἐστι, καὶ τὴν τούτων κατοικίαν,¹³ ἵνα ἀκούσαντες οἱ πιστεύσαντες καὶ εἰληφότες τὴν σφραγίδα¹⁴ καὶ τεθλακότες¹⁵ αὐτὴν καὶ μὴ τηρήσαντες ὑγιῆ,¹⁶ ἐπιγνόντες τὰ ἑαυτῶν ἔργα μετανοήσωσι, λαβόντες ὑπὸ σοῦ σφραγίδα,¹⁷ καὶ δοξάσωσι τὸν Κύριον, ὅτι ἐσπλαγχνίσθη¹⁸ ἐπ᾽ αὐτοῖς καὶ ἐξαπέστειλέ¹⁹ σε τοῦ ἀνακαινίσαι²⁰ τὰ πνεύματα αὐτῶν. 4 Ἄκουε, φησίν· ὧν αἱ ῥάβδοι²¹ ξηραὶ²² καὶ βεβρωμέναι²³ ὑπὸ σητὸς²⁴ εὑρέθησαν, οὗτοί εἰσιν οἱ ἀποστάται²⁵ καὶ προδόται²⁶ τῆς ἐκκλησίας καὶ βλασφημήσαντες ἐν ταῖς ἁμαρτίαις αὐτῶν τὸν Κύριον, ἔτι δὲ καὶ ἐπαισχυνθέντες²⁷ τὸ ὄνομα τοῦ Κυρίου τὸ ἐπικληθὲν ἐπ᾽ αὐτούς. οὗτοι οὖν εἰς τέλος ἀπώλοντο τῷ Θεῷ. βλέπεις δὲ ὅτι οὐδὲ εἷς αὐτῶν μετενόησε, καίπερ²⁸ ἀκούσαντες τὰ ῥήματα ἃ ἐλάλησας αὐτοῖς, ἅ σοι

---

¹ δουλεύω pres act inf, to be a slave
² μετάνοια, ας, ἡ, repentance
³ δολιότης, ητος, ἡ, deceit
⁴ πονηρία, ας, ἡ, wickedness
⁵ ὑπόκρισις, εως, ἡ, pretense
⁶ μετάνοια, ας, ἡ, repentance
⁷ μήποτε, conj, never
⁸ βεβηλόω aor act sub 3p, profane
⁹ δηλόω impv aor act 2s, show, reveal
¹⁰ ῥάβδος, ου, ἡ, rod, stick
¹¹ ἐπιδίδωμι perf act ptcp m.p.acc., hand over, deliver
¹² ποταπός, ή, όν, of what sort
¹³ κατοικία, ας, ἡ, dwelling, habitation
¹⁴ σφραγίς, ῖδος, ἡ, signet, seal
¹⁵ θλάω perf act ptcp m.p.nom., break
¹⁶ ὑγιής, ές, healthy, sound
¹⁷ σφραγίς, ῖδος, ἡ, signet, seal
¹⁸ σπλαγχνίζομαι aor pass ind 3s, have pity, feel sympathy
¹⁹ ἐξαποστέλλω aor act ind 3s, send away, send off
²⁰ ἀνακαινίζω aor act inf, renew, restore
²¹ ῥάβδος, ου, ἡ, rod, staff
²² ξηρός, ά, όν, dry, withered
²³ βιβρώσκω perf mid/pass ptcp f.p.nom., eat, consume
²⁴ σής, σεός, ὁ, moth
²⁵ ἀποστάτης, ου, ὁ, deserter, rebel
²⁶ προδότης, ου, ὁ, traitor, betrayer
²⁷ ἐπαισχύνομαι aor pass ptcp m.p.nom., be ashamed
²⁸ καίπερ, conj, although

ἐνετειλάμην·¹ ἀπὸ τῶν τοιούτων ἡ ζωὴ ἀπέστη.² **5** οἱ δὲ τὰς ξηρὰς³ καὶ ἀσήπτους⁴ ἐπιδεδωκότες,⁵ καὶ οὗτοι ἐγγὺς αὐτῶν· ἦσαν γὰρ ὑποκριταὶ⁶ καὶ διδαχὰς ἑτέρας εἰσφέροντες⁷ καὶ ἐκστρέφοντες⁸ τοὺς δούλους τοῦ Θεοῦ, μάλιστα⁹ δὲ τοὺς ἡμαρτηκότας, μὴ ἀφιέντες αὐτοὺς μετανοεῖν, ἀλλὰ ταῖς διδαχαῖς ταῖς μωραῖς¹⁰ πείθοντες αὐτούς. οὗτοι οὖν ἔχουσιν ἐλπίδα τοῦ μετανοῆσαι. **6** βλέπεις δὲ πολλοὺς ἐξ αὐτῶν καὶ μετανενοηκότας ἀφότε ἐλάλησας αὐτοῖς τὰς ἐντολάς μου· καὶ ἔτι μετανοήσουσιν. ὅσοι δὲ οὐ μετανοήσουσιν, ἀπώλεσαν τὴν ζωὴν αὐτῶν· ὅσοι δὲ μετενόησαν ἐξ αὐτῶν, ἀγαθοὶ ἐγένοντο, καὶ ἐγένετο ἡ κατοικία¹¹ αὐτῶν εἰς τὰ τείχη¹² τὰ πρῶτα· τινὲς δὲ καὶ εἰς τὸν πύργον¹³ ἀνέβησαν. βλέπεις οὖν, φησίν, ὅτι ἡ μετάνοια¹⁴ τῶν ἁμαρτωλῶν ζωὴν ἔχει, τὸ δὲ μὴ μετανοῆσαι θάνατον.

73:1 (ἡ 7) Ὅσοι δὲ ἡμιξήρους¹⁵ ἐπέδωκαν¹⁶ καὶ ἐν αὐταῖς σχισμὰς¹⁷ εἶχον, ἄκουε καὶ περὶ αὐτῶν. ὅσων ἦσαν αἱ ῥάβδοι¹⁸ ἡμίξηροι,¹⁹ δίψυχοί²⁰ εἰσιν· οὔτε γὰρ ζῶσιν οὔτε τεθνήκασιν.²¹ **2** οἱ δὲ ἡμιξήρους²² ἔχοντες καὶ ἐν αὐταῖς σχισμάς,²³ οὗτοι καὶ δίψυχοί²⁴

---

¹ ἐντέλλω aor mid ind 1s, command, order

² ἀφίστημι aor act ind 3s, mislead, withdraw

³ ξηρός, ά, όν, dry, withered

⁴ ἄσηπτος, ον, not rotted

⁵ ἐπιδίδωμι perf act ptcp m.p.acc., hand over, deliver

⁶ ὑποκριτής, οῦ, ὁ, actor, pretender

⁷ εἰσφέρω pres act ptcp m.p.nom., bring in

⁸ ἐκστρέφω pres act ptcp m.p.nom., turn aside

⁹ μάλιστα, adv, most of all, especially

¹⁰ μωρός, ά, όν, foolish, stupid

¹¹ κατοικία, ας, ἡ, dwelling, habitation

¹² τεῖχος, ους, τό, wall

¹³ πύργος, ου, ὁ, tower

¹⁴ μετάνοια, ας, ἡ, repentance

¹⁵ ἡμίξηρος, ον, half dry, half withered

¹⁶ ἐπιδίδωμι aor act ind 3p, hand over, deliver

¹⁷ σχισμή, ῆς, ἡ, crack, fissure

¹⁸ ῥάβδος, ου, ἡ, rod, stick

¹⁹ ἡμίξηρος, ον, half dry, half withered

²⁰ δίψυχος, ον, doubting, hesitating

²¹ θνήσκω perf act ind 3p, die

²² ἡμίξηρος, ον, half dry, half withered

²³ σχισμή, ῆς, ἡ, crack, fissure

²⁴ δίψυχος, ον, doubting, hesitating

εἰσι καὶ κατάλαλοι,[1] μηδέποτε[2] εἰρηνεύοντες[3] ἐν ἑαυτοῖς, ἀλλὰ διχοστατοῦντες[4] πάντοτε. ἀλλὰ καὶ τούτοις, φησίν, ἐπίκειται[5] μετάνοια.[6] βλέπεις, φησί, ἤδη τινὰς ἐξ αὐτῶν μετανενοηκότας· καὶ ἔτι ἐλπίς ἐστιν ἐν αὐτοῖς μετανοίας.[7] **3** ὅσοι οὖν, φησίν, ἐξ αὐτῶν μετανενοήκασι, τὴν κατοικίαν[8] εἰς τὸν πύργον[9] ἔχουσιν· ὅσοι δὲ ἐξ αὐτῶν βραδύτερον[10] μετανενοήκασιν, εἰς τὰ τείχη[11] κατοικήσουσιν· ὅσοι δὲ οὐ μετανοήσουσιν, ἀλλ᾽ ἐμμενοῦσιν[12] ἐν ταῖς πράξεσιν[13] αὐτῶν, θανάτῳ ἀποθανοῦνται. **4** οἱ δὲ χλωρὰς[14] ἐπιδεδωκότες[15] τὰς ῥάβδους[16] αὐτῶν καὶ σχισμὰς[17] ἐχούσας, πάντοτε οὖτοι πιστοὶ καὶ ἀγαθοὶ ἐγένοντο, ἔχοντες δὲ ζῆλόν[18] τινα ἐν ἀλλήλοις περὶ πρωτείων καὶ περὶ δόξης τινός· ἀλλὰ πάντες οὖτοι μωροί εἰσιν, ἐν ἀλλήλοις ἔχοντες περὶ πρωτείων.[19] **5** ἀλλὰ καὶ οὖτοι ἀκούσαντες τῶν ἐντολῶν μου, ἀγαθοὶ ὄντες, ἐκαθάρισαν ἑαυτοὺς καὶ μετενόησαν ταχύ.[20] ἐγένετο οὖν ἡ κατοίκησις[21] αὐτῶν εἰς τὸν πύργον.[22] ἐὰν δέ τις αὐτῶν πάλιν ἐπιστραφῇ εἰς τὴν διχοστασίαν,[23] ἐκβληθήσεται ἀπὸ τοῦ πύργου,[24] καὶ ἀπολέσει τὴν ζωὴν αὐτοῦ. **6** ἡ ζωὴ πάντων ἐστὶ τῶν τὰς ἐντολὰς τοῦ Κυρίου τηρούντων· ἐν ταῖς ἐντολαῖς δὲ περὶ

---

[1] κατάλαλος, ον, slanderous

[2] μηδέποτε, adv, never

[3] εἰρηνεύω pres act ptcp m.p.nom., reconcile, be at peace

[4] διχοστατέω pres act ind m.p.nom., disagree

[5] ἐπίκειμαι pres mid/pass ind 3s, lie upon, press around

[6] μετάνοια, ας, ἡ, repentance

[7] μετάνοια, ας, ἡ, repentance

[8] κατοικία, ας, ἡ, dwelling, habitation

[9] πύργος, ου, ὁ, tower

[10] βραδύς, εῖα, ύ, slow

[11] τεῖχος, ους, τό, wall

[12] ἐμμένω fut act ind 3p, stay, remain

[13] πρᾶξις, εως, ἡ, acting, function, deed

[14] χλωρός, ά, ό, green, pale

[15] ἐπιδίδωμι perf act ptcp m.p.nom., hand over, deliver

[16] ῥάβδος, ου, ἡ, rod, stick

[17] σχισμή, ῆς, ἡ, crack, fissure

[18] ζῆλος, ου, ὁ, zeal, jealousy

[19] πρωτεῖος, α, ον, of first quality, rank

[20] ταχύς, εῖα, ύ, swift, soon

[21] κατοίκησις, εως, ἡ, living, dwelling

[22] πύργος, ου, ὁ, tower

[23] διχοστασία, ας, ἡ, dissension

[24] πύργος, ου, ὁ, tower

πρωτείων[1] ἢ περὶ δόξης τινὸς οὐκ ἔστιν, ἀλλὰ περὶ μακροθυμίας[2] καὶ περὶ ταπεινοφροσύνης[3] ἀνδρός. ἐν τοῖς τοιούτοις οὖν ἡ ζωὴ τοῦ Κυρίου, ἐν δὲ τοῖς διχοστάταις[4] καὶ παρανόμοις[5] θάνατος.

74:1 (ἡ 8) Οἱ δὲ ἐπιδεδωκότες[6] τὰς ῥάβδους[7] ἥμισυ[8] χλωράς,[9] ἥμισυ[10] ξηράς,[11] οὗτοί εἰσιν οἱ ταῖς πραγματείαις[12] αὐτῶν ἐμπεφυρμένοι[13] καὶ τοῖς ἁγίοις μὴ κολλώμενοι.[14] διὰ τοῦτο τὸ ἥμισυ[15] αὐτῶν ζῇ, καὶ τὸ ἥμισυ[16] νεκρόν ἐστι. **2** πολλοὶ οὖν ἀκούσαντες μου τῶν ἐντολῶν μετενόησαν. ὅσοι γοῦν[17] μετενόησαν, ἡ κατοικία[18] αὐτῶν εἰς τὸν πύργον.[19] τινὲς δὲ αὐτῶν εἰς τέλος ἀπέστησαν.[20] οὗτοι οὖν μετάνοιαν[21] οὐκ ἔχουσιν· διὰ τὰς πραγματείας[22] γὰρ αὐτῶν ἐβλασφήμησαν τὸν Κύριον καὶ ἀπηρνήσαντο[23] αὐτόν. ἀπώλεσαν οὖν τὴν ζωὴν αὐτῶν διὰ τὴν πονηρίαν[24] ἣν ἔπραξαν. **3** πολλοὶ δὲ ἐξ αὐτῶν ἐδιψύχησαν.[25] οὗτοι ἔτι ἔχουσι μετάνοιαν,[26] ἐὰν ταχὺ[27] μετανοήσωσι, καὶ ἔσται αὐτῶν

---

[1] πρωτεῖος, α, ον, of first quality, rank

[2] μακροθυμία, ας, ἡ, patience, endurance

[3] ταπεινοφροσύνη, ης, ἡ, humility

[4] διχοστάτης, ου, ὁ, one who causes dissensions

[5] παράνομος, ον, lawless

[6] ἐπιδίδωμι perf act ptcp m.p.nom., hand over, deliver

[7] ῥάβδος, ου, ἡ, rod, stick

[8] ἥμισυς, εια, υ, half

[9] χλωρός, ά, ό, green, pale

[10] ἥμισυς, εια, υ, half

[11] ξηρός, ά, όν, dry, withered

[12] πραγματεία, ας, ἡ, activity, occupation

[13] ἐμφύρω perf mid/pass ptcp m.p.nom., put together, combine

[14] κολλάω pres mid/pass ptcp m.p.nom., bind closely, unite

[15] ἥμισυς, εια, υ, half

[16] ἥμισυς, εια, υ, half

[17] γοῦν, part, hence, then

[18] κατοικία, ας, ἡ, dwelling, habitation

[19] πύργος, ου, ὁ, tower

[20] ἀφίστημι aor act ind 3p, mislead, withdraw

[21] μετάνοια, ας, ἡ, repentance

[22] πραγματεία, ας, ἡ, activity, occupation

[23] ἀπαρνέομαι aor mid ind 3p, deny

[24] πονηρία, ας, ἡ, wickedness, sinfulness

[25] διψυχέω aor act ind 3p, be undecided, doubt

[26] μετάνοια, ας, ἡ, repentance

[27] ταχύς, εῖα, ύ, adv, quick, soon

ἡ κατοικία¹ εἰς τὸν πύργον·² ἐὰν δὲ βραδύτερον³ μετανοήσωσι, κατοικήσουσιν εἰς τὰ τείχη·⁴ ἐὰν δὲ μὴ μετανοήσωσι, καὶ αὐτοὶ ἀπώλεσαν τὴν ζωὴν αὐτῶν. **4** οἱ δὲ τὰ δύο μέρη χλωρά,⁵ τὸ δὲ τρίτον ξηρὸν⁶ ἐπιδεδωκότες,⁷ οὗτοί εἰσιν οἱ ἀρνησάμενοι ποικίλαις,⁸ ἀρνήσεσι.⁹ **5** πολλοὶ οὖν μετενόησαν ἐξ αὐτῶν, καὶ ἀπῆλθον εἰς τὸν πύργον¹⁰ κατοικεῖν· πολλοὶ δὲ ἀπέστησαν¹¹ εἰς τέλος τοῦ Θεοῦ· οὗτοι τὴν ζωὴν εἰς τέλος ἀπώλεσαν. τινὲς δὲ ἐξ αὐτῶν ἐδιψύχησαν¹² καὶ ἐδιχοστάτησαν.¹³ τούτοις οὖν ἐστὶ μετάνοια,¹⁴ ἐὰν ταχὺ¹⁵ μετανοήσωσι καὶ μὴ ἐπιμείνωσι¹⁶ ταῖς ἡδοναῖς¹⁷ αὐτῶν· ἐὰν δὲ ἐπιμείνωσι¹⁸ ταῖς πράξεσιν¹⁹ αὐτῶν, καὶ αὐτοὶ θάνατον ἑαυτοῖς κατεργάζονται.²⁰

75:1 (ή 9) Οἱ δὲ ἐπιδεδωκότες²¹ τὰς ῥάβδους²² τὰ μὲν δύο μέρη ξηρά,²³ τὸ δὲ τρίτον χλωρόν,²⁴ οὗτοί εἰσι πιστοὶ μὲν γεγονότες, πλουτήσαντες²⁵ δὲ καὶ γενόμενοι ἐνδοξότεροι²⁶ παρὰ τοῖς ἔθνεσιν· ὑπερηφανίαν²⁷ μεγάλην ἐνεδύσαντο²⁸ καὶ ὑψηλόφρονες²⁹

---

¹ κατοικία, ας, ἡ, dwelling, habitation
² πύργος, ου, ὁ, tower
³ βραδύς, εῖα, ύ, slow
⁴ τεῖχος, ους, τό, wall
⁵ χλωρός, ά, ό, green, pale
⁶ ξηρός, ά, όν, dry, withered
⁷ ἐπιδίδωμι perf act ptcp m.p.nom., hand over, deliver
⁸ ποικίλος, η, ον, diversified, manifold
⁹ ἄρνησις, εως, ἡ, repudiation, rejection
¹⁰ πύργος, ου, ὁ, tower
¹¹ ἀφίστημι aor act ind 3p, mislead, withdraw
¹² διψυχέω aor act ind 3p, be undecided, doubt
¹³ διχοστατέω aor act ind 3p, disagree, feel doubts
¹⁴ μετάνοια, ας, ἡ, repentance
¹⁵ ταχύς, εῖα, ύ, adv, quick, soon
¹⁶ ἐπιμένω aor act sub 3p, stay, remain
¹⁷ ἡδονή, ῆς, ἡ, pleasure, delight
¹⁸ ἐπιμένω aor act sub 3p, remain, persevere
¹⁹ πρᾶξις, εως, ἡ, acting, function
²⁰ κατεργάζομαι pres mid/pass ind 3p, achieve, accomplish, produce
²¹ ἐπιδίδωμι perf act ptcp m.p.nom., give, hand over
²² ῥάβδος, ου, ἡ, rod, stick
²³ ξηρός, ά, όν, dry, withered
²⁴ χλωρός, ά, ό, green, pale
²⁵ πλουτέω aor act ptcp m.p.nom., be rich
²⁶ ἔνδοξος, ον, honored, glorious
²⁷ ὑπερηφανία, ας, ἡ, arrogance, pride
²⁸ ἐνδύω aor mid ind 3p, dress, wear
²⁹ ὑψηλόφρων, ον, proud, haughty

ἐγένοντο καὶ κατέλιπον¹ τὴν ἀλήθειαν, καὶ οὐκ ἐκολλήθησαν²
τοῖς δικαίοις, ἀλλὰ μετὰ τῶν ἐθνῶν συνέζησαν,³ καὶ αὕτη ἡ ὁδὸς
αὐτοῖς ἡδυτέρα⁴ ἐγένετο· ἀπὸ δὲ τοῦ Θεοῦ οὐκ ἀπέστησαν,⁵ ἀλλ'
ἐνέμειναν⁶ τῇ πίστει, μὴ ἐργαζόμενοι τὰ ἔργα τῆς πίστεως.
2 πολλοὶ οὖν ἐξ αὐτῶν μετενόησαν, καὶ ἐγένετο ἡ κατοίκησις⁷
αὐτῶν ἐν τῷ πύργῳ.⁸ **3** ἕτεροι δὲ εἰς τέλος μετὰ τῶν ἐθνῶν
συνζῶντες⁹ καὶ φθειρόμενοι¹⁰ ταῖς κενοδοξίαις¹¹ τῶν ἐθνῶν
ἀπέστησαν¹² ἀπὸ τοῦ Θεοῦ, καὶ ἔπραξαν τὰς πράξεις¹³ τῶν ἐθνῶν.
οὗτοι οὖν μετὰ τῶν ἐθνῶν ἐλογίσθησαν. **4** ἕτεροι δὲ ἐξ αὐτῶν
ἐδιψύχησαν¹⁴ μὴ ἐλπίζοντες σωθῆναι διὰ τὰς πράξεις¹⁵ ἃς
ἔπραξαν· ἕτεροι δὲ ἐδιψύχησαν¹⁶ καὶ σχίσματα¹⁷ ἐν ἑαυτοῖς
ἐποιήσαντο. τούτοις οὖν τοῖς διψυχήσασι¹⁸ διὰ τὰς πράξεις¹⁹
αὐτῶν μετάνοια²⁰ ἔτι ἐστίν· ἀλλ' ἡ μετάνοια²¹ αὐτῶν ταχινὴ²²
ὀφείλει εἶναι, ἵνα ἡ κατοικία²³ αὐτῶν γένηται εἰς τὸν πύργον·²⁴
τῶν δὲ μὴ μετανοούντων, ἀλλὰ ἐπιμενόντων²⁵ ταῖς ἡδοναῖς,²⁶ ὁ
θάνατος ἐγγύς.

---

¹ καταλείπω aor act ind 3p, leave
² κολλάω aor pass ind 3p, unite, cling
   to
³ συζάω aor act ind 3p, live with
⁴ ἡδύς, εῖα, ύ, pleasant
⁵ ἀφίστημι aor act ind 3p, mislead,
   withdraw
⁶ ἐμμένω aor act ind 3p, stay, remain,
   persevere
⁷ κατοίκησις, εως, ἡ, living
   (quarters), dwelling
⁸ πύργος, ου, ὁ, tower
⁹ συζάω pres act ptcp m.p.nom., live
   with
¹⁰ φθείρω pres mid/pass ptcp
   m.p.nom., destroy, corrupt
¹¹ κενοδοξία, ας, ἡ, vanity, error
¹² ἀφίστημι aor act ind 3p, mislead
   withdraw
¹³ πρᾶξις, εως, ἡ, activity, way of
   acting, deed

¹⁴ διψυχέω aor act ind 3p, be
   undecided, doubt
¹⁵ πρᾶξις, εως, ἡ, activity, way of
   acting, deed
¹⁶ διψυχέω aor act ind 3p, be
   undecided, doubt
¹⁷ σχίσμα, ατος, τό, tear, schism
¹⁸ διψυχέω aor act ptcp m.p.dat., be
   undecided, doubt
¹⁹ πρᾶξις, εως, ἡ, activity, way of
   acting, deed
²⁰ μετάνοια, ας, ἡ, repentance
²¹ μετάνοια, ας, ἡ, repentance
²² ταχινός, ή, όν, quick, imminent
²³ κατοικία, ας, ἡ, dwelling,
   habitation
²⁴ πύργος, ου, ὁ, tower
²⁵ ἐπιμένω pres act ptcp m.p.gen.,
   stay, remain, persevere
²⁶ ἡδονή, ῆς, ἡ, pleasure, delight

76:1 (ἡ 10) Οἱ δὲ ἐπιδεδωκότες[1] τὰς ῥάβδους[2] χλωράς,[3] αὐτὰ δὲ τὰ ἄκρα[4] ξηρὰ[5] καὶ σχισμὰς[6] ἔχοντα, οὗτοι πάντοτε ἀγαθοὶ καὶ πιστοὶ καὶ ἔνδοξοι[7] παρὰ τῷ Θεῷ ἐγένοντο, ἐλάχιστον[8] δὲ ἐξήμαρτον[9] διὰ μικρὰς ἐπιθυμίας καὶ μικρὰ κατ' ἀλλήλων ἔχοντες· ἀλλ' ἀκούσαντές μου τῶν ῥημάτων τὸ πλεῖστον μέρος ταχὺ[10] μετενόησαν, καὶ ἐγένετο ἡ κατοικία[11] αὐτῶν εἰς τὸν πύργον.[12] **2** τινὲς δὲ ἐξ αὐτῶν ἐδιψύχησαν,[13] τινὲς δὲ διψυχήσαντες[14] διχοστασίαν[15] μείζονα ἐποίησαν. ἐν τούτοις οὖν ἔτι ἐστὶ μετανοίας[16] ἐλπίς, ὅτι ἀγαθοὶ πάντοτε ἐγένοντο· δυσκόλως[17] δέ τις αὐτῶν ἀποθανεῖται. **3** οἱ δὲ τὰς ῥάβδους[18] αὐτῶν ἐπιδεδωκότες[19] ξηράς,[20] ἐλάχιστον[21] δὲ χλωρὸν[22] ἐχούσας, οὗτοί εἰσιν οἱ πιστεύσαντες μέν, τὰ δὲ ἔργα τῆς ἀνομίας[23] ἐργασάμενοι· οὐδέποτε[24] δὲ ἀπὸ τοῦ Θεοῦ ἀπέστησαν,[25] καὶ τὸ ὄνομα ἡδέως[26] ἐβάστασαν,[27] καὶ εἰς τοὺς οἴκους αὐτῶν ἡδέως[28] ὑπεδέξαντο[29] τοὺς δούλους τοῦ Θεοῦ. ἀκούσαντες οὖν ταύτην τὴν μετάνοιαν[30]

---

[1] ἐπιδίδωμι perf act ptcp m.p.nom., give, hand over

[2] ῥάβδος, ου, ἡ, rod, stick

[3] χλωρός, ά, ό, green, pale

[4] ἄκρον, ου, τό, high point, top

[5] ξηρός, ά, όν, dry, withered

[6] σχισμή, ῆς, ἡ, crack, fissure

[7] ἔνδοξος, ον, honored, glorious

[8] ἐλάχιστος, ίστη, ον, least, short

[9] ἐξαμαρτάνω aor act ind 3p, do wrong, sin

[10] ταχύς, εῖα, ύ, adv, quick, swift, speedy

[11] κατοικία, ας, ἡ, dwelling, habitation

[12] πύργος, ου, ὁ, tower

[13] διψυχέω aor act ind 3p, be undecided, doubt

[14] διψυχέω aor act ptcp m.p.nom., be undecided, doubt

[15] διχοστασία, ας, ἡ, dissension

[16] μετάνοια, ας, ἡ, repentence

[17] δυσκόλως, adv, hardly, with difficulty

[18] ῥάβδος, ου, ἡ, rod, stick

[19] ἐπιδίδωμι perf act ptcp m.p.nom., give, hand over

[20] ξηρός, ά, όν, dry, withered

[21] ἐλάχιστος, ίστη, ον, least, short

[22] χλωρός, ά, ό, green, pale

[23] ἀνομία, ας, ἡ, lawlessness

[24] οὐδέποτε, adv, never

[25] ἀφίστημι aor act ind 3p, mislead, withdraw

[26] ἡδέως, adv, gladly

[27] βαστάζω aor act ind 3p, pick up, carry

[28] ἡδέως, adv, gladly

[29] ὑποδέχομαι aor mid ind 3p, receive, welcome

[30] μετάνοια, ας, ἡ, repentance

ἀδιστάκτως[1] μετενόησαν καὶ ἐργάζονται πᾶσαν ἀρετὴν[2] καὶ δικαιοσύνην· **4** τινὲς δὲ ἐξ αὐτῶν καὶ παθοῦνται καὶ ἡδέως[3] θλίβονται[4] γινώσκοντες τὰς πράξεις[5] αὐτῶν ἃς ἔπραξαν. τούτων οὖν πάντων ἡ κατοικία[6] εἰς τὸν πύργον[7] ἔσται.

77:1 (ἡ 11) Καὶ μετὰ τὸ συντελέσαι[8] αὐτὸν τὰς ἐπιλύσεις[9] πασῶν τῶν ῥάβδων[10] λέγει μοι· Ὕπαγε καὶ πᾶσι λέγε ἵνα μετανοήσωσι καὶ ζήσωσι τῷ Θεῷ· ὅτι ὁ Κύριος ἔπεμψέ με σπλαγχνισθεὶς[11] πᾶσι δοῦναι τὴν μετάνοιαν,[12] καίπερ[13] τινῶν μὴ ὄντων ἀξίων σωθῆναι διὰ τὰ ἔργα αὐτῶν· ἀλλὰ μακρόθυμος[14] ὢν ὁ Κύριος θέλει τὴν κλῆσιν[15] τὴν γενομένην διὰ τοῦ υἱοῦ αὐτοῦ σωθῆναι. **2** λέγω αὐτῷ· Κύριε, ἐλπίζω ὅτι πάντες ἀκούσαντες αὐτὰ μετανοήσουσι. πείθομαι γὰρ ὅτι εἷς ἕκαστος τὰ ἴδια ἔργα ἐπιγνοὺς καὶ φοβηθεὶς τὸν Θεὸν μετανοήσει. **3** ἀποκριθείς μοι λέγει· Ὅσοι, φησί, ἐξ ὅλης καρδίας αὐτῶν μετανοήσωσιν καὶ καθαρίσωσιν ἑαυτοὺς ἀπὸ τῶν πονηριῶν[16] πασῶν τῶν προειρημένων[17] καὶ μηκέτι[18] μηδὲν προσθῶσι[19] ταῖς ἁμαρτίαις αὐτῶν, λήμψονται ἴασιν[20] παρὰ τοῦ Κυρίου τῶν προτέρων[21] ἁμαρτιῶν, ἐὰν μὴ διψυχήσωσιν[22] ἐπὶ ταῖς ἐντολαῖς ταύταις, καὶ ζήσονται τῷ Θεῷ.

---

[1] ἀδιστάκτως, adv, without doubting
[2] ἀρετή, ῆς, ἡ, virtue
[3] ἡδέως, adv, gladly
[4] θλίβω pres mid/pass ind 3p, press upon, crowd, oppress
[5] πρᾶξις, εως, ἡ, activity, way of acting, deed
[6] κατοικία, ας, ἡ, dwelling, habitation
[7] πύργος, ου, ὁ, tower
[8] συντελέω aor act inf, finish
[9] ἐπίλυσις, εως, ἡ, explanation, interpretation
[10] ῥάβδος, ου, ἡ, rod, stick

[11] σπλαγχνίζομαι aor pass ptcp m.s.nom., have pity, feel sympathy
[12] μετάνοια, ας, ἡ, repent, turn
[13] καίπερ, conj, although
[14] μακρόθυμος, ον, patience
[15] κλῆσις, εως, ἡ, call, calling
[16] πονηρία, ας, ἡ, evil
[17] προλέγω perf, mid, ptcp, f.p.gen. foretell
[18] μηκέτι, adv, no longer
[19] προστίθημι aor act sub 3p, add
[20] ἴασις, εως, ἡ, cure, healing
[21] πρότερος, α, ον, former, earlier
[22] διψυχέω aor act sub 3p, be undecided, doubt

ὅσοι δέ, φησί, προσθῶσι¹ ταῖς ἁμαρτίαις αὐτῶν καὶ ἀναστραφῶσιν² ἐν ταῖς ἐπιθυμίαις τοῦ αἰῶνος τούτου, κατακρινοῦσιν³ ἑαυτοὺς εἰς θάνατον. **4** σὺ δὲ πορεύου ἐν ταῖς ἐντολαῖς μου, καὶ ζῆθι τῷ Θεῷ· καὶ ὅσοι ἂν πορευθῶσιν ἐν αὐταῖς καὶ κατορθώσωνται,⁴ ζήσεται τῷ Θεῷ. **5** ταῦτά μοι δείξας καὶ λαλήσας πάντα λέγει μοι· Τὰ δὲ λοιπά ἐπιδείξω⁵ μετ' ὀλίγας ἡμέρας.

78:1 (Θ´ 1) Μετὰ τὸ γράψαι με τὰς ἐντολὰς καὶ παραβολὰς τοῦ ποιμένος,⁶ τοῦ ἀγγέλου τῆς μετανοίας,⁷ ἦλθε πρός με καὶ λέγει μοι· Θέλω σοι δεῖξαι ὅσα σοὶ ἔδειξε τὸ πνεῦμα τὸ ἅγιον τὸ λαλῆσαν μετὰ σοῦ ἐν μορφῇ⁸ τῆς Ἐκκλησίας· ἐκεῖνο γὰρ τὸ πνεῦμα ὁ υἱὸς τοῦ Θεοῦ ἐστιν. **2** ἐπειδὴ⁹ γὰρ ἀσθενέστερος¹⁰ τῇ σαρκὶ ἦς, οὐκ ἐδηλώθη¹¹ σοι δι' ἀγγέλου. ὅτε οὖν ἐνεδυναμώθης¹² διὰ τοῦ πνεύματος καὶ ἴσχυσας¹³ τῇ ἰσχύϊ¹⁴ σου, ὥστε δύνασθαί σε καὶ ἄγγελον ἰδεῖν, τότε μὲν οὖν ἐφανερώθη σοι διὰ τῆς Ἐκκλησίας ἡ οἰκοδομὴ¹⁵ τοῦ πύργου·¹⁶ καλῶς καὶ σεμνῶς¹⁷ πάντα ὡς ὑπὸ παρθένου¹⁸ ἑώρακας. νῦν δὲ ὑπὸ ἀγγέλου βλέπεις, διὰ τοῦ αὐτοῦ μὲν πνεύματος·

---

¹ προστίθημι aor act sub 3p, add
² ἀναστρέφω aor pass sub 3p, overturn, live
³ κατακρίνω aor pass sub 3p, condemn
⁴ κατορθόω fut mid ind 3s, set straight, complete
⁵ ἐπιδείκνυμι fut act ind 1s, show, point out, represent
⁶ ποιμήν, ένος, ἡ, shepherd
⁷ μετάνοια, ας, ἡ, repentance, turning away
⁸ μορφή, ῆς, ἡ, form, external appearance
⁹ ἐπειδή, conj, when, after, because, since
¹⁰ ἀσθενής, ές, weak, powerless, ill
¹¹ δηλόω aor pass ind 3s, reveal, show, inform
¹² ἐνδυναμόω aor pass ind 3s, strengthen
¹³ ἰσχύω aor act ind 2s, to be strong or healthy, to have power or ability
¹⁴ ἰσχύς, ύος, ἡ, strength
¹⁵ οἰκοδομή, ῆς, ἡ, building, structure, upbuilding, encouragement
¹⁶ πύργος, ου, ὁ, watchtower
¹⁷ σεμνῶς, adv, worthily, honorably
¹⁸ παρθένος, ου, ἡ, virgin, chaste woman

78:1 (Θ´ 1) Μετὰ τὸ γράψαι με τὰς ἐντολὰς καὶ παραβολὰς τοῦ ποιμένος,¹ τοῦ ἀγγέλου τῆς μετανοίας,² ἦλθε πρός με καὶ λέγει μοι· Θέλω σοι δεῖξαι ὅσα σοι ἔδειξε τὸ πνεῦμα τὸ ἅγιον τὸ λαλῆσαν μετὰ σοῦ ἐν μορφῇ³ τῆς Ἐκκλησίας· ἐκεῖνο γὰρ τὸ πνεῦμα ὁ υἱὸς τοῦ Θεοῦ ἐστιν. **2** ἐπειδὴ⁴ γὰρ ἀσθενέστερος⁵ τῇ σαρκὶ ἦς, οὐκ ἐδηλώθη⁶ σοι δι᾽ ἀγγέλου. ὅτε οὖν ἐνεδυναμώθης⁷ διὰ τοῦ πνεύματος καὶ ἴσχυσας⁸ τῇ ἰσχύϊ⁹ σου, ὥστε δύνασθαί σε καὶ ἄγγελον ἰδεῖν, τότε μὲν οὖν ἐφανερώθη σοι διὰ τῆς Ἐκκλησίας ἡ οἰκοδομὴ¹⁰ τοῦ πύργου·¹¹ καλῶς καὶ σεμνῶς¹² πάντα ὡς ὑπὸ παρθένου¹³ ἑώρακας. νῦν δὲ ὑπὸ ἀγγέλου βλέπεις, διὰ τοῦ αὐτοῦ μὲν πνεύματος· **3** δεῖ δέ σε παρ᾽ ἐμοῦ ἀκριβέστερον¹⁴ πάντα μαθεῖν.¹⁵ εἰς τοῦτο γὰρ ἐδόθην ὑπὸ τοῦ ἐνδόξου¹⁶ ἀγγέλου εἰς τὸν οἶκόν σου κατοικῆσαι, ἵνα δυνατῶς¹⁷ πάντα ἴδῃς, μηδὲν δειλαινόμενος¹⁸ ὡς καὶ τὸ πρότερον.¹⁹ **4** καὶ ἀπήγαγέ²⁰ με εἰς τὴν Ἀρκαδίαν,²¹ εἰς ὄρος τι μαστῶδες,²² καὶ ἐκάθισέ με ἐπὶ τὸ ἄκρον²³ τοῦ ὄρους, καὶ ἔδειξέ μοι πεδίον²⁴ μέγα, κύκλῳ²⁵ δὲ τοῦ πεδίου²⁶

---

¹ ποιμήν, ένος, ἡ, shepherd
² μετάνοια, ας, ἡ, repentance, turning away
³ μορφή, ῆς, ἡ, form, external appearance
⁴ ἐπειδή, conj, when, after, because, since
⁵ ἀσθενής, ές, weak, powerless, ill
⁶ δηλόω aor pass ind 3s, reveal, show, inform
⁷ ἐνδυναμόω aor pass ind 3s, strengthen
⁸ ἰσχύω aor act ind 2s, to be strong or healthy, to have power or ability
⁹ ἰσχύς, ύος, ἡ, strength
¹⁰ οἰκοδομή, ῆς, ἡ, building, structure, upbuilding, encouragement
¹¹ πύργος, ου, ὁ, watchtower
¹² σεμνῶς, adv, worthily, honorably
¹³ παρθένος, ου, ἡ, virgin, chaste woman
¹⁴ ἀκριβής, ές, strict, precise, rigorous
¹⁵ μανθάνω aor act inf, to learn
¹⁶ ἔνδοξος, ον, honored, glorious
¹⁷ δυνατῶς, adv, powerfully, mightily
¹⁸ δειλαίνω pres mid/pass ptcp m.s.nom., to be a coward, to fear
¹⁹ πρότερος, adv, formerly, previously
²⁰ ἀπάγω aor act ind 3s, lead away, take away
²¹ Ἀρκαδία, Arcadia
²² μαστώδης, ες, rounded, breast-shaped
²³ ἄκρον, ου, τό, high point, apex
²⁴ πεδίον, ου, τό, plain, level land
²⁵ κύκλῳ, adv, around, in a circle
²⁶ πεδίον, ου, τό, plain, level land

ὄρη δώδεκα, ἄλλην καὶ ἄλλην ἰδέαν[1] ἔχοντα τὰ ὄρη. **5** τὸ πρῶτον
ἦν μέλαν[2] ὡς ἀσβόλη·[3] τὸ δὲ δεύτερον ψιλόν,[4] βοτάνας[5] μὴ ἔχον· τὸ
δὲ τρίτον ἀκανθῶδες[6] καὶ τριβόλων[7] πλῆρες·[8] **6** τὸ δὲ τέταρτον[9]
βοτάνας[10] ἔχον ἡμιξήρους,[11] τὰ μὲν ἐπάνω[12] τῶν βοτανῶν[13] χλωρά,[14]
τὰ δὲ πρὸς ταῖς ῥίζαις[15] ξηρά·[16] τινὲς δὲ βοτάναι,[17] ὅταν ὁ ἥλιος
ἐπικεκαύκει,[18] ξηραὶ[19] ἐγίνοντο· **7** τὸ δὲ πέμπτον[20] ὄρος ἦν
τραχὺ[21] λίαν,[22] βοτάνας[23] δὲ εἶχε χλωράς.[24] τὸ δὲ ἕκτον[25] ὄρος
σχισμῶν[26] ὅλον ἔγεμεν,[27] ὧν μὲν μικρῶν, ὧν δὲ μεγάλων· εἶχον δὲ
βοτάνας[28] αἱ σχισμαί,[29] οὐ λίαν[30] δὲ ἦσαν εὐθαλεῖς[31] αἱ βοτάναι,[32]
μᾶλλον δὲ ὡς μεμαρασμέναι[33] **8** τὸ δὲ ἕβδομον[34] ὄρος εἶχε
βοτάνας[35] ἱλαράς,[36] καὶ ὅλον τὸ ὄρος εὐθηνοῦν[37] ἦν, καὶ πᾶν γένος[38]

---

[1] ἰδέα, ας, ἡ, appearance, form
[2] μέλας, μέλαινα, μέλαν, black
[3] ἀσβόλη, ης, ἡ, soot
[4] ψιλός, ή, όν, bare
[5] βοτάνη, ης, ἡ, vegetation, plants, crops
[6] ἀκανθώδης, ες, thorny
[7] τρίβολος, ου, ὁ, thistle
[8] πλήρης, ες, full
[9] τέταρτος, η, ον, fourth
[10] βοτάνη, ης, ἡ, vegetation, plants, crops
[11] ἡμίξηρος, ον, half-withered
[12] ἐπάνω, adv, above, over
[13] βοτάνη, ης, ἡ, vegetation, plants, crops
[14] χλωρός, ά, όν, green (subset: shoot or young plant)
[15] ῥίζα, ης, ἡ, root
[16] ξηρός, ά, όν, dry, withered
[17] βοτάνη, ης, ἡ, vegetation, plants, crops
[18] ἐπικαίω plupf act ind 3s, scorch
[19] ξηρός, ά, όν, dry, withered
[20] πέμπτος, η, ον, fifth
[21] τραχύς, εῖα, ύ, rough, rugged
[22] λίαν, adv, very, exceedingly
[23] βοτάνη, ης, ἡ, vegetation, plants, crops
[24] χλωρός, ά, όν, shoot, young plant
[25] ἕκτος, η, ον, sixth
[26] σχισμή, ῆς, ἡ, crack, fissure
[27] γέμω impf act ind 3s, to be full
[28] βοτάνη, ης, ἡ, vegetation, plants, crops
[29] σχισμή, ῆς, ἡ, crack, fissure
[30] λίαν, adv, very, exceedingly
[31] εὐθαλής, ές, flourishing, thriving
[32] βοτάνη, ης, ἡ, vegetation, plants, crops
[33] μαραίνω perf mid/pass ptcp f.p.nom., to die out, fade, disappear, wither
[34] ἕβδομος, η, ον, seventh
[35] βοτάνη, ης, ἡ, vegetation, plants, crops
[36] ἱλαρός, ά, όν, cheerful, joyous
[37] εὐθηνέω pres act ptcp n.s.nom., to flourish, to be abundant
[38] γένος, ους, τό, race, nation, people

κτηνῶν[1] καὶ ὀρνέων[2] ἐνέμοντο[3] εἰς τὸ ὄρος ἐκεῖνο· καὶ ὅσον ἐβόσκοντο[4] τὰ κτήνη[5] καὶ τὰ πετεινά,[6] μᾶλλον καὶ μᾶλλον αἱ βοτάναι[7] τοῦ ὄρους ἐκείνου ἔθαλλον.[8] τὸ δὲ ὄγδοον[9] ὄρος πηγῶν[10] πλῆρες[11] ἦν, καὶ πᾶν γένος[12] τῆς κτίσεως[13] τοῦ Κυρίου ἐποτίζοντο[14] ἐκ τῶν πηγῶν[15] τοῦ ὄρους ἐκείνου. 9 τὸ δὲ ἔνατον[16] ὄρος ὅλως[17] ὕδωρ οὐκ εἶχε καὶ ὅλον ἐρημῶδες[18] ἦν· εἶχε δὲ ἐν αὐτῷ θηρία καὶ ἑρπετὰ[19] θανάσιμα,[20] διαφθείροντα[21] ἀνθρώπους. τὸ δὲ δέκατον[22] ὄρος εἶχε δένδρα[23] μέγιστα, καὶ ὅλον κατάσκιον[24] ἦν, καὶ ὑπὸ τὴν σκέπην[25] πρόβατα κατέκειντο[26] ἀναπαυόμενα[27] καὶ μαρυκώμενα.[28] 10 τὸ δὲ ἐνδέκατον[29] ὄρος λίαν[30] σύνδενδρον[31] ἦν, καὶ τὰ δένδρα[32] ἐκεῖνα κατάκαρπα[33] ἦν, ἄλλοις καὶ ἄλλοις

---

[1] κτῆνος, ους, τό, cattle, domesticated animal
[2] ὄρνις, ιθος, ὁ, bird
[3] νέμω impf mid/pass ind 3p, graze, feed, apportion
[4] βόσκω impf mid/pass ind 3p, tend, graze
[5] κτῆνος, ους, τό, cattle, domesticated animal
[6] πετεινόν, οῦ, τό, bird
[7] βοτάνη, ης, ἡ, vegetation, plants, crops
[8] θάλλω impf act ind 3p, flourish, grow
[9] ὄγδοος, η, ον, eight
[10] πηγή, ῆς, ἡ, spring, fountain, flow
[11] πλήρης, ες, full, filled, abounding in
[12] γένος, ους, τό, race, nation, people
[13] κτίσις, εως, ἡ, creation, creating
[14] ποτίζω impf mid/pass ind 3p, give a drink
[15] πηγή, ῆς, ἡ, spring, fountain, flow
[16] ἔνατος, η, ον, ninth
[17] ὅλως, adv, completely, altogether, wholly

[18] ἐρημώδης, ες, desert-like
[19] ἑρπετόν, οῦ, τό, reptile, creeping thing
[20] θανάσιμος, ον, deadly
[21] διαφθείρω pres act ptcp n.p.nom., destroy, ruin
[22] δέκατος, η, ον, tenth
[23] δένδρον, ου, τό, tree
[24] κατάσκιος, ον, shaded, covered
[25] σκέπη, ης, ἡ, shade, covering, shelter
[26] κατάκειμαι impf mid/pass ind 3p, lie down
[27] μαρυκάομαι pres mid/pass ptcp n.p.nom., ruminate, chew the cud, wind, weave
[28] μαρυκάομαι pres mid/pass ptcp n.p.nom., ruminate, chew the cud, wind, weave
[29] ἐνδέκατος, η, ον, eleventh
[30] λίαν, adv, very, exceedingly
[31] σύνδενδρος, ον, forested, thickly-wooded
[32] δένδρον, ου, τό, tree
[33] κατάκαρπος, ον, very fruitful

καρποῖς κεκοσμημένα,¹ ἵνα ἰδών τις αὐτὰ ἐπιθυμήσῃ² φαγεῖν ἐκ τῶν καρπῶν αὐτῶν. τὸ δὲ δωδέκατον³ ὄρος ὅλον ἦν λευκόν,⁴ καὶ ἡ πρόσοψις⁵ αὐτοῦ ἱλαρὰ⁶ λίαν·⁷ καὶ εὐπρεπέστατον ἦν ἐν αὐτῷ τὸ ὄρος.

79:1 (Θ´ 2) Εἰς μέσον δὲ τοῦ πεδίου⁸ ἔδειξέ μοι πέτραν⁹ μεγάλην λευκὴν¹⁰ ἐκ τοῦ πεδίου¹¹ ἀναβεβηκυῖαν. ἡ δὲ πέτρα¹² ὑψηλοτέρα¹³ ἦν τῶν ὀρέων, τετράγωνος,¹⁴ ὥστε δύνασθαι ὅλον τὸν κόσμον χωρῆσαι.¹⁵ **2** παλαιὰ¹⁶ δὲ ἦν ἡ πέτρα¹⁷ ἐκείνη, πύλην¹⁸ ἐκκεκομμένην¹⁹ ἔχουσα· ὡς πρόσφατος²⁰ δὲ ἐδόκει μοι εἶναι ἡ ἐκκόλαψις²¹ τῆς πύλης.²² ἡ δὲ πύλη²³ οὕτως ἔστιλβεν²⁴ ὑπὲρ τὸν ἥλιον, ὥστε με θαυμάζειν ἐπὶ τῇ λαμπηδόνι²⁵ τῆς πύλης.²⁶ **3** κύκλῳ²⁷ δὲ τῆς πύλης²⁸ εἱστήκεισαν παρθένοι²⁹ δώδεκα. αἱ οὖν

---

¹ κοσμέω perf mid/pass ptcp n.p.nom., order, adorn, decorate
² ἐπιθυμέω aor act subj 3s, desire, long for
³ δωδέκατος, η, ον, twelfth
⁴ λευκός, ή, όν, white, bright, gleaming
⁵ πρόσοψις, εως, ἡ, appearance
⁶ ἱλαρός, ά, όν, cheerful, joyous, glad
⁷ λίαν, adv, very, exceedingly
⁸ πεδίον, ου, τό, plain, level land
⁹ πέτρα, ας, ἡ, rock, boulder, bedrock
¹⁰ λευκός, ή, όν, white, bright, gleaming
¹¹ πεδίον, ου, τό, plain, level land
¹² πέτρα, ας, ἡ, rock, boulder, bedrock
¹³ ὑψηλός, ή, όν, tall, high, lofty
¹⁴ τετράγωνος, ον, square, rectangle, four-square
¹⁵ χωρέω aor act inf, go out, leave a place; make room, contain

¹⁶ παλαιός, ά, όν, old, ancient
¹⁷ πέτρα, ας, ἡ, rock, boulder, bedrock
¹⁸ πύλη, ης, ἡ, gate, door
¹⁹ ἐκκόπτω pef mid/pass ptcp f.s.acc., cut off, cut down, do away with
²⁰ πρόσφατος, ον, new, recent; freshly-slain
²¹ ἐκκόλαψις, εως, ἡ, chisel, hew, cut out
²² πύλη, ης, ἡ, gate, door
²³ πύλη, ης, ἡ, gate, door
²⁴ στίλβω impf act ind 3s, shine, glisten
²⁵ λαμπηδών, όνος, ἡ, brightness, brilliance
²⁶ πύλη, ης, ἡ, gate, door
²⁷ κύκλῳ, adv, around, in a circle
²⁸ πύλη, ης, ἡ, gate, door
²⁹ παρθένος, ου, ἡ, virgin, chaste woman

τέσσαρες αἱ εἰς τὰς γωνίας¹ ἑστηκυῖαι ἐνδοξότεραί² μοι ἐδόκουν
εἶναι· καὶ αἱ ἄλλαι δὲ ἔνδοξοι³ ἦσαν. εἰστήκεισαν δὲ εἰς τὰ
τέσσαρα μέρη τῆς πύλης,⁴ ἀνὰ⁵ μέσον αὐτῶν ἀνὰ⁶ δύο παρθένοι.⁷
4 ἐνδεδυμέναι⁸ δὲ ἦσαν λινοῦς⁹ χιτῶνας¹⁰ καὶ περιεζωσμέναι¹¹
ἦσαν εὐπρεπῶς,¹² ἔξω τοὺς ὤμους¹³ ἔχουσαι τοὺς δεξιοὺς ὡς
μέλλουσαι φορτίον¹⁴ τι βαστάζειν.¹⁵ οὕτως ἕτοιμαι¹⁶ ἦσαν· λίαν¹⁷
γὰρ ἱλαραὶ¹⁸ ἦσαν καὶ πρόθυμοι.¹⁹ **5** μετὰ τὸ ἰδεῖν με ταῦτα
ἐθαύμαζον ἐν ἐμαυτῷ, ὅτι μεγάλα καὶ ἔνδοξα²⁰ πράγματα²¹
ἔβλεπον. καὶ πάλιν διηπόρουν²² ἐπὶ ταῖς παρθένοις, ²³ ὅτι
τρυφεραὶ²⁴ οὕτως οὖσαι ἀνδρείως²⁵ εἰστήκεισαν ὡς μέλλουσαι
ὅλον τὸν οὐρανὸν βαστάζειν.²⁶ **6** καὶ λέγει μοι ὁ ποιμήν·²⁷ Τί ἐν
σεαυτῷ διαλογίζῃ²⁸ καὶ διαπορῇ,²⁹ καὶ σεαυτῷ λύπην³⁰

---

¹ γωνία, ας, ἡ, corner
² ἔνδοξος, ον, honored, distinguished, glorious
³ ἔνδοξος, ον, honored, distinguished, glrious
⁴ πύλη, ης, ἡ, gate, door
⁵ ἀνά, prep, up, upon, on
⁶ ἀνά, adv, up, on; each, apiece
⁷ παρθένος, ου, ἡ, virgin, chaste woman
⁸ ἐνδύω perf mid/pass ptcp f.p.nom., dress, clothe, wear
⁹ λινοῦς, ῆ, οῦν, made of linen
¹⁰ χιτών, ῶνος, ὁ, tunic, undershirt
¹¹ περιζώννυμι perf mid ptcp f.p.nom., fasten a belt, gird around
¹² εὐπρεπῶς, adv, attractively, appropriately
¹³ ὦμος, ου, ὁ, shoulder
¹⁴ φορτίον, ου, τό, load, burden
¹⁵ βαστάζω pres act inf, carry, bear, pick up
¹⁶ ἕτοιμος, η, ον, ready
¹⁷ λίαν, adv, very, exceedingly

¹⁸ ἱλαρός, ά, όν, glad, cheerful, joyous
¹⁹ πρόθυμος, ον, willing, eager, ready
²⁰ ἔνδοξος, ον, honored, distinguished, glorious
²¹ πρᾶγμα, ατος, τό, deed, thing, matter
²² διαπορέω impf act ind 1s, be perplexed, be at a loss, doubt
²³ παρθένος, ου, ἡ, virgin, chaste person
²⁴ τρυφερός, ά, όν, delicate, gentle
²⁵ ἀνδρείως, adv, in a brave way, like a man
²⁶ βαστάζω pres act inf, carry, bear, pick up
²⁷ ποιμήν, ένος, ὁ, shepherd
²⁸ διαλογίζομαι pres mid/pass ind 2s, consider, ponder, argue, question
²⁹ διαπορέω pres mid/pass ind 2s, be perplexed, be at a loss, doubt
³⁰ λύπη, ης, ἡ, grief, pain, sadness

ἐπισπᾶσαι¹ ὅσα γὰρ οὐ δύνῃ νοῆσαι,² μὴ ἐπιχείρει,³ ὡς συνετὸς⁴ ὤν, ἀλλ' ἐρώτα τὸν Κύριον, ἵνα λαβὼν σύνεσιν⁵ νοήσῃς⁶ αὐτά. **7** τὰ ὀπίσω σου ἰδεῖν οὐ δύνῃ, τὰ δὲ ἔμπροσθέν σου βλέπεις. ἃ οὖν ἰδεῖν οὐ δύνῃ, ἔασον,⁷ καὶ σεαυτὸν μὴ στρέβλου·⁸ ἃ βλέπεις δέ, ἐκείνων κατακυρίευε,⁹ καὶ περὶ τῶν λοιπῶν μὴ περιεργάζου·¹⁰ πάντα δέ σοι ἐγὼ δηλώσω,¹¹ ὅσα ἐάν σοι δείξω. ἔμβλεπε¹² οὖν τοῖς λοιποῖς.

80:1 (Ϙ´ 3) Εἶδον ἐξ¹³ ἄνδρας ἐληλυθότας ὑψηλοὺς¹⁴ καὶ ἐνδόξους¹⁵ καὶ ὁμοίους τῇ ἰδέᾳ·¹⁶ καὶ ἐκάλεσαν πλῆθός τι ἀνδρῶν. κἀκεῖνοι δὲ οἱ ἐληλυθότες ὑψηλοί¹⁷ ἦσαν ἄνδρες καὶ καλοὶ καὶ δυνατοί· καὶ ἐκέλευσαν¹⁸ αὐτοὺς οἱ ἐξ¹⁹ ἄνδρες οἰκοδομεῖν ἐπάνω²⁰ τῆς πέτρας²¹ πύργον²² τινά. ἦν δὲ μέγας θόρυβος²³ τῶν ἀνδρῶν ἐκείνων τῶν ἐληλυθότων οἰκοδομεῖν τὸν πύργον,²⁴ ὧδε

¹ ἐπισπάω pres mid/pass ind 2s, bring upon, draw to oneself
² νοέω aor act inf, understand, perceive, comprehend, think
³ ἐπιχειρέω pres act impv 2s, undertake, attempt, try
⁴ συνετός, ή, όν, intelligent, wise, sensible
⁵ σύνεσις, εως, ἡ, understanding, intelligence
⁶ νοέω aor act subj 2s, understand, perceive, comprehend, think
⁷ ἐάω aor act impv 2s, allow, pass over, permit
⁸ στρεβλόω pres act impv 2s, twist, pervert; trouble
⁹ κατακυριεύω pres act impv 2s, master, subdue, gain dominion
¹⁰ περιεργάζομαι pres mid/pass impv 2s, meddle, be a busybody
¹¹ δηλόω, fut act ind 1s, reveal, make clear, explain
¹² ἐμβλέπω pres act impv 2s, look at, consider, gaze upon
¹³ ἔξ, six
¹⁴ ὑψηλός, ή, όν, tall, high, exalted
¹⁵ ἔνδοξος, ον, honored, distinguished, glorious
¹⁶ ἰδέα, ας, ἡ, appearance, form, variety
¹⁷ ὑψηλός, ή, όν, tall, high, exalted
¹⁸ κελεύω aor act ind 3p, command, order, urge
¹⁹ ἔξ, six
²⁰ ἐπάνω, adv, above, over
²¹ πέτρα, ας, ἡ, bedrock, boulder
²² πύργος, ου, ὁ, tower, watchtower
²³ θόρυβος, ου, ὁ, noise, commotion
²⁴ πύργος, ου, ὁ, tower, watchtower

κἀκεῖσε¹ περιτρεχόντων² κύκλῳ³ τῆς πύλης·⁴ **2** αἱ δὲ παρθένοι⁵
ἑστηκυῖαι περὶ τὴν πύλην⁶ ἔλεγον τοῖς ἀνδράσι σπεύδειν⁷ τὸν
πύργον⁸ οἰκοδομεῖσθαι. ἐκπεπετάκεισαν⁹ δὲ τὰς χεῖρας αἱ
παρθένοι¹⁰ ὡς μέλλουσαί τι λαμβάνειν παρὰ τῶν ἀνδρῶν. **3** οἱ δὲ
ἓξ¹¹ ἄνδρες ἐκέλευον¹² ἐκ βυθοῦ¹³ τινος λίθους ἀναβαίνειν καὶ
ὑπάγειν εἰς τὴν οἰκοδομὴν¹⁴ τοῦ πύργου.¹⁵ ἀνέβησαν δὲ λίθοι
δέκα¹⁶ τετράγωνοι¹⁷ λαμπροί,¹⁸ μὴ λελατομημένοι.¹⁹ **4** οἱ δὲ ἓξ²⁰
ἄνδρες ἐκάλουν τὰς παρθένους²¹ καὶ ἐκέλευσαν²² αὐτὰς τοὺς
λίθους πάντας τοὺς μέλλοντας εἰς τὴν οἰκοδομὴν²³ ὑπάγειν τοῦ
πύργου²⁴ βαστάζειν²⁵ καὶ διαπορεύεσθαι²⁶ διὰ τῆς πύλης,²⁷ καὶ
ἐπιδιδόναι²⁸ τοῖς ἀνδράσι τοῖς μέλλουσιν οἰκοδομεῖν τὸν
πύργον.²⁹ **5** αἱ δὲ παρθένοι³⁰ τοὺς δέκα³¹ λίθους τοὺς πρώτους τοὺς

---

¹ κἀκεῖσε, adv, and there
² περιτρέχω pres act ptcp m.p.gen., run around, go about
³ κύκλῳ, adv, around
⁴ πύλη, ης, ἡ, gate, door
⁵ παρθένος, ου, ἡ, virgin, chaste person
⁶ πύλη, ης, ἡ, gate, door
⁷ σπεύδω pres act inf, hurry, hasten
⁸ πύργος, ου, ὁ, tower, watchtower
⁹ ἐκπετάννυμι plupf act ind 3p, spread out, hold out
¹⁰ παρθένος, ου, ἡ, virgin, chaste person
¹¹ ἕξ, six
¹² κελεύω impf act ind 3p, command, order, urge
¹³ βυθός, οῦ, ὁ, deep place, sea, depths of sea
¹⁴ οἰκοδομή, ῆς, ἡ, building, edifice
¹⁵ πύργος, ου, ὁ, tower, watchtower
¹⁶ δέκα, ten
¹⁷ τετράγωνος, ον, four-sided, square
¹⁸ λαμπρός, ά, όν, bright, clear, gleaming
¹⁹ λατομέω perf mid/pass ptcp m.p.nom., cut away, hew out
²⁰ ἕξ, six
²¹ παρθένος, ου, ἡ, virgin, chaste person
²² κελεύω aor act ind 3p, command, order, urge
²³ οἰκοδομή, ῆς, ἡ, building, edifice
²⁴ πύργος, ου, ὁ, tower, watchtower
²⁵ βαστάζω pres act inf, pick up, carry, bear
²⁶ διαπορεύομαι pres mid/pass inf, go, walk through
²⁷ πύλη, ης, ἡ, gate, door
²⁸ ἐπιδίδωμι pres act inf, give, hand over, deliver
²⁹ πύργος, ου, ὁ, tower, watchtower
³⁰ παρθένος, ου, ἡ, virgin, chaste person
³¹ δέκα, ten

ἐκ τοῦ βυθοῦ[1] ἀναβάντας ἐπετίθουν ἀλλήλαις καὶ κατὰ ἕνα λίθον ἐβάσταζον[2] ὁμοῦ.[3]

81:1 (Θ´ 4) Καθὼς δὲ ἐστάθησαν ὁμοῦ[4] κύκλῳ[5] τῆς πύλης,[6] οὕτως ἐβάσταζον[7] αἱ δοκοῦσαι δυναταὶ εἶναι καὶ ὑπὸ τὰς γωνίας[8] τοῦ λίθου ὑποδεδυκυῖαι[9] ἦσαν· αἱ δὲ ἄλλαι ἐκ τῶν πλευρῶν[10] τοῦ λίθου ὑποδεδύκεισαν,[11] καὶ οὕτως ἐβάσταζον[12] πάντας τοὺς λίθους· διὰ δὲ τῆς πύλης[13] διέφερον[14] αὐτούς, καθὼς ἐκελεύσθησαν,[15] καὶ ἐπεδίδουν[16] τοῖς ἀνδράσιν εἰς τὸν πύργον·[17] ἐκεῖνοι δὲ ἔχοντες τοὺς λίθους ᾠκοδόμουν. **2** ἡ οἰκοδομὴ[18] δὲ τοῦ πύργου[19] ἐγένετο ἐπὶ τὴν πέτραν[20] τὴν μεγάλην καὶ ἐπάνω[21] τῆς πύλης.[22] ἡρμόσθησαν[23] οὖν οἱ δέκα[24] λίθοι ἐκεῖνοι, καὶ ἀνέπλησαν[25] ὅλην τὴν πέτραν.[26] καὶ ἐγένοντο ἐκεῖνοι θεμέλιος[27] τῆς οἰκοδομῆς[28] τοῦ πύργου.[29] ἡ δὲ πέτρα[30] καὶ ἡ πύλη[31] ἦν

---

[1] βυθός, οῦ, ὁ, deep place, sea, depths of sea
[2] βαστάζω impf act ind 3p, pick up, carry, bear
[3] ὁμοῦ, adv, together
[4] ὁμοῦ, adv, together
[5] κύκλῳ, adv, around
[6] πύλη, ης, ἡ, gate, door
[7] βαστάζω impf act ind 3p, pick up, carry, bear
[8] γωνία, ας, ἡ, corner
[9] ὑποδύομαι perf act ptcp f.p.nom., position under, stoop under
[10] πλευρά, ᾶς, ἡ, side
[11] ὑποδύομαι plupf act ind 3p, position under, stoop under
[12] βαστάζω impf act ind 3p, pick up, carry, bear
[13] πύλη, ης, ἡ, gate, door
[14] διαφέρω impf act ind 3p, carry through, bear about
[15] κελεύω aor pass ind 3p, command, order, urge

[16] ἐπιδίδωμι impf act ind 3p, give, hand over, deliver
[17] πύργος, ου, ὁ, tower, watchtower
[18] οἰκοδομή, ῆς, ἡ, building, edifice
[19] πύργος, ου, ὁ, tower, watchtower
[20] πέτρα, ας, ἡ, rock, bedrock, boulder
[21] ἐπάνω, adv, above, over
[22] πύλη, ης, ἡ, gate, door
[23] ἁρμόζω aor pass ind 3p, fit in, join together
[24] δέκα, ten
[25] ἀναπίμπλημι aor act ind 3p, cover up
[26] πέτρα, ας, ἡ, rock, bedrock, boulder
[27] θεμέλιος, ου, ὁ, foundation, base
[28] οἰκοδομή, ῆς, ἡ, building, edifice
[29] πύργος, ου, ὁ, tower, watchtower
[30] πέτρα, ας, ἡ, rock, bedrock, boulder
[31] πύλη, ης, ἡ, gate, door

βαστάζουσα¹ ὅλον τὸν πύργον.² **3** μετὰ δὲ τοὺς δέκα³ λίθους ἄλλοι ἀνέβησαν ἐκ τοῦ βυθοῦ⁴ εἴκοσι⁵ πέντε λίθοι· καὶ οὗτοι ἡρμόσθησαν⁶ εἰς τὴν οἰκοδομὴν⁷ τοῦ πύργου,⁸ βασταζόμενοι⁹ ὑπὸ τῶν παρθένων¹⁰ καθὼς καὶ οἱ πρότεροι.¹¹ μετὰ δὲ τούτους ἀνέβησαν τριάκοντα¹² πέντε· καὶ οὗτοι ὁμοίως ἡρμόσθησαν¹³ εἰς τὸν πύργον.¹⁴ μετὰ δὲ τούτους ἕτεροι ἀνέβησαν λίθοι τεσσεράκοντα·¹⁵ καὶ οὗτοι πάντες ἐβλήθησαν εἰς τὴν οἰκοδομὴν¹⁶ τοῦ πύργου·¹⁷ ἐγένοντο οὖν στοῖχοι¹⁸ τέσσαρες ἐν τοῖς θεμελίοις¹⁹ τοῦ πύργου·²⁰ **4** καὶ ἐπαύσαντο²¹ ἐκ τοῦ βυθοῦ²² ἀναβαίνοντες· ἐπαύσαντο²³ δὲ καὶ οἱ οἰκοδομοῦντες μικρόν. καὶ πάλιν ἐπέταξαν²⁴ οἱ ἕξ²⁵ ἄνδρες τῷ πλήθει τοῦ ὄχλου ἐκ τῶν ὀρέων παραφέρειν²⁶ λίθους εἰς τὴν οἰκοδομὴν²⁷ τοῦ πύργου.²⁸ **5** παρεφέροντο²⁹ οὖν ἐκ πάντων τῶν ὀρέων χρόαις³⁰ ποικίλαις³¹ λελατομημένοι³² ὑπὸ τῶν ἀνδρῶν καὶ ἐπεδίδοντο³³ ταῖς

---

¹ βαστάζω pres act ptcp f.s.nom., pick up, carry, bear
² πύργος, ου, ὁ, tower, watchtower
³ δέκα, ten
⁴ βυθός, οῦ, ὁ, deep place, sea, depths of sea
⁵ εἴκοσι, twenty
⁶ ἁρμόζω, aor pass ind 3p, fit in, join together
⁷ οἰκοδομή, ῆς, ἡ, building, edifice
⁸ πύργος, ου, ὁ, tower, watchtower
⁹ βαστάζω pres mid/pass ptcp m.p.nom., pick up, carry, bear
¹⁰ παρθένος, ου, ἡ, virgin, chaste person
¹¹ πρότερος, α, ον, former, previous, earlier
¹² τριάκοντα, thirty
¹³ ἁρμόζω aor pass ind 3p, fit in, join together
¹⁴ πύργος, ου, ὁ, tower, watchtower
¹⁵ τεσσεράκοντα, forty
¹⁶ οἰκοδομή, ῆς, ἡ, building, edifice
¹⁷ πύργος, ου, ὁ, tower, watchtower
¹⁸ στοῖχος, ου, ὁ, row, course
¹⁹ θεμέλιος, ου, ὁ, foundation, base
²⁰ πύργος, ου, ὁ, tower, watchtower
²¹ παύω aor mid ind 3p, stop, cease
²² βυθός, οῦ, ὁ, deep place, sea, depths of sea
²³ παύω aor mid ind 3p, stop, cease
²⁴ ἐπιτάσσω aor act ind 3p, order, command
²⁵ ἕξ, six
²⁶ παραφέρω pres act inf, bring up, carry unto
²⁷ οἰκοδομή, ῆς, ἡ, building, edifice
²⁸ πύργος, ου, ὁ, tower, watchtower
²⁹ παραφέρω impf mid/pass ind 3p, bring up, carry unto
³⁰ χρόα, ας, ἡ, color
³¹ ποικίλος, η, ον, various, diverse
³² λατομέω perf mid/pass ptcp m.p.nom., hew out, cut away
³³ ἐπιδίδωμι impf mid/pass ind 3p, give, hand over, deliver

παρθένοις·[1] αἱ δὲ παρθένοι[2] διέφερον αὐτοὺς διὰ τῆς πύλης[3] καὶ ἐπεδίδουν[4] εἰς τὴν οἰκοδομὴν[5] τοῦ πύργου.[6] καὶ ὅταν εἰς τὴν οἰκοδομὴν[7] ἐτέθησαν οἱ λίθοι οἱ ποικίλοι,[8] ὅμοιοι ἐγένοντο λευκοὶ[9] καὶ τὰς χρόας[10] τὰς προτέρας[11] ἤλλασσον.[12] **6** τινὲς δὲ λίθοι ἐπεδίδοντο[13] ὑπὸ τῶν ἀνδρῶν εἰς τὴν οἰκοδομήν,[14] καὶ οὐκ ἐγίνοντο λαμπροί,[15] ἀλλ᾽ οἷοι[16] ἐτέθησαν, τοιοῦτοι καὶ εὑρέθησαν· οὐ γὰρ ἦσαν ὑπὸ τῶν παρθένων[17] ἐπιδεδομένοι,[18] οὐδὲ διὰ τῆς πύλης[19] παρενηνεγμένοι.[20] οὗτοι οὖν οἱ λίθοι ἀπρεπεῖς ἦσαν ἐν τῇ οἰκοδομῇ[21] τοῦ πύργου.[22] **7** ἰδόντες δὲ οἱ ἐξ[23] ἄνδρες τοὺς λίθους τούτους ἀπρεπεῖς[24] ἐν τῇ οἰκοδομῇ[25] ἐκέλευσαν[26] αὐτοὺς ἀρθῆναι καὶ ἀπαχθῆναι[27] κάτω[28] εἰς τὸν ἴδιον τόπ[29]ον ὅθεν[30] ἠνέχθησαν. **8** καὶ λέγουσι τοῖς ἀνδράσι τοῖς

---

[1] παρθένος, ου, ἡ, virgin, chaste person

[2] παρθένος, ου, ἡ, virgin, chaste person

[3] πύλη, ης, ἡ, gate, door

[4] ἐπιδίδωμι impf act ind 3p, give, hand over, deliver

[5] οἰκοδομή, ῆς, ἡ, building, edifice

[6] πύργος, ου, ὁ, tower, watchtower

[7] οἰκοδομή, ῆς, ἡ, building, edifice

[8] ποικίλος, η, ον, various, diverse

[9] λευκός, ή, όν, white, bright, gleaming

[10] χρόα, ας, ἡ, color

[11] πρότερος, α, ον, former, previous, earlier

[12] ἀλλάσσω impf act ind 3p, change, alter, exchange for another

[13] ἐπιδίδωμι impf mid/pass ind 3p, give, hand over, deliver

[14] οἰκοδομή, ῆς, ἡ, building, edifice

[15] λαμπρός, ά, όν, light, bright, gleaming

[16] οἷος, α, ον, of what sort, such as, just as

[17] παρθένος, ου, ἡ, virgin, chaste person

[18] ἐπιδίδωμι perf mid/pass ptcp m.p.nom., give, hand over, deliver

[19] πύλη, ης, ἡ, gate, door

[20] παραφέρω perf mid/pass ptcp m.p.nom., bring up, carry unto

[21] οἰκοδομή, ῆς, ἡ, building, edifice

[22] πύργος, ου, ὁ, tower, watchtower

[23] ἕξ, six

[24] ἀπρεπής, ές, unsuitable, unseemly

[25] οἰκοδομή, ῆς, ἡ, building, edifice

[26] κελεύω aor act ind 3p, command, order, urge

[27] ἀπάγω aor pass inf, lead off, take away

[28] κάτω, adv, below, down

[29] ἀπρεπής, ές, unsuitable, unseemly

[30] ὅθεν, adv, where, from which

παρεμφέρουσι[1] τοὺς λίθους· Ὅλως[2] ὑμεῖς μὴ ἐπιδίδοτε[3] εἰς τὴν οἰκοδομὴν[4] λίθους· τίθετε δὲ αὐτοὺς παρὰ τὸν πύργον,[5] ἵνα αἱ παρθένοι[6] διὰ τῆς πύλης[7] παρενέγκωσιν[8] αὐτοὺς καὶ ἐπιδιδῶσιν[9] εἰς τὴν οἰκοδομήν.[10] ἐὰν γάρ, φασί, διὰ τῶν χειρῶν τῶν παρθένων[11] τούτων μὴ διενεχθῶσι[12] διὰ τῆς πύλης,[13] τὰς χρόας[14] αὐτῶν ἀλλάξαι[15] οὐ δύνανται· μὴ κοπιᾶτε[16] οὖν, φασίν, εἰς μάτην.[17]

82:1 (Θ΄ 5) Καὶ ἐτελέσθη[18] τῇ ἡμέρᾳ ἐκείνῃ ἡ οἰκοδομή,[19] οὐκ ἀπετελέσθη[20] δὲ ὁ πύργος·[21] ἔμελλε γὰρ πάλιν ἐποικοδομεῖσθαι·[22] ἐγένετο δὲ ἀνοχὴ[23] τῆς οἰκοδομῆς.[24] ἐκέλευσαν[25] δὲ αὐτοὺς οἱ ἓξ[26] ἄνδρες τοὺς οἰκοδομοῦντας ἀναχωρῆσαι[27] μικρὸν πάντας καὶ ἀναπαυθῆναι·[28] ταῖς δὲ παρθένοις[29] ἐπέταξαν[30] ἀπὸ

---

[1] παρεμφέρω pres act ptcp m.p.dat., bring in

[2] ὅλως, adv, completely, wholly, generally

[3] ἐπιδίδωμι pres act impv 2p, give, hand over, deliver

[4] οἰκοδομή, ῆς, ἡ, building, edifice

[5] πύργος, ου, ὁ, tower, watchtower

[6] παρθένος, ου, ἡ, virgin, chaste person

[7] πύλη, ης, ἡ, gate, door

[8] παραφέρω aor act subj 3p, bring up, carry unto

[9] ἐπιδίδωμι pres act subj 3p, give, hand over, deliver

[10] οἰκοδομή, ῆς, ἡ, building, edifice

[11] παρθένος, ου, ἡ, virgin, chaste person

[12] διαφέρω aor pass subj 3p, carry through, bear about

[13] πύλη, ης, ἡ, gate, door

[14] χρόα, ας, ἡ, color

[15] ἀλλάσσω aor act inf, change, alter, exchange for another

[16] κοπιάω pres act impv 2p, become weary, toil, struggle

[17] μάτην, adv, in vain

[18] τελέω aor pass ind 3s, complete, finish, fulfill

[19] οἰκοδομή, ῆς, ἡ, building, edifice

[20] ἀποτελέω aor pass ind, 3s bring to completion, finish

[21] πύργος, ου, ὁ, tower, watchtower

[22] ἐποικοδομέω pres mid/pass inf, build on to

[23] ἀνοχή, ῆς, ἡ, relief, cessation, pause

[24] οἰκοδομή, ῆς, ἡ, building, edifice

[25] κελεύω aor act ind 3p, command, order, urge

[26] ἕξ, six

[27] ἀναχωρέω aor act inf, go away, withdraw, retire

[28] ἀναπαύω aor pass inf, rest, refresh

[29] παρθένος, ου, ἡ, virgin, chaste person

[30] ἐπιτάσσω aor act ind 3p, order, command

τοῦ πύργου¹ μὴ ἀναχωρεῖν.² ἐδόκει δέ μοι τὰς παρθένους³ κατα-
λελεῖφθαι⁴ τοῦ φυλάσσειν τὸν πύργον.⁵ **2** μετὰ δὲ τὸ ἀναχωρῆσαι⁶
πάντας καὶ ἀναπαυθῆναι⁷ λέγω τῷ ποιμένι·⁸ Διατί,⁹ φημί, κύριε,
οὐ συνετελέσθη¹⁰ ἡ οἰκοδομὴ¹¹ τοῦ πύργου;¹² Οὔπω,¹³ φησί,
δύναται ἀποτελεσθῆναι¹⁴ ὁ πύργος,¹⁵ ἐὰν μὴ ἔλθη ὁ Κύριος αὐτοῦ
καὶ δοκιμάση¹⁶ τὴν οἰκοδομὴν¹⁷ ταύτην, ἵνα ἐάν τινες λίθοι
σαπροὶ¹⁸ εὑρεθῶσιν, ἀλλάξη¹⁹ αὐτούς· πρὸς γὰρ τὸ ἐκείνου
θέλημα οἰκοδομεῖται ὁ πύργος.²⁰ **3** Ἤθελον, φημί, κύριε, τούτου
τοῦ πύργου²¹ γνῶναι τί ἐστιν ἡ οἰκοδομὴ²² αὕτη, καὶ περὶ τῆς
πέτρας²³ καὶ πύλης²⁴ καὶ τῶν ὀρέων καὶ τῶν παρθένων,²⁵ καὶ τῶν
λίθων τῶν ἐκ τοῦ βυθοῦ²⁶ ἀναβεβηκότων καὶ μὴ λελατομημένων,²⁷
ἀλλ' οὕτως ἀπελθόντων εἰς τὴν οἰκοδομήν·²⁸ **4** καὶ διατί²⁹ πρῶτον
εἰς τὰ θεμέλια³⁰ δέκα³¹ λίθοι ἐτέθησαν, εἶτα³² εἴκοσι³³ πέντε,

---

¹ πύργος, ου, ὁ, tower, watchtower
² ἀναχωρέω aor act inf, go away, withdraw, retire
³ παρθένος, ου, ἡ, virgin, chaste person
⁴ καταλείπω perf mid/pass inf, leave
⁵ πύργος, ου, ὁ, tower, watchtower
⁶ ἀναχωρέω aor act inf, go away, withdraw, retire
⁷ ἀναπαύω aor pass inf, rest, refresh
⁸ ποιμήν, ένος, ὁ, shepherd
⁹ διατί, part, why?, how?
¹⁰ συντελέω aor pass ind 3s, complete, finish, close
¹¹ οἰκοδομή, ῆς, ἡ, building, edifice
¹² πύργος, ου, ὁ, tower, watchtower
¹³ οὔπω, adv, not yet
¹⁴ ἀποτελέω aor pass inf, bring to completion, finish
¹⁵ πύργος, ου, ὁ, watchtower
¹⁶ δοκιμάζω aor act subj 3s, test, examine, prove
¹⁷ οἰκοδομή, ῆς, ἡ, building, edifice
¹⁸ σαπρός, ά, όν, bad, rotten, useless
¹⁹ ἀλλάσσω aor act subj 3s, change, alter, exchange for another
²⁰ πύργος, ου, ὁ, tower, watchtower
²¹ πύργος, ου, ὁ, tower, watchtower
²² οἰκοδομή, ῆς, ἡ, building, edifice
²³ πέτρα, ας, ἡ, rock, bedrock, boulder
²⁴ πύλη, ης, ἡ, gate, door
²⁵ παρθένος, ου, ἡ, virgin, chaste person
²⁶ βυθός, οῦ, ὁ, deep place, sea, depths of sea
²⁷ λατομέω, perf mid/pass ptcp m.p.gen., cut away, hew out
²⁸ οἰκοδομή, ῆς, ἡ, building, edifice
²⁹ διατί, part, why?, how?
³⁰ θεμέλιος, ου, ὁ, foundation, base
³¹ δέκα, ten
³² εἶτα, adv, then, next
³³ εἴκοσι, twenty

εἶτα¹ τριάκοντα² πέντε, εἶτα³ τεσσεράκοντα,⁴ καὶ περὶ τῶν λίθων τῶν ἀπεληλυθότων εἰς τὴν οἰκοδομὴν⁵ καὶ πάλιν ἡρμένων καὶ εἰς τόπον ἴδιον ἀποτεθειμένων·⁶ περὶ πάντων τούτων ἀνάπαυσον⁷ τὴν ψυχήν μου, κύριε, καὶ γνώρισόν⁸ μοι αὐτά. 5 Ἐάν, φησί, κενόσπουδος⁹ μὴ εὑρεθῇς, πάντα γνώσῃ. μετ' ὀλίγας γὰρ ἡμέρας ἐλευσόμεθα ἐνθάδε,¹⁰ καὶ τὰ λοιπὰ ὄψει τὰ ἐπερχόμενα¹¹ τῷ πύργῳ¹² τούτῳ, καὶ πάσας τὰς παραβολὰς ἀκριβῶς¹³ γνώσῃ. 6 καὶ μετ' ὀλίγας ἡμέρας ἤλθομεν εἰς τὸν τόπον οὗ κεκαθίκαμεν, καὶ λέγει μοι· Ἄγωμεν παρὰ τὸν πύργον·¹⁴ ὁ γὰρ αὐθέντης¹⁵ τοῦ πύργου¹⁶ ἔρχεται κατανοῆσαι¹⁷ αὐτόν. καὶ ἤλθομεν πρὸς τὸν πύργον·¹⁸ καὶ ὅλως¹⁹ οὐθεὶς ἦν πρὸς αὐτὸν εἰ μὴ αἱ παρθένοι²⁰ μόναι. 7 καὶ ἐπερωτᾷ ὁ ποιμὴν²¹ τὰς παρθένους²² εἰ ἄρα παραγεγόνει ὁ δεσπότης²³ τοῦ πύργου.²⁴ αἱ δὲ ἔφησαν μέλλειν αὐτὸν ἔρχεσθαι κατανοῆσαι²⁵ τὴν οἰκοδομήν.²⁶

---

¹ εἶτα, adv, then, next
² τριάκοντα, thirty
³ εἶτα, adv, then, next
⁴ τεσσεράκοντα, forty
⁵ οἰκοδομή, ῆς, ἡ, building, edifice
⁶ ἀποτίθημι perf mid/pass ptcp m.p.gen., take off, lay aside, put away
⁷ ἀναπαύω aor act impv 2s, rest, refresh
⁸ γνωρίζω aor act impv 2s, make known, reveal
⁹ κενόσπουδος, ον, concerned for worthless things
¹⁰ ἐνθάδε, adv, here, in this place
¹¹ ἐπέρχομαι pres mid/pass ptcp n.p.acc., come upon, arrive, approach
¹² πύργος, ου, ὁ, tower, watchtower
¹³ ἀκριβῶς, adv, accurately, carefully
¹⁴ πύργος, ου, ὁ, tower, watchtower
¹⁵ αὐθέντης, ου, ὁ, master, owner
¹⁶ πύργος, ου, ὁ, tower, watchtower
¹⁷ κατανοέω aor act inf, notice, consider, think about
¹⁸ πύργος, ου, ὁ, tower, watchtower
¹⁹ ὅλως, adv, completely, wholly, generally above
²⁰ παρθένος, ου, ἡ, virgin, chaste person
²¹ ποιμήν, ένος, ὁ, shepherd
²² παρθένος, ου, ἡ, virgin, chaste person
²³ δεσπότης, ου, ὁ, lord, master, ruler
²⁴ πύργος, ου, ὁ, tower, watchtower
²⁵ κατανοέω aor act inf, notice, consider, think about
²⁶ οἰκοδομή, ῆς, ἡ, building, edifice

83:1 (ϑ´ 6) Καὶ ἰδοὺ μετὰ μικρὸν βλέπω παράταξιν¹ πολλῶν ἀνδρῶν ἐρχομένων· καὶ εἰς τὸ μέσον ἀνήρ τις ὑψηλὸς² τῷ μεγέθει,³ ὥστε τὸν πύργον⁴ ὑπερέχειν.⁵ **2** καὶ οἱ ἓξ⁶ ἄνδρες οἱ εἰς τὴν οἰκοδομὴν⁷ ἐπιτάξαντες,⁸ ἐκ δεξιῶν καὶ ἀριστερῶν⁹ μετ' αὐτοῦ περιεπάτουν, καὶ πάντες οἱ εἰς τὴν οἰκοδομὴν¹⁰ ἐργασάμενοι μετ' αὐτοῦ ἦσαν, καὶ ἕτεροι πολλοὶ κύκλῳ¹¹ αὐτοῦ ἔνδοξοι.¹² αἱ δὲ παρθένοι¹³ αἱ τηροῦσαι τὸν πύργον¹⁴ προσδραμοῦσαι¹⁵ κατεφίλησαν¹⁶ αὐτόν, καὶ ἤρξαντο ἐγγὺς αὐτοῦ περιπατεῖν κύκλῳ¹⁷ τοῦ πύργου.¹⁸ **3** κατενόει¹⁹ δὲ ὁ ἀνὴρ ἐκεῖνος τὴν οἰκοδομὴν²⁰ ἀκριβῶς,²¹ ὥστε αὐτὸν καθ' ἕνα λίθον ψηλαφᾶν.²² κρατῶν δέ τινα ῥάβδον²³ τῇ χειρὶ κατὰ ἕνα λίθον τῶν ᾠκοδομημένων ἔτυπτε.²⁴ **4** καὶ ὅταν ἐπάτασσεν,²⁵ ἐγένοντο αὐτῶν τινες μέλανες²⁶ ὡσεὶ²⁷ ἀσβόλη,²⁸ τινὲς δὲ ἐψωριακότες,²⁹ τινὲς δὲ σχισμὰς³⁰ ἔχοντες, τινὲς δὲ κολοβοί,³¹ τινὲς δὲ οὔτε λευκοὶ³² οὔτε

¹ παράταξις, εως, ἡ, array, procession
² ὑψηλός, ή, όν, tall, high, exalted
³ μέγεθος, ους, τό, surpassing size, surpassing greatness
⁴ πύργος, ου, ὁ, tower, watchtower
⁵ ὑπερέχω pres act inf, rise above, surpass, be better than
⁶ ἕξ, six
⁷ οἰκοδομή, ῆς, ἡ, building, edifice
⁸ ἐπιτάσσω aor act ind 3p, order, command
⁹ ἀριστερός, α, όν, left
¹⁰ οἰκοδομή, ῆς, ἡ, building, edifice
¹¹ κύκλῳ, adv, around
¹² ἔνδοξος, ον, honored, distinguished, glorious
¹³ παρθένος, ου, ἡ, virgin, chaste person
¹⁴ πύργος, ου, ὁ, tower, watchtower
¹⁵ προστρέχω aor act ptcp f.p.nom., run up to, run towards
¹⁶ καταφιλέω aor act ind 3p, kiss

¹⁷ κύκλῳ, adv, around
¹⁸ πύργος, ου, ὁ, tower, watchtower
¹⁹ κατανοέω impf act ind 3s, notice, consider, think about
²⁰ οἰκοδομή, ῆς, ἡ, building, edifice
²¹ ἀκριβῶς, adv, accurately, carefully
²² ψηλαφάω pres act inf, touch, handle, feel around for
²³ ῥάβδος, ου, ἡ, rod, staff
²⁴ τύπτω impf act ind 3s, strike, beat, assault
²⁵ πατάσσω impf act ind 3s, strike, hit
²⁶ μέλας, μέλαινα, μέλαν, black
²⁷ ὡσεί, adv, as, like
²⁸ ἀσβόλη, ης, ἡ, soot
²⁹ ψωριάω perf act ptcp m.p.nom., having a rough surface
³⁰ σχισμή, ῆς, ἡ, crack, fissure, split
³¹ κολοβός, όν, deficient, short, damaged
³² λευκός, ή, όν, bright, white, gleaming

μέλανες,¹ τινὲς δὲ τραχεῖς² καὶ μὴ συμφωνοῦντες³ τοῖς ἑτέροις λίθοις, τινὲς δὲ σπίλους⁴ πολλοὺς ἔχοντες· αὗται ἦσαν αἱ ποικιλίαι⁵ τῶν λίθων τῶν σαπρῶν⁶ εὑρεθέντων εἰς τὴν οἰκοδομήν.⁷ **5** ἐκέλευσεν⁸ οὖν πάντας τούτους ἐκ τοῦ πύργου⁹ μετενεχθῆναι¹⁰ καὶ τεθῆναι παρὰ τὸν πύργον,¹¹ καὶ ἑτέρους ἐνεχθῆναι λίθους καὶ ἐμβληθῆναι¹² εἰς τὸν τόπον αὐτῶν. **6** καὶ ἐπηρώτησαν αὐτὸν οἱ οἰκοδομοῦντες, ἐκ τίνος ὄρους θέλη ἐνεχθῆναι λίθους καὶ ἐμβληθῆναι¹³ εἰς τὸν τόπον αὐτῶν. καὶ ἐκ μὲν τῶν ὀρέων οὐκ ἐκέλευσεν¹⁴ ἐνεχθῆναι, ἐκ δέ τινος πεδίου¹⁵ ἐγγὺς ὄντος ἐκέλευσεν¹⁶ ἐνεχθῆναι. **7** καὶ ὠρύγη¹⁷ τὸ πεδίον,¹⁸ καὶ εὑρέθησαν λίθοι λαμπροὶ¹⁹ τετράγωνοι,²⁰ τινὲς δὲ καὶ στρογγύλοι.²¹ ὅσοι δέ ποτε²² ἦσαν λίθοι ἐν τῷ πεδίῳ²³ ἐκείνῳ, πάντες ἠνέχθησαν, καὶ διὰ τῆς πύλης²⁴ ἐβαστάζοντο²⁵ ὑπὸ τῶν παρθένων.²⁶ **8** καὶ ἐλατομήθησαν²⁷ οἱ τετράγωνοι²⁸ λίθοι καὶ ἐτέθησαν εἰς τὸν τόπον τῶν ἠρμένων· οἱ δὲ στρογγύλοι²⁹ οὐκ ἐτέθησαν εἰς τὴν

---

1 μέλας, μέλαινα, μέλαν, black
2 τραχύς, εῖα, ύ, rough, uneven
3 συμφωνέω pres act ptcp m.p.nom., fit in, match, fit together
4 σπίλος, ου, ὁ, spot, stain
5 ποικιλία, ας, ἡ, variety, diversity, varied appearance
6 σαπρός, ά, όν, bad, rotten, useless
7 οἰκοδομή, ῆς, ἡ, building, edifice
8 κελεύω aor act ind 3p, command, order, urge
9 πύργος, ου, ὁ, tower, watchtower
10 μεταφέρω aor pass inf, carry away
11 πύργος, ου, ὁ, tower, watchtower
12 ἐμβάλλω aor pass inf, throw, force, drive
13 ἐμβάλλω aor pass inf, throw, force, drive
14 κελεύω aor act ind 3p, command, order, urge
15 πεδίον, ου, τό, plain, field
16 κελεύω aor act ind 3p, command, order, urge
17 ὀρύσσω aor pass ind 3s, dig up
18 πεδίον, ου, τό, plain, field
19 λαμπρός, ά, όν, bright, gleaming
20 τετράγωνος, ον, square, four-sided
21 στρογγύλος, η, ον, round
22 ποτέ, conj, ever, at some time
23 πεδίον, ου, τό, plain, field
24 πύλη, ης, ἡ, gate, door
25 βαστάζω impf mid/pass ind 3p, pick up, carry, bear
26 παρθένος, ου, ἡ, virgin, chaste person
27 λατομέω aor pass ind 3p, hew out, cut away
28 τετράγωνος, ον, square, four-sided
29 στρογγύλος, η, ον, round

οἰκοδομήν,[1] ὅτι σκληροὶ[2] ἦσαν εἰς τὸ λατομηθῆναι[3] αὐτούς, καὶ βραδέως[4] ἐγένετο. ἐτέθησαν δὲ παρὰ τὸν πύργον,[5] ὡς μελλόντων αὐτῶν λατομεῖσθαι[6] καὶ τίθεσθαι εἰς τὴν οἰκοδομήν·[7] λίαν[8] γὰρ λαμπροὶ[9] ἦσαν.

84:1 (Θ´ 7) Ταῦτα οὖν συντελέσας[10] ὁ ἀνὴρ ὁ ἔνδοξος[11] καὶ Κύριος ὅλου τοῦ πύργου[12] προσεκαλέσατο[13] τὸν ποιμένα,[14] καὶ παρέδωκεν αὐτῷ τοὺς λίθους πάντας τοὺς παρὰ τὸν πύργον[15] κειμένους,[16] τοὺς ἀποβεβλημένους[17] ἐκ τῆς οἰκοδομῆς,[18] καὶ λέγει αὐτῷ· **2** Ἐπιμελῶς[19] καθάρισον τοὺς λίθους τούτους καὶ θὲς αὐτοὺς εἰς τὴν οἰκοδομὴν[20] τοῦ πύργου,[21] τοὺς δυναμένους ἁρμόσαι[22] τοῖς λοιποῖς· τοὺς δὲ μὴ ἁρμόζοντας[23] ῥῖψον[24] μακρὰν[25] ἀπὸ τοῦ πύργου.[26] **3** ταῦτα κελεύσας[27] τῷ ποιμένι[28] ἀπήει[29] ἀπὸ τοῦ πύργου[30] μετὰ πάντων ὧν ἐληλύθει. αἱ δὲ παρθένοι[31] κύκλῳ[32]

---

[1] οἰκοδομή, ῆς, ἡ, building, edifice
[2] σκληρός, ά, όν, hard, rough, harsh
[3] λατομέω aor pass inf, hew out, cut away
[4] βραδέως, adv, slowly
[5] πύργος, ου, ὁ, tower, watchtower
[6] λατομέω pres mid/pass inf, hew out, cut away
[7] οἰκοδομή, ῆς, ἡ, building, edifice
[8] λίαν, adv, very, exceedingly
[9] λαμπρός, ά, όν, bright, gleaming
[10] συντελέω aor act ptcp m.s.nom., complete, finish, close
[11] ἔνδοξος, ον, honored, distinguished, glorious
[12] πύργος, ου, ὁ, tower, watchtower
[13] προσκαλέω aor mid ind 3s, summon, call upon
[14] ποιμήν, ένος, ὁ, shepherd
[15] πύργος, ου, ὁ, tower, watchtower
[16] κεῖμαι pres mid/pass ptcp m.p.acc., lie, recline, lie upon
[17] ἀποβάλλω perf mid/pass ptcp m.p.acc., take off, throw away, remove, reject
[18] οἰκοδομή, ῆς, ἡ, building, edifice
[19] ἐπιμελῶς, adv, carefully, diligently
[20] οἰκοδομή, ῆς, ἡ, building, edifice
[21] πύργος, ου, ὁ, tower, watchtower
[22] ἁρμόζω aor pass inf, fit in, join together
[23] ἁρμόζω pres act ptcp m.p.acc., fit in, join together
[24] ῥιπτέω aor act impv 2s, throw
[25] μακράν, adv, far away
[26] πύργος, ου, ὁ, tower, watchtower
[27] κελεύω aor act ptcp m.s.nom., command, order, urge
[28] ποιμήν, ένος, ὁ, shepherd
[29] ἄπειμι impf act ind 3s, be absent, go away
[30] πύργος, ου, ὁ, tower, watchtower
[31] παρθένος, ου, ἡ, virgin, chaste person
[32] κύκλῳ, adv, around

τοῦ πύργου¹ εἰστήκεισαν τηροῦσαι αὐτόν. **4** λέγω τῷ ποιμένι·²
Πῶς πάλιν οὗτοι οἱ λίθοι δύνανται εἰς τὴν οἰκοδομὴν³ τοῦ
πύργου⁴ ἀπελθεῖν ἀποδεδοκιμασμένοι;⁵ ἀποκριθείς μοι λέγει·
Βλέπεις, φησί, τοὺς λίθους τούτους; Βλέπω, φημί, κύριε. Ἐγώ,
φησί, τὸ πλεῖστον μέρος τῶν λίθων τούτων λατομήσω⁶ καὶ βαλῶ
εἰς τὴν οἰκοδομήν,⁷ καὶ ἁρμόσουσι⁸ μετὰ τῶν λοιπῶν λίθων.
5 Πῶς, φημί, κύριε, δύνανται περικοπέντες⁹ τὸν αὐτὸν τόπον
πληρῶσαι; ἀποκριθεὶς λέγει μοι· Ὅσοι μικροὶ εὑρεθήσονται εἰς
μέσην τὴν οἰκοδομὴν¹⁰ βληθήσονται, ὅσοι δὲ μείζονες, ἐξώτεροι¹¹
τεθήσονται καὶ συγκρατήσουσιν¹² αὐτούς. **6** ταῦτά μοι λαλήσας
λέγει μοι· Ἄγωμεν, καὶ μετὰ ἡμέρας δύο ἔλθωμεν καὶ
καθαρίσωμεν τοὺς λίθους τούτους, καὶ βάλωμεν αὐτοὺς εἰς τὴν
οἰκοδομήν·¹³ τὰ γὰρ κύκλῳ¹⁴ τοῦ πύργου¹⁵ πάντα καθαρισθῆναι
δεῖ, μήποτε¹⁶ ὁ δεσπότης¹⁷ ἐξάπινα¹⁸ ἔλθη καὶ τὰ περὶ τὸν
πύργον¹⁹ ῥυπαρὰ²⁰ εὕρη καὶ προσοχθίση,²¹ καὶ οὗτοι οἱ λίθοι οὐκ
ἀπελεύσονται εἰς τὴν οἰκοδομὴν²² τοῦ πύργου,²³ κἀγὼ ἀμελὴς²⁴
δόξω εἶναι παρὰ τῷ δεσπότη.²⁵ **7** καὶ μετὰ ἡμέρας δύο ἤλθομεν
πρὸς τὸν πύργον,²⁶ καὶ λέγει μοι· Κατανοήσωμεν²⁷ τοὺς λίθους

---

¹ πύργος, ου, ὁ, tower, watchtower
² ποιμήν, ένος, ὁ, shepherd
³ οἰκοδομή, ῆς, ἡ, building, edifice
⁴ πύργος, ου, ὁ, tower, watchtower
⁵ ἀποδοκιμάζω perf mid/pass ptcp m.p.nom., reject
⁶ λατομέω fut act ind 1s, hew out, cut away
⁷ οἰκοδομή, ῆς, ἡ, building, edifice
⁸ ἁρμόζω fut act ind 3p, fit in, join together
⁹ περικόπτω aor pass ptcp m.p.nom., hew around, cut away
¹⁰ οἰκοδομή, ῆς, ἡ, building, edifice
¹¹ ἐξώτερος, α, ον, outside, farthest
¹² συγκρατέω fut act ind 3p, hold together, support
¹³ οἰκοδομή, ῆς, ἡ, building, edifice
¹⁴ κύκλῳ, adv, around
¹⁵ πύργος, ου, ὁ, tower, watchtower
¹⁶ μήποτε, conj, never
¹⁷ δεσπότης, ου, ὁ, lord, master, ruler
¹⁸ ἐξάπινα, adv, suddenly, unexpectedly
¹⁹ πύργος, ου, ὁ, tower, watchtower
²⁰ ῥυπαρός, ά, όν, filthy, soiled, unclean
²¹ προσοχθίζω aor act subj 3s, be angry, be offended
²² οἰκοδομή, ῆς, ἡ, building, edifice
²³ πύργος, ου, ὁ, tower, watchtower
²⁴ ἀμελής, ές, careless, negligent
²⁵ δεσπότης, ου, ὁ, lord, master, ruler
²⁶ πύργος, ου, ὁ, tower, watchtower
²⁷ κατανοέω aor act subj 1p, notice, consider, think about

πάντας, καὶ ἴδωμεν τοὺς δυναμένους εἰς τὴν οἰκοδομὴν¹
ἀπελθεῖν. λέγω αὐτῷ· Κύριε, κατανοήσωμεν.²

85:1 (Θ´ 8) Καὶ ἀρξάμενοι πρῶτον τοὺς μέλανας³ κατενοοῦμεν⁴
λίθους. καὶ οἷοι⁵ ἐκ τῆς οἰκοδομῆς⁶ ἐτέθησαν, τοιοῦτοι καὶ
εὑρέθησαν. καὶ ἐκέλευσεν⁷ αὐτοὺς ὁ ποιμὴν⁸ ἐκ τοῦ πύργου⁹
μετενεχθῆναι¹⁰ καὶ χωρισθῆναι.¹¹ **2** εἶτα¹² κατενόησε¹³ τοὺς
ἐψωριακότας,¹⁴ καὶ λαβὼν ἐλατόμησε¹⁵ πολλοὺς ἐξ αὐτῶν, καὶ
ἐκέλευσε¹⁶ τὰς παρθένους¹⁷ ἆραι αὐτοὺς καὶ βαλεῖν εἰς τὴν
οἰκοδομήν.¹⁸ καὶ ἦραν αὐτοὺς αἱ παρθένοι¹⁹ καὶ ἔθηκαν εἰς τὴν
οἰκοδομὴν²⁰ τοῦ πύργου²¹ μέσου. τοὺς δὲ λοιποὺς ἐκέλευσε²² μετὰ
τῶν μελάνων²³ τεθῆναι· καὶ γὰρ καὶ οὗτοι μέλανες²⁴ εὑρέθησαν.
3 εἶτα²⁵ κατενόει²⁶ τοὺς τὰς σχισμὰς²⁷ ἔχοντας· καὶ ἐκ τούτων
πολλοὺς ἐλατόμησε²⁸ καὶ ἐκέλευσε²⁹ διὰ τῶν παρθένων³⁰ εἰς τὴν

---

¹ οἰκοδομή, ῆς, ἡ, building, edifice
² κατανοέω aor act subj 1p, notice, consider, think about
³ μέλας, μέλαινα, μέλαν, black
⁴ κατανοέω impf act ind 1p, notice, consider, think about
⁵ οἷος, α, ον, of what sort, such as, just as
⁶ οἰκοδομή, ῆς, ἡ, building, edifice
⁷ κελεύω aor act ind 3s, command, order, urge
⁸ ποιμήν, ένος, ὁ, shepherd
⁹ πύργος, ου, ὁ, tower, watchtower
¹⁰ μεταφέρω aor pass inf, carry away
¹¹ χωρίζω aor pass inf, divide, separate, leave
¹² εἶτα, adv, then, next
¹³ κατανοέω aor act ind 3s, notice, consider, think about
¹⁴ ψωριάω perf act ptcp m.p.acc., having a rough surface
¹⁵ λατομέω aor act ind 3s, hew out, cut away

¹⁶ κελεύω aor act ind 3s, command, order, urge
¹⁷ παρθένος, ου, ἡ, virgin, chaste person
¹⁸ οἰκοδομή, ῆς, ἡ, building, edifice
¹⁹ παρθένος, ου, ἡ, virgin, chaste person
²⁰ οἰκοδομή, ῆς, ἡ, building, edifice
²¹ πύργος, ου, ὁ, tower, watchtower
²² κελεύω aor act ind 3s, command, order, urge
²³ μέλας, μέλαινα, μέλαν, black
²⁴ μέλας, μέλαινα, μέλαν, black
²⁵ εἶτα, adv, then, next
²⁶ κατανοέω impf act ind 3s, notice, consider, think about
²⁷ σχισμή, ῆς, ἡ, crack, fissure
²⁸ λατομέω aor act ind 3s, hew out, cut away
²⁹ κελεύω aor act ind 3s, command, order, urge
³⁰ παρθένος, ου, ἡ, virgin, chaste person

οἰκοδομὴν¹ ἀπενεχθῆναι·² ἐξώτεροι³ δὲ ἐτέθησαν, ὅτι ὑγιέστεροι⁴ εὑρέθησαν. οἱ δὲ λοιποὶ διὰ τὸ πλῆθος τῶν σχισμάτων⁵ οὐκ ἠδυνήθησαν λατομηθῆναι·⁶ διὰ ταύτην οὖν τὴν αἰτίαν⁷ ἀπεβλήθησαν⁸ ἀπὸ τῆς οἰκοδομῆς⁹ τοῦ πύργου.¹⁰ **4** εἶτα¹¹ κατενόει¹² τοὺς κολοβούς,¹³ καὶ εὑρέθησαν πολλοὶ ἐν αὐτοῖς μέλανες,¹⁴ τινὲς δὲ σχισμὰς¹⁵ μεγάλας πεποιηκότες· καὶ ἐκέλευσε¹⁶ καὶ τούτους τεθῆναι μετὰ τῶν ἀποβεβλημένων.¹⁷ τοὺς δὲ περισσεύοντας αὐτῶν καθαρίσας καὶ λατομήσας¹⁸ ἐκέλευσεν¹⁹ εἰς τὴν οἰκοδομὴν²⁰ τεθῆναι. αἱ δὲ παρθένοι²¹ αὐτοὺς ἄρασαι εἰς μέσην τὴν οἰκοδομὴν²² τοῦ πύργου²³ ἥρμοσαν·²⁴ ἀσθενέστεροι²⁵ γὰρ ἦσαν. **5** εἶτα²⁶ κατενόει²⁷ τοὺς ἡμίσεις²⁸ λευκούς,²⁹ ἡμίσεις³⁰ δὲ μέλανας·³¹ καὶ πολλοὶ ἐξ αὐτῶν εὑρέθησαν μέλανες.³²

---

¹ οἰκοδομή, ῆς, ἡ, building, edifice
² ἀποφέρω aor pass inf, carry away, take away
³ ἐξώτερος, α, ον, outside, farthest
⁴ ὑγιής, ές, healthy, sound, uncorrupted
⁵ σχισμή, ῆς, ἡ, crack, fissure
⁶ λατομέω aor pass inf, hew out, cut away
⁷ αἰτία, ας, ἡ, cause, reason
⁸ ἀποβάλλω aor pass ind 3p, take off, shed, throw away
⁹ οἰκοδομή, ῆς, ἡ, building, edifice
¹⁰ πύργος, ου, ὁ, tower, watchtower
¹¹ εἶτα, adv, then, next
¹² κατανοέω impf act ind 3s, notice, consider, think about
¹³ κολοβός, όν, deficient, short, damaged
¹⁴ μέλας, μέλαινα, μέλαν, black
¹⁵ σχισμή, ῆς, ἡ, crack, fissure
¹⁶ κελεύω aor act ind 3s, command, order, urge
¹⁷ ἀποβάλλω perf mid/pass ptcp m.p.gen., take off, shed, throw away
¹⁸ λατομέω aor act ptcp m.s.nom., hew out, cut away
¹⁹ κελεύω aor act ind 3s, command, order, urge
²⁰ οἰκοδομή, ῆς, ἡ, building, edifice
²¹ παρθένος, ου, ἡ, virgin, chaste person
²² οἰκοδομή, ῆς, ἡ, building, edifice
²³ πύργος, ου, ὁ, tower, watchtower
²⁴ ἁρμόζω aor act ind 3p, fit in, join together
²⁵ ἀσθενής, ές, sick, ill, weak
²⁶ εἶτα, adv, then, next
²⁷ κατανοέω impf act ind 3s, notice, consider, think about
²⁸ ἥμισυς, εια, υ, half
²⁹ λευκός, ή, όν, bright, white, gleaming
³⁰ ἥμισυς, εια, υ, half
³¹ μέλας, μέλαινα, μέλαν, black
³² μέλας, μέλαινα, μέλαν, black

ἐκέλευσε¹ δὲ καὶ τούτους ἀρθῆναι μετὰ τῶν ἀποβεβλημένων.² οἱ
δὲ λοιποὶ λευκοὶ³ πάντες εὑρέθησαν καὶ ἤρθησαν ὑπὸ τῶν
παρθένων·⁴ λευκοὶ⁵ γὰρ ὄντες ἡρμόσθησαν⁶ ὑπ' αὐτῶν τῶν
παρθένων⁷ εἰς τὴν οἰκοδομήν·⁸ ἐξώτεροι⁹ δὲ ἐτέθησαν, ὅτι
ὑγιεῖς¹⁰ εὑρέθησαν, ὥστε δύνασθαι αὐτοὺς κρατεῖν τοὺς εἰς τὸ
μέσον τεθέντας· ὅλως¹¹ γὰρ ἐξ αὐτῶν οὐδὲν ἐκολοβώθη.¹² 6 εἶτα¹³
κατενόει¹⁴ τοὺς τραχεῖς¹⁵ καὶ σκληρούς,¹⁶ καὶ ὀλίγοι ἐξ αὐτῶν
ἀπεβλήθησαν¹⁷ διὰ τὸ μὴ δύνασθαι λατομηθῆναι· σκληροὶ¹⁸ γὰρ
λίαν¹⁹ εὑρέθησαν. οἱ δὲ λοιποὶ αὐτῶν ἐλατομήθησαν²⁰ καὶ
ἤρθησαν ὑπὸ τῶν παρθένων²¹ καὶ εἰς μέσην τὴν οἰκοδομὴν²² τοῦ
πύργου²³ ἡρμόσθησαν·²⁴ ἀσθενέστεροι²⁵ γὰρ ἦσαν. 7 εἶτα²⁶
κατενόει²⁷ τοὺς ἔχοντας τοὺς σπίλους,²⁸ καὶ ἐκ τούτων ἐλάχιστοι²⁹

---

¹ κελεύω aor act ind 3s, command, order, urge
² ἀποβάλλω perf mid/pass ptcp m.p.gen., take off, shed, throw away
³ λευκός, ή, όν, bright, white, gleaming
⁴ παρθένος, ου, ἡ, virgin, chaste person
⁵ λευκός, ή, όν, bright, white, gleaming
⁶ ἁρμόζω aor pass ind 3p, fit in, join together
⁷ παρθένος, ου, ἡ, virgin, chaste person
⁸ οἰκοδομή, ῆς, ἡ, building, edifice
⁹ ἐξώτερος, α, ον, outside, farthest
¹⁰ ὑγιής, ές, healthy, sound, uncorrupted
¹¹ ὅλως, adv, completely, wholly, generally above
¹² κολοβόω aor pass ind 3s, shorten
¹³ εἶτα, adv, then, next
¹⁴ κατανοέω impf act ind 3s, notice, consider, think about
¹⁵ τραχύς, εῖα, ύ, rough, uneven
¹⁶ σκληρός, ά, όν, rough, hard, harsh
¹⁷ ἀποβάλλω aor pass ind 3p, take off, shed, throw away
¹⁸ σκληρός, ά, όν, rough, hard, harsh
¹⁹ λίαν, adv, very, exceedingly
²⁰ λατομέω aor pass ind 3p, hew out, cut away
²¹ παρθένος, ου, ἡ, virgin, chaste person
²² οἰκοδομή, ῆς, ἡ, building, edifice
²³ πύργος, ου, ὁ, tower, watchtower
²⁴ ἁρμόζω aor pass ind 3p, fit in, join together
²⁵ ἀσθενής, ές, sick, ill, weak
²⁶ εἶτα, adv, then, next
²⁷ κατανοέω impf act ind 3s, notice, consider, think about
²⁸ σπίλος, ου, ὁ, spot, stain
²⁹ ἐλάχιστος, ίστη, ον, least, very small, insignificant

ἐμελάνησαν,[1] καὶ ἀπεβλήθησαν[2] πρὸς τοὺς λοιπούς. οἱ δὲ περισσεύοντες λαμπροὶ[3] καὶ ὑγιεῖς[4] εὑρέθησαν· καὶ οὗτοι ἡρμόσθησαν[5] ὑπὸ τῶν παρθένων[6] εἰς τὴν οἰκοδομήν·[7] ἐξώτεροι[8] δὲ ἐτέθησαν διὰ τὴν ἰσχυρότητα[9] αὐτῶν.

86:1 (Θ´ 9) Εἶτα[10] ἦλθε κατανοῆσαι[11] τοὺς λευκοὺς[12] καὶ στρογγύλους[13] λίθους, καὶ λέγει μοι· Τί ποιοῦμεν περὶ τούτων τῶν λίθων; Τί, φημί, ἐγὼ γινώσκω, κύριε; Καὶ λέγει μοι· Οὐδὲν οὖν ἐπινοεῖς[14] περὶ αὐτῶν; **2** Ἐγώ, φημί, κύριε, ταύτην τὴν τέχνην[15] οὐκ ἔχω, οὐδὲ λατόμος[16] εἰμί, οὐδὲ δύναμαι νοῆσαι.[17] Οὐ βλέπεις αὐτούς, φησί, λίαν[18] στρογγύλους[19] ὄντας; καὶ ἐὰν αὐτοὺς θελήσω τετραγώνους[20] ποιῆσαι, πολὺ δεῖ ἀπ᾽ αὐτῶν ἀποκοπῆναι·[21] δεῖ δὲ ἐξ αὐτῶν ἐξ ἀνάγκης[22] τινὰς εἰς τὴν οἰκοδομήν[23] τεθῆναι. **3** Εἰ οὖν, φημί, κύριε, ἀνάγκη[24] ἐστί, τί σεαυτὸν βασανίζεις[25] καὶ οὐκ ἐκλέγῃ[26] εἰς τὴν οἰκοδομήν[27] οὓς

---

[1] μελανέω aor act ind 3p, blacken
[2] ἀποβάλλω aor pass ind 3p, take off, shed, throw away
[3] λαμπρός, ά, όν, bright, gleaming
[4] ὑγιής, ές, healthy, sound, uncorrupted
[5] ἁρμόζω aor pass ind 3p, fit in, join together
[6] παρθένος, ου, ἡ, virgin, chaste person
[7] οἰκοδομή, ῆς, ἡ, building, edifice
[8] ἐξώτερος, α, ον, outside, farthest
[9] ἰσχυρότης, ητος, ἡ, power, strength, solidity
[10] εἶτα, adv, then, next
[11] κατανοέω aor act inf, notice, consider, think about
[12] λευκός, ή, όν, bright, white, gleaming
[13] στρογγύλος, η, ον, round

[14] ἐπινοέω pres act ind 2s, notice
[15] τέχνη, ης, ἡ, skill, trade
[16] λατόμος, ου, ὁ, stonecutter, mason
[17] νοέω aor act inf, perceive, understand, gain insight
[18] λίαν, adv, very, exceedingly
[19] στρογγύλος, η, ον, round
[20] τετράγωνος, ον, square, four-sided
[21] ἀποκόπτω aor pass inf, cut off, cut away
[22] ἀνάγκη, ης, ἡ, necessity, pressure, distress
[23] οἰκοδομή, ῆς, ἡ, building, edifice
[24] ἀνάγκη, ης, ἡ, necessity, pressure, distress
[25] βασανίζω pres act ind 2s, torture, torment
[26] ἐκλέγομαι pres mid/pass ind 2s, choose, select for oneself, gather
[27] οἰκοδομή, ῆς, ἡ, building, edifice

θέλεις, καὶ ἁρμόζεις¹ εἰς αὐτήν; ἐξελέξατο² ἐξ αὐτῶν τοὺς μείζονας καὶ λαμπρούς,³ καὶ ἐλατόμησεν⁴ αὐτούς· αἱ δὲ παρθένοι⁵ ἄρασαι ἥρμοσαν⁶ εἰς τὰ ἐξώτερα⁷ μέρη τῆς οἰκοδομῆς.⁸ **4** οἱ δὲ λοιποὶ οἱ περισσεύσαντες ἤρθησαν καὶ ἀπετέθησαν⁹ εἰς τὸ πεδίον¹⁰ ὅθεν¹¹ ἠνέχθησαν· οὐκ ἀπεβλήθησαν¹² δέ, Ὅτι, φησί, λείπει¹³ τῷ πύργῳ¹⁴ ἔτι μικρὸν οἰκοδομηθῆναι. πάντως¹⁵ δὲ θέλει ὁ δεσπότης¹⁶ τοῦ πύργου¹⁷ τούτους ἁρμοσθῆναι¹⁸ τοὺς λίθους εἰς τὴν οἰκοδομήν,¹⁹ ὅτι λαμπροί²⁰ εἰσι λίαν.²¹ **5** ἐκλήθησαν δὲ γυναῖκες δώδεκα, εὐειδέσταται²² τῷ χαρακτῆρι,²³ μέλανα²⁴ ἐνδεδυμέναι,²⁵ περιεζωσμέναι²⁶ καὶ ἔξω τοὺς ὤμους²⁷ ἔχουσαι, καὶ τὰς τρίχας²⁸ λελυμέναι. ἐδοκοῦσαν δέ μοι αἱ γυναῖκες αὗται ἄγριαι²⁹ εἶναι. ἐκέλευσε³⁰ δὲ αὐτὰς ὁ ποιμὴν³¹ ἆραι τοὺς λίθους

---

¹ ἁρμόζω pres act ind 2s, fit in, join together
² ἐκλέγομαι aor mid ind 3s, choose, select for oneself, gather
³ λαμπρός, ά, όν, bright, gleaming
⁴ λατομέω aor act ind 3p, hew out, cut away
⁵ παρθένος, ου, ἡ, virgin, chaste person
⁶ ἁρμόζω aor act ind 3p, fit in, join together
⁷ ἐξώτερος, α, ον, outside, farthest
⁸ οἰκοδομή, ῆς, ἡ, building, edifice
⁹ ἀποτίθημι aor pass ind 3p, take off, lay aside, put away
¹⁰ πεδίον, ου, τό, plain, field
¹¹ ὅθεν, adv, from where, from which
¹² ἀποβάλλω aor pass ind 3p, take off, shed, throw away
¹³ λείπω pres act ind 3s, fall short, lack, be deficient
¹⁴ πύργος, ου, ὁ, tower, watchtower
¹⁵ πάντως, adv, by all means, totally, altogether
¹⁶ δεσπότης, ου, ὁ, lord, master, ruler
¹⁷ πύργος, ου, ὁ, tower, watchtower
¹⁸ ἁρμόζω aor pass inf, fit in, join together
¹⁹ οἰκοδομή, ῆς, ἡ, building, edifice
²⁰ λαμπρός, ά, όν, bright, gleaming
²¹ λίαν, adv, very, exceedingly
²² εὐειδής, ές, well-formed, beautiful
²³ χαρακτήρ, ῆρος, ὁ, mark; impression, reproduction, representation
²⁴ μέλας, μέλαινα, μέλαν, black
²⁵ ἐνδύω, perf mid/pass ptcp f.p.nom., dress, clothe oneself
²⁶ περιζώννυμι, perf mid/pass ptcp f.p.nom., gird oneself, put on belt
²⁷ ὦμος, ου, ὁ, shoulder
²⁸ θρίξ, τριχός, ἡ, hair
²⁹ ἄγριος, ία, ον, wild, uncontrolled; savage
³⁰ κελεύω, aor act ind 3s, command, order, urge
³¹ ποιμήν, ένος, ὁ, shepherd

171

τοὺς ἀποβεβλημένους¹ ἐκ τῆς οἰκοδομῆς² καὶ ἀπενεγκεῖν³ αὐτοὺς
εἰς τὰ ὄρη ὅθεν⁴ καὶ ἠνέχθησαν. **6** αἱ δὲ ἱλαραὶ⁵ ἦραν καὶ
ἀπήνεγκαν⁶ πάντας τοὺς λίθους καὶ ἔθηκα ὅθεν⁷ ἐλήφθησαν. καὶ
μετὰ τὸ ἀρθῆναι πάντας τοὺς λίθους καὶ μηκέτι⁸ κεῖσθαι⁹ λίθον
κύκλῳ¹⁰ τοῦ πύργου,¹¹ λέγει μοι ὁ ποιμήν·¹² Κυκλώσωμεν¹³ τὸν
πύργον,¹⁴ καὶ ἴδωμεν μή τι ἐλάττωμά¹⁵ ἐστιν ἐν αὐτῷ. καὶ
ἐκύκλευον¹⁶ ἐγὼ μετ' αὐτοῦ. **7** ἰδὼν δὲ ὁ ποιμὴν¹⁷ τὸν πύργον¹⁸
εὐπρεπῆ¹⁹ ὄντα τῇ οἰκοδομῇ,²⁰ λίαν²¹ ἱλαρὸς²² ἦν· ὁ γὰρ πύργος²³
οὕτως ἦν ᾠκοδομημένος, ὥστε με ἰδόντα ἐπιθυμεῖν²⁴ τὴν
οἰκοδομὴν²⁵ αὐτοῦ· οὕτω γὰρ ἦν ᾠκοδομημένος, ὡσὰν²⁶ ἐξ ἑνὸς
λίθου, μὴ ἔχων μίαν ἁρμογὴν²⁷ ἐν ἑαυτῷ. ἐφαίνετο δὲ ὁ λίθος ὡς
ἐκ τῆς πέτρας²⁸ ἐκκεκολαμμένος·²⁹ μονόλιθος³⁰ γάρ μοι ἐδόκει
εἶναι.

---

¹ ἀποβάλλω, perf mid/pass ptcp m.p.acc., take off, shed; throw away, reject
² οἰκοδομή, ῆς, ἡ, building, construction, edifice
³ ἀποφέρω, aor act inf, carry away, take, lead off
⁴ ὅθεν, adv, from where, from which, for which reason
⁵ ἱλαρός, ά, όν, cheerful, glad, joyful
⁶ ἀποφέρω aor act ind 3p, carry away, take away
⁷ ὅθεν, adv, from where, from which
⁸ μηκέτι, adv, no longer
⁹ κεῖμαι pres mid/pass inf, lie, recline, lie upon
¹⁰ κύκλῳ, adv, around
¹¹ πύργος, ου, ὁ, tower, watchtower
¹² ποιμήν, ένος, ὁ, shepherd
¹³ κυκλόω aor act subj 1p, surround, circle around
¹⁴ πύργος, ου, ὁ, watchtower
¹⁵ ἐλάττωμα, ατος, τό, defect, deficiency
¹⁶ κυκλεύω impf act ind 1s, surround, go around
¹⁷ ποιμήν, ένος, ὁ, shepherd
¹⁸ πύργος, ου, ὁ, tower, watchtower
¹⁹ εὐπρεπής, ές, good-looking, well-suited
²⁰ οἰκοδομή, ῆς, ἡ, building, edifice
²¹ λίαν, adv, very, exceedingly
²² ἱλαρός, ά, όν, cheerful, glad, joyful
²³ πύργος, ου, ὁ, tower, watchtower
²⁴ ἐπιθυμέω pres act inf, desire, long for
²⁵ οἰκοδομή, ῆς, ἡ, building, edifice
²⁶ ὡσάν, conj, as if, as it were
²⁷ ἁρμογή, ῆς, ἡ, joint
²⁸ πέτρα, ας, ἡ, rock, bedrock, boulder
²⁹ ἐκκολάπτω perf mid/pass ptcp m.s.nom., chisel out
³⁰ μονόλιθος, ον, single stone, one-stoned

87:1 (Θ΄ 10) Κἀγὼ περιπατῶν μετ᾽ αὐτοῦ ἱλαρὸς¹ ἤμην τοιαῦτα ἀγαθὰ βλέπων. λέγει δέ μοι ὁ ποιμήν·² Ὕπαγε καὶ φέρε ἄσβεστον³ καὶ ὄστρακον⁴ λεπτόν,⁵ ἵνα τοὺς τύπους⁶ τῶν λίθων τῶν ἡρμένων καὶ εἰς τὴν οἰκοδομὴν⁷ βεβλημένων ἀναπληρώσω·⁸ δεῖ γὰρ τοῦ πύργου⁹ τὰ κύκλῳ¹⁰ πάντα ὁμαλὰ¹¹ γενέσθαι. **2** καὶ ἐποίησα καθὼς ἐκέλευσε,¹² καὶ ἤνεγκα πρὸς αὐτόν. Ὑπηρέτει¹³ μοι, φησί, καὶ ἐγγὺς τὸ ἔργον τελεσθήσεται.¹⁴ ἐπλήρωσεν οὖν τοὺς τύπους¹⁵ τῶν λίθων τῶν εἰς τὴν οἰκοδομὴν¹⁶ ἀπεληλυθότων, καὶ ἐκέλευσε¹⁷ σαρωθῆναι¹⁸ τὰ κύκλῳ¹⁹ τοῦ πύργου²⁰ καὶ καθαρὰ²¹ γενέσθαι· **3** αἱ δὲ παρθένοι²² λαβοῦσαι σάρους²³ ἐσάρωσαν,²⁴ καὶ πάντα τὰ κόπρια²⁵ ἦραν ἐκ τοῦ πύργου,²⁶ καὶ ἔρραναν²⁷ ὕδωρ, καὶ ἐγένετο ὁ τόπος ἱλαρὸς²⁸ καὶ εὐπρεπέστατος²⁹ τοῦ πύργου.³⁰ **4** λέγει μοι ὁ ποιμήν·³¹ Πάντα, φησί, κεκαθάρισται·³² ἐὰν ἔλθῃ ὁ Κύριος ἐπισκέψασθαι³³ τὸν πύργον,³⁴ οὐκ ἔχει ἡμᾶς οὐδὲν

---

¹ ἱλαρός, ά, όν, cheerful, glad, joyful
² ποιμήν, ένος, ὁ, shepherd
³ ἄσβεστος, ον, inextinguishable, (nom.) unblemished (plaster)
⁴ ὄστρακον, ου, τό, baked clay, pottery
⁵ λεπτός, ή, όν, small, thin, light
⁶ τύπος, ου, ὁ, mark, image, form
⁷ οἰκοδομή, ῆς, ἡ, building, edifice
⁸ ἀναπληρόω fut act ind 1s, make complete, fulfill, fill a gap
⁹ πύργος, ου, ὁ, tower, watchtower
¹⁰ κύκλῳ, adv, around, in a circle
¹¹ ὁμαλά, ή, όν, smooth
¹² κελεύω aor act ind 3s, command, order, urge
¹³ ὑπηρετέω pres act impv 2s, serve, be helpful
¹⁴ τελέω fut pass ind 3s, finish, complete, fulfill, accomplish
¹⁵ τύπος, ου, ὁ, mark, image, form
¹⁶ οἰκοδομή, ῆς, ἡ, building, edifice
¹⁷ κελεύω aor act ind 3s, command, order, urge
¹⁸ σαρόω aor pass inf, sweep
¹⁹ κύκλῳ, adv, around; in a circle
²⁰ πύργος, ου, ὁ, tower, watchtower
²¹ καθαρός, ά, όν, clean, pure
²² παρθένος, ου, ἡ, virgin, chaste person
²³ σάρος, ου, ὁ, broom
²⁴ σαρόω aor act ind 3p, sweep
²⁵ κόπριον, ου, τό, dung, dirt, filth
²⁶ πύργος, ου, ὁ, tower, watchtower
²⁷ ῥαίνω aor act ind 3p, sprinkle
²⁸ ἱλαρός, ά, όν, cheerful, glad, joyful
²⁹ εὐπρεπής, ές, good-looking, well-suited (comp)
³⁰ πύργος, ου, ὁ, tower, watchtower
³¹ ποιμήν, ένος, ὁ, shepherd
³² καθαίρω perf mid/pass ind 3s, make clean, become clean
³³ ἐπισκέπτομαι aor mid inf, examine, inspect, see
³⁴ πύργος, ου, ὁ, tower, watchtower

μέμψασθαι.[1] ταῦτα εἰπὼν ἤθελεν ὑπάγειν· **5** ἐγὼ δὲ ἐπελαβόμην[2] αὐτοῦ τῆς πήρας[3] καὶ ἠρξάμην αὐτὸν ὁρκίζειν[4] κατὰ τοῦ Κυρίου ἵνα πάντα μοι ἐπιλύσῃ[5] ἃ ἔδειξέ μοι. λέγει μοι· Μικρὸν ἔχω ἀκαιρεθῆναι,[6] καὶ πάντα σοι ἐπιλύσω·[7] ἔκδεξαί[8] με ὧδε ἕως ἔρχομαι. **6** λέγω αὐτῷ· Κύριε, μόνος ὢν ὧδε ἐγὼ τί ποιήσω; Οὐκ εἶ, φησί, μόνος· αἱ γὰρ παρθένοι[9] αὗται μετὰ σοῦ εἰσι. Παράδος οὖν, φημί, αὐταῖς με. προσκαλεῖται[10] αὐτὰς ὁ ποιμὴν[11] καὶ λέγει αὐταῖς· Παρατίθεμαι[12] ὑμῖν τοῦτον ἕως ἔρχομαι· καὶ ἀπῆλθεν. **7** ἐγὼ δὲ ἤμην μόνος μετὰ τῶν παρθένων·[13] ἦσαν δὲ ἱλαρώτεραι[14] καὶ πρὸς ἐμὲ εὖ[15] εἶχον· μάλιστα[16] δὲ αἱ τέσσαρες αἱ ἐνδοξότεραι[17] αὐτῶν.

88:1 (Θ΄ 11) Λέγουσί μοι αἱ παρθένοι·[18] Σήμερον ὁ ποιμὴν[19] ὧδε οὐκ ἔρχεται. Τί οὖν, φημί, ποιήσω ἐγώ; Μέχρις[20] ὀψέ,[21] φασίν, περίμεινον[22] αὐτόν· καὶ ἐὰν ἔλθῃ, λαλήσει μετὰ σοῦ, ἐὰν δὲ μὴ ἔλθῃ, μενεῖς μεθ᾽ ἡμῶν ὧδε ἕως ἔρχεται. **2** λέγω αὐταῖς·

---

[1] μέμφομαι aor mid inf, blame, find fault with
[2] ἐπιλαμβάνομαι aor mid ind 1s, take hold of, grasp, catch
[3] πήρα, ας, ἡ, knapsack, satchel, traveler's bag
[4] ὁρκίζω pres act inf, adjure, command as under oath
[5] ἐπιλύω aor act subj 3s, explain, interpret
[6] ἀκαιρέομαι aor pass inf, have no opportunity, have no time
[7] ἐπιλύω fut act ind 1s, explain, interpret
[8] ἐκδέχομαι aor mid impv, expect, wait for
[9] παρθένος, ου, ἡ, virgin, chaste person
[10] προσκαλέω pres mid/pass ind 3s, summon, call upon, call to oneself
[11] ποιμήν, ένος, ὁ, shepherd
[12] παρατίθημι pres mid/pass ind 1s, set before, point out, entrust
[13] παρθένος, ου, ἡ, virgin, chaste person
[14] ἱλαρός, ά, όν, cheerful, glad, joyful
[15] εὖ, adv, well
[16] μάλιστα, most of all, especially, very
[17] ἔνδοξος, ον, honored, esteemed, glorious
[18] παρθένος, ου, ἡ, virgin, chaste person
[19] ποιμήν, ένος, ὁ, shepherd
[20] μέχρι, conj, as far as, up to, until
[21] ὀψέ, adv, late in the day, evening
[22] περιμένω aor act impv 2s, wait for

Ἐκδέξομαι¹ αὐτὸν ἕως ὀψέ·² ἐὰν δὲ μὴ ἔλθῃ, ἀπελεύσομαι εἰς τὸν οἶκον καὶ πρωῒ³ ἐπανήξω.⁴ αἱ δὲ ἀποκριθεῖσαι λέγουσί μοι· Ἡμῖν παρεδόθης· οὐ δύνασαι ἀφ' ἡμῶν ἀναχωρῆσαι.⁵ **3** Ποῦ οὖν, φημί, μενῶ; Μεθ' ἡμῶν, φασί, κοιμηθήσῃ⁶ ὡς ἀδελφός, καὶ οὐχ ὡς ἀνήρ. ἡμέτερος⁷ γὰρ ἀδελφὸς εἶ, καὶ τοῦ λοιποῦ μέλλομεν μετὰ σοῦ κατοικεῖν· λίαν⁸ γάρ σε ἀγαπῶμεν. ἐγὼ δὲ ᾐσχυνόμην⁹ μετ' αὐτῶν μένειν. **4** καὶ ἡ δοκοῦσα πρώτη αὐτῶν εἶναι ἤρξατό με καταφιλεῖν¹⁰ καὶ περιπλέκεσθαι·¹¹ αἱ δὲ ἄλλαι ὁρῶσαι ἐκείνην περιπλεκομένην¹² μοι, καὶ αὐταὶ ἤρξαντό με καταφιλεῖν¹³ καὶ περιάγειν¹⁴ κύκλῳ¹⁵ τοῦ πύργου¹⁶ καὶ παίζειν¹⁷ μετ' ἐμοῦ. **5** κἀγὼ ὡσεὶ¹⁸ νεώτερος¹⁹ ἐγεγόνειν καὶ ἠρξάμην καὶ αὐτὸς παίζειν²⁰ μετ' αὐτῶν· αἱ μὲν γὰρ ἐχόρευον,²¹ αἱ δὲ ὠρχοῦντο,²² αἱ δὲ ᾖδον·²³ ἐγὼ δὲ σιγὴν²⁴ ἔχων μετ' αὐτῶν κύκλῳ²⁵ τοῦ πύργου²⁶ περιεπάτουν, καὶ ἱλαρὸς²⁷ ἤμην μετ' αὐτῶν. **6** ὀψίας²⁸ δὲ γενομένης ἤθελον εἰς τὸν

---

¹ ἐκδέχομαι fut mid ind 1s, expect, wait for
² ὀψέ, adv, late in the day, evening
³ πρωΐ, adv, early, early in the morning
⁴ ἐπανήκω fut act ind 1s, come back again
⁵ ἀναχωρέω aor act inf, go away, withdraw, retire
⁶ κοιμάω fut pass ind 2s, sleep, fall asleep
⁷ ἡμέτερος, α, ον, our
⁸ λίαν, adv, very, exceedingly
⁹ αἰσχύνω impf mid/pass ind 1s, feel shame, be ashamed, be disgraced
¹⁰ καταφιλέω pres act inf, kiss
¹¹ περιπλέκω pres mid/pass inf, weave around, embrace
¹² περιπλέκω pres mid/pass ptcp f.s.acc., weave around, embrace
¹³ καταφιλέω pres act inf, kiss
¹⁴ περιάγω pres act inf, lead around, go around, go about
¹⁵ κύκλῳ, adv, around
¹⁶ πύργος, ου, ὁ, tower, watchtower
¹⁷ παίζω pres act inf, play, amuse oneself, make sport
¹⁸ ὡσεί, part, as, like
¹⁹ νέος, α, ον, young, new, fresh
²⁰ παίζω pres act inf, play, amuse oneself, make sport
²¹ χορεύω impf act ind 3p, dance, dance in unison
²² ὀρχέομαι impf mid/pass ind 3p, dance, skip
²³ ᾄδω impf act ind 3p, sing
²⁴ σιγή, ῆς, ἡ, silence, quiet
²⁵ κύκλῳ, adv, around
²⁶ πύργος, ου, ὁ, watchtower
²⁷ ἱλαρός, ά, όν, cheerful, glad, joyful
²⁸ ὄψιος, α, ον, late, evening

οἶκον ὑπάγειν· αἱ δὲ οὐκ ἀφῆκαν, ἀλλὰ κατέσχον[1] με. καὶ ἔμεινα μετ᾽ αὐτῶν τὴν νύκτα, καὶ ἐκοιμήθην[2] παρὰ τὸν πύργον.[3] 7 ἔστρωσαν[4] γὰρ αἱ παρθένοι[5] τοὺς λινοῦς[6] χιτῶνας[7] ἑαυτῶν χαμαί,[8] καὶ ἐμὲ ἀνέκλιναν[9] εἰς τὸ μέσον αὐτῶν, καὶ οὐδὲν ὅλως[10] ἐποίουν εἰ μὴ προσηύχοντο· κἀγὼ μετ᾽ αὐτῶν ἀδιαλείπτως[11] προσηυχόμην, καὶ οὐκ ἔλασσον[12] ἐκείνων. καὶ ἔχαιρον αἱ παρθένοι[13] οὕτω μου προσευχομένου. καὶ ἔμεινα ἐκεῖ μέχρι[14] τῆς αὔριον[15] ἕως ὥρας δευτέρας μετὰ τῶν παρθένων.[16] 8 εἶτα[17] παρῆν[18] ὁ ποιμήν,[19] καὶ λέγει ταῖς παρθένοις·[20] Μή τινα αὐτῷ ὕβριν[21] πεποιήκατε; Ἐρώτα, φασίν, αὐτόν. λέγω αὐτῷ· Κύριε, εὐφράνθην[22] μετ᾽ αὐτῶν μείνας. Τί, φησίν, ἐδείπνησας;[23] Ἐδείπνησα,[24] φημί, κύριε, ῥήματα Κυρίου ὅλην τὴν νύκτα. Καλῶς, φησίν, ἔλαβόν σε; Ναί, φημί, κύριε. 9 Νῦν, φησί, τί θέλεις πρῶτον ἀκοῦσαι; Καθώς, φημί, κύριε, ἀπ᾽ ἀρχῆς ἔδειξας· ἐρωτῶ σε, κύριε, ἵνα καθὼς ἄν σε ἐπερωτήσω, οὕτω μοι καὶ δηλώσῃς.[25] Καθὼς

---

[1] κατέχω aor act ind 3p, prevent, hinder, hold back, hold to

[2] κοιμάω fut pass ind 2s, sleep, fall asleep

[3] πύργος, ου, ὁ, watchtower

[4] στρώννυμι aor act ind 3p, spread, spread over

[5] παρθένος, ου, ἡ, virgin, chaste person

[6] λινοῦς, ῆ, οῦν, (made of) linen

[7] χιτών, ῶνος, ὁ, tunic, shirt, clothes

[8] χαμαί, adv, on the ground, to the ground

[9] ἀνακλίνω aor act ind 3p, lay, lay down, cause to lay down

[10] ὅλως, adv, completely, wholly, generally

[11] ἀδιαλείπτως, adv, constantly, unceasingly

[12] ἐλάσσων, less, inferior

[13] παρθένος, ου, ἡ, virgin, chaste person

[14] μέχρι, conj, as far as, up to, until

[15] αὔριον, adv, next day, tomorrow

[16] παρθένος, ου, ἡ, virgin, chaste person

[17] εἶτα, adv, then, next

[18] πάρειμι, impf ind 3p, be present, be available, come

[19] ποιμήν, ένος, ὁ, shepherd

[20] παρθένος, ου, ἡ, virgin, chaste person

[21] ὕβρις, εως, ἡ, insolence, arrogance; shame, insult, hardship

[22] εὐφραίνω aor pass ind 1s, make glad, cheer, enjoy oneself, celebrate

[23] δειπνέω aor act ind 2s, eat, dine

[24] δειπνέω aor act ind 1s, eat, dine

[25] δηλόω aor act subj 2s, reveal, make clear, explain

βούλει, φησίν, οὕτω σοι καὶ ἐπιλύσω,¹ καὶ οὐδὲν ὅλως² ἀποκρύψω³ ἀπὸ σοῦ.

89:1 (Θ´ 12) Πρῶτον, φημί, πάντων, κύριε, τοῦτό μοι δήλωσον·⁴ ἡ πέτρα⁵ καὶ ἡ πύλη⁶ τίς ἐστιν; Ἡ πέτρα,⁷ φησίν, αὕτη καὶ ἡ πύλη⁸ ὁ υἱὸς τοῦ Θεοῦ ἐστι. Πῶς, φημί, κύριε, ἡ πέτρα⁹ παλαιά¹⁰ ἐστιν, ἡ δὲ πύλη¹¹ καινή; Ἄκουε, φησί, καὶ σύνιε,¹² ἀσύνετε.¹³ **2** ὁ μὲν υἱὸς τοῦ Θεοῦ πάσης τῆς κτίσεως¹⁴ αὐτοῦ προγενέστερός¹⁵ ἐστιν, ὥστε σύμβουλον¹⁶ αὐτὸν γενέσθαι τῷ πατρὶ τῆς κτίσεως¹⁷ αὐτοῦ· διὰ τοῦτο καὶ παλαιὰ¹⁸ ἡ πέτρα.¹⁹ Ἡ δὲ πύλη,²⁰ φημί, διατί²¹ καινή, κύριε; **3** Ὅτι, φησίν, ἐπ᾽ ἐσχάτων τῶν ἡμερῶν τῆς συντελείας²² φανερὸς²³ ἐγένετο, διὰ τοῦτο καινὴ ἐγένετο ἡ πύλη,²⁴ ἵνα οἱ μέλλοντες σώζεσθαι δι᾽ αὐτῆς εἰς τὴν βασιλείαν εἰσέλθωσι τοῦ Θεοῦ. **4** εἶδες, φησί, τοὺς λίθους τοὺς διὰ τῆς πύλης²⁵ ἐληλυθότας

---

¹ ἐπιλύω fut act ind 1s, explain, interpret
² ὅλως, adv, completely, wholly, generally
³ ἀποκρύπτω fut act ind 1s, hide, conceal, keep secret
⁴ δηλόω aor act impv 2s, reveal, make clear, explain
⁵ πέτρα, ας, ἡ, rock, bedrock, boulder
⁶ πύλη, ης, ἡ, gate, door
⁷ πέτρα, ας, ἡ, rock, bedrock, boulder
⁸ πύλη, ης, ἡ, gate, door
⁹ πέτρα, ας, ἡ, rock, bedrock, boulder
¹⁰ παλαιός, ά, όν, old, ancient, obsolete
¹¹ πύλη, ης, ἡ, gate, door
¹² συνίημι pres act impv 2s, understand, comprehend
¹³ ἀσύνετος, ον, senseless, foolish
¹⁴ κτίσις, εως, ἡ, creation, that which is created
¹⁵ προγενής, ές, older
¹⁶ σύμβουλος, ου, ὁ, counselor, advisor
¹⁷ κτίσις, εως, ἡ, creation, that which is created
¹⁸ παλαιός, ά, όν, old, ancient, obsolete
¹⁹ πέτρα, ας, ἡ, rock, bedrock, boulder
²⁰ πύλη, ης, ἡ, gate, door
²¹ διατί, part, why?, how?
²² συντέλεια, ας, ἡ, completion, close, end
²³ φανερός, ά, όν, visible, clear, evident, known
²⁴ πύλη, ης, ἡ, gate, door
²⁵ πύλη, ης, ἡ, gate, door

ἀπεληλυθότας εἰς τὴν οἰκοδομὴν¹ τοῦ πύργου,² τοὺς δὲ μὴ εἰσεληλυθότας πάλιν ἀποβεβλημένους³ εἰς τὸν ἴδιον τόπον; Εἶδον, φημί, κύριε. Οὕτω, φησίν, εἰς τὴν βασιλείαν τοῦ Θεοῦ οὐδεὶς εἰσελεύσεται, εἰ μὴ λάβοι τὸ ὄνομα τοῦ υἱοῦ αὐτοῦ. **5** ἐὰν γὰρ εἰς πόλιν θελήσῃς εἰσελθεῖν τινά, κἀκείνη ἡ πόλις περιτετειχισμένη⁴ κύκλῳ⁵ καὶ μίαν ἔχει πύλην,⁶ μήτι⁷ δυνήσῃ εἰς τὴν πόλιν ἐκείνην εἰσελθεῖν εἰ μὴ διὰ τῆς πύλης⁸ ἧς ἔχει; Πῶς γάρ, φημί, κύριε, δύναται ἄλλως;⁹ Εἰ οὖν εἰς τὴν πόλιν οὐ δύνῃ εἰσελθεῖν εἰ μὴ διὰ τῆς πύλης¹⁰ αὐτῆς, οὕτω, φησί, καὶ εἰς τὴν βασιλείαν τοῦ Θεοῦ ἄλλως¹¹ εἰσελθεῖν οὐ δύναται ἄνθρωπος εἰ μὴ διὰ τοῦ ὀνόματος τοῦ υἱοῦ αὐτοῦ τοῦ ἠγαπημένου ὑπ' αὐτοῦ. **6** εἶδες, φησί, τὸν ὄχλον τὸν οἰκοδομοῦντα τὸν πύργον;¹² Εἶδον, φημί, κύριε. Ἐκεῖνοι, φησί, πάντες ἄγγελοι ἔνδοξοί¹³ εἰσι. τούτοις οὖν περιτετείχισται¹⁴ ὁ Κύριος. ἡ δὲ πύλη¹⁵ ὁ υἱὸς τοῦ Θεοῦ ἐστίν· αὕτη μία εἴσοδός¹⁶ ἐστι πρὸς τὸν Κύριον. ἄλλως¹⁷ οὖν οὐδεὶς εἰσελεύσεται πρὸς αὐτὸν εἰ μὴ διὰ τοῦ υἱοῦ αὐτοῦ. **7** εἶδες, φησί, τοὺς ἓξ¹⁸ ἄνδρας καὶ τὸν μέσον αὐτῶν ἔνδοξον¹⁹ καὶ μέγαν ἄνδρα τὸν περιπατοῦντα περὶ τὸν πύργον²⁰ καὶ τοὺς λίθους ἀποδοκιμάσαντα²¹ ἐκ τῆς οἰκοδομῆς;²² Εἶδον, φημί, κύριε.

---

¹ οἰκοδομή, ῆς, ἡ, building, edifice

² πύργος, ου, ὁ, tower, watchtower

³ ἀποβάλλω perf mid/pass ptcp m.p.acc., take off, throw away, reject

⁴ περιτειχίζω perf mid/pass ptcp f.s.nom., surround, surround with a wall

⁵ κύκλῳ, adv, around; in a circle

⁶ πύλη, ης, ἡ, gate, door

⁷ μήτι, part, does not? otherwise

⁸ πύλη, ης, ἡ, gate, door

⁹ ἄλλως, adv, otherwise, in another way

¹⁰ πύλη, ης, ἡ, gate, door

¹¹ ἄλλως, adv, otherwise, in another way

¹² πύργος, ου, ὁ, tower, watchtower

¹³ ἔνδοξος, ον, honored, esteemed, glorious

¹⁴ περιτειχίζω perf mid/pass ind 3s, surround, surround with a wall

¹⁵ πύλη, ης, ἡ, gate, door

¹⁶ εἴσοδος, ου, ἡ, entrance

¹⁷ ἄλλως, adv, otherwise, in another way

¹⁸ ἕξ, six

¹⁹ ἔνδοξος, ον, honored, esteemed, glorious

²⁰ πύργος, ου, ὁ, tower, watchtower

²¹ ἀποδοκιμάζω aor act ptcp m.s.acc., reject

²² οἰκοδομή, ῆς, ἡ, building, edifice

8 Ὁ ἔνδοξος,[1] φησίν, ἀνὴρ ὁ υἱὸς τοῦ Θεοῦ ἐστι, κἀκεῖνοι οἱ ἓξ[2] οἱ ἔνδοξοι[3] ἄγγελοί εἰσι δεξιὰ καὶ εὐώνυμα[4] συγκρατοῦντες[5] αὐτόν. τούτων, φησί, τῶν ἀγγέλων τῶν ἐνδόξων[6] οὐδεὶς εἰσελεύσεται πρὸς τὸν Θεὸν ἄτερ[7] αὐτοῦ· ὃς ἂν τὸ ὄνομα αὐτοῦ μὴ λάβῃ, οὐκ εἰσελεύσεται εἰς τὴν βασιλείαν τοῦ Θεοῦ.

90:1 (ϑ΄ 13) Ὁ δὲ πύργος,[8] φημί, τίς ἐστιν; Ὁ πύργος,[9] φησίν, οὗτος ἡ Ἐκκλησία ἐστίν. **2** Αἱ δὲ παρθένοι[10] αὗται τίνες εἰσίν; Αὗται, φησίν, ἅγια πνεύματά εἰσι· καὶ ἄλλως[11] ἄνθρωπος οὐ δύναται εὑρεθῆναι εἰς τὴν βασιλείαν τοῦ Θεοῦ, ἐὰν μὴ αὗται αὐτὸν ἐνδύσωσι[12] τὸ ἔνδυμα[13] αὐτῶν· ἐὰν γὰρ τὸ ὄνομα μόνον λάβῃς, τὸ δὲ ἔνδυμα[14] παρὰ τούτων μὴ λάβῃς, οὐδὲν ὠφελήσῃ·[15] αὗται γὰρ αἱ παρθένοι[16] δυνάμεις εἰσὶ τοῦ υἱοῦ τοῦ Θεοῦ. ἐὰν οὖν τὸ ὄνομα φορῇς,[17] τὴν δὲ δύναμιν μὴ φορῇς[18] αὐτοῦ, εἰς μάτην[19] ἔσῃ τὸ ὄνομα αὐτοῦ φορῶν.[20] **3** τοὺς δὲ λίθους, φησίν, οὓς εἶδες

---

[1] ἔνδοξος, ον, honored, esteemed, glorious

[2] ἕξ, six

[3] ἔνδοξος, ον, honored, esteemed, glorious

[4] εὐώνυμος, ον, left

[5] συγκρατέω pres act ptcp m.p.nom., hold together, surround, support

[6] ἔνδοξος, ον, honored, esteemed, glorious

[7] ἄτερ, prep, without

[8] πύργος, ου, ὁ, tower, watchtower

[9] πύργος, ου, ὁ, tower, watchtower

[10] παρθένος, ου, ἡ, virgin, chaste person

[11] ἄλλως, adv, otherwise, in another way

[12] ἐνδύω aor act subj 3p, dress, clothe, wear

[13] ἔνδυμα, ατος, τό, garment, clothing, covering

[14] ἔνδυμα, ατος, τό, garment, clothing, covering

[15] ὠφελέω fut mid ind 2s, help, benefit, be of use to

[16] παρθένος, ου, ἡ, virgin, chaste person

[17] φορέω pres act subj 2s, carry constantly, bear, identify with, wear

[18] φορέω pres act subj 2s, carry constantly, bear, identify with, wear

[19] μάτην, adv, in vain

[20] φορέω pres act ptcp m.p.nom., carry constantly, bear, identify with, wear

ἀποβεβλημένους,¹ οὗτοι τὸ μὲν ὄνομα ἐφόρεσαν,² τὸν δὲ
ἱματισμὸν³ τῶν παρθένων⁴ οὐκ ἐνεδύσαντο.⁵ Ποῖος, φημί,
ἱματισμὸς⁶ αὐτῶν ἐστι, κύριε; Αὐτὰ τὰ ὀνόματα, φησίν,
ἱματισμός⁷ ἐστιν αὐτῶν. ὃς ἂν τὸ ὄνομα τοῦ υἱοῦ τοῦ Θεοῦ φορῇ,⁸
καὶ τούτων ὀφείλει φορεῖν⁹ τὰ ὀνόματα· καὶ γὰρ αὐτὸς ὁ υἱὸς τὰ
ὀνόματα τῶν παρθένων¹⁰ τούτων φορεῖ.¹¹ **4** ὅσους, φησί, λίθους
εἶδες εἰς τὴν οἰκοδομὴν¹² τοῦ πύργου¹³ εἰσεληλυθότας,
ἐπιδεδομένους¹⁴ διὰ τῶν χειρῶν αὐτῶν καὶ μείναντας εἰς τὴν
οἰκοδομήν,¹⁵ τούτων τῶν παρθένων¹⁶ τὴν δύναμιν ἐνδεδυμένοι¹⁷
εἰσί. **5** διὰ τοῦτο βλέπεις τὸν πύργον¹⁸ μονόλιθον¹⁹ γεγονότα μετὰ
τῆς πέτρας.²⁰ οὕτω καὶ οἱ πιστεύσαντες τῷ Κυρίῳ διὰ τοῦ υἱοῦ
αὐτοῦ καὶ ἐνδιδυσκόμενοι²¹ τὰ πνεύματα ταῦτα, ἔσονται εἰς ἓν
πνεῦμα, ἓν σῶμα, καὶ μία χρόα²² τῶν ἱματίων αὐτῶν. τῶν τοιούτων
δὲ τῶν φορούντων²³ τὰ ὀνόματα τῶν παρθένων²⁴ ἐστὶν ἡ κατοικία²⁵

---

¹ ἀποβάλλω perf mid/pass ptcp
m.p.acc., take off, throw away,
reject
² φορέω aor act ind 3p, carry
constantly, bear, identify with,
wear
³ ἱματισμός, οῦ, ὁ, clothing, apparel
⁴ παρθένος, ου, ἡ, virgin, chaste
person
⁵ ἐνδύω aor mid ind 3p, dress, clothe,
wear
⁶ ἱματισμός, οῦ, ὁ, clothing, apparel
⁷ ἱματισμός, οῦ, ὁ, clothing, apparel
⁸ φορέω pres act subj 3s, carry
constantly, bear, identify with,
wear
⁹ φορέω pres act inf, carry constantly,
bear, identify with, wear
¹⁰ παρθένος, ου, ἡ, virgin, chaste
person
¹¹ φορέω pres act ind 3s, carry
constantly, bear, identify with,
wear

¹² οἰκοδομή, ῆς, ἡ, building, edifice
¹³ πύργος, ου, ὁ, tower, watchtower
¹⁴ ἐπιδίδωμι perf mid/pass ptcp
m.p.acc., give, hand over, deliver
¹⁵ οἰκοδομή, ῆς, ἡ, building, edifice
¹⁶ παρθένος, ου, ἡ, virgin, chaste
person
¹⁷ ἐνδύω perf mid/pass ptcp m.p.nom.,
dress, clothe, wear
¹⁸ πύργος, ου, ὁ, tower, watchtower
¹⁹ μονόλιθος, ον, single stone, one-
stoned
²⁰ πέτρα, ας, ἡ, rock, bedrock,
boulder
²¹ ἐνδιδύσκω pres mid/pass ptcp
m.p.nom., dress, put on, wear
²² χρόα, ας, ἡ, color
²³ φορέω pres act ptcp m.p.gen., carry
constantly, bear, identify with,
wear
²⁴ παρθένος, ου, ἡ, virgin, chaste
person
²⁵ κατοικία, ας, ἡ, dwelling

εἰς τὸν πύργον.[1] **6** Οἱ οὖν, φημί, κύριε, ἀποβεβλημένοι[2] λίθοι διατί[3] ἀπεβλήθησαν;[4] διῆλθον γὰρ διὰ τῆς πύλης,[5] καὶ διὰ τῶν χειρῶν τῶν παρθένων[6] ἐτέθησαν εἰς τὴν οἰκοδομὴν[7] τοῦ πύργου.[8] Ἐπειδὴ[9] πάντα σοι, φησί, μέλει,[10] καὶ ἀκριβῶς[11] ἐξετάζεις,[12] ἄκουε περὶ τῶν ἀποβεβλημένων[13] λίθων. **7** οὗτοι, φησί, πάντες τὸ ὄνομα τοῦ υἱοῦ τοῦ Θεοῦ ἔλαβον, ἔλαβον δὲ καὶ τὴν δύναμιν τῶν παρθένων[14] τούτων. λαβόντες οὖν τὰ πνεύματα ταῦτα ἐνεδυναμώθησαν,[15] καὶ ἦσαν μετὰ τῶν δούλων τοῦ Θεοῦ, καὶ ἦν αὐτῶν ἓν πνεῦμα καὶ ἓν σῶμα καὶ ἓν ἔνδυμα·[16] τὰ γὰρ αὐτὰ ἐφρόνουν[17] καὶ δικαιοσύνην εἰργάζοντο. **8** μετὰ οὖν χρόνον τινὰ ἀνεπείσθησαν[18] ὑπὸ τῶν γυναικῶν ὧν εἶδες μέλανα[19] ἱμάτια ἐνδεδυμένων,[20] τοὺς ὤμους[21] ἔξω ἐχουσῶν καὶ τὰς τρίχας[22] λελυμένας καὶ εὐμόρφων.[23] ταύτας ἰδόντες ἐπεθύμησαν[24] αὐτῶν καὶ ἐνεδύσαντο[25] τὴν δύναμιν αὐτῶν, τῶν δὲ παρθένων[26]

---

[1] πύργος, ου, ὁ, tower, watchtower

[2] ἀποβάλλω perf mid/pass ptcp m.p.nom., take off, throw away, reject

[3] διατί, part, why?, how?

[4] ἀποβάλλω aor pass ind 3p, take off, throw away, reject

[5] πύλη, ης, ἡ, gate, door

[6] παρθένος, ου, ἡ, virgin, chaste person

[7] οἰκοδομή, ῆς, ἡ, building, edifice

[8] πύργος, ου, ὁ, tower, watchtower

[9] ἐπειδή, conj, when, after, because, since

[10] μέλει pres act ind 3s, be a concern, be of interest

[11] ἀκριβῶς, adv, accurately, carefully

[12] ἐξετάζω pres act ind 2s, inquire, examine, scrutinize

[13] ἀποβάλλω perf mid/pass ptcp m.p.gen., take off, throw away, reject

[14] παρθένος, ου, ἡ, virgin, chaste person

[15] ἐνδυναμόω aor pass ind 3p, strengthen, become strong

[16] ἔνδυμα, ατος, τό, garment, clothing, covering

[17] φρονέω impf act ind 3p, think, set one's mind to, judge

[18] ἀναπείθω aor pass ind 3p, induce

[19] μέλας, μέλαινα, μέλαν, black

[20] ἐνδύω perf mid/pass ptcp f.p.gen., dress, clothe, wear

[21] ὦμος, ου, ὁ, shoulder

[22] θρίξ, τριχός, ἡ, hair

[23] εὔμορφος, ον, beautiful, well-formed

[24] ἐπιθυμέω aor act ind 3p, desire, long for

[25] ἐνδύω aor mid ind 3p, dress, clothe, wear

[26] παρθένος, ου, ἡ, virgin, chaste person

ἀπεδύσαντο¹ τὴν δύναμιν.9οὗτοι οὖν ἀπεβλήθησαν² ἀπὸ τοῦ οἴκου τοῦ Θεοῦ καὶ ἐκείναις παρεδόθησαν. οἱ δὲ μὴ ἀπατηθέντες³ τῷ κάλλει⁴ τῶν γυναικῶν τούτων ἔμειναν ἐν τῷ οἴκῳ τοῦ Θεοῦ. ἔχεις, φησί, τὴν ἐπίλυσιν⁵ τῶν ἀποβεβλημένων.⁶

91:1 (Θ΄ 14) Τί οὖν, φημί, κύριε, ἐὰν οὗτοι οἱ ἄνθρωποι, τοιοῦτοι ὄντες, μετανοήσωσι καὶ ἀποβάλωσι⁷ τὰς ἐπιθυμίας τῶν γυναικῶν τούτων, καὶ ἐπανακάμψωσιν⁸ ἐπὶ τὰς παρθένους⁹ καὶ ἐν τῇ δυνάμει αὐτῶν καὶ ἐν τοῖς ἔργοις αὐτῶν πορευθῶσιν, οὐκ εἰσελεύσονται εἰς τὸν οἶκον τοῦ Θεοῦ; **2** Εἰσελεύσονται, φησίν, ἐὰν τούτων τῶν γυναικῶν ἀποβάλωσι¹⁰ τὰ ἔργα, τῶν δὲ παρθένων¹¹ ἀναλάβωσι¹² τὴν δύναμιν καὶ ἐν τοῖς ἔργοις αὐτῶν πορευθῶσι. διὰ τοῦτο γὰρ καὶ τῆς οἰκοδομῆς¹³ ἀνοχὴ¹⁴ ἐγένετο, ἵνα ἐὰν μετανοήσωσιν οὗτοι, ἀπέλθωσιν εἰς τὴν οἰκοδομὴν¹⁵ τοῦ πύργου.¹⁶ ἐὰν δὲ μὴ μετανοήσωσι, τότε ἄλλοι ἀπελεύσονται, καὶ οὗτοι εἰς τέλος ἐκβληθήσονται. **3** ἐπὶ τούτοις πᾶσιν ηὐχαρίστησα τῷ Κυρίῳ, ὅτι ἐσπλαγχνίσθη¹⁷ ἐπὶ πᾶσι τοῖς ἐπικαλουμένοις τὸ ὄνομα αὐτοῦ, καὶ ἐξαπέστειλε¹⁸ τὸν ἄγγελον τῆς μετανοίας¹⁹ εἰς

---

¹ ἀποδύομαι aor mid ind 3p, take off
² ἀποβάλλω aor pass ind 3p, take off, throw away, reject
³ ἀπατάω aor pass ptcp m.p.nom., deceive, mislead
⁴ κάλλος, ους, τό, beauty
⁵ ἐπίλυσις, εως, ἡ, explanation, interpretation
⁶ ἀποβάλλω perf mid/pass ptcp m.p.gen., take off, throw away, reject
⁷ ἀποβάλλω aor act subj 3p, take off, throw away, reject
⁸ ἐπανακάμπτω aor act subj 3p, return
⁹ παρθένος, ου, ἡ, virgin, chaste person

¹⁰ ἀποβάλλω aor act subj 3p, take off, throw away, reject
¹¹ παρθένος, ου, ἡ, virgin, chaste person
¹² ἀναλαμβάνω aor act subj 3p, take up, take to oneself
¹³ οἰκοδομή, ῆς, ἡ, building, edifice
¹⁴ ἀνοχή, ῆς, ἡ, relief, pause, forbearance
¹⁵ οἰκοδομή, ῆς, ἡ, building, edifice
¹⁶ πύργος, ου, ὁ, tower, watchtower
¹⁷ σπλαγχνίζομαι aor pass ind 3s, have pity, feel sympathy
¹⁸ ἐξαποστέλλω aor act ind 3s, send away, send off, dispatch
¹⁹ μετάνοια, ας, ἡ, repentance, turning around

ἡμᾶς τοὺς ἁμαρτήσαντας εἰς αὐτὸν καὶ ἀνεκαίνισεν,¹ ἡμῶν τὸ
πνεῦμα καὶ ἤδη κατεφθαρμένων² ἡμῶν καὶ μὴ ἐχόντων ἐλπίδα τοῦ
ζῆν ἀνενέωσε³ τὴν ζωὴν ἡμῶν. 4 Νῦν, φημί, κύριε, δήλωσόν⁴ μοι,
διατί⁵ ὁ πύργος⁶ χαμαὶ⁷ οὐκ ᾠκοδόμηται, ἀλλ᾽ ἐπὶ τὴν πέτραν⁸ καὶ
ἐπὶ τὴν πύλην.⁹ Ὅτι, φησίν, ἄφρων¹⁰ εἶ καὶ ἀσύνετος,¹¹ ἐπερωτᾷς.
Ἀνάγκην¹² ἔχω, φημί, κύριε, πάντα ἐπερωτᾶν σε, ὅτι οὐδ᾽ ὅλως¹³
οὐδὲν δύναμαι νοῆσαι· ¹⁴ τὰ γὰρ πάντα μεγάλα καὶ ἔνδοξά¹⁵ ἐστι
καὶ δυσνόητα¹⁶ τοῖς ἀνθρώποις. 5 Ἄκουε, φησί· τὸ ὄνομα τοῦ υἱοῦ
τοῦ Θεοῦ μέγα ἐστὶ καὶ ἀχώρητον,¹⁷ καὶ τὸν κόσμον ὅλον
βαστάζει.¹⁸ εἰ οὖν πᾶσα ἡ κτίσις¹⁹ διὰ τοῦ υἱοῦ τοῦ Θεοῦ
βαστάζεται,²⁰ τί δοκεῖς τοὺς κεκλημένους ὑπ᾽ αὐτοῦ καὶ τὸ ὄνομα
φοροῦντας²¹ τοῦ υἱοῦ τοῦ Θεοῦ καὶ πορευομένους ταῖς ἐντολαῖς
αὐτοῦ; 6 βλέπεις οὖν ποίους βαστάζει;²² τοὺς ἐξ ὅλης καρδίας
φοροῦντας²³ τὸ ὄνομα αὐτοῦ. αὐτὸς οὖν θεμέλιος²⁴ αὐτοῖς ἐγένετο,

¹ μετάνοια, ας, ἡ, repentance, turning around
² καταφθείρω perf mid/pass ptcp m.p.gen., destroy, ruin, corrupt
³ ἀνανεόω aor act ind 3s, renew
⁴ δηλόω aor act impv 2s, reveal, make clear, explain
⁵ διατί, part, why?, how?
⁶ πύργος, ου, ὁ, tower, watchtower
⁷ χαμαί, adv, on the ground, to the ground
⁸ πέτρα, ας, ἡ, rock, bedrock, boulder
⁹ πύλη, ης, ἡ, gate, door
¹⁰ ἄφρων, ονος, foolish, ignorant
¹¹ ἀσύνετος, ον, senseless, foolish, without understanding
¹² ἀνάγκη, ης, ἡ, necessity, pressure, compulsion
¹³ ὅλως, adv, completely, wholly, generally
¹⁴ νοέω aor act inf, perceive, comprehend, understand, think
¹⁵ ἔνδοξος, ον, honored, esteemed, glorious
¹⁶ δυσνόητος, ον, hard to understand
¹⁷ ἀχώρητος, ον, uncontained
¹⁸ βαστάζω pres act ind 3s, take up, bear, carry
¹⁹ κτίσις, εως, ἡ, creation, that which is created
²⁰ βαστάζω pres mid/pass ind 3s, take up, bear, carry
²¹ φορέω pres act ptcp m.p.acc., carry constantly, bear, identify with, wear
²² βαστάζω pres act ind 3s, take up, bear, carry
²³ φορέω pres act ptcp m.p.acc., carry constantly, bear, identify with, wear
²⁴ θεμέλιος, ου, ὁ, foundation

καὶ ἡδέως¹ αὐτοὺς βαστάζει,² ὅτι οὐκ ἐπαισχύνονται³ τὸ ὄνομα αὐτοῦ φορεῖν.⁴

92:1 (Ϙ´ 15) Δήλωσόν⁵ μοι, φημί, κύριε, τῶν παρθένων⁶ τὰ ὀνόματα καὶ τῶν γυναικῶν τῶν τὰ μέλανα⁷ ἱμάτια ἐνδεδυμένων.⁸ Ἄκουε, φησί, τῶν παρθένων⁹ τὰ ὀνόματα τῶν ἰσχυροτέρων,¹⁰ τῶν εἰς τὰς γωνίας¹¹ σταθεισῶν. **2** ἡ μὲν πρώτη Πίστις, ἡ δὲ δευτέρα Ἐγκράτεια,¹² ἡ δὲ τρίτη Δύναμις, ἡ δὲ τετάρτη¹³ Μακροθυμία·¹⁴ αἱ δὲ ἕτεραι ἀνὰ¹⁵ μέσον τούτων σταθεῖσαι ταῦτα ἔχουσι τὰ ὀνόματα· Ἁπλότης,¹⁶ Ἀκακία,¹⁷ Ἁγνεία,¹⁸ Ἱλαρότης,¹⁹ Ἀλήθεια, Σύνεσις,²⁰ Ὁμόνοια,²¹ Ἀγάπη. ταῦτα τὰ ὀνόματα ὁ φορῶν²² καὶ τὸ ὄνομα τοῦ υἱοῦ τοῦ Θεοῦ δυνήσεται εἰς τὴν βασιλείαν τοῦ Θεοῦ εἰσελθεῖν. **3** ἄκουε, φησί, καὶ τὰ ὀνόματα τῶν γυναικῶν τῶν τὰ ἱμάτια μέλανα²³ ἐχουσῶν. καὶ ἐκ τούτων τέσσαρές εἰσι δυνατώτεραι· ἡ πρώτη Ἀπιστία,²⁴ ἡ δευτέρα Ἀκρασία,²⁵ ἡ δὲ τρίτη

---

¹ ἡδέως, adv, gladly
² βαστάζω pres act ind 3s, take up, bear, carry
³ ἐπαισχύνομαι pres mid/pass ind 3p, be ashamed
⁴ φορέω pres act inf, carry constantly, bear, identify with, wear
⁵ δηλόω aor act impv 2s, reveal, make clear, explain
⁶ παρθένος, ου, ἡ, virgin, chaste person
⁷ μέλας, μέλαινα, μέλαν, black
⁸ ἐνδύω perf mid/pass ptcp f.p.gen., dress, clothe, wear
⁹ παρθένος, ου, ἡ, virgin, chaste person
¹⁰ ἰσχυρός, ά, όν, strong, mighty, powerful
¹¹ γωνία, ας, ἡ, corner
¹² ἐγκράτεια, είας, ἡ, self-control
¹³ τέταρτος, η, ον, fourth, fourth part

¹⁴ μακροθυμία, ας, ἡ, patience, endurance, steadfastness
¹⁵ ἀνά, prep, between, among, in the midst of
¹⁶ ἁπλότης, ητος, ἡ, simplicity, sincerity, uprightness
¹⁷ ἀκακία, ας, ἡ, innocence, guilelessness
¹⁸ ἁγνεία, ας, ἡ, purity, chastity
¹⁹ ἱλαρότης, ητος, ἡ, cheerfulness, gladness
²⁰ σύνεσις, εως, ἡ, intelligence, understanding
²¹ ὁμόνοια, ας, ἡ, harmony, unanimity, oneness
²² φορέω pres act ptcp m.s.nom., carry constantly, bear, identify with, wear
²³ μέλας, μέλαινα, μέλαν, black
²⁴ ἀπιστία, ας, ἡ, unbelief
²⁵ ἀκρασία, ας, ἡ, self-indulgence, lack of self-control

Ἀπείθεια,¹ ἡ δὲ τετάρτη² Ἀπάτη.³ αἱ δὲ ἀκόλουθοι⁴ αὐτῶν
καλοῦνται Λύπη,⁵ Πονηρία,⁶ Ἀσέλγεια,⁷ Ὀξυχολία,⁸ Ψεῦδος,⁹
Ἀφροσύνη,¹⁰ Καταλαλία,¹¹ Μῖσος.¹² ταῦτα τὰ ὀνόματα ὁ φορῶν¹³
τοῦ Θεοῦ δοῦλος τὴν βασιλείαν μὲν ὄψεται τοῦ Θεοῦ, εἰς αὐτὴν δὲ
οὐκ εἰσελεύσεται. 4 Οἱ λίθοι δέ, φημί, κύριε, Οἱ ἐκ τοῦ βυθοῦ¹⁴
ἡρμοσμένοι¹⁵ εἰς τὴν οἰκοδομὴν¹⁶ τίνες εἰσίν; Οἱ μὲν πρῶτοι,
φησίν, οἱ δέκα¹⁷ οἱ εἰς τὰ θεμέλια¹⁸ τεθειμένοι, πρώτη γενεά· οἱ
δὲ εἴκοσι¹⁹ πέντε δευτέρα γενεὰ ἀνδρῶν δικαίων· οἱ δὲ
τριάκοντα²⁰ πέντε προφῆται τοῦ Θεοῦ καὶ διάκονοι²¹ αὐτοῦ· οἱ δὲ
τεσσεράκοντα²² ἀπόστολοι καὶ διδάσκαλοι τοῦ κηρύγματος²³ τοῦ
υἱοῦ τοῦ Θεοῦ. 5 Διατί²⁴ οὖν, φημί, κύριε, αἱ παρθένοι²⁵ καὶ
τούτους τοὺς λίθους ἐπέδωκαν²⁶ εἰς τὴν οἰκοδομὴν²⁷ τοῦ πύργου,²⁸
διενέγκασαι²⁹ διὰ τῆς πύλης;³⁰ 6 Οὗτοι γάρ, φησί, πρῶτοι ταῦτα

---

¹ ἀπείθεια, ας, ἡ, disobedience
² τέταρτος, η, ον, fourth, fourth part
³ ἀπάτη, ης, ἡ, deception, deceitfulness
⁴ ἀκόλουθος, ον, following, follower
⁵ λύπη, ης, ἡ, grief, sorrow, affliction
⁶ πονηρία, ας, ἡ, wickedness
⁷ ἀσέλγεια, ας, ἡ, licentiousness, self-abandonment
⁸ ὀξυχολία, ας, ἡ, irritability, bad temper
⁹ ψεῦδος, ους, τό, lie, falsehood
¹⁰ ἀφροσύνη, ης, ἡ, foolishness, folly, lack of sense
¹¹ καταλαλιά, ᾶς, ἡ, slander, ill speech, defamation
¹² μῖσος, ους, τό, hate
¹³ φορέω pres act ptcp m.s.nom., carry constantly, bear, identify with, wear
¹⁴ βυθός, οῦ, ὁ, deep place, sea, depths of sea
¹⁵ ἁρμόζω perf mid/pass ptcp m.p.nom., fit, join, join together
¹⁶ οἰκοδομή, ῆς, ἡ, building, edifice
¹⁷ δέκα, ten
¹⁸ θεμέλιον, ου, τό, foundation, basis
¹⁹ εἴκοσι, twenty
²⁰ τριάκοντα, thirty
²¹ διάκονος, ου, ὁ, ἡ, minister, servant, assistant, intermediary
²² τεσσεράκοντα, forty
²³ κήρυγμα, ατος, τό, proclamation
²⁴ διατί, part, why?, how?
²⁵ παρθένος, ου, ἡ, virgin, chaste person
²⁶ ἐπιδίδωμι aor act ind 3p, give, hand over, deliver
²⁷ οἰκοδομή, ῆς, ἡ, building, edifice
²⁸ πύργος, ου, ὁ, tower, watchtower
²⁹ διαφέρω aor act ptcp f.p.nom., carry through
³⁰ πύλη, ης, ἡ, gate, door

τὰ πνεύματα ἐφόρεσαν,[1] καὶ ὅλως[2] ἀπ᾽ ἀλλήλων οὐκ ἀπέστησαν,[3] οὔτε τὰ πνεύματα ἀπὸ τῶν ἀνθρώπων, οὔτε οἱ ἄνθρωποι ἀπὸ τῶν πνευμάτων, ἀλλὰ παρέμειναν[4] τὰ πνεύματα αὐτοῖς μέχρι[5] τῆς κοιμήσεως[6] αὐτῶν. καὶ εἰ μὴ ταῦτα τὰ πνεύματα μετ᾽ αὐτῶν ἐσχήκεισαν, οὐκ ἂν εὔχρηστοι[7] γεγόνεισαν τῇ οἰκοδομῇ[8] τοῦ πύργου[9] τούτου.

93:1 (Θ´ 16) Ἔτι μοι, φημί, κύριε, δήλωσον.[10] Τί, φησίν, ἐπιζητεῖς;[11] Διατί,[12] φημί, κύριε, οἱ λίθοι ἐκ τοῦ βυθοῦ[13] ἀνέβησαν καὶ εἰς τὴν οἰκοδομὴν[14] ἐτέθησαν, πεφορηκότες[15] τὰ πνεύματα ταῦτα; **2** Ἀνάγκην,[16] φησίν, εἶχον δι᾽ ὕδατος ἀναβῆναι, ἵνα ζωοποιηθῶσιν·[17] οὐκ ἠδύναντο γὰρ ἄλλως[18] εἰσελθεῖν εἰς τὴν βασιλείαν τοῦ Θεοῦ, εἰ μὴ τὴν νέκρωσιν[19] ἀπέθεντο[20] τῆς ζωῆς αὐτῶν τῆς προτέρας.[21] **3** ἔλαβον οὖν καὶ οὗτοι οἱ κεκοιμημένοι[22] τὴν σφραγίδα[23] τοῦ υἱοῦ τοῦ Θεοῦ καὶ εἰσῆλθον εἰς τὴν βασιλείαν

---

[1] φορέω aor act ind 3p, carry constantly, bear, identify with, wear
[2] ὅλως, adv, completely, wholly, generally
[3] ἀφίστημι aor act ind 3p, withdraw, depart, leave
[4] παραμένω aor act ind 3p, remain, stay on, abide
[5] μέχρι, prep, as far as, until
[6] κοίμησις, εως, ἡ, sleep, lying down
[7] εὔχρηστος, ον, useful, profitable
[8] οἰκοδομή, ῆς, ἡ, building, edifice
[9] πύργος, ου, ὁ, tower, watchtower
[10] δηλόω aor act impv 2s, reveal, make clear, explain
[11] ἐπιζητέω pres act ind 2s, search for, wish for, desire
[12] διατί, part, why?, how?
[13] βυθός, οῦ, ὁ, deep place, sea, depths of sea
[14] οἰκοδομή, ῆς, ἡ, building, edifice
[15] φορέω perf act ptcp m.p.nom., carry constantly, bear, identify with, wear
[16] ἀνάγκη, ης, ἡ, necessity, pressure, compulsion
[17] ζωοποιέω aor pass subj 3p, make alive
[18] ἄλλως, adv, otherwise, in another way
[19] νέκρωσις, εως, ἡ, death, putting to death, deadness
[20] ἀποτίθημι aor mid ind 3p, take off, lay aside
[21] πρότερος, α, ον, former, earlier
[22] κοιμάω perf mid/pass ptcp m.p.nom., sleep, fall asleep
[23] σφραγίς, ῖδος, ἡ, seal, mark, confirmation

τοῦ Θεοῦ· πρὶν[1] γάρ, φησί, φορέσαι[2] τὸν ἄνθρωπον τὸ ὄνομα τοῦ
υἱοῦ τοῦ Θεοῦ, νεκρός ἐστιν· ὅταν δὲ λάβῃ τὴν σφραγίδα,[3]
ἀποτίθεται[4] τὴν νέκρωσιν[5] καὶ ἀναλαμβάνει[6] τὴν ζωήν.
4 ἡ σφραγὶς[7] οὖν τὸ ὕδωρ ἐστίν· εἰς τὸ ὕδωρ οὖν καταβαίνουσι
νεκροὶ καὶ ἀναβαίνουσι ζῶντες. κἀκείνοις οὖν ἐκηρύχθη ἡ
σφραγὶς[8] αὕτη, καὶ ἐχρήσαντο[9] αὐτῇ, ἵνα εἰσέλθωσιν εἰς τὴν
βασιλείαν τοῦ Θεοῦ. **5** Διατί,[10] φημί, κύριε, καὶ οἱ τεσσεράκοντα[11]
λίθοι μετ᾽ αὐτῶν ἀνέβησαν ἐκ τοῦ βυθοῦ,[12] ἤδη ἐσχηκότες τὴν
σφραγίδα;[13] Ὅτι, φησίν, οὗτοι οἱ ἀπόστολοι καὶ οἱ διδάσκαλοι οἱ
κηρύξαντες τὸ ὄνομα τοῦ υἱοῦ τοῦ Θεοῦ, κοιμηθέντες[14] ἐν δυνάμει
καὶ πίστει τοῦ υἱοῦ τοῦ Θεοῦ ἐκήρυξαν καὶ τοῖς
προκεκοιμημένοις,[15] καὶ αὐτοὶ ἔδωκαν αὐτοῖς τὴν σφραγίδα[16] τοῦ
κηρύγματος.[17] **6** κατέβησαν οὖν μετ᾽ αὐτῶν εἰς τὸ ὕδωρ, καὶ πάλιν
ἀνέβησαν· ἀλλ᾽ οὗτοι ζῶντες κατέβησαν, καὶ πάλιν ζῶντες
ἀνέβησαν· ἐκεῖνοι δὲ οἱ προκεκοιμημένοι[18] νεκροὶ κατέβησαν,
ζῶντες δὲ ἀνέβησαν. **7** διὰ τούτων οὖν ἐζωοποιήθησαν[19] καὶ
ἐπέγνωσαν τὸ ὄνομα τοῦ υἱοῦ τοῦ Θεοῦ. διὰ τοῦτο καὶ

---

[1] πρίν, adv, before
[2] φορέω aor act inf, carry constantly,
bear, identify with, wear
[3] σφραγίς, ῖδος, ἡ, seal, mark,
confirmation
[4] ἀποτίθημι pres mid/pass ind 3p,
take off, lay aside
[5] νέκρωσις, εως, ἡ, death, putting to
death, deadness
[6] ἀναλαμβάνω pres act ind 3s, take
up, bear, take to oneself
[7] σφραγίς, ῖδος, ἡ, seal, mark,
confirmation
[8] σφραγίς, ῖδος, ἡ, seal, mark,
confirmation
[9] χράομαι aor mid ind 3p, make use
of, employ, avail oneself of

[10] διατί, part, why?, how?
[11] τεσσεράκοντα, forty
[12] βυθός, οῦ, ὁ, deep place, sea,
depths of sea
[13] σφραγίς, ῖδος, ἡ, seal, mark,
confirmation
[14] κοιμάω aor pass ptcp m.p.nom.,
sleep, fall asleep
[15] προκοιμάω perf mid/pass ptcp
m.p.dat., fall asleep previously
[16] σφραγίς, ῖδος, ἡ, seal, mark,
confirmation
[17] κήρυγμα, ατος, τό, proclamation
[18] προκοιμάω perf mid/pass ptcp
m.p.nom., fall asleep previously
[19] ζωοποιέω aor pass ind 3p, make
alive

συνανέβησαν[1] μετ' αὐτῶν καὶ συνηρμόσθησαν[2] εἰς τὴν οἰκοδομὴν[3] τοῦ πύργου,[4] καὶ ἀλατόμητοι[5] συνῳκοδομήθησαν·[6] ἐν δικαιοσύνῃ γὰρ ἐκοιμήθησαν[7] καὶ ἐν μεγάλῃ ἁγνείᾳ·[8] μόνον δὲ τὴν σφραγίδα[9] ταύτην οὐκ εἶχον. ἔχεις οὖν καὶ τὴν τούτων ἐπίλυσιν.[10] Ἔχω, φημί, κύριε.

94:1 (Θ´ 17) Νῦν οὖν, κύριε, περὶ τῶν ὀρέων μοι δήλωσον·[11] διατί[12] ἄλλαι καὶ ἄλλαι εἰσὶν αἱ ἰδέαι[13] καὶ ποικίλαι;[14] Ἄκουε, φησί. τὰ ὄρη ταῦτα τὰ δώδεκα δώδεκα φυλαί εἰσιν αἱ κατοικοῦσαι ὅλον τὸν κόσμον. ἐκηρύχθη οὖν εἰς ταύτας ὁ υἱὸς τοῦ Θεοῦ διὰ τῶν ἀποστόλων. **2** Διατί[15] δὲ ποικίλα,[16] καὶ ἄλλη καὶ ἄλλη ἰδέα[17] ἐστὶ τὰ ὄρη, δήλωσόν[18] μοι, κύριε. Ἄκουε, φησίν. αἱ δώδεκα φυλαὶ αὗται αἱ κατοικοῦσαι ὅλον τὸν κόσμον δώδεκα ἔθνη εἰσί, ποικίλα[19] δέ εἰσι τῇ φρονήσει[20] καὶ τῷ νοΐ·[21] οἷα[22] οὖν εἶδες τὰ ὄρη ποικίλα,[23] τοιαῦταί εἰσι καὶ τούτων αἱ ποικιλίαι[24] τοῦ νοὸς[25] τῶν

---

[1] συναναβαίνω aor act ind 3p, come up with, go up together
[2] συναρμόζω aor pass ind 3p, fit in with, be associated with, attune
[3] οἰκοδομή, ῆς, ἡ, building, edifice
[4] πύργος, ου, ὁ, tower, watchtower
[5] ἀλατόμητος, ον, uncut
[6] συνοικοδομέω aor pass ind 3p, build up, build together with
[7] κοιμάω aor pass ind 3p, sleep, fall asleep
[8] ἁγνεία, ας, ἡ, purity, chastity
[9] σφραγίς, ῖδος, ἡ, seal, mark, confirmation
[10] ἐπίλυσις, εως, ἡ, explanation, interpretation
[11] δηλόω aor act impv 2s, reveal, make clear, explain
[12] διατί, part, why?, how?

[13] ἰδέα, ας, ἡ, appearance, form, kind
[14] ποικίλος, η, ον, diverse, various
[15] διατί, part, why?, how?
[16] ποικίλος, η, ον, diverse, various
[17] ἰδέα, ας, ἡ, appearance, form, kind
[18] δηλόω aor act impv 2s, reveal, make clear, explain
[19] ποικίλος, η, ον, diverse, various
[20] φρόνησις, εως, ἡ, mind, frame of mind, way of thinking, understanding
[21] νοῦς, νοός, νοΐ, νοῦν, ὁ, mind, intellect, understanding
[22] οἷος, α, ον, of what sort, such as, just as
[23] ποικίλος, η, ον, diverse, various
[24] ποικιλία, ας, ἡ, variety, diversity
[25] νοῦς, νοός, νοΐ, νοῦν, ὁ, mind, intellect, understanding

ἐθνῶν καὶ ἡ φρόνησις.[1] δηλώσω[2] δέ σοι καὶ ἑνὸς ἑκάστου τὴν πρᾶξιν.[3] **3** Πρῶτον, φημί, κύριε, τοῦτο δήλωσον,[4] διατί[5] οὕτω ποικίλα[6] ὄντα τὰ ὄρη, εἰς τὴν οἰκοδομὴν[7] ὅταν ἐτέθησαν οἱ λίθοι αὐτῶν, μιᾷ χρόᾳ[8] ἐγένοντο λαμπροί,[9] ὡς καὶ οἱ ἐκ τοῦ βυθοῦ[10] ἀναβεβηκότες λίθοι; **4** Ὅτι, φησί, πάντα τὰ ἔθνη τὰ ὑπὸ τὸν οὐρανὸν κατοικοῦντα, ἀκούσαντα καὶ πιστεύσαντα ἐπὶ τῷ ὀνόματι ἐκλήθησαν τοῦ υἱοῦ τοῦ Θεοῦ. λαβόντες οὖν τὴν σφραγίδα[11] μίαν φρόνησιν[12] ἔσχον καὶ ἕνα νοῦν,[13] καὶ μία πίστις αὐτῶν ἐγένετο καὶ μία ἀγάπη, καὶ τὰ πνεύματα τῶν παρθένων[14] μετὰ τοῦ ὀνόματος ἐφόρεσαν·[15] διὰ τοῦτο ἡ οἰκοδομὴ[16] τοῦ πύργου[17] μιᾷ χρόᾳ[18] ἐγένετο λαμπρὰ[19] ὡς ὁ ἥλιος. **5** μετὰ δὲ τὸ εἰσελθεῖν αὐτοὺς ἐπὶ τὸ αὐτὸ καὶ γενέσθαι ἓν σῶμα, τινὲς ἐξ αὐτῶν ἐμίαναν[20] ἑαυτοὺς καὶ ἐξεβλήθησαν ἐκ τοῦ γένους[21] τῶν δικαίων, καὶ πάλιν ἐγένοντο οἷοι[22] πρότεροι[23] ἦσαν, μᾶλλον δὲ καὶ χείρονες.[24]

---

[1] φρόνησις, εως, ἡ, mind, frame of mind, way of thinking, understanding
[2] δηλόω fut act ind 1s, reveal, make clear, explain
[3] πρᾶξις, εως, ἡ, deed, action, activity, function, way of acting
[4] δηλόω aor act impv 2s, reveal, make clear, explain
[5] διατί, part, why?, how?
[6] ποικίλος, η, ον, diverse, various
[7] οἰκοδομή, ῆς, ἡ, building, edifice
[8] χρόα, ας, ἡ, color
[9] λαμπρός, ά, όν, bright, clear, transparent
[10] βυθός, οῦ, ὁ, deep place, sea, depths of sea
[11] σφραγίς, ῖδος, ἡ, seal, mark, confirmation
[12] φρόνησις, εως, ἡ, mind, frame of mind, way of thinking, understanding
[13] νοῦς, νοός, νοΐ, νοῦν, ὁ, mind, intellect, understanding
[14] παρθένος, ου, ἡ, virgin, chaste person
[15] φορέω aor act ind 3p, carry constantly, bear, identify with, wear
[16] οἰκοδομή, ῆς, ἡ, building, edifice
[17] πύργος, ου, ὁ, tower, watchtower
[18] χρόα, ας, ἡ, color
[19] λαμπρός, ά, όν, bright, clear, transparent
[20] μιαίνω aor act ind 3p, stain, defile, pollute
[21] γένος, ους, τό, descendant, family, nation
[22] οἷος, α, ον, of what sort, such as, just as
[23] πρότερος, α, ον, former, earlier
[24] χείρων, ονος, worse, more severe

95:1 (Θ΄ 18) Πῶς, φημί, κύριε, ἐγένοντο χείρονες,[1] Θεὸν ἐπεγνωκότες; Ὁ μὴ γινώσκων, φησί, Θεὸν καὶ πονηρευόμενος[2] ἔχει κόλασίν[3] τινα τῆς πονηρίας[4] αὐτοῦ, ὁ δὲ Θεὸν ἐπιγνοὺς οὐκέτι ὀφείλει πονηρεύεσθαι,[5] ἀλλ᾽ ἀγαθοποιεῖν.[6] **2** ἐὰν οὖν ὁ ὀφείλων ἀγαθοποιεῖν[7] πονηρεύηται,[8] οὐ δοκεῖ πλείονα πονηρίαν[9] ποιεῖν παρὰ τὸν μὴ γινώσκοντα τὸν Θεόν; διὰ τοῦτο οἱ μὴ ἐγνωκότες Θεὸν καὶ πονηρευόμενοι[10] κεκριμένοι εἰσὶν εἰς θάνατον, οἱ δὲ τὸν Θεὸν ἐγνωκότες καὶ τὰ μεγαλεῖα[11] αὐτοῦ ἑωρακότες καὶ πονηρευόμενοι[12] δισσῶς[13] κολασθήσονται[14] καὶ ἀποθανοῦνται εἰς τὸν αἰῶνα. οὕτως οὖν καθαρισθήσεται ἡ ἐκκλησία τοῦ Θεοῦ. **3** ὡς δὲ εἶδες ἐκ τοῦ πύργου[15] τοὺς λίθους ἠρμένους καὶ παραδεδομένους τοῖς πνεύμασι τοῖς πονηροῖς καὶ ἐκεῖθεν ἐκβληθέντας, καὶ ἔσται ἓν σῶμα τῶν κεκαθαρμένων·[16] ὥσπερ καὶ ὁ πύργος[17] ἐγένετο ὡς ἐξ ἑνὸς λίθου γεγονὼς μετὰ τὸ καθαρισθῆναι αὐτόν, οὕτως ἔσται καὶ ἡ ἐκκλησία τοῦ Θεοῦ μετὰ τὸ καθαρισθῆναι αὐτὴν καὶ ἀποβληθῆναι[18] τοὺς πονηροὺς καὶ ὑποκριτὰς[19] καὶ βλασφήμους[20] καὶ διψύχους[21] καὶ πονηρευ-

---

[1] χείρων, ονος, worse, more severe

[2] πονηρεύομαι pres mid/pass ptcp m.s.nom., do wrong, commit sin

[3] κόλασις, εως, ἡ, punishment

[4] πονηρία, ας, ἡ, wickedness, sinfulness

[5] πονηρεύομαι pres mid/pass inf, do wrong, commit sin

[6] ἀγαθοποιέω pres act inf, do good, be helpful, act benevolently

[7] ἀγαθοποιέω pres act inf, do good, be helpful, act benevolently

[8] πονηρεύομαι pres mid/pass subj 3s, do wrong, commit sin

[9] πονηρία, ας, ἡ, wickedness, sinfulness

[10] πονηρεύομαι pres mid/pass ptcp m.p.nom., do wrong, commit sin

[11] μεγαλεῖος, α, ον, great deeds, great works, greatness

[12] πονηρεύομαι pres mid/pass ptcp m.p.nom., do wrong, commit sin

[13] δισσῶς, adv, doubly

[14] κολάζω fut pass ind 3p, punish, penalize

[15] πύργος, ου, ὁ, tower, watchtower

[16] καθαίρω perf mid/pass ptcp m.p.gen., make clean, clear, prune

[17] πύργος, ου, ὁ, tower, watchtower

[18] ἀποβάλλω aor pass inf, take off, throw away, reject

[19] ὑποκριτής, οῦ, ὁ, actor, pretender, hypocrite

[20] βλάσφημος, ον, defaming, blasphemous, denigrating

[21] δίψυχος, ον, doubting, hesitating, double-minded

ομένους¹ ποικίλαις² πονηρίαις.³ **4** μετὰ τὸ τούτους ἀποβληθῆναι⁴ ἔσται ἡ ἐκκλησία τοῦ Θεοῦ ἐν σῶμα, μία φρόνησις,⁵ εἷς νοῦς,⁶ μία πίστις, μία ἀγάπη· καὶ τότε ὁ υἱὸς τοῦ Θεοῦ ἀγαλλιάσεται⁷ καὶ εὐφρανθήσεται⁸ ἐν αὐτοῖς ἀπειληφὼς⁹ τὸν λαὸν αὐτοῦ καθαρόν.¹⁰ Μεγάλως,¹¹ φημί, κύριε, καὶ ἐνδόξως¹² πάντα ἔχει. **5** ἔτι, φημί, κύριε, τῶν ὀρέων ἑνὸς ἑκάστου δήλωσόν¹³ μοι τὴν δύναμιν καὶ τὰς πράξεις,¹⁴ ἵνα πᾶσα ψυχὴ πεποιθυῖα ἐπὶ τὸν Κύριον ἀκούσασα δοξάσῃ τὸ μέγα καὶ θαυμαστὸν¹⁵ καὶ ἔνδοξον¹⁶ ὄνομα αὐτοῦ. Ἄκουε, φησί, τῶν ὀρέων τὴν ποικιλίαν¹⁷ καὶ τῶν δώδεκα ἐθνῶν.

96:1 (Θ΄ 19) Ἐκ τοῦ πρώτου ὄρους τοῦ μέλανος¹⁸ οἱ πιστεύσαντες τοιοῦτοί εἰσιν· ἀποστάται¹⁹ καὶ βλάσφημοι²⁰ εἰς τὸν Κύριον καὶ προδόται²¹ τῶν δούλων τοῦ Θεοῦ. τούτοις δὲ μετάνοια²² οὐκ ἔστι, θάνατος δὲ ἔστι, καὶ διὰ τοῦτο καὶ μέλανές²³

---

¹ πονηρεύομαι pres mid/pass ptcp m.p.acc., do wrong, commit sin

² ποικίλος, η, ον, diverse, various

³ πονηρία, ας, ἡ, wickedness, sinfulness

⁴ ἀποβάλλω aor pass inf, take off, throw away, reject

⁵ φρόνησις, εως, ἡ, mind, frame of mind, way of thinking, understanding

⁶ νοῦς, νοός, νοΐ, νοῦν, ὁ, mind, intellect, understanding

⁷ ἀγαλλιάω fut mid ind 3s, exult, be glad, rejoice

⁸ εὐφραίνω fut pass ind 3s, be glad, enjoy oneself, rejoice

⁹ ἀπολαμβάνω perf act ptcp m.s.nom., receive, take back, recover

¹⁰ καθαρός, ά, όν, clean, pure

¹¹ μεγάλως, adv, greatly, in greatness

¹² ἐνδόξως, adv, gloriously, in glory

¹³ δηλόω aor act impv 2s, reveal, make clear, explain

¹⁴ πρᾶξις, εως, ἡ, deed, action, activity, function, way of acting

¹⁵ θαυμαστός, ή, όν, wondrous, marvelous

¹⁶ ἔνδοξος, ον, honored, glorious, splendid

¹⁷ ποικιλία, ας, ἡ, variety, diversity

¹⁸ μέλας, μέλαινα, μέλαν, black

¹⁹ ἀποστάτης, ου, ὁ, deserter, traitor, rebel

²⁰ βλάσφημος, ον, defaming, blasphemous, denigrating

²¹ προδότης, ου, ὁ, traitor, betrayer

²² μετάνοια, ας, ἡ, repentance, turning around, conversion

²³ μέλας, μέλαινα, μέλαν, black

εἰσι· καὶ γὰρ τὸ γένος¹ αὐτῶν ἄνομόν² ἐστιν. **2** ἐκ δὲ τοῦ δευτέρου ὄρους τοῦ ψιλοῦ³ οἱ πιστεύσαντες τοιοῦτοί εἰσιν· ὑποκριταὶ⁴ καὶ διδάσκαλοι πονηρίας.⁵ καὶ οὗτοι οὖν τοῖς προτέροις⁶ ὅμοιοί εἰσι, μὴ ἔχοντες καρπὸν δικαιοσύνης· ὡς γὰρ τὸ ὄρος αὐτῶν ἄκαρπον,⁷ οὕτω καὶ οἱ ἄνθρωποι οἱ τοιοῦτοι ὄνομα μὲν ἔχουσιν, ἀπὸ δὲ τῆς πίστεως κενοί⁸ εἰσι, καὶ οὐδεὶς ἐν αὐτοῖς καρπὸς ἀληθείας. τούτοις οὖν μετάνοια⁹ κεῖται,¹⁰ ἐὰν ταχὺ¹¹ μετανοήσωσιν· ἐὰν δὲ βραδύνωσι,¹² μετὰ τῶν προτέρων¹³ ἔσται ὁ θάνατος αὐτῶν. **3** Διατί,¹⁴ φημί, κύριε, τούτοις μετάνοιά¹⁵ ἐστι, τοῖς δὲ πρώτοις οὐκ ἔστι; παρά τι γὰρ αἱ αὐταὶ αἱ πράξεις¹⁶ αὐτῶν εἰσί. Διὰ τοῦτο, φησί, τούτοις μετάνοια¹⁷ κεῖται,¹⁸ ὅτι οὐκ ἐβλασφήμησαν τὸν Κύριον αὐτῶν οὐδὲ ἐγένοντο προδόται¹⁹ τῶν δούλων τοῦ Θεοῦ· διὰ δὲ τὴν ἐπιθυμίαν τοῦ λήμματος²⁰ ὑπεκρίθησαν²¹ καὶ ἐδίδαξεν ἕκαστος κατὰ τὰς ἐπιθυμίας τῶν ἀνθρώπων τῶν ἁμαρτανόντων.

---

¹ γένος, ους, τό, descendant, family, nation
² ἄνομος, ον, lawless
³ ψιλός, ή, όν, bare
⁴ ὑποκριτής, οῦ, ὁ, actor, pretender, hypocrite
⁵ πονηρία, ας, ἡ, wickedness, sinfulness
⁶ πρότερος, α, ον, former, earlier
⁷ ἄκαρπος, ον, unfruitful, unproductive, useless
⁸ κενός, ή, όν, empty, in vain
⁹ μετάνοια, ας, ἡ, repentance, turning around, conversion
¹⁰ κεῖμαι pres mid/pass ind 3s, lie, exist, be valid
¹¹ ταχύ, adv, quickly
¹² βραδύνω pres act subj 3p, hesitate, delay
¹³ πρότερος, α, ον, former, earlier
¹⁴ διατί, part, why?, how?
¹⁵ μετάνοια, ας, ἡ, repentance, turning around, conversion
¹⁶ πρᾶξις, εως, ἡ, deed, action, activity, function, way of acting
¹⁷ μετάνοια, ας, ἡ, repentance, turning around, conversion
¹⁸ κεῖμαι pres mid/pass ind 3s, lie, exist, be valid
¹⁹ προδότης, ου, ὁ, traitor, betrayer
²⁰ λῆμμα, ατος, τό, gain, profit
²¹ ὑποκρίνομαι aor pass ind 3p, pretend, dissemble, play the hypocrite

ἀλλὰ τίσουσι[1] δίκην[2] τινά· κεῖται[3] δὲ αὐτοῖς μετάνοια[4] διὰ τὸ μὴ γενέσθαι αὐτοὺς βλασφήμους[5] μηδὲ προδότας.[6]

97:1 (Θ´ 20) Ἐκ δὲ τοῦ ὄρους τοῦ τρίτου τοῦ ἔχοντος ἀκάνθας[7] καὶ τριβόλους[8] οἱ πιστεύσαντες τοιοῦτοί εἰσιν· τινὲς ἐξ αὐτῶν οἱ μὲν πλούσιοι,[9] οἱ δὲ πραγματείαις[10] πολλαῖς ἐμπεφυρμένοι.[11] οἱ μὲν τρίβολοί[12] εἰσιν οἱ[13] αἱ δὲ ἄκανθαι[14] οἱ ἐν ταῖς πραγματείαις[15] ταῖς ποικίλαις[16] ἐμπεφυρμένοι.[17] **2** οὗτοι οὖν, οἱ ἐν πολλαῖς καὶ ποικίλαις[18] πραγματείαις[19] ἐμπεφυρμένοι,[20] οὐ κολλῶνται[21] τοῖς δούλοις τοῦ Θεοῦ, ἀλλ’ ἀποπλανῶνται[22] πνιγόμενοι[23] ὑπὸ τῶν πράξεων[24] αὐτῶν· οἱ δὲ πλούσιοι[25] δυσκόλως[26] κολλῶνται[27] τοῖς δούλοις τοῦ Θεοῦ, φοβούμενοι μή τι αἰτιαθῶσιν[28] ἀπ’ αὐτῶν· οἱ

---

[1] τίνω fut act ind 3p, pay, undergo a penalty
[2] δίκη, ης, ἡ, punishment, penalty, justice
[3] κεῖμαι pres mid/pass ind 3s, lie, exist, be valid
[4] μετάνοια, ας, ἡ, repentance, turning around, conversion
[5] βλάσφημος, ον, defaming, blasphemous, denigrating
[6] προδότης, ου, ὁ, traitor, betrayer
[7] ἄκανθα, ης, ἡ, thorny plant, thorn
[8] τρίβολος, ου, ὁ, thistle, briar
[9] πλούσιος, ια, ιον, rich, wealthy, abounding
[10] πραγματεία, ας, ἡ, activity, occupation, work
[11] ἐμφύρω perf mid/pass ptcp m.p.nom., mix in, knead in
[12] τρίβολος, ου, ὁ, thistle, briar
[13] πλούσιοι, πλούσιος, ια, ιον, rich, wealthy, abounding
[14] ἄκανθα, ης, ἡ, thorny plant, thorn
[15] πραγματεία, ας, ἡ, activity, occupation, work
[16] ποικίλος, η, ον, diverse, various
[17] ἐμφύρω perf mid/pass ptcp m.p.nom., mix in, knead in
[18] ποικίλος, η, ον, diverse, various
[19] πραγματεία, ας, ἡ, activity, occupation, work
[20] ἐμφύρω perf mid/pass ptcp m.p.nom., mix in, knead in
[21] κολλάω pres mid/pass ind 3p, join together, cling to, attach to
[22] ἀποπλανάω pres mid/pass ind 3p, mislead, lead astray
[23] πνίγω pres mid/pass ptcp m.p.nom., strangle, choke
[24] πρᾶξις, εως, ἡ, deed, action, activity, function, way of acting
[25] πλούσιος, ια, ιον, rich, wealthy, abounding
[26] δυσκόλως, adv, with difficulty, hard
[27] κολλάω pres mid/pass ind 3p, join together, cling to, attach to
[28] αἰτιάζω aor pass subj 3p, bear accusation, hold responsibility

τοιοῦτοι οὖν δυσκόλως[1] εἰσελεύσονται εἰς τὴν βασιλείαν τοῦ Θεοῦ. 3 ὥσπερ γὰρ ἐν τριβόλοις[2] γυμνοῖς[3] ποσὶ περιπατεῖν δύσκολόν[4] ἐστιν, οὕτω καὶ τοῖς τοιούτοις δύσκολόν[5] ἐστιν εἰς τὴν βασιλείαν τοῦ Θεοῦ εἰσελθεῖν. 4 ἀλλὰ τούτοις πᾶσι μετάνοιά[6] ἐστι, ταχινὴ[7] δέ, ἵν' ὃ τοῖς προτέροις[8] χρόνοις οὐκ εἰργάσαντο, νῦν ἀναδράμωσιν[9] ταῖς ἡμέραις καὶ ἀγαθόν τι ποιήσωσιν. ἐὰν οὖν μετανοήσωσι καὶ ἀγαθόν τι ποιήσωσι, ζήσονται τῷ Θεῷ· ἐὰν δὲ ἐπιμείνωσι[10] ταῖς πράξεσιν[11] αὐτῶν, παραδοθήσονται ταῖς γυναιξὶν ἐκείναις, αἵτινες αὐτοὺς θανατώσουσιν.[12]

98:1 (Θ´ 21) Ἐκ δὲ τοῦ τετάρτου[13] ὄρους τοῦ ἔχοντος βοτάνας[14] πολλάς, τὰ μὲν ἐπάνω[15] τῶν βοτανῶν[16] χλωρά,[17] τὰ δὲ πρὸς ταῖς ῥίζαις[18] ξηρά,[19] τινὲς δὲ καὶ ἀπὸ τοῦ ἡλίου ξηραινόμεναι,[20] οἱ πιστεύσαντες τοιοῦτοί εἰσιν· οἱ μὲν δίψυχοι,[21] οἱ δὲ τὸν Κύριον ἔχοντες ἐπὶ τὰ χείλη,[22] ἐπὶ τὴν καρδίαν δὲ μὴ ἔχοντες. 2 διὰ τοῦτο τὰ θεμέλια[23] αὐτῶν ξηρά[24] ἐστι καὶ δύναμιν μὴ ἔχοντα, καὶ τὰ

---

[1] δυσκόλως, adv, with difficulty, hard
[2] τρίβολος, ου, ὁ, thistle, briar
[3] γυμνός, ή, όν, bare, uncovered, naked
[4] δύσκολος, ον, hard, difficult, troublesome
[5] δύσκολος, ον, hard, difficult, troublesome
[6] μετάνοια, ας, ἡ, repentance, turning around, conversion
[7] ταχινός, ή, όν, quick, in haste, soon, imminent
[8] πρότερος, α, ον, former, earlier
[9] ἀνατρέχω aor act subj 3p, run back, run up, make up for
[10] ἐπιμένω aor act subj 3p, remain, stay, persist in
[11] πρᾶξις, εως, ἡ, deed, action, activity, function, way of acting

[12] θανατόω fut act ind 3p, put to death
[13] τέταρτος, η, ον, fourth, fourth part
[14] βοτάνη, ης, ἡ, herb, plant, vegetation
[15] ἐπάνω, adv, above, over, upper
[16] βοτάνη, ης, ἡ, herb, plant, vegetation
[17] χλωρός, ά, όν, (light) green
[18] ῥίζα, ης, ἡ, root, shoot
[19] ξηρός, ά, όν, dry, dried up, withered
[20] ξηραίνω pres mid/pass ptcp f.p.nom., dry, dry up
[21] δίψυχος, ον, doubting, hesitating, double-minded
[22] χεῖλος, ους, τό, lips, shore
[23] θεμέλιον, ου, τό, foundation, basis
[24] ξηρός, ά, όν, dry, dried up, withered

ῥήματα αὐτῶν μόνα ζῶσι, τὰ δὲ ἔργα αὐτῶν νεκρά ἐστιν. οἱ τοιοῦτοι οὔτε ζῶσιν οὔτε τεθνήκασιν.[1] ὅμοιοι οὖν εἰσὶ τοῖς διψύχοις·[2] καὶ γὰρ οἱ δίψυχοι[3] οὔτε χλωροί[4] εἰσιν οὔτε ξηροί·[5] οὔτε γὰρ ζῶσιν οὔτε τεθνήκασιν.[6] **3** ὥσπερ γὰρ αἱ βοτάναι[7] ἥλιον ἰδοῦσαι ἐξηράνθησαν,[8] οὕτω καὶ οἱ δίψυχοι,[9] ὅταν θλῖψιν ἀκούσωσι, διὰ τὴν δειλίαν[10] αὐτῶν εἰδωλολατροῦσι[11] καὶ τὸ ὄνομα ἐπαισχύνονται[12] τοῦ Κυρίου αὐτῶν. **4** οἱ τοιοῦτοι οὖν οὔτε ζῶσιν οὔτε τεθνήκασιν.[13] ἀλλὰ καὶ οὗτοι, ἐὰν ταχὺ[14] μετανοήσωσι, δύνανται ζῆσαι· ἐὰν δὲ μὴ μετανοήσωσιν, ἤδη παραδεδομένοι εἰσὶ ταῖς γυναιξὶ ταῖς ἀποφερομέναις[15] τὴν ζωὴν αὐτῶν.

99:1 (θ΄ 22) Ἐκ δὲ τοῦ ὄρους τοῦ πέμπτου[16] τοῦ ἔχοντος βοτάνας[17] χλωρὰς[18] καὶ τραχέος[19] ὄντος οἱ πιστεύσαντες τοιοῦτοί εἰσι· πιστοὶ μέν, δυσμαθεῖς[20] δὲ καὶ αὐθάδεις[21] καὶ ἑαυτοῖς ἀρέσκοντες,[22] θέλοντες πάντα γινώσκειν, καὶ οὐδὲν ὅλως.[23]

---

[1] θνήσκω perf act ind 3p, die

[2] δίψυχος, ον, doubting, hesitating, double-minded

[3] δίψυχος, ον, doubting, hesitating, double-minded

[4] χλωρός, ά, όν, (light) green

[5] ξηρός, ά, όν, dry, dried up, withered

[6] θνήσκω perf act ind 3p, die

[7] βοτάνη, ης, ἡ, herb, plant, vegetation

[8] ξηραίνω aor pass ind 3p, dry, dry up

[9] δίψυχος, ον, doubting, hesitating, double-minded

[10] δειλία, ας, ἡ, cowardice

[11] εἰδωλολατρέω pres act ind 3p, become an idolater, worship images

[12] ἐπαισχύνομαι pres mid/pass ind 3p, be ashamed

[13] θνήσκω perf act ind 3p, die

[14] ταχύ, adv, quickly

[15] ἀποφέρω pres mid/pass ptcp f.p.dat., carry away, take away, lead off

[16] πέμπτος, η, ον, fifth

[17] βοτάνη, ης, ἡ, herb, plant, vegetation

[18] χλωρός, ά, όν, (light) green

[19] ραχύς, εῖα, ύ, rugged, rough, uneven, harsh

[20] δυσμαθής, ές, slow to learn, daft

[21] αὐθάδης, ες, stubborn, arrogant

[22] ἀρέσκω pres act ptcp m.p.nom., please, flatter accomodate

[23] ὅλως, adv, completely, wholly, generally γινώσκουσι

2 διὰ τὴν αὐθάδειαν[1] αὐτῶν ταύτην ἀπέστη[2] ἀπ᾽ αὐτῶν ἡ σύνεσις[3] καὶ εἰσῆλθεν εἰς αὐτοὺς ἀφροσύνη[4] μωρά.[5] ἐπαινοῦσι[6] δὲ ἑαυτοὺς ὡς σύνεσιν[7] ἔχοντας καὶ θέλουσιν ἐθελοδιδάσκαλοι[8] εἶναι, ἄφρονες[9] ὄντες. **3** διὰ ταύτην οὖν τὴν ὑψηλοφροσύνην[10] πολλοὶ ἐκενώθησαν[11] ὑψοῦντες[12] ἑαυτούς· μέγα γὰρ δαιμόνιόν ἐστιν ἡ αὐθάδεια[13] καὶ ἡ κενὴ[14] πεποίθησις·[15] ἐκ τούτων οὖν πολλοὶ ἀπεβλήθησαν,[16] τινὲς δὲ μετενόησαν καὶ ἐπίστευσαν καὶ ὑπέταξαν ἑαυτοὺς τοῖς ἔχουσι σύνεσιν,[17] γνόντες τὴν ἑαυτῶν ἀφροσύνην.[18] **4** καὶ τοῖς λοιποῖς δὲ τοῖς τοιούτοις κεῖται[19] μετάνοια·[20] οὐκ ἐγένοντο γὰρ πονηροί, μᾶλλον δὲ μωροὶ[21] καὶ ἀσύνετοι.[22] οὗτοι οὖν ἐὰν μετανοήσωσι, ζήσονται τῷ Θεῷ· ἐὰν δὲ μὴ μετανοήσωσι, κατοικήσουσι μετὰ τῶν γυναικῶν τῶν πονηρευομένων[23] εἰς αὐτούς.

---

[1] αὐθάδεια, ας, ἡ, stubbornness, self-will, arrogance
[2] ἀφίστημι aor act ind 3s, mislead, go away, withdraw
[3] σύνεσις, εως, ἡ, understanding, intelligence, insight, comprehension
[4] ἀφροσύνη, ης, ἡ, foolishness, senselessness
[5] μωρός, ά, όν, foolish, stupid
[6] ἐπαινέω pres act ind 3p, praise
[7] σύνεσις, εως, ἡ, understanding, intelligence, insight, comprehension
[8] ἐθελοδιδάσκαλος, ου, ὁ, self-proclaimed teacher
[9] ἄφρων, ονος, foolish, senseless, ignorant
[10] ὑψηλοφροσύνη, ης, ἡ, pride, haughtiness, high-mindedness
[11] κενόω aor pass ind 3p, empty, make empty, destroy, render void
[12] ὑψόω pres act ptcp m.p.nom., lift up, raise high, exalt
[13] αὐθάδεια, ας, ἡ, stubbornness, willfulness, arrogance
[14] κενός, ή, όν, empty, in vain
[15] πεποίθησις, εως, ἡ, trust, confidence
[16] ἀποβάλλω aor pass ind 3p, take off, throw away, reject
[17] σύνεσις, εως, ἡ, understanding, intelligence, insight, comprehension
[18] ἀφροσύνη, ης, ἡ, foolishness, senselessness
[19] κεῖμαι pres mid/pass ind 3s, lie, recline; be given, exist, be valid for
[20] μετάνοια, ας, ἡ, repentance, turning around, conversion
[21] μωρός, ά, όν, foolish, stupid
[22] ἀσύνετος, ον, senseless, foolish
[23] πονηρεύομαι pres mid/pass ptcp f.p.gen., do wrong, commit sin; work evil

100:1 (Θ΄ 23) Οἱ δὲ ἐκ τοῦ ὄρους τοῦ ἕκτου[1] τοῦ ἔχοντος σχισμὰς[2] μεγάλας καὶ μικρὰς καὶ ἐν ταῖς σχισμαῖς[3] βοτάνας[4] μεμαρασμένας[5] πιστεύσαντες τοιοῦτοί εἰσιν· **2** οἱ μὲν τὰς σχισμὰς[6] τὰς μικρὰς ἔχοντες, οὗτοί εἰσιν οἱ κατ' ἀλλήλων ἔχοντες, καὶ ἀπὸ τῶν καταλαλιῶν[7] ἑαυτῶν μεμαρασμένοι[8] εἰσὶν ἐν τῇ πίστει· ἀλλὰ μετενόησαν ἐκ τούτων πολλοί. καὶ οἱ λοιποὶ δὲ μετανοήσουσιν, ὅταν ἀκούσωσί μου τὰς ἐντολάς· μικραὶ γὰρ αὐτῶν εἰσιν αἱ καταλαλιαί,[9] καὶ ταχὺ[10] μετανοήσουσιν. **3** οἱ δὲ μεγάλας ἔχοντες σχισμάς,[11] οὗτοι παράμονοί[12] εἰσι ταῖς καταλαλιαῖς[13] αὐτῶν καὶ μνησίκακοι[14] γίνονται μηνιῶντες[15] ἀλλήλοις. οὗτοι οὖν ἀπὸ τοῦ πύργου[16] ἀπερρίφησαν[17] καὶ ἀπεδοκιμάσθησαν[18] τῆς οἰκοδομῆς[19] αὐτοῦ. οἱ τοιοῦτοι οὖν δυσκόλως[20] ζήσονται. **4** εἰ ὁ Θεὸς καὶ ὁ Κύριος ἡμῶν ὁ πάντων κυριεύων[21] καὶ ἔχων πάσης τῆς κτίσεως[22] αὐτοῦ τὴν ἐξουσίαν οὐ μνησικακεῖ[23] τοῖς ἐξομολογουμένοις[24] τὰς ἁμαρτίας αὐτῶν, ἀλλ'

---

[1] ἕκτος, η, ον, sixth
[2] σχισμή, ῆς, ἡ, crack, fissure, cleft
[3] σχισμή, ῆς, ἡ, crack, fissure, cleft
[4] βοτάνη, ης, ἡ, herb, plant, vegetation
[5] μαραίνω perf mid/pass ptcp f.p.acc., die out, fade, wither
[6] σχισμή, ῆς, ἡ, crack, fissure, cleft
[7] καταλαλιά, ᾶς, ἡ, slander, evil speech, defamation
[8] μαραίνω perf mid/pass ptcp m.p.nom., die out, fade, wither
[9] καταλαλιά, ᾶς, ἡ, slander, evil speech, defamation
[10] ταχύ, adv, quickly
[11] σχισμή, ῆς, ἡ, crack, fissure, cleft
[12] παράμονος, ον, lasting, constant, persisting, stubborn
[13] καταλαλιά, ᾶς, ἡ, slander, evil speech, defamation
[14] μνησίκακος, ον, vengeful

[15] μηνιάω pres act ptcp m.p.nom., bear grudge, keep anger
[16] πύργος, ου, ὁ, tower, watchtower
[17] ἀπορρίπτω aor pass ind 3p, throw away, drive away
[18] ἀποδοκιμάζω aor pass ind 3p, reject
[19] οἰκοδομή, ῆς, ἡ, building, construction, edifice
[20] δυσκόλως, adv, with difficulty, hard
[21] κυριεύω pres act ptcp m.s.nom., rule, be master of
[22] κτίσις, εως, ἡ, creation, world, created thing
[23] μνησικακέω pres act ind 3s, bear a grudge, have malice, remember evil
[24] ἐξομολογέω pres mid/pass ptcp m.p.dat., confess, consent, admit

ἵλεως¹ γίνεται, ἄνθρωπος φθαρτὸς² ὢν καὶ πλήρης³ ἁμαρτιῶν ἀνθρώπῳ μνησικακεῖ⁴ ὡς δυνάμενος ἀπολέσαι ἢ σῶσαι αὐτόν; **5** λέγω δὲ ὑμῖν, ὁ ἄγγελος τῆς μετανοίας,⁵ ὅσοι ταύτην ἔχετε τὴν αἵρεσιν,⁶ ἀπόθεσθε⁷ αὐτὴν καὶ μετανοήσατε, καὶ ὁ Κύριος ἰάσεται⁸ ὑμῶν τὰ πρότερα⁹ ἁμαρτήματα,¹⁰ ἐὰν καθαρίσητε ἑαυτοὺς ἀπὸ τούτου τοῦ δαιμονίου· εἰ δὲ μή, παραδοθήσεσθε αὐτῷ εἰς θάνατον.

101:1 (Θ´ 24) Ἐκ δὲ τοῦ ἑβδόμου¹¹ ὄρους, ἐν ᾧ βοτάναι¹² χλωραὶ¹³ καὶ ἱλαραί,¹⁴ καὶ ὅλον τὸ ὄρος εὐθηνοῦν,¹⁵ καὶ πᾶν γένος¹⁶ κτηνῶν¹⁷ καὶ τὰ πετεινὰ¹⁸ τοῦ οὐρανοῦ ἐνέμοντο¹⁹ τὰς βοτάνας²⁰ ἐν τούτῳ τῷ ὄρει, καὶ αἱ βοτάναι²¹ ἃς ἐνέμοντο²² μᾶλλον εὐθαλεῖς²³ ἐγίνοντο, οἱ πιστεύσαντες τοιοῦτοί εἰσι· **2** πάντοτε ἁπλοῖ²⁴ καὶ ἄκακοι²⁵ καὶ μακάριοι ἐγίνοντο, μηδὲν κατ᾽ ἀλλήλων ἔχοντες, ἀλλὰ πάντοτε ἀγαλλιώμενοι²⁶ ἐπὶ τοῖς δούλοις τοῦ Θεοῦ καὶ

¹ ἵλεως, ων, propitious, gracious, merciful
² φθαρτός, ή, όν, perishable, mortal
³ πλήρης, ες, full, filled, complete
⁴ μνησικακέω pres act ind 3s, bear a grudge, have malice, remember evil
⁵ μετάνοια, ας, ἡ, repentance, turning around, conversion
⁶ αἵρεσις, έσεως, ἡ, faction, sect, heresy
⁷ ἀποτίθημι aor mid impv 2p, take off, put away, lay aside
⁸ ἰάομαι fut mid ind 3s, heal, cure, restore
⁹ πρότερος, α, ον, former, earlier
¹⁰ ἁμάρτημα, τος, τό, sin, transgression
¹¹ ἕβδομος, η, ον, seventh
¹² βοτάνη, ης, ἡ, herb, plant, vegetation
¹³ χλωρός, ά, όν, (light) green
¹⁴ ἱλαρός, ά, όν, cheerful, glad, joyful
¹⁵ εὐθηνέω pres act ptcp n.s.nom., thrive, flourish
¹⁶ γένος, ους, τό, descendant, family, nation; class, kind
¹⁷ κτῆνος, ους, τό, animal, beast, cattle
¹⁸ πετεινόν, οῦ, τό, bird
¹⁹ νέμω impf mid/pass ind 3p, graze, feed
²⁰ βοτάνη, ης, ἡ, herb, plant, vegetation
²¹ βοτάνη, ης, ἡ, herb, plant, vegetation
²² νέμω impf mid/pass ind 3p, graze, feed
²³ εὐθαλής, ές, flourishing, thriving
²⁴ ἁπλοῦς, ῆ, οῦν, guileless, sincere
²⁵ ἄκακος, ον, innocent, guileless
²⁶ ἀγαλλιάω pres mid/pass ptcp m.p.nom., rejoice, exult, be glad

ἐνδεδυμένοι¹ τὸ πνεῦμα τὸ ἅγιον τούτων τῶν παρθένων² καὶ πάντοτε σπλάγχνον³ ἔχοντες ἐπὶ πάντα ἄνθρωπον, καὶ ἐκ τῶν κόπων⁴ αὐτῶν παντὶ ἀνθρώπῳ ἐχορήγησαν⁵ ἀνονειδίστως⁶ καὶ ἀδιστάκτως.⁷ 3 ὁ οὖν Κύριος ἰδὼν τὴν ἁπλότητα⁸ αὐτῶν καὶ πᾶσαν νηπιότητα⁹ ἐπλήθυνεν¹⁰ αὐτοὺς ἐν τοῖς κόποις¹¹ τῶν χειρῶν αὐτῶν καὶ ἐχαρίτωσεν¹² αὐτοὺς ἐν πάσῃ πράξει¹³ αὐτῶν. 4 λέγω δὲ ὑμῖν τοῖς τοιούτοις οὖσιν ἐγὼ ὁ ἄγγελος τῆς μετανοίας·¹⁴ διαμείνατε¹⁵ τοιοῦτοι, καὶ οὐκ ἐξαλειφθήσεται¹⁶ τὸ σπέρμα ὑμῶν ἕως αἰῶνος· ἐδοκίμασε¹⁷ γὰρ ὑμᾶς ὁ Κύριος καὶ ἐνέγραψεν ὑμᾶς εἰς τὸν ἀριθμὸν¹⁸ τὸν ἡμέτερον,¹⁹ καὶ ὅλον τὸ σπέρμα ὑμῶν κατοικήσει μετὰ τοῦ υἱοῦ τοῦ Θεοῦ· ἐκ γὰρ τοῦ πνεύματος αὐτοῦ ἐλάβετε.

102:1 (Ϙ´ 25) Ἐκ δὲ τοῦ ὄρους τοῦ ὀγδόου,²⁰ οὗ ἦσαν αἱ πολλαὶ πηγαὶ²¹ καὶ πᾶσα ἡ κτίσις²² τοῦ Κυρίου ἐποτίζετο²³ ἐκ τῶν πηγῶν,²⁴ οἱ πιστεύσαντες τοιοῦτοί εἰσιν· 2 ἀπόστολοι καὶ διδάσκαλοι οἱ κηρύξαντες εἰς ὅλον τὸν κόσμον καὶ οἱ διδάξαντες

---

¹ ἐνδύω perf mid/pass ptcp m.p.nom., dress, put on, clothe
² παρθένος, ου, ἡ, virgin, chaste person
³ σπλάγχνον, ου, τό, inward parts; heart, feeling, compassion
⁴ κόπος, ου, ὁ, labor, toil, trouble
⁵ χορηγέω aor act ind 3p, provide, supply
⁶ ἀνονειδίστως, adv, without reproach
⁷ ἀδιστάκτως, adv, without doubt, without hesitation
⁸ ἁπλότης, ητος, ἡ, simplicity, genuineness, sincerity
⁹ νηπιότης, ητος, ἡ, childlikeness
¹⁰ πληθύνω impf act ind 3s, increase, abound, multiply
¹¹ κόπος, ου, ὁ, labor, toil, trouble

¹² χαριτόω aor act ind 3s, favor highly, bless
¹³ πρᾶξις, εως, ἡ, deed, action, activity, function, way of acting
¹⁴ μετάνοια, ας, ἡ, repentance, turning around, conversion
¹⁵ διαμένω aor act impv 2p, remain
¹⁶ ἐξαλείφω fut pass ind 3s, wipe away, erase, blot out, destroy
¹⁷ δοκιμάζω aor act ind 3s, put to the test examine, prove
¹⁸ ἀριθμός, οῦ, ὁ, number
¹⁹ ἡμέτερος, α, ον, our
²⁰ ὄγδοος, η, ον, eighth
²¹ πηγή, ῆς, ἡ, spring, fountain
²² κτίσις, εως, ἡ, creation, creature
²³ ποτίζω impf mid/pass ind 3s, drink, give a drink
²⁴ πηγή, ῆς, ἡ, spring, fountain

σεμνῶς¹ καὶ ἁγνῶς² τὸν λόγον τοῦ Κυρίου, καὶ μηδὲν ὅλως³ νοσφισάμενοι⁴ εἰς ἐπιθυμίαν πονηράν, ἀλλὰ πάντοτε ἐν δικαιοσύνῃ καὶ ἀληθείᾳ πορευθέντες, καθὼς καὶ παρέλαβον τὸ πνεῦμα τὸ ἅγιον. τῶν τοιούτων οὖν ἡ πάροδος⁵ μετὰ τῶν ἀγγέλων ἐστίν.

103:1 (Θ΄ 26) Ἐκ δὲ τοῦ ὄρους τοῦ ἐνάτου⁶ τοῦ ἐρημώδους,⁷ τοῦ τὰ ἑρπετὰ⁸ καὶ θηρία ἐν αὐτῷ ἔχοντος τὰ διαφθείροντα⁹ τοὺς ἀνθρώπους, οἱ πιστεύσαντες τοιοῦτοί εἰσιν· **2** οἱ μὲν τοὺς σπίλους¹⁰ ἔχοντες διάκονοί¹¹ εἰσι κακῶς¹² διακονήσαντες καὶ διαρπάσαντες¹³ χηρῶν¹⁴ καὶ ὀρφανῶν¹⁵ τὴν ζωήν, καὶ ἑαυτοῖς περιποιησάμενοι¹⁶ ἐκ τῆς διακονίας ἧς ἔλαβον διακονῆσαι· ἐὰν οὖν ἐπιμείνωσι¹⁷ τῇ αὐτῇ ἐπιθυμίᾳ, ἀπέθανον καὶ οὐδεμία αὐτοῖς ἐλπὶς ζωῆς· ἐὰν δὲ ἐπιστρέψωσι καὶ ἁγνῶς¹⁸ τελειώσωσι¹⁹ τὴν διακονίαν αὐτῶν, δυνήσονται ζῆσαι. **3** οἱ δὲ ἐψωριακότες,²⁰ οὗτοι οἱ ἀρνησάμενοί εἰσι καὶ μὴ ἐπιστρέψαντες ἐπὶ τὸν Κύριον ἑαυτῶν, ἀλλὰ χερσωθέντες²¹ καὶ γενόμενοι ἐρημώδεις,²² μὴ

---

¹ σεμνῶς, adv, honorably, worthily
² ἁγνῶς, adv, purely, sincerely
³ ὅλως, adv, completely, wholly, generally
⁴ νοσφίζω aor mid ptcp m.p.nom., keep back, hold back, reserve for oneself
⁵ πάροδος, ου, ἡ, passage, way in, way through
⁶ ἔνατος, η, ον, ninth
⁷ ἐρημώδης, ες, desert-like
⁸ ἑρπετόν, οῦ, τό, reptile
⁹ διαφθείρω pres act ptcp n.p.acc., spoil, destroy, ruin
¹⁰ σπίλος, ου, ὁ, spot, stain, blemish
¹¹ διάκονος, ου, ὁ, servant, agent, assistant; deacon

¹² κακῶς, adv, badly, wrongly, wickedly
¹³ διαρπάζω aor act ptcp m.p.nom., plunder, seize, take spoils
¹⁴ χήρα, ας, ἡ, widow
¹⁵ ὀρφανός, ή, όν, orphaned
¹⁶ περιποιέω aor mid ptcp m.p.nom., obtain, gain for oneself, acquire
¹⁷ ἐπιμένω aor act subj 3p stay, remain, persist in
¹⁸ ἁγνῶς, adv, purely, sincerely
¹⁹ τελειόω aor act subj 3p, complete, accomplish, fulfill
²⁰ ψωριάω perf act ptcp m.p.nom., have a rough surface
²¹ χερσόω aor pass ptcp m.p.nom., make dry and barren
²² ἐρημώδης, ες, desert-like

κολλώμενοι¹ τοῖς δούλοις τοῦ Θεοῦ ἀλλὰ μονάζοντες,² ἀπολλύουσι³ τὰς ἑαυτῶν ψυχάς. **4** ὡς γὰρ ἄμπελος⁴ ἐν φραγμῷ⁵ τινι καταλειφθεῖσα⁶ ἀμελείας⁷ τυγχάνουσα⁸ καταφθείρεται⁹ καὶ ὑπὸ τῶν βοτανῶν¹⁰ ἐρημοῦται,¹¹ καὶ τῷ χρόνῳ ἀγρία¹² γίνεται καὶ οὐκέτι εὔχρηστός¹³ ἐστι τῷ δεσπότῃ¹⁴ ἑαυτῆς, οὕτω καὶ οἱ τοιοῦτοι ἄνθρωποι ἑαυτοὺς ἀπεγνώκασι¹⁵ καὶ γίνονται ἄχρηστοι¹⁶ τῷ Κυρίῳ ἑαυτῶν ἀγριωθέντες.¹⁷ **5** τούτοις οὖν μετάνοια¹⁸ γίνεται, ἐὰν μὴ ἐκ καρδίας εὑρεθῶσιν ἠρνημένοι· ἐὰν δὲ ἐκ καρδίας εὑρεθῇ ἠρνημένος τις, οὐκ οἶδα εἰ δύναται ζῆσαι. **6** καὶ τοῦτο οὐκ εἰς ταύτας τὰς ἡμέρας λέγω, ἵνα τις ἀρνησάμενος μετάνοιαν¹⁹ λάβῃ· ἀδύνατον²⁰ γάρ ἐστι σωθῆναι τὸν μέλλοντα νῦν ἀρνεῖσθαι τὸν Κύριον ἑαυτοῦ· ἀλλ' ἐκείνοις τοῖς πάλαι²¹ ἠρνημένοις δοκεῖ κεῖσθαι²² μετάνοια.²³ εἴ τις οὖν μέλλει

---

¹ κολλάω pres mid/pass ptcp m.p.nom., bind closely, unite, cling to

² μονάζω pres act ptcp m.p.nom., stay alone, separate oneself

³ ἀπολλύω pres act ind 3p, destroy, ruin, lose

⁴ ἄμπελος, ου, ἡ, vine, grapevine

⁵ φραγμός, οῦ, ὁ, fence, hedge, partition

⁶ καταλείπω aor pass ptcp f.s.nom., leave, leave behind

⁷ ἀμέλεια, ας, ἡ, neglect

⁸ τυγχάνω pres act ptcp f.s.nom., meet, attain, gain; happen, turn out

⁹ καταφθείρω pres mid/pass ind 3s, destroy, ruin, corrupt

¹⁰ βοτάνη, ης, ἡ, herb, plant, vegetation

¹¹ ἐρημόω pres mid/pass ind 3s, make desolate, lay waste

¹² ἄγριος, ία, ον, wild, uncontrolled

¹³ εὔχρηστος, ον, useful, profitable, serviceable

¹⁴ δεσπότης, ου, ὁ, lord, master, owner

¹⁵ ἀπογινώσκω perf act ind 3p, despair, give up on

¹⁶ ἄχρηστος, ον, useless, unprofitable, worthless

¹⁷ ἀγριόω aor pass ptcp m.p.nom., become wild, be uncontrolled

¹⁸ μετάνοια, ας, ἡ, repentance, turning around, conversion

¹⁹ μετάνοια, ας, ἡ, repentance, turning around, conversion

²⁰ ἀδύνατος, ον, unable, powerless, impossible

²¹ πάλαι, adv, long ago, formerly

²² κεῖμαι pres mid/pass inf, lie, recline; be given, be valid for, exist

²³ μετάνοια, ας, ἡ, repentance, turning around, conversion

μετανοεῖν, ταχινὸς¹ γενέσθω πρὶν² τὸν πύργον³ ἀποτελεσθῆναι·⁴
εἰ δὲ μή, ὑπὸ τῶν γυναικῶν καταφθαρήσεται⁵ εἰς θάνατον. **7** καὶ
οἱ κολοβοί,⁶ οὗτοι δόλιοί⁷ εἰσι καὶ κατάλαλοι·⁸ καὶ τὰ θηρία ἃ
εἶδες εἰς τὸ ὄρος οὗτοί εἰσιν. ὥσπερ γὰρ τὰ θηρία διαφθείρει⁹ τῷ
ἑαυτῶν ἰῷ¹⁰ τὸν ἄνθρωπον καὶ ἀπολλύει,¹¹ οὕτω καὶ τῶν τοιούτων
ἀνθρώπων τὰ ῥήματα διαφθείρει¹² τὸν ἄνθρωπον καὶ ἀπολλύει.¹³
8 οὗτοι οὖν κολοβοί¹⁴ εἰσιν ἀπὸ τῆς πίστεως αὐτῶν διὰ τὴν
πρᾶξιν¹⁵ ἣν ἔχουσιν ἐν ἑαυτοῖς· τινὲς δὲ μετενόησαν καὶ
ἐσώθησαν. καὶ οἱ λοιποὶ οἱ τοιοῦτοι ὄντες δύνανται σωθῆναι, ἐὰν
μετανοήσωσιν· ἐὰν δὲ μὴ μετανοήσωσιν, ἀπὸ τῶν γυναικῶν
ἐκείνων, ὧν τὴν δύναμιν ἔχουσιν, ἀποθανοῦνται.

104:1 (Θ΄ 27) Ἐκ δὲ τοῦ ὄρους τοῦ δεκάτου,¹⁶ οὗ ἦσαν δένδρα¹⁷
σκεπάζοντα¹⁸ πρόβατά τινα, οἱ πιστεύσαντες τοιοῦτοί εἰσιν·
2 ἐπίσκοποι¹⁹ φιλόξενοι,²⁰ οἵτινες ἡδέως²¹ εἰς τοὺς οἴκους ἑαυτῶν
πάντοτε ὑπεδέξαντο²² τοὺς δούλους τοῦ Θεοῦ ἄτερ²³ ὑποκρίσεως·²⁴

---

¹ ταχινός, ή, όν, quick, in haste, swift
² πρίν, conj, before
³ πύργος, ου, ὁ, tower, watchtower
⁴ ἀποτελέω aor pass inf, complete, finish
⁵ καταφθείρω fut pass ind 3s, destroy, ruin, corrupt
⁶ κολοβός, όν, damaged, short, hewn off
⁷ δόλιος, ία, ον, deceitful, treacherous
⁸ κατάλαλος, ον, slanderous
⁹ διαφθείρω pres act ind 3s, spoil, destroy, ruin
¹⁰ ἰός, οῦ, ὁ, poison, venom
¹¹ ἀπολλύω pres act ind 3s, destroy, ruin, lose
¹² διαφθείρω pres act ind 3s, spoil, destroy, ruin

¹³ ἀπολλύω pres act ind 3s, destroy, ruin, lose
¹⁴ κολοβός, όν, damaged, short, hewn off
¹⁵ πρᾶξις, εως, ἡ, deed, action, activity, function, way of acting
¹⁶ δέκατος, η, ον, tenth
¹⁷ δένδρον, ου, τό, tree
¹⁸ σκεπάζω pres act ptcp n.p.nom., cover, shelter, protect
¹⁹ ἐπίσκοπος, ου, ὁ, overseer, guardian; bishop
²⁰ φιλόξενος, ον, hospitable
²¹ ἡδέως, adv, gladly
²² ὑποδέχομαι aor mid ind 3p, receive, welcome, entertain
²³ ἄτερ, prep, without
²⁴ ὑπόκρισις, εως, ἡ, pretense, play-acting; hypocrisy

οἱ δὲ ἐπίσκοποι[1] πάντοτε τοὺς ὑστερημένους[2] καὶ τὰς χήρας[3] τῇ διακονίᾳ ἑαυτῶν ἀδιαλείπτως[4] ἐσκέπασαν[5] καὶ ἁγνῶς[6] ἀνεστράφησαν[7] πάντοτε. 3 οὗτοι οὖν πάντες σκεπασθήσονται[8] ὑπὸ τοῦ Κυρίου διαπαντός.[9] οἱ οὖν ταῦτα ἐργασάμενοι ἔνδοξοί[10] εἰσι παρὰ τῷ Θεῷ, καὶ ἤδη ὁ τόπος αὐτῶν μετὰ τῶν ἀγγέλων ἐστίν, ἐὰν ἐπιμείνωσιν[11] ἕως τέλους λειτουργοῦντες[12] τῷ Κυρίῳ.

105:1 (Θ´ 28) Ἐκ δὲ τοῦ ὄρους τοῦ ἐνδεκάτου,[13] οὗ ἦσαν δένδρα[14] καρπῶν πλήρη,[15] ἄλλοις καὶ ἄλλοις καρποῖς κεκοσμημένα,[16] οἱ πιστεύσαντες τοιοῦτοί εἰσιν· 2 οἱ παθόντες ὑπὲρ τοῦ ὀνόματος τοῦ υἱοῦ τοῦ Θεοῦ, οἳ καὶ προθύμως[17] ἔπαθον ἐξ ὅλης τῆς καρδίας καὶ παρέδωκαν τὰς ψυχὰς αὐτῶν. 3 Διατί[18] οὖν, φημί, κύριε, πάντα μὲν τὰ δένδρα[19] καρποὺς ἔχει, τινὲς δὲ ἐξ αὐτῶν καρποὶ εὐειδέστεροί[20] εἰσιν; Ἄκουε, φησίν· ὅσοι ποτὲ[21] ἔπαθον διὰ τὸ ὄνομα, ἔνδοξοί[22] εἰσι παρὰ τῷ Θεῷ, καὶ πάντων τούτων αἱ ἁμαρτίαι

[1] ἐπίσκοπος, ου, ὁ, overseer, guardian; bishop
[2] ὑστερέω perf mid/pass ptcp m.p.acc., miss, fail
[3] χήρα, ας, ἡ, widow
[4] ἀδιαλείπτως, adv, constantly, unceasingly
[5] σκεπάζω aor act inf 3p, cover, shelter, protect
[6] ἁγνῶς, adv, purely, sincerely
[7] ἀναστρέφω aor pass ind 3p, stay, live, conduct oneself
[8] σκεπάζω fut pass ind 3p, cover, shelter, protect
[9] διαπαντός, adv, forever, continually
[10] ἔνδοξος, ον, honored, glorious, distinguished
[11] ἐπιμένω aor act subj 3p, stay, remain, continue
[12] λειτουργέω pres act ptcp m.p.nom., serve, perform ritual service
[13] ἐνδέκατος, η, ον, eleventh
[14] δένδρον, ου, τό, tree
[15] πλήρης, ες, full, filled, abounding
[16] κοσμέω perf mid/pass ptcp n.p.nom., make order, adorn, decorate
[17] προθύμως, adv, willingly, freely, eagerly
[18] διατί, part, why?, how?
[19] δένδρον, ου, τό, tree
[20] εὐειδής, οὖς, beautiful, well-formed
[21] ποτέ, conj, once, formerly, at one time
[22] ἔνδοξος, ον, honored, distinguished, glorious

ἀφηρέθησαν,[1] ὅτι ἔπαθον διὰ τὸ ὄνομα τοῦ υἱοῦ τοῦ Θεοῦ. διατί[2] δὲ οἱ καρποὶ αὐτῶν ποικίλοι[3] εἰσίν, τινὲς δὲ ὑπερέχοντες,[4] ἄκουε. **4** ὅσοι, φησίν, ἐπ' ἐξουσίαν ἀχθέντες ἐξητάσθησαν[5] καὶ οὐκ ἠρνήσαντο, ἀλλ' ἔπαθον προθύμως,[6] οὗτοι μᾶλλον ἐνδοξότεροί[7] εἰσι παρὰ τῷ Κυρίῳ· τούτων ὁ καρπός ἐστιν ὁ ὑπερέχων.[8] ὅσοι δὲ δειλοὶ[9] καὶ ἐν δισταγμῷ[10] ἐγένοντο καὶ ἐλογίσαντο ἐν ταῖς καρδίαις αὐτῶν πότερον[11] ἀρνήσονται ἢ ὁμολογήσουσι,[12] καὶ ἔπαθον, τούτων οἱ καρποὶ ἐλάττους[13] εἰσίν, ὅτι ἀνέβη ἐπὶ τὴν καρδίαν αὐτῶν ἡ βουλὴ[14] αὕτη· πονηρὰ γὰρ ἡ βουλὴ[15] αὕτη, ἵνα δοῦλος Κύριον ἴδιον ἀρνήσηται. **5** βλέπετε οὖν ὑμεῖς οἱ ταῦτα βουλευόμενοι,[16] μήποτε[17] ἡ βουλὴ[18] αὕτη διαμείνῃ[19] ἐν ταῖς καρδίαις ὑμῶν καὶ ἀποθάνητε τῷ Θεῷ. ὑμεῖς δὲ οἱ πάσχοντες ἕνεκεν[20] τοῦ ὀνόματος δοξάζειν ὀφείλετε τὸν Θεόν, ὅτι ἀξίους ὑμᾶς ἡγήσατο[21] ὁ Θεός ἵνα τοῦτο τὸ ὄνομα βαστάζητε[22] καὶ πᾶσαι ἡμῶν αἱ ἁμαρτίαι ἰαθῶσιν.[23] **6** οὐκοῦν[24] μακαρίζετε[25] ἑαυτούς· ἀλλὰ

---

[1] ἀφαιρέω aor pass ind 3p, take away, do away with, remove

[2] διατί, part, why?, how?

[3] ποικίλος, η, ον, diverse, varied, various

[4] ὑπερέχω pres act ptcp m.p.nom., rise above, surpass

[5] ἐξετάζω aor pass ind 3p, examine carefully, scrutinize, question

[6] προθύμως, adv, willingly, freely, eagerly

[7] ἔνδοξος, ον, honored, distinguished, glorious

[8] ὑπερέχω pres act ptcp m.p.nom., rise above, surpass

[9] δειλός, ή, όν, timid, cowardly, afraid

[10] δισταγμός, οῦ, ὁ, doubt

[11] πότερος, α, ον, whether

[12] ὁμολογέω fut act ind 3p, admit, confess, acknowledge, assure

[13] ἐλάσσων, less, inferior, worse

[14] βουλή, ῆς, ἡ, purpose, intention, council, purpose

[15] βουλή, ῆς, ἡ, purpose, intention, council, purpose

[16] βουλεύω pres mid/pass ptcp m.p.nom., take counsel, plan, decide

[17] μήποτε, conj, lest, never

[18] βουλή, ῆς, ἡ, purpose, intention, council, purpose

[19] διαμένω aor act subj 3s, remain

[20] ἕνεκα, prep, because of, on account of

[21] ἡγέομαι aor mid ind 3s, lead, consider, regard, count

[22] βαστάζω pres act subj 2p, carry, bear, take up

[23] ἰάομαι aor pass subj 3p, heal, cure, restore

[24] οὐκοῦν, conj, therefore, accordingly

[25] μακαρίζω pres act impv 2p, call blessed, consider fortunate

δοκεῖτε ἔργον μέγα πεποιηκέναι, ἐάν τις ὑμῶν διὰ τὸν Θεὸν πάθῃ. ζωὴν ὑμῖν ὁ Κύριος χαρίζεται,[1] καὶ οὐ νοεῖτε·[2] αἱ γὰρ ἁμαρτίαι ὑμῶν κατεβάρησαν,[3] καὶ εἰ μὴ πεπόνθατε ἕνεκεν[4] τοῦ ὀνόματος Κυρίου, διὰ τὰς ἁμαρτίας ὑμῶν τεθνήκειτε[5] ἂν τῷ Θεῷ. **7** ταῦτα ὑμῖν λέγω τοῖς διστάζουσι[6] περὶ ἀρνήσεως[7] ἢ ὁμολογήσεως·[8] ὁμολογεῖτε[9] ὅτι Κύριον ἔχετε, μήποτε[10] ἀρνούμενοι παραδοθήσησθε εἰς δεσμωτήριον.[11] **8** εἰ τὰ ἔθνη τοὺς δούλους αὐτῶν κολάζουσιν,[12] ἐάν τις ἀρνήσηται τὸν Κύριον ἑαυτοῦ, τί δοκεῖτε ποιήσει ὁ Κύριος ὑμῖν, ὃς ἔχει πάντων τὴν ἐξουσίαν; ἄρατε τὰς βουλὰς[13] ταύτας ἀπὸ τῶν καρδιῶν ὑμῶν, ἵνα διαπαντὸς[14] ζήσητε τῷ Θεῷ.

106:1 (Θ´ 29) Ἐκ δὲ τοῦ ὄρους τοῦ δωδεκάτου[15] τοῦ λευκοῦ[16] οἱ πιστεύσαντες τοιοῦτοί εἰσιν· ὡς νήπια[17] βρέφη[18] εἰσίν, οἷς οὐδεμία κακία[19] ἀναβαίνει ἐπὶ τὴν καρδίαν, οὐδὲ ἔγνωσαν τί ἐστι πονηρία,[20] ἀλλὰ πάντοτε ἐν νηπιότητι[21] διέμειναν.[22] **2** οἱ τοιοῦτοι οὖν ἀδιστάκτως[23] κατοικοῦσιν ἐν τῇ βασιλείᾳ τοῦ Θεοῦ, ὅτι ἐν

---

[1] χαρίζομαι pres mid/pass ind 3s, favor, forgive, give graciously
[2] νοέω pres act ind 2p, understand, perceive, gain insight, consider
[3] καταβαρέω aor act ind 3p, burden
[4] ἕνεκα, prep, because of, on account of
[5] θνήσκω plupf act ind 2p, die
[6] διστάζω pres act ptcp m.p.dat., doubt, waver
[7] ἄρνησις, εως, ἡ, denial, rejection, repudiation
[8] ὁμολόγησις, ήσεως, ἡ, confession
[9] ὁμολογέω pres act impv 2p, admit, confess, acknowledge, assure
[10] μήποτε, conj, lest, never
[11] δεσμωτήριον, ου, τό, prison, jail
[12] κολάζω pres act ind 3p, punish, penalize

[13] βουλή, ῆς, ἡ, purpose, intention, council, purpose
[14] διαπαντός, adv, forever, continually
[15] δωδέκατος, η, ον, twelfth
[16] λευκός, ή, όν, white, bright, gleaming
[17] νήπιος, ία, ιον, child
[18] βρέφος, ους, τό, infant
[19] κακία, ας, ἡ, evil, wickedness, malice, depravity
[20] πονηρία, ας, ἡ, wickedness, sinfulness
[21] νηπιότης, ητος, ἡ, childlikeness
[22] διαμένω aor act ind 3s, remain
[23] ἀδιστάκτως, adv, without doubt, without hesitation

οὐδενὶ πράγματι[1] ἐμίαναν[2] τὰς ἐντολὰς τοῦ Θεοῦ, ἀλλὰ μετὰ νηπιότητος[3] διέμειναν[4] πάσας τὰς ἡμέρας τῆς ζωῆς αὐτῶν ἐν τῇ αὐτῇ φρονήσει.[5] **3** ὅσοι οὖν διαμενεῖτε,[6] φησί, καὶ ἔσεσθε ὡς τὰ βρέφη,[7] κακίαν[8] μὴ ἔχοντες, καὶ πάντων τῶν προειρημένων[9] ἐνδοξότεροι[10] ἔσεσθε· πάντα γὰρ τὰ βρέφη[11] ἔνδοξά[12] ἐστι παρὰ τῷ Θεῷ καὶ πρῶτα παρ' αὐτῷ. μακάριοι οὖν ὑμεῖς, ὅσοι ἂν ἄρητε ἀφ' ἑαυτῶν τὴν πονηρίαν,[13] ἐνδύσησθε[14] δὲ τὴν ἀκακίαν·[15] πρῶτοι πάντων ζήσεσθε τῷ Θεῷ. **4** μετὰ τὸ συντελέσαι[16] αὐτὸν τὰς παραβολὰς τῶν ὀρέων λέγω αὐτῷ· Κύριε, νῦν μοι δήλωσον[17] περὶ τῶν λίθων τῶν ἠρμένων ἐκ τοῦ πεδίου[18] καὶ εἰς τὴν οἰκοδομὴν[19] τεθειμένων ἀντὶ[20] τῶν λίθων τῶν ἠρμένων ἐκ τοῦ πύργου,[21] καὶ τῶν στρογγύλων[22] τῶν τεθέντων εἰς τὴν οἰκοδομήν,[23] καὶ τῶν ἔτι στρογγύλων[24] ὄντων.

---

[1] πρᾶγμα, ατος, τό, deed, thing, matter, affair
[2] μιαίνω aor act ind 3p, defile, stain
[3] νηπιότης, ητος, ἡ, childlikeness
[4] διαμένω aor act ind 3s, remain
[5] φρόνησις, εως, ἡ, mind, way of thinking, understanding
[6] διαμένω fut act ind 2p, remain
[7] βρέφος, ους, τό, infant
[8] κακία, ας, ἡ, evil, wickedness, malice, depravity
[9] προλέγω perf mid/pass ptcp m.p.gen., foretell, say beforehand
[10] ἔνδοξος, ον, honored, distinguished, glorious
[11] βρέφος, ους, τό, infant
[12] ἔνδοξος, ον, honored, distinguished, glorious
[13] πονηρία, ας, ἡ, wickedness, sinfulness
[14] ἐνδύω aor mid subj 2p, clothe, dress, wear
[15] ἀκακία, ας, ἡ, innocence, guilelessness
[16] συντελέω aor act inf, complete, finish, end
[17] δηλόω aor act impv 2s, reveal, make clear, show, explain
[18] πεδίον, ου, τό, plain, field, level place
[19] οἰκοδομή, ῆς, ἡ, building, construction, edifice
[20] ἀντί, prep, for, in place of, as
[21] πύργος, ου, ὁ, tower, watchtower
[22] στρογγύλος, η, ον, round
[23] οἰκοδομή, ῆς, ἡ, building, construction, edifice
[24] στρογγύλος, η, ον, round

107:1 (Θ΄ 30) Ἄκουε, φησίν, καὶ περὶ τούτων πάντων. οἱ λίθοι οἱ ἐκ τοῦ πεδίου[1] ἡρμένοι καὶ τεθειμένοι εἰς τὴν οἰκοδομὴν[2] τοῦ πύργου[3] ἀντὶ[4] τῶν ἀποβεβλημένων,[5] αἱ ῥίζαι[6] εἰσὶ τοῦ ὄρους τοῦ λευκοῦ[7] τούτου. **2** ἐπεὶ[8] οὖν οἱ πιστεύσαντες ἐκ τοῦ ὄρους τοῦ λευκοῦ[9] πάντες ἄκακοι[10] εὑρέθησαν, ἐκέλευσεν[11] ὁ κύριος τοῦ πύργου[12] τούτους ἐκ τῶν ῥιζῶν[13] τοῦ ὄρους τούτου βληθῆναι εἰς τὴν οἰκοδομὴν[14] τοῦ πύργου·[15] ἔγνω γὰρ ὅτι, ἐὰν ἀπέλθωσιν εἰς τὴν οἰκοδομὴν[16] τοῦ πύργου[17] οἱ λίθοι οὗτοι, διαμενοῦσι[18] λαμπροί,[19] καὶ οὐδεὶς αὐτῶν μελανήσει.[20] . . .

---

[1] πεδίον, ου, τό, plain, field, level place
[2] οἰκοδομή, ῆς, ἡ, building, construction, edifice
[3] πύργος, ου, ὁ, tower, watchtower
[4] ἀντί, prep, for, in place of, as
[5] ἀποβάλλω perf mid/pass ptcp m.s.gen., take off, shed, throw away, reject
[6] ῥίζα, ης, ἡ, root, shoot
[7] λευκός, ή, όν, white, bright, gleaming
[8] ἐπεί, conj, when, since, because
[9] λευκός, ή, όν, white, bright, gleaming

[10] ἄκακος, ον, innocent, guileless
[11] κελεύω aor act ind 3s, command, order, urge
[12] πύργος, ου, ὁ, tower, watchtower
[13] ῥίζα, ης, ἡ, root, shoot
[14] οἰκοδομή, ῆς, ἡ, building, construction, edifice
[15] πύργος, ου, ὁ, tower, watchtower
[16] οἰκοδομή, ῆς, ἡ, building, construction, edifice
[17] πύργος, ου, ὁ, tower, watchtower
[18] διαμένω fut act ind 3p, remain
[19] λαμπρός, ά, όν, bright, light, gleaming
[20] μελανέω fut act ind 3s, turn black

207

ADDITIONAL RESOURCES FOR FURTHER STUDY

The Shepherd of Hermas—Beginning

Jeffers, James. *Conflict at Rome: Social Order and Hierarchy in Early Christianity*. Minneapolis: Fortress, 1991.

Hellholm, David. "The Shepherd of Hermas." Pages 215–38 in *Apostolic Fathers: An Introduction*. Ed. Wilhelm Pratscher; trans. Elisabeth G. Wolfe. Waco, TX: Baylor University Press, 2010.

Maier, Harry. *The Social Setting of the Ministry as Reflected in the Writings of Hermas, Clement and Ignatius*. Studies in Christianity and Judaism 12. Waterloo, ON: Wilfrid Laurier University Press, 1991.

Muddiman, John. "The Church in Ephesians, *2 Clement*, and the *Shepherd of Hermas*." Pages 107–21 in *Trajectories through the New Testament and the Apostolic Fathers*, vol. 2 of *The New Testament and the Apostolic Fathers*, ed. Andrew Gregory and Christopher Tuckett. Oxford: Oxford University Press, 2005.

Osiek, Carolyn. *Shepherd of Hermas: A Commentary*. Hermeneia. Philadelphia: Fortress, 1999.

Wilson, J. Christian. *Five Problems in the Interpretation of the Shepherd of Hermas: Authorship, Genre, Canonicity, Apocalyptic, and the Absence of the Name 'Jesus Christ'*. Mellen Biblical Press Series 34. Lewiston, NY: Mellen, 1995.

The Shepherd of Hermas—Intermediate

Batovici, Dan. "'Diakonia', 'Diakonoi', 'Episkopoi' and 'Presbyteroi' in the *Shepherd of Hermas* and Ignatius of Antioch's *Letters*." *Augustinianum* 51 (2011): 303–14.

Bucur, Bogdan G. "The Son of God and the Angelomorphic Holy Spirit: A Rereading of the Shepherd's Christology." *ZNW* 98 (2007): 120–42.

Humphrey, Edith McEwan. *The Ladies and the Cities: Transformation and Apocalyptic Identity in Joseph and Aseneth, 4 Ezra, the Apocalypse and the Shepherd of Hermas.* Journal for the Study of the Pseudepigrapha Supplement Series 17. Sheffield: Sheffield Academic Press, 1995.

Lipsett, Barbara Diane. *Desiring Conversion: Hermas, Thecla, Aseneth.* Oxford: Oxford University Press, 2011.

Weiss, Alexander. "Hermas' 'Biography': Social Upward and Downward Mobility of an Independent Freedman." *Ancient Society* 39 (2009): 185–202.

Shepherd of Hermas—Advanced

Henne, Philippe. *L'unité du Pasteur d'Hermas: tradition et rédaction.* Cahiers de la Revue biblique 31. Paris: Gabalda, 1992.

Joly, Robert. *Le Pasteur: Introduction, texte critique, traduction et notes.* Sources chrétiennes 53. Paris: Cerf, 1968.

Rüpke, Jörg. "Two Cities and One Self: Transformations of Jerusalem and Reflexive Individuality in the Shepherd of Hermas." In *Religious Dimensions of the Self in the Second Century CE.* Studien und Texte zu Antike und Christentum 76. Tübingen: Mohr Siebeck, 2013.

Schmidt, Josef. *Petrus und sein Grab in Rom: Gemeindegründung, Martyrium und Petrusnachfolge in der Offenbarung des Johannes und im Hirt des Hermas.* Theologische Texte und Studien 16. Zürich: Olms, 2010.

Torrance, Alexis. "The Angel and the Spirit of Repentance: Hermas and the Early Monastic Concept of Metanoia." *Studia Patristica* 64 (2013): 15–20.